重庆上市公司2022发展报告

重庆市社会科学规划重点项目

陈银华 主编

西部金融研究院 江北嘴财经智库 出品

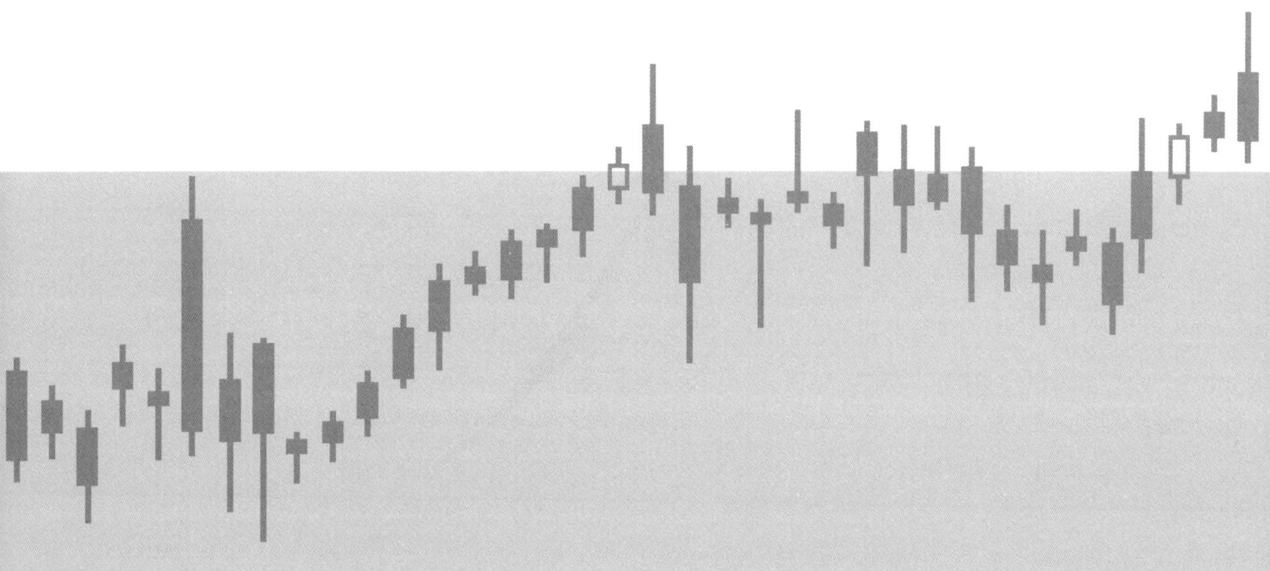

中国财富出版社有限公司

图书在版编目（CIP）数据

重庆上市公司发展报告.2022 / 陈银华主编. — 北京 : 中国财富出版社有限公司，2022.11

ISBN 978-7-5047-7840-6

Ⅰ.①重… Ⅱ.①陈… Ⅲ.①上市公司—研究报告—重庆—2022 Ⅳ.①F279.246

中国版本图书馆 CIP 数据核字（2022）第 209916 号

策划编辑	杜　亮	**责任编辑**	王　君	**版权编辑**	李　洋
责任印制	梁　凡	**责任校对**	卓闪闪	**责任发行**	董　倩

出版发行	中国财富出版社有限公司		
社　　址	北京市丰台区南四环西路 188 号 5 区 20 楼	**邮政编码**	100070
电　　话	010-52227588 转 2098（发行部）		010-52227588 转 321（总编室）
	010-52227566（24 小时读者服务）		010-52227588 转 305（质检部）
网　　址	http://www.cfpress.com.cn	**排　　版**	重庆思特华傲数字传媒有限公司
经　　销	新华书店	**印　　刷**	重庆思特华傲彩色印刷有限公司
书　　号	ISBN 978-7-5047-7840-6/F·3493		
开　　本	787mm×1092mm　1/16	**版　　次**	2023 年 1 月第 1 版
印　　张	24.25	**印　　次**	2023 年 1 月第 1 次印刷
字　　数	439 千字	**定　　价**	278.00 元

《重庆上市公司发展报告（2022）》

第一章
资本市场发展概况

近年来，世界政治经济格局发生深刻演变，新冠肺炎疫情给全球经济复苏和金融稳定带来重大挑战，主要经济体货币金融政策边际调整的外溢效应逐步显现。面对复杂多变的环境，包括中国在内的全球资本市场充分展现韧性，向上向好、坚毅前行。

第二章
重庆上市公司发展情况

截至 2021 年年末，重庆共有境内外上市公司 81 家。整体来看，重庆上市公司财务结构较为稳定，创新能力持续提升，营运能力不断优化，公司治理能力不断提升，国际化程度有所提高，积极承担社会责任，为经济高质量发展作出了重要贡献。

第三章
重庆新三板挂牌企业情况

新三板向上链接北交所，向下链接区域性股权市场，在多层次资本市场中的互联互通作用明显，已经成为资本市场服务中小企业的重要平台之一。截至 2021 年年末，重庆共有 85 家新三板挂牌企业，部分企业成功实现交易所上市。

第四章
服务上市公司情况

重庆上市公司协会、重庆市注册会计师协会、重庆市律师协会、券商保荐机构、会计师事务所、律师事务所等自律组织和专业服务机构充分发挥自律管理和专业把关作用，成为推动企业上市工作、维护证券市场秩序、促进资本市场高质量发展的重要力量。

第五章
专题报告

境内多层次资本市场板块分析、A 股 IPO 被否案例分析、境内上市渝企科技创新分析、新《证券法》实施观察及典型案例分析，对于上市和拟上市公司都具有重要价值，有助于更加全面深入地掌握情况，做出更有利的发展决策。

第六章
对策建议

企业上市诚然是一道难题，上市公司高质量发展也绝非易事，在市场风云中劈波斩浪、长远发展更是难上加难。本章根据前述分析情况，从推动企业上市、促进上市公司高质量发展及提高抗风险能力三个方面提出“3+3+3”的工作建议。

附录
有关政策文件

附录部分收录整理了国家层面、部委层面、市级层面、市级部门层面关于资本市场的政策文件，为党政部门、有关企业、研究机构、专业人士提供决策与工作参考。

吴晓求

中国人民大学原副校长

中国资本市场研究院院长

西部金融研究院学术委员会主任

序

在党的二十大胜利闭幕之际，《重庆上市公司发展报告（2022）》与大家正式见面了，这是一件有意义的事。

2012—2022 年，中国资本市场走过了一条不断探索的道路。在十年里，中国资本市场在总量、结构、制度创新等方面发生了重要变化，确立了打造规范、透明、开放、有活力、有韧性的资本市场的发展目标，以及建制度、不干预、零容忍的市场运行基本原则。这些变化是积极的，表明中国资本市场在不断发展、不断前行。

2021 年 10 月，中共中央、国务院印发《成渝地区双城经济圈建设规划纲要》，提出支持重庆打造西部金融中心，加快推进成渝共建西部金融中心。此后，相关部委和川渝两地及时出台《成渝共建西部金融中心规划》，近期两地又在研究审议《联合实施细则》。我们看到，西部金融中心正在一步步从蓝图走进现实，这有利于中国资本市场的持续健康发展。

去年，重庆首部全面概括分析上市公司发展情况的专题报告——《重庆上市公司发展报告（2021）》面世后反响良好。今年，作为 2.0 版本，《重庆上市公司发展报告（2022）》乘势而上、优化提升。在我看来，有三方面提升：一是更“精”。今年的报告，数据分析更加精细化，开展了多层次、多维度分析，让读者各取所需。海量数据分析的背后，是更加海量的基础分析工作，其中功夫，可见一斑。二是更“专”。今年增加了四个有分量的专题报告，颇具针对性，也颇有实用性。三是更“全”。比如，在对策建议章节，三个方面的建议涵盖了企业上市前、中、后三个阶段，对拟上市和已上市企业都有参考价值。

希望这本报告能为读者带来新的收获。

吴晓求

2022年10月25日

目录

第一章　资本市场发展概况

第二章　重庆上市公司发展情况

第五章　专题报告

第六章　对策建议

附录　有关政策文件

第一章
资本市场发展概况

近年来，世界政治经济格局发生深刻演变，新冠肺炎疫情给全球经济复苏和金融稳定带来重大挑战，主要经济体货币金融政策边际调整的外溢效应逐步显现。面对复杂多变的环境，包括中国在内的全球资本市场充分展现韧性，向上向好、坚毅前行。

一 全球资本市场

（一）货币金融政策边际外溢效应显现，资本市场韧性足

近年来，世界政治经济格局发生了深刻复杂的演变，新冠肺炎疫情给全球经济复苏和金融稳定带来了重大挑战，主要经济体货币金融政策边际调整的外溢效应逐步显现。

2021 年以来，各国各地区综合运用财政政策、货币政策、就业政策，全力恢复经济金融秩序。总体来看，全球资本市场经受住了疫情的冲击，逐步恢复正常功能，展现出强大韧性。一方面，主要经济体股市表现良好，对稳定信心和改善预期发挥了重要作用。在经历了剧烈震荡后，全球主要市场基本恢复并保持良好的运行态势，主要股指基本恢复甚至超过了疫情前水平。另一方面，资本市场基础功能有效发挥，有力支持了实体经济恢复发展。监管机构采取积极措施，加强制度工具创新，助力强化融资服务，全球多个资本市场实现上涨。2021 年，全球资本市场通过出售股票、发行债券等筹集资金 12.1 万亿美元。

（二）全球股市整体向上，A 股市场向好

2021 年，80 多个国家和地区的通货膨胀率达到近 5 年新高，全球总体通胀率超 4%，为近 10 年最高水平。尽管面临通货膨胀压力，2021 年全球股市表现整体向上，MSCI 全球指数[①]上涨超 15%。由于油价飙升等因素，海湾地区股市录得逾 10 年来最佳年度表现。

具体来看，2021 年亚太主要股市中，韩国综合指数上涨 3.63%，日经 225 指数上涨 4.91%，印度 SENSEX30 指数上涨 21.99%，澳大利亚标普 200 指数上涨 13.02%。作为全球主要股市之一，中国香港股市在 2020 年表现不佳的背景下，2021 年进一步大幅下挫，恒生指数全年下跌 14.08%。受互联网科技股影响，素有“港版纳指”之称的恒生科技指数年内跌幅逾三成，达 −32.70%，在全球各大指数中排名垫底。A 股方面，2021 年 12 月 31 日收盘，上证指数报 3639.78 点，深证成指报 14857.35 点，创业板指报 3322.67 点，全年累计分别上涨 4.80%、2.67%、12.02%，A 股市场整体向好。

① MSCI 全球指数，又称大摩指数，是摩根士丹利资本国际公司编制的证券指数。

美洲地区主要股市中，美国标普 500 指数 2021 年累计上涨 26.89%，已连续 3 年上涨。其中，能源和房地产板块年度涨幅均超过 40%，科技和金融股上涨 30% 以上。道琼斯工业平均指数上涨 18.73%；纳斯达克指数录得过去 10 年内的第 9 个年度涨幅，上涨 21.39%。阿根廷 MERV 指数全年上涨 63.00%，巴西 IBOVESPA 指数全年下跌 11.93%，多伦多 300 指数全年上涨 21.74%，墨西哥 MXX 指数全年上涨 20.89%。

欧股迎来大涨。其中，英国富时 100 指数全年上涨 14.30%，法国 CAC40 指数上涨 28.85%，德国 DAX30 指数上涨 15.79%，意大利富时 MIB 指数上涨 23.00%，俄罗斯 RTS 指数上涨 15.01%，西班牙 IBEX35 指数上涨 7.93%。

2021 年全球主要股指涨跌情况如图 1-1 所示。

图 1-1　2021 年全球主要股指涨跌情况

（三）股票发行总额破纪录，并购交易规模大增

受各主要市场的首次公开募股（IPO）数量激增的推动，全球股市发行规模打破了2020年创造的纪录，股票发行总额达1.44万亿美元，同比增长24%。

2021年是近年来全球IPO活动最活跃的一年，IPO数量和募资额均创新高。安永数据显示，2021年全球IPO企业数约2400家，募集资金超4500亿美元。其中，美国IPO数量突破1000宗大关，募资规模约3150亿美元，是2020年1680亿美元规模的近两倍。港股97家IPO企业募得3288.98亿港元（约合人民币2735.91亿元），A股新增上市企业524家，募集资金5426.75亿元。

宽松的融资市场推动了大型并购交易、债务融资的低利率和开放的资本市场，为买家提供了执行大型交易所需的资金。标普数据显示，2021年全球并购交易规模达到4.55万亿美元，远超2020年的2.98万亿美元，并购交易数量从2020年的47433笔增至56686笔。

二 中国资本市场

2021年，中国资本市场估值回归与深化改革并行，机构资金迅速增长，万亿元日成交额成为常态，外资积极布局A股。同时，注册制下资本市场监管制度与退市机制更加完善，IPO与退市公司数量均达到新高。《福布斯》杂志发布的2021年“全球上市公司2000强”排行榜中，中国（包括港澳台地区）共有395家企业上榜。

（一）政策支持：多项举措护航资本市场高质量发展

2021年，海外新冠肺炎疫情蔓延、国际金融市场动荡加剧，我国资本市场面临着更加复杂多变的局面。党中央、国务院高度重视，科学统筹，“一行两会”①等部委陆续发

① “一行两会”指中国人民银行、中国证券监督管理委员会（简称证监会）、中国银行保险监督管理委员会（简称银保监会）。

布多个政策文件支持资本市场高质量发展。在“十四五”开局之年，资本市场改革深入推进，注册制改革不断扩围，深交所主板和中小板平稳合并，北交所鸣锣开市，形成了上交所“主板 + 科创板”、深交所“主板 + 创业板”、北交所的新格局。

1. 中央层面

2021 年 9 月 2 日，国家主席习近平在 2021 年中国国际服务贸易交易会全球服务贸易峰会上指出，继续支持中小企业创新发展，深化新三板改革，设立北京证券交易所，打造服务创新型中小企业主阵地。此后，证监会确定以新三板精选层为基础组建北交所。11 月 15 日，肩负“打造服务创新型中小企业主阵地”使命的北交所揭牌并开市，首批 81 家企业上市，中国多层次资本市场体系进一步完善。

11 月 29 日，国务院发布《证券期货行政执法当事人承诺制度实施办法》，成为提升行政执法效能的重要举措，有利于保护投资者尤其是中小投资者的合法权益，向全球金融机构和投资者传递了积极信号，进一步提升了我国资本市场市场化、法治化、国际化水平。

12 月 8 日至 10 日，中央经济工作会议召开。会议指出，要抓好要素市场化配置综合改革试点，全面实行股票发行注册制。

此外，国务院金融稳定发展委员会（简称国务院金融委）三次会议点题资本市场。其中，第五十次会议提出，坚持“建制度、不干预、零容忍”，继续加强资本市场基础制度建设，更好保护投资者利益，促进资本市场平稳健康发展。第五十一次会议明确，要维护股、债、汇市场平稳运行，严厉打击证券违法行为，严惩金融违法犯罪活动。第五十三次会议提出，健全金融风险防控处置机制，发展普惠金融、绿色金融、数字金融，建设中国特色资本市场。

2. 部门层面

2 月 5 日，证监会正式批复深交所合并主板与中小板，确定统一主板与中小板的业务规则与运行监管模式，板块合并后，发行上市条件、投资者门槛、交易机制、证券代码及简称均不变。4 月 6 日，深交所主板正式与运行了 17 年的中小板合并，合并后的深市主板定位于支持相对成熟的企业融资发展、做优做强。

11 月 12 日，我国首单特别代表人诉讼案——康美药业案一审宣判，广州市中级人民法院责令康美药业赔偿 5.2 万名投资者 24.59 亿元，其中 5 名独立董事承担数亿元连带赔偿责任。此举引起市场震荡，其后 1 周多时间内，20 余家上市公司独立董事密集辞职。该案的判决宣告了虚假陈述、欺诈发行违法成本过低的时代一去不复返，国家对上市公司、中介机构将从严监管。

6 月 29 日，国家发展和改革委员会（简称国家发展改革委）发布《关于进一步做好基础设施领域不动产投资信托基金（REITs）试点工作的通知》，从试点区域、行业范围等多个层面对公募 REITs 范围进行扩容，并进一步明确项目申报等具体要求，细化完善政策规定。从试点区域看，从此前的重点区域扩大至全国各地区；从试点行业看，扩大至交通基础设施、能源基础设施、市政基础设施、生态环保基础设施、仓储物流基础设施、园区基础设施、新型基础设施、保障性租赁住房等基础设施领域。截至 2021 年年末，全国基础设施公募 REITs 产品扩容至 11 只。

9 月 10 日，粤港澳三地同时发布《粤港澳大湾区“跨境理财通”业务试点实施细则》，“跨境理财通”业务试点正式启动，支持大湾区内地及港澳居民个人跨境投资对方银行销售的合资格投资产品。“跨境理财通”分为“北向通”和“南向通”。其中，“北向通”指港澳投资者在粤港澳大湾区内地代销银行开立个人投资账户，通过闭环式资金管道汇入资金购买内地代销银行销售的投资产品；“南向通”指粤港澳大湾区内地投资者在港澳销售银行开立个人投资账户，通过闭环式资金管道汇出资金购买港澳销售银行销售的投资产品。在额度管理上，“北向通”跨境资金净流入额上限和“南向通”跨境资金净流出额上限均不超过 1500 亿元人民币。

10 月 29 日，富时罗素公司正式将中国国债纳入富时世界国债指数（WGBI）。至此，中国国债在此前已纳入彭博巴克莱全球综合指数和摩根大通全球新兴市场政府债券指数的基础上，成功跻身全球三大主流债券指数。中国人民银行数据显示，截至 2021 年年末，国际投资者持有中国银行间市场债券规模达 4 万亿元，约占全市场总托管理量的 3.5%。

12 月 3 日，银保监会办公厅发布《关于保险资金参与证券出借业务有关事项的通知》。提出在监管标准上，设置差异化监管标准。一方面限制偿付能力、资产负债管理能力等未达标的保险机构参与证券出借业务，另一方面引导保险机构加强交易对手管理，根据业务模式、风险程度的差异，设定不同的交易对手标准，切实防范信用风险。在强化审慎监管方面，对无中央对手方的证券出借业务，要求证券借入方提供担保，规定担保物类型及担保比例下限，强调担保比例持续达标，增强资产安全性。在加强合规管理要求上，明确保险机构参与证券出借业务在会计处理上不终止确认、在保险资金运用比例监管上不放松要求，压实保险机构在经营决策、交易对手管理、资产担保、资产托管、合规管理、风险管理、关联交易等方面的主体责任。

（二）股票市场：IPO 数量、融资规模再创新高，六成交易日成交额过万亿元

截至 2021 年年末，我国境内上市公司数达 4697 家，其中上交所 2037 家（主板 1660 家、科创板 377 家），深交所 2578 家（主板 1488 家、创业板 1090 家），北交所 82 家（见表 1-1）。总市值首次突破 90 万亿元，达 91.88 万亿元。其中，上交所主板总市值 46.34 万亿元，成交额 103.42 万亿元，平均市盈率 16.61 倍；科创板总市值 5.63 万亿元，成交额 10.54 万亿元，平均市盈率 71.64 倍。深交所主板总市值 25.62 万亿元，成交额 89.65 万亿元，平均市盈率 26.52 倍；创业板总市值 14.02 万亿元，成交额 54.33 万亿元，平均市盈率 59.99 倍。北交所总市值 0.27 万亿元，成交额 0.16 万亿元，平均市盈率 34.67 倍。

表 1-1　2021 年 A 股上市公司情况

所在板块	上市公司数（家）	总市值（万亿元）	成交额（万亿元）	平均市盈率（倍）
上交所主板	1660	46.34	103.42	16.61
深交所主板	1488	25.62	89.65	26.52
科创板	377	5.63	10.54	71.64
创业板	1090	14.02	54.33	59.99
北交所	82	0.27	0.16	34.67

值得一提的是，2021 年，A 股市场成交额大幅上升，北向资金连续 12 个月净流入。截至 2021 年 12 月 31 日收盘，全年共计 149 个交易日成交额超过万亿元，约占全年 243 个交易日的 61.32%。其中，在 7 月 21 日至 9 月 29 日，沪深两市成交额连续 49 个交易日超过万亿元，创历史纪录。

从 IPO 情况来看，随着注册制改革加速推进，企业上市效率显著提升，越来越多的企业进入资本市场。2021 年，全国共有 524 家企业完成上市，首发募集资金总额达 5426.53 亿元，IPO 公司数量及首发募资额较 2020 年分别增长 19.91%、12.92%，均创历史新高。

分板块看，首发上市公司中，核准制下的沪深主板分别上市 88 家、34 家，分别募集资金 1625.22 亿元、222.08 亿元。注册制发行的企业中，科创板上市 162 家，募集资金 2029.04 亿元；创业板上市 199 家，募集资金 1475.11 亿元；北交所上市 41 家，募集资金 75.08 亿元（见表 1-2）。以注册制方式上市的公司数量占比超过七成，达 76.72%。

表 1-2　2021 年全国 IPO 企业情况

审核制度	IPO 板块	数量（家）	募资金额（亿元）
核准制	上交所主板	88	1625.22
	深交所主板	34	222.08
注册制	科创板	162	2029.04
	创业板	199	1475.11
	北交所	41	75.08

分区域来看，东部地区[①] 10 省市 IPO 公司数量为 410 家，募集资金 4339.58 亿元，分别占全国 IPO 公司数量和募资金额的 78.24%、79.97%；中部地区[②] 6 省 IPO 公司数量为 62 家，募集资金 569.31 亿元；西部地区[③] 10 省（自治区、直辖市）IPO 公司数量为 41 家（青海、甘肃 2021 年无 IPO 公司），募集资金 419.43 亿元；东北地区[④] 3 省 IPO 公司数量为 11 家，募集资金 98.21 亿元（见图 1-2）。

① 东部地区包括：北京、天津、河北、上海、江苏、浙江、福建、山东、广东和海南 10 个省（直辖市）。

② 中部地区包括：山西、安徽、江西、河南、湖北和湖南 6 个省。

③ 西部地区包括：内蒙古、广西、重庆、四川、贵州、云南、西藏、陕西、甘肃、青海、宁夏和新疆 12 个省（自治区、直辖市）。

④ 东北地区包括：辽宁、吉林和黑龙江 3 个省。

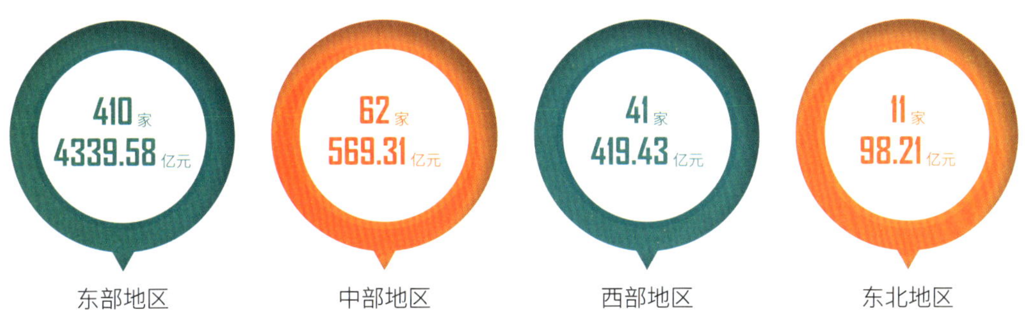

图 1-2　2021 年各地区 A 股 IPO 公司数量及募资情况

分省（自治区、直辖市）来看，广东、浙江、江苏是 IPO 大省，排在全国前三，IPO 公司数量分别为 92 家、87 家、86 家，首发募集资金分别为 709.50 亿元、683.09 亿元、608.81 亿元；IPO 公司数量在 30~50 家的有上海、北京、山东 3 个省市，分别为 48 家、40 家、36 家；此外，10~30（不含）家 的有 6 个省，1~10（不含）家的有 17 个省（自治区、直辖市）（见表 1-3）。

表 1-3　2021 年各省（自治区、直辖市）A 股 IPO 公司数量及首发募集资金情况

省（自治区、直辖市）	IPO 公司数量（家）	首发募集资金数（亿元）
广东	92	709.50
浙江	87	683.09
江苏	86	608.81
上海	48	684.70
北京	40	1215.15
山东	36	274.23
四川	18	136.21
安徽	18	117.50
湖南	14	233.25

续表

省（自治区、直辖市）	IPO 公司数量（家）	首发募集资金数（亿元）
湖北	13	110.69
河南	10	48.79
福建	10	65.60
河北	7	61.19
陕西	7	45.12
江西	6	56.39
辽宁	5	65.10
重庆	5	61.06
吉林	5	30.45
天津	3	33.01
云南	2	52.55
内蒙古	2	29.52
贵州	2	17.03
广西	2	5.89
新疆	1	64.47
西藏	1	5.45
海南	1	4.30
山西	1	2.69
黑龙江	1	2.66
宁夏	1	2.13

分行业看（申万一级行业），机械设备行业最多，为 80 家；医药生物行业 60 家、电子行业 54 家、基础化工行业 50 家、电力设备行业 38 家，排在第 2 至第 5 位。值得一提的是，首发上市公司中，属于战略性新兴产业的达 349 家，占比为 66.60%。

2021 年，IPO 上会数量与过会率较 2020 年皆有所下降。全年新上会审核企业 503 家，其中主板 92 家、创业板 208 家、科创板 163 家、北交所 40 家；通过 443 家，全年整体过会率为 88.07%，主板、创业板、科创板以及北交所过会率分别为 77.17%、94.23%、85.89% 以及 90.00%（见表 1-4）。

表 1-4 2021 年发审委[①]审核 IPO 情况

IPO 审核情况	整体	主板	创业板	科创板	北交所
上会（家）	503	92	208	163	40
通过（家）	443	71	196	140	36
暂缓表决（家）	21	4	2	11	4
取消审核（家）	10	4	2	4	0
未通过（家）	29	13	8	8	0
过会率（%）	88.07	77.17	94.23	85.89	90.00

从市场表现来看，524 家 IPO 公司中，498 家上市首日股价实现上涨，占 95.04%；414 家上市首月股价实现上涨，占 79.01%。

从再融资来看，随着 2020 年 2 月再融资新规落地及相关政策的持续优化，2021 年 A 股市场再融资保持了较好的发展态势，再融资规模达 12007.45 亿元。其中，增发募资 8767.59 亿元，占 73.02%；配股实际募资 342.74 亿元，占 2.85%；可转债 2897.12 亿元，占 24.13%。

随着资本市场的改革与发展，上市公司退市数量也出现增长。数据显示，2021 年有 23 只股票从沪深两市退市，其中退市机制不断完善 A 股 20 只、B 股 3 只，超过 2020 年的 20 只。从退市原因来看，3 只股票为吸收合并，股价低于面值的 7 只，连续三年亏损的 8 只，暂停上市后未披露定期报告的 1 只，其他不符合挂牌情形的 4 只。

① 发审委：股票发行审核委员会。

（三）债券市场：债券交易较为活跃，回购交易占六成

截至 2021 年年末，全国共有债券 64582 只，债券余额 130.39 万亿元，其中沪深交易所 18680 只、15.46 万亿元。从债券交易来看，现券交易 229.18 万亿元，其中银行间债券市场交易 211.96 万亿元，沪深交易所交易 17.22 万亿元（上交所成交 6.37 万亿元，深交所成交 10.85 万亿元）；回购交易 799.67 万亿元，其中银行间债券市场交易 455.10 万亿元，沪深交易所交易 344.57 万亿元（上交所成交 308.13 万亿元，深交所成交 36.44 万亿元）；同业拆借 94.55 万亿元（见表 1-5）。

表 1-5　2021 年我国债券成交统计（按交易方式）

交易市场	现券交易		回购交易		同业拆借		合计	
	总金额（万亿元）	比重（%）	总金额（万亿元）	比重（%）	总金额（万亿元）	比重（%）	总金额（万亿元）	比重（%）
银行间债券市场	211.96	92.49	455.10	56.91	94.55	100.00	761.61	67.80
上交所	6.37	2.78	308.13	38.53	—	—	314.50	28.00
深交所	10.85	4.74	36.44	4.56	—	—	47.29	4.21
总计	229.18	100.00	799.67	100.00	94.55	100.00	1123.40	100.00

（四）其他：基础设施公募 REITs 开闸，并购重组较活跃

公开募集基础设施证券投资基金（REITs）作为不动产资产证券化的重要渠道之一，早在 2005 年我国就进入早期探索阶段。2021 年，我国首批 9 只公募 REITs 上市。截至 2021 年年末，全国共发行公募 REITs 11 只，发行规模 364.13 亿元；成交金额 2.56 亿元，换手率在 0.65% 至 3.64% 之间，平均换手率为 1.87%。

从并购重组事件来看，按交易完成日统计，2021 年，全国共完成并购事件 10169 起，其中上市公司 1358 起；按最新披露日期统计，全国共有重大重组事件 188 起，完成 96 起，交易总价值 3502.25 亿元。

三　重庆资本市场

（一）系列举措支持企业上市

重庆市高度重视资本市场发展，不断出台系列务实举措，扎实推动重庆资本市场在经济复苏大环境中稳步前进。

2021 年 2 月，《重庆市人民政府关于进一步提高上市公司质量的实施意见》出台，强调打造优质上市公司集群，强化提高上市公司质量的工作合力。5 月，重庆市经济和信息化委员会印发《重庆市工业企业上市培育工作方案》，提出推进实施“千百十”工业企业上市育苗工程，分类引导企业挂牌和上市。10 月，重庆市企业科创板上市专项工作组成立，由市政府分管副市长担任工作组组长。

除政策支持外，相关监管部门、机构和企业积极开展一系列活动助推重庆资本市场发展。

8 月 20 日，“2021 创投成渝·发现金种子”企业选拔活动启动。这是川渝两地区域性股权市场首次携手，联合沪深交易所西部基地、新三板西南基地以及重庆科技创新投资集团有限公司等发挥资本市场培育孵化企业功能的创新举措。

9 月 15 日，上交所资本市场服务重庆基地召开了重庆重点科创企业座谈交流会。本次活动提升了企业家对资本市场的认识，坚定了企业上市的信心与决心，进一步加快了重庆企业，尤其是重点科创企业的上市步伐。

10 月 21 日，重庆市金融监管局、重庆证监局、重庆市经济信息委、重庆市科技局以及全国股转公司[①]联合召开北京证券交易所政策解读专场培训会，帮助参会单位深化对北交所的认识，进一步凝聚政府部门工作合力，推动中介机构归位尽责。

12 月 7 日，《重庆上市公司发展报告（2021）》发布暨资本市场发展研讨会在江北嘴成功举行。本次活动由重庆市地方金融监督管理局指导，江北区政府主办，江北区金融办、江北嘴管委办、江北嘴金融促进会、西部金融研究院、江北嘴财经智库联合重庆市注册会计师协会承办，西南证券、华夏银行重庆分行协办。《重庆上市公司发展报告（2021）》是近年来重庆首部聚焦上市公司发展的专题报告，具有较强的开创意义。

---

① 全国股转公司即全国中小企业股份转让系统有限责任公司。

（二）境内外上市公司实现新突破

2021 年，重庆新增境内上市公司 6 家，包括重庆银行、四方新材、新安洁、中设咨询、三羊马和长江材料。其中，上交所主板、深交所主板、北交所上市公司各 2 家。具体来看，2 月 5 日，重庆银行 A 股上市，成为西部首家、国内第 3 家“A+H”上市的城商行；3 月 10 日，“重庆混凝土大王”四方新材上市；11 月 15 日，新安洁、中设咨询在北交所开市之日成功登陆；11 月 30 日，公铁联运方式的第三方物流企业三羊马在深交所主板上市；12 月 24 日，国内领先铸造材料制造商长江材料登陆深交所主板（见表 1-6）。截至 2021 年年末，全市共有境内外上市公司 81 家①，其中境内上市公司 63 家，境外上市公司 21 家（港交所 17 家、台交所 1 家、纳斯达克 1 家、纽交所 1 家、新交所 1 家）。

表 1-6　2021 年重庆新增境内上市公司情况

序号	上市公司	上市日期	上市板块
1	重庆银行	2 月 5 日	上交所主板
2	四方新材	3 月 10 日	上交所主板
3	新安洁	11 月 15 日	北交所
4	中设咨询	11 月 15 日	北交所
5	三羊马	11 月 30 日	深交所主板
6	长江材料	12 月 24 日	深交所主板

① 长安汽车为 A+B 股上市公司，重庆钢铁、渝农商行、重庆银行为 A+H 股上市公司。

（三）多渠道利用资本市场募资

2021年，重庆上市公司通过IPO、定向增发股票的方式募集资金172.85亿元（见表1-7）。其中，IPO首发公司5家（新安洁为新三板平移至北交所，非首发），募集资金61.06亿元；增发股票公司7家，募集资金111.79亿元（见表1-7）。

表1-7 2017—2021年重庆境内上市公司募集资金情况

年份	总募资情况		IPO		定向增发股票	
	公司数（家）	募集资金（亿元）	公司数（家）	募集资金（亿元）	公司数（家）	募集资金（亿元）
2021	12	172.85	5	61.06	7	111.79
2020	9	250.49	3	33.16	6	217.33
2019	7	148.10	4	117.66	3	30.44
2018	2	34.84	0	0.00	2	34.84
2017	8	118.27	6	36.00	2	82.27

此外，2021年，重庆企业发行信用债券1467只，合计发行规模8324.22亿元，进一步拓宽了企业资金来源渠道。其中，同业存单893只、4725.40亿元；私募债110只、767.43亿元；中期票据93只、661.60亿元；短期融资券85只、509.90亿元；资产支持证券155只、462.18亿元；公司债35只、434.60亿元；定向工具49只、354.10亿元；金融债13只、210.00亿元；企业债16只、118.10亿元；资产支持票据15只、67.15亿元；可交换债2只、9.71亿元；可转债1只、4.05亿元（见表1-8）。

表 1-8　2021 年重庆债券发行数量及规模（分类别）

发行类别	发行数量（只）	发行规模（亿元）
同业存单	893	4725.40
私募债	110	767.43
中期票据	93	661.60
短期融资券	85	509.90
资产支持证券（ABS）	155	462.18
公司债	35	434.60
定向工具	49	354.10
金融债	13	210.00
企业债	16	118.10
资产支持票据（ABN）	15	67.15
可交换债	2	9.71
可转债	1	4.05

（四）并购重组事件有序开展

2021 年以来，重庆共发生 27 起重大重组事件，交易总价值约为 60.71 亿元（见表 1-9），已完成 16 件、37.73 亿元。多个事件涉及上市公司，如四方新材收购砼磊高新公司 65% 股权，重庆建工收购建材物流公司 17.88% 股权等。

表 1-9　2021 年重庆并购重组事件一览

序号	披露日期	并购事件	交易竞买方	交易总价值（万元）	进度
1	2021-12-01	电能股份[①] 定增收购西南设计 54.61% 股权、芯亿达 49% 股权、瑞晶实业 51% 股权	声光电科	94793.23	完成
2	2021-11-03	重药控股收购和亚创投 36% 合伙份额	重药控股	10211.24	完成
3	2021-10-23	顺博合金收购奥博铝材 100% 股权及相关债权	顺博合金	17739.53	达成转让意向
4	2021-09-23	四方新材收购砼磊高新公司 65% 股权	四方新材	0.00	完成
5	2021-07-28	财信发展收购财信智服 100% 股权	财信发展	58000.00	股东大会未通过
6	2021-07-22	重庆建工收购建材物流公司 17.88% 股权	重庆建工	11101.68	完成
7	2021-06-29	金科股份 6.96% 股权权益变动	重庆虹淘文化传媒	0.00	完成
8	2021-06-18	财信发展放弃收购财信实业 100% 股权后由国家电投集团远达水务收购	国家电投集团远达水务	64800.00	完成
9	2021-06-11	财信发展收购安徽诚和物业 100% 股权	财信发展	19800.00	完成
10	2021-06-08	川仪股份股东四联集团 100% 股权无偿划转	渝富控股	0.00	完成
11	2021-05-31	ST 电能[②]置入西南设计 45.39% 股权、芯亿达 51% 股权、瑞晶实业 49% 股权	声光电科	84167.87	完成
12	2021-05-12	紫翔生物出售沐兰环保 51% 股权	重庆沐联	0.00	完成
13	2021-05-07	ST 天圣出售长圣医药 51% 股权	重庆医药	5955.00	完成

①② 现简称声光电科。

续表

序号	披露日期	并购事件	交易竞买方	交易总价值（万元）	进度
14	2021-04-30	新安洁收购暨增资汇贤优策获其20.02%股权	新安洁	7358.70	董事会预案
15	2021-04-26	重药控股子公司收购化医财务公司10%股权	重庆医药	12271.64	失败
16	2021-04-20	重交再生收购荣昌重交15%股权	重交再生	815.00	完成
17	2021-04-20	重交再生出售贵州重交51%股权	重庆修与齐	100.00	完成
18	2021-04-10	财信发展收购合同能源公司35%股权	财信发展	1776.12	完成
19	2021-04-02	宗申动力转让宗申融资租赁公司70%股权	重庆创思特文化传媒	15893.40	失败
20	2021-03-30	宗申动力转让左师傅公司15.51%股权	忽米产业	1080.00	签署转让协议
21	2021-03-27	重交再生出售质能环保40%股权	首厚智能	263.56	进行中
22	2021-03-12	迪马股份收购睿成房地产3.39%股权、元正洪久5%股权、远东川府5%股权、励德天同10%股权、威斯莱克酒店30%股权、东原励川科技10%股权、睿丰科技2.49%股权、原和房地产6.78%股权、成都皓博房地产1%股权	迪马股份	0.00	完成
23	2021-02-09	莱美药业转让湖南康源100%股权、成都金星90%股权、四川禾正100%股权及莱美健康60%股权等5家公司股权	重庆智赢优远健康科技、杭州布莱森医药科技、芝臣科技	53410.09	签署转让协议
24	2021-02-08	太极集团转让成都新衡生95%股权	重庆太衡	83757.00	完成
25	2021-01-14	重药控股转让重药大足医管65%股权和1616万元债权	大足国资	11137.00	签署转让协议
26	2021-01-14	金科股份转让蓝波湾置业67%股权及相关债权	融创西南集团、重庆铭睿	52700.00	董事会预案
27	2021-01-13	ST昌辉收购渝晨时光20%股权	昌辉股份	0.00	董事会预案

第二章
重庆上市公司发展情况

截至 2021 年年末，重庆共有境内外上市公司 81 家。整体来看，重庆上市公司财务结构较为稳定，创新能力持续提升，营运能力不断优化，公司治理能力不断提升，国际化程度有所提高，积极承担社会责任，为经济高质量发展作出了重要贡献。

一 重庆境内上市公司

（一）基本情况

1. 总体态势：近5年年均增加约4家

2017—2021年，全市共增加境内外上市公司19家；其中，2017年和2021年各增加6家，2019年增加4家，2020年增加3家，2018年无新增（见图2-1）。截至2021年年末，重庆境内上市公司达63家（包括1家A+B股[①]）（见表2-1）。

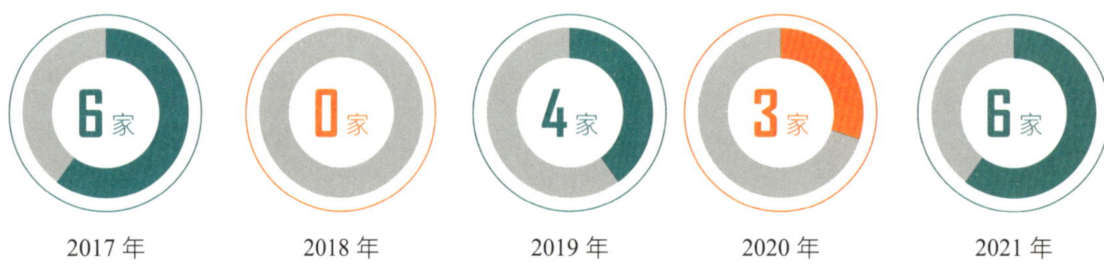

图2-1 近5年重庆新增上市公司情况

表2-1 2021年年末重庆境内上市公司一览表

序号	证券代码	上市公司	上市日期	上市板块
1	600847.SH	万里股份	1994-03-24	上交所
2	600877.SH	声光电科	1995-10-13	
3	600729.SH	重庆百货	1996-07-02	
4	600106.SH	重庆路桥	1997-06-18	

① 即长安汽车（000625.SZ）和长安B（200625.SZ）。

续表

序号	证券代码	上市公司	上市日期	上市板块
5	600116.SH	三峡水利	1997-08-04	上交所
6	600132.SH	重庆啤酒	1997-10-30	
7	600129.SH	太极集团	1997-11-18	
8	600279.SH	重庆港	2000-07-31	
9	600292.SH	远达环保	2000-11-01	
10	600369.SH	西南证券	2001-01-09	
11	600565.SH	迪马股份	2002-07-23	
12	600452.SH	涪陵电力	2004-03-03	
13	601005.SH	重庆钢铁	2007-02-28	
14	601158.SH	重庆水务	2010-03-29	
15	601777.SH	力帆科技	2010-11-25	
16	601965.SH	中国汽研	2012-06-11	
17	603766.SH	隆鑫通用	2012-08-10	
18	603100.SH	川仪股份	2014-08-05	
19	600917.SH	重庆燃气	2014-09-30	
20	603601.SH	再升科技	2015-01-22	
21	601127.SH	小康股份[①]	2016-06-15	
22	600939.SH	重庆建工	2017-02-21	
23	603717.SH	天域生态	2017-03-27	

① 现简称赛力斯。

续表

序号	证券代码	上市公司	上市日期	上市板块
24	603758.SH	秦安股份	2017-05-17	上交所
25	603976.SH	正川股份	2017-08-22	
26	603697.SH	有友食品	2019-05-08	
27	601077.SH	渝农商行	2019-10-29	
28	603109.SH	神驰机电	2019-12-31	
29	601827.SH	三峰环境	2020-06-05	
30	601963.SH	重庆银行	2021-02-05	
31	605122.SH	四方新材	2021-03-10	
32	000514.SZ	渝开发	1993-07-12	深交所
33	000565.SZ	渝三峡 A	1994-04-08	
34	200054.SZ	建车 B	1995-07-25	
35	000591.SZ	太阳能	1996-02-08	
36	200625.SZ	长安 B	1996-11-08	
37	000656.SZ	金科股份	1996-11-28	
38	000688.SZ	国城矿业	1997-01-20	
39	001696.SZ	宗申动力	1997-03-06	
40	000736.SZ	中交地产	1997-04-25	
41	000625.SZ	长安汽车	1997-06-10	
42	000788.SZ	北大医药	1997-06-16	
43	000838.SZ	财信发展	1997-06-26	
44	000892.SZ	欢瑞世纪	1999-01-15	

续表

序号	证券代码	上市公司	上市日期	上市板块
45	000950.SZ	重药控股	1999-09-16	深交所
46	002004.SZ	华邦健康	2004-06-25	
47	300006.SZ	莱美药业	2009-10-30	
48	300122.SZ	智飞生物	2010-09-28	
49	002507.SZ	涪陵榨菜	2010-11-23	
50	002558.SZ	巨人网络	2011-03-02	
51	300194.SZ	福安药业	2011-03-22	
52	300275.SZ	梅安森	2011-11-02	
53	300363.SZ	博腾股份	2014-01-29	
54	002742.SZ	三圣股份	2015-02-17	
55	002765.SZ	蓝黛科技	2015-06-12	
56	002872.SZ	ST 天圣	2017-05-19	
57	002907.SZ	华森制药	2017-10-20	
58	002968.SZ	新大正	2019-12-03	
59	002996.SZ	顺博合金	2020-08-28	
60	003006.SZ	百亚股份	2020-09-21	
61	001317.SZ	三羊马	2021-11-30	
62	001296.SZ	长江材料	2021-12-24	
63	831370.BJ	新安洁	2021-11-15	北交所
64	833873.BJ	中设咨询	2021-11-15	

2. 上市板块：近九成登陆主板

重庆 63 家境内上市公司中，上交所 31 家，占 49.21%，均为主板上市公司；深交所 30 家，占 47.62%，其中深交所主板 25 家、创业板 5 家；北交所 2 家，占 3.17%（见图 2-2）。总体来看，在沪深两市主板上市 56 家，占 88.89%；在创业板、北交所上市共 7 家，占 11.11%。

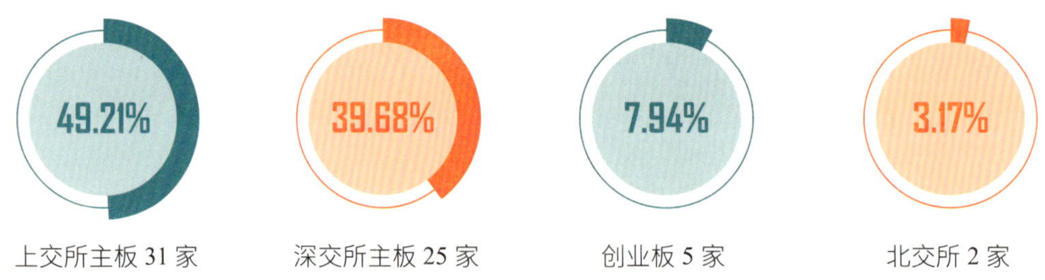

图 2-2 2021 年年末重庆境内上市公司板块分布情况

值得一提的是，2021 年 11 月 15 日，作为服务创新型中小企业的主阵地，北交所正式开市。中设咨询成为首批在北交所直接上市的 10 家企业中唯一 1 家重庆企业；新安洁作为新三板精选层挂牌企业，成为 71 家存量精选层挂牌企业平移至北交所的上市公司之一。

3. 上市注册地：中心城区超七成，江北区居首

重庆 63 家境内上市公司分布在 17 个区县和两江新区。

具体来看，最多的是江北区，共 11 家，占 17.46%；其次是两江新区，有 9 家，占 14.29%；渝中区以 6 家排名第 3，占 9.52%；涪陵区、北碚区各有 5 家，分别占 7.94%；巴南区 4 家，占比 6.35%；九龙坡区、渝北区、南岸区、长寿区各有 3 家，分别占 4.76%；江津区、璧山区、沙坪坝区各有 2 家，分别占 3.17%；大渡口区、万州区、荣昌区、合川区、垫江县各有 1 家，分别占 1.59%（见表 2-2）。

整体来看，中心城区①有上市公司 47 家，占 74.60%；主城新区中，涪陵区、长寿区、江津区、璧山区、荣昌区、合川区 6 个区共有 14 家上市公司，占 22.22%；万州区、垫江县 2 个渝东北三峡库区城镇群区县各有上市公司 1 家，占 3.18%。

---

① 中心城区包括渝中区、江北区、南岸区、九龙坡区、沙坪坝区、大渡口区、北碚区、渝北区、巴南区 9 个市辖区和两江新区、重庆高新区 2 个功能区。

表 2-2 2021 年年末重庆境内上市公司区域分布情况

区县	上市公司数量（家）	占比（%）	上市公司名录
江北区	11	17.46	金科股份、中交地产、长安汽车、财信发展、西南证券、智飞生物、重庆燃气、天域生态、渝农商行、重庆银行、中设咨询
两江新区	9	14.29	北大医药、重庆啤酒、重庆港、远达环保、华邦健康、力帆科技、中国汽研、重庆建工、新安洁
渝中区	6	9.52	渝开发、太阳能、重庆百货、重庆路桥、重庆水务、新大正
涪陵区	5	7.94	国城矿业、太极集团、欢瑞世纪、涪陵电力、涪陵榨菜
北碚区	5	7.94	川仪股份、三圣股份、正川股份、神驰机电、长江材料
巴南区	4	6.35	建车 B、宗申动力、百亚股份、四方新材
九龙坡区	3	4.76	梅安森、隆鑫通用、秦安股份
渝北区	3	4.76	重药控股、再升科技、有友食品
南岸区	3	4.76	迪马股份、莱美药业、巨人网络
长寿区	3	4.76	重庆钢铁、福安药业、博腾股份
江津区	2	3.17	万里股份、渝三峡 A
璧山区	2	3.17	声光电科、蓝黛科技
沙坪坝区	2	3.17	小康股份、三羊马
大渡口区	1	1.59	三峰环境
万州区	1	1.59	三峡水利
荣昌区	1	1.59	华森制药
合川区	1	1.59	顺博合金
垫江县	1	1.59	ST 天圣

2021 年新增的 6 家境内上市公司中，江北区 2 家（重庆银行、中设咨询），两江新区（新安洁）、北碚区（长江材料）、巴南区（四方新材）、沙坪坝区（三羊马）各 1 家，均位于中心城区或两江新区。

4. 所属行业：行业较为齐全，医药生物、汽车行业占优

按申万一级行业（2021）的标准划分，重庆境内上市公司涉及医药生物、汽车、公用事业、房地产、基础化工、机械设备、环保、食品饮料、传媒、电力设备、建筑装饰、交通运输、有色金属、金融、钢铁、建筑材料等近 20 个行业，行业相对齐全，但未涉及农林牧渔、国防军工、计算机等行业。

其中，医药生物行业 11 家，占 17.46%；汽车行业 8 家，占 12.70%；房地产行业 6 家，占 9.52%；公用事业、环保行业各 4 家，分别占 6.35%；金融、机械设备、建筑材料、建筑装饰、交通运输、食品饮料行业各 3 家，分别占 4.76%；有色金属、电力设备、传媒、基础化工行业各 2 家，分别占 3.17%；电子、钢铁、轻工制造、商贸零售行业各 1 家，分别占 1.59%（见图 2-3）。

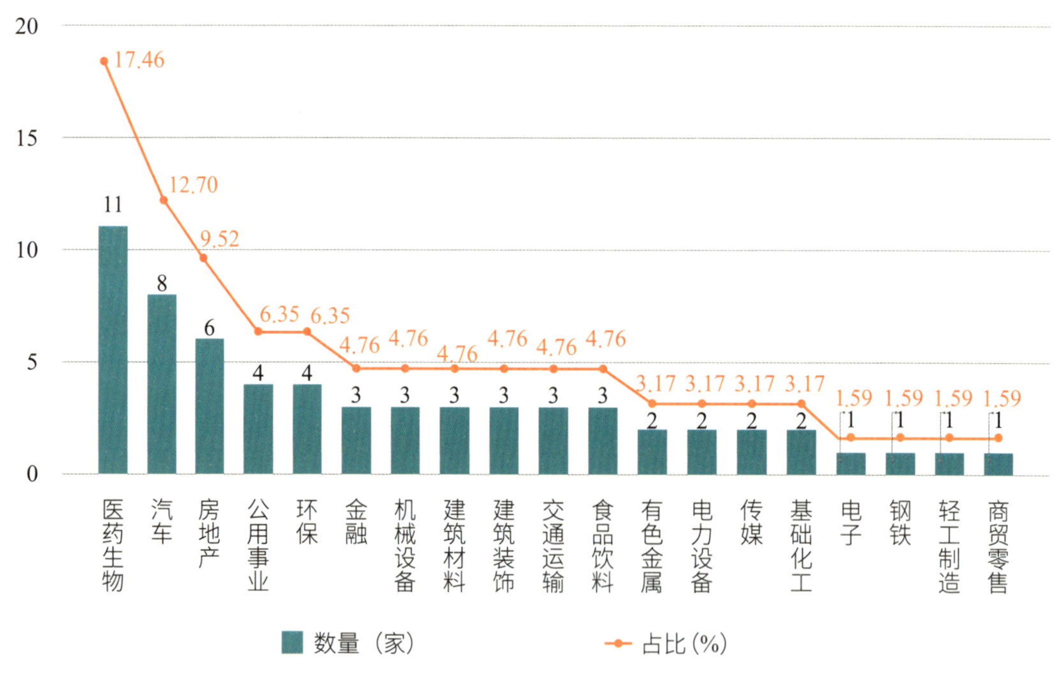

图 2-3　2021 年年末重庆境内上市公司所属行业情况

整体来看，重庆境内上市公司中，医药生物、汽车行业占比较大，高度契合重庆产业发展情况。当前，重庆正在重点打造以重庆国际生物城为核心的国家级医药生物产业集群，持续建设两江新区、西部科学城重庆高新区、长寿经开区、涪陵区、大渡口区 5 个集聚发

展产业基地，推动全市医药生物产业体系优化布局，打造国内一流医药生物产业高地。汽车产业方面，重庆作为全国重要的汽车产业基地，抢抓汽车产业转型升级风口，在新能源、智能化等关键领域发力，突破关键核心技术，提升产业竞争力，推动汽车行业上市公司高质量发展。

5. 企业性质：民营企业占比首次实现过半

重庆 63 家境内上市公司中，民营企业 32 家，占 50.79%；国有企业 28 家（包括中央国有企业 11 家，地方国有企业 17 家），占 44.44%；外资企业 2 家，占 3.17%；其他企业 1 家，占 1.59%（见表 2-3）。

表 2-3 2021 年年末重庆境内上市企业性质分布情况

企业性质及数量		占比（%）	上市公司名录
民营企业（32 家）		50.79	万里股份、金科股份、国城矿业、宗申动力、财信发展、欢瑞世纪、迪马股份、华邦健康、智飞生物、巨人网络、福安药业、梅安森、隆鑫通用、博腾股份、再升科技、三圣股份、蓝黛科技、小康股份、天域生态、ST 天圣、正川股份、华森制药、有友食品、新大正、神驰机电、顺博合金、百亚股份、四方新材、中设咨询、新安洁、三羊马、长江材料
国有企业（28 家）	中央国有企业（11 家）	17.46	建车 B、声光电科、太阳能、中交地产、长安汽车、三峡水利、太极集团、远达环保、涪陵电力、重庆钢铁、中国汽研、
	地方国有企业（17 家）	26.98	渝开发、渝三峡 A、重庆百货、重庆路桥、重药控股、重庆港、西南证券、莱美药业、重庆水务、涪陵榨菜、力帆科技、川仪股份、重庆燃气、重庆建工、渝农商行、三峰环境、重庆银行
外资企业（2 家）		3.17	重庆啤酒、秦安股份
其他企业（1 家）		1.59	北大医药

2021 年新增的 6 家上市公司中，民营企业有 5 家，直接推动重庆境内上市公司民营企业占比增长至 50.79%，实现过半，进一步接近全国 A 股市场民营企业占比。

（二）市场表现

1. 总市值：增幅超 1.5 倍，总量超 1.2 万亿元

截至 2021 年 12 月 31 日，重庆 63 家境内上市公司（64 只股票）总市值为 12039.58 亿元，较上市首日总市值 4675.81 亿元增加 7363.77 亿元，增幅达 157.49%。

智飞生物成为重庆境内上市公司的“一哥”，市值为 1993.60 亿元；长安汽车以 1159.32 亿元紧随其后；小康股份排名第 3 位，市值为 809.84 亿元（见图 2-4）。重庆啤酒、博腾股份、渝农商行、西南证券、太阳能、涪陵榨菜、重庆银行分列第 4 至第 10 位，市值均超过 300 亿元。

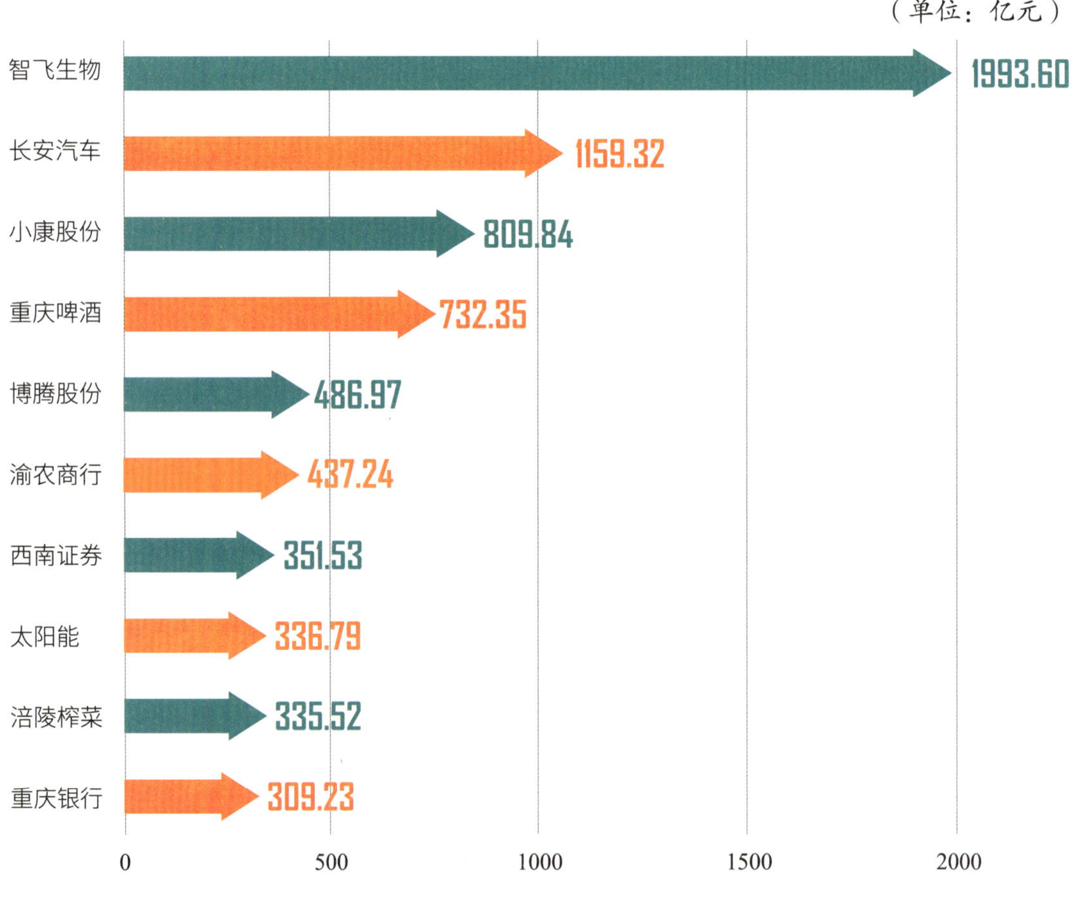

图 2-4 重庆境内上市公司市值（TOP10）

注：数据截至 2021 年 12 月 31 日。

从市值分布来看，超 1000 亿元的股票有 2 只，占 3.13%；500 亿 ~1000 亿元的 2 只，占 3.13%；300 亿 ~500 亿（不含）元的 7 只，占 10.94%；100 亿 ~300 亿（不含）元的 16 只，占 25.00%；50 亿 ~100 亿（不含）元的 18 只，占 28.13%；20 亿 ~50 亿（不含）元的 15 只，占 23.44%；20 亿元以下的 4 只，占 6.25%。64 只股票的平均市值为 188.12 亿元，低于 A 股的平均市值（212.66 亿元）；中位数为 77.86 亿元，高于 A 股的市值中位数（64.17 亿元）。

从 2021 年的市值变化情况来看，除当年新增上市的 6 家上市公司外，有 40 只股票市值实现正增长，占 68.97%；18 只出现负增长，占 31.03%（见表 2-4）。市值增幅超过 100% 的有 5 家，分别为小康股份 270.87%、财信发展 163.98%、声光电科 161.96%、博腾股份 145.68%、涪陵电力 112.55%。

表 2-4 2021 年重庆境内上市公司市值变化情况

序号	上市公司	2021 年 12 月 31 日收盘市值（亿元）	2020 年 12 月 31 日收盘市值（亿元）	增幅（%）
1	小康股份	809.84	218.36	270.87
2	财信发展	79.01	29.93	163.98
3	声光电科	185.44	70.79	161.96
4	博腾股份	486.97	198.21	145.68
5	涪陵电力	153.50	72.22	112.55
6	川仪股份	83.58	44.56	87.57
7	天域生态	37.08	20.55	80.44
8	万里股份	26.17	15.02	74.23
9	欢瑞世纪	44.24	25.60	72.81

续表

序号	上市公司	2021年12月31日收盘市值（亿元）	2020年12月31日收盘市值（亿元）	增幅（%）
10	太极集团	125.08	74.23	68.50
11	重庆路桥	59.81	35.62	67.91
12	隆鑫通用	113.15	71.87	57.44
13	太阳能	336.79	218.62	54.05
14	蓝黛科技	48.31	33.30	45.08
15	重庆钢铁	186.40	132.00	41.21
16	国城矿业	159.00	112.93	40.80
17	渝三峡A	28.92	20.55	40.73
18	三峡水利	222.96	161.00	38.48
19	华森制药	72.51	53.91	34.50
20	华邦健康	143.35	109.69	30.69
21	力帆科技	278.55	214.17	30.06
22	梅安森	21.61	16.92	27.72
23	重庆啤酒	732.35	575.88	27.17
24	中国汽研	184.10	146.40	25.75
25	重庆水务	307.68	245.76	25.20
26	神驰机电	42.68	34.54	23.57

续表

序号	上市公司	2021 年 12 月 31 日收盘市值（亿元）	2020 年 12 月 31 日收盘市值（亿元）	增幅（%）
27	重庆燃气	131.84	107.79	22.31
28	远达环保	66.68	55.67	19.78
29	莱美药业	72.01	60.35	19.32
30	建车 B	5.65	4.83	16.98
31	三圣股份	31.88	28.04	13.69
32	北大医药	40.83	36.59	11.59
33	重庆建工	74.22	67.14	10.55
34	ST 天圣	16.60	15.07	10.15
35	新大正	57.65	53.25	8.26
36	三峰环境	149.70	138.96	7.73
37	重庆港	48.31	45.46	6.27
38	渝开发	33.41	31.98	4.47
39	福安药业	60.91	58.65	3.85
40	涪陵榨菜	335.52	333.90	0.49
41	重药控股	88.91	89.87	−1.07
42	长安汽车	1159.32	1173.51	−1.21
43	西南证券	351.53	357.51	−1.67

续表

序号	上市公司	2021 年 12 月 31 日收盘市值（亿元）	2020 年 12 月 31 日收盘市值（亿元）	增幅（%）
44	中交地产	44.16	46.45	−4.93
45	宗申动力	83.24	88.28	−5.71
46	再升科技	89.98	98.14	−8.31
47	有友食品	54.30	59.84	−9.26
48	重庆百货	105.78	117.49	−9.97
49	顺博合金	64.23	71.43	−10.08
50	迪马股份	62.21	69.95	−11.07
51	秦安股份	37.43	42.52	−11.97
52	渝农商行	437.24	511.07	−14.45
53	智飞生物	1993.60	2366.56	−15.76
54	长安 B	272.07	359.32	−24.28
55	百亚股份	76.70	107.59	−28.71
56	巨人网络	242.32	352.85	−31.32
57	金科股份	239.22	378.59	−36.81
58	正川股份	51.59	110.06	−53.13

2. 市盈率（PE）[1]：4 家超 100 倍，平均值为 30.80 倍

截至 2021 年 12 月 31 日，重庆 63 家上市公司中市盈率在 100 倍及以上的有 4 家，占 6.35%；在 50~100（不含）倍的有 8 家，占 12.70%；在 20~50（不含）倍的有 26 家，占 41.27%；在 0~20（不含）倍的有 13 家，占 20.63%；在 0 倍以下的有 12 家，占 19.05%（见图 2-5）。

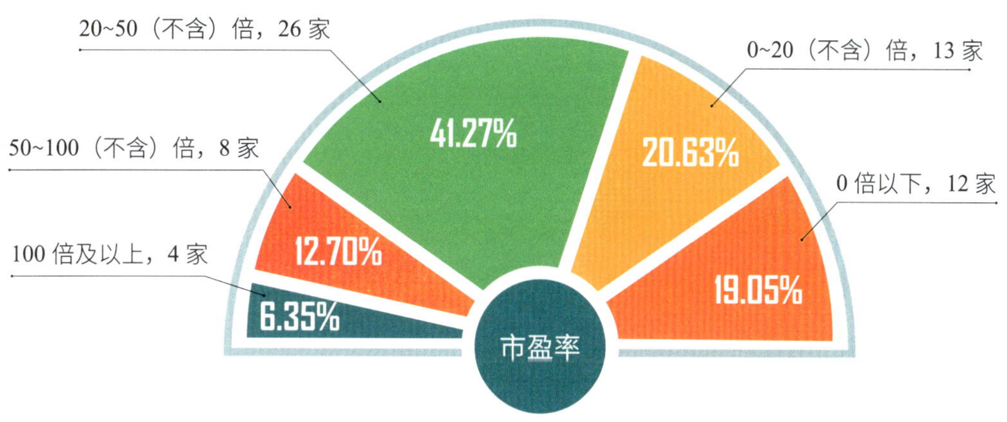

图 2-5 重庆境内上市公司市盈率分布情况

注：数据截至 2021 年 12 月 31 日。

从排名来看，力帆科技市盈率最高，为 500.61 倍；三羊马以 144.39 倍位列第 2；声光电科排在第 3，为 133.37 倍；远达环保、北大医药、博腾股份、华森制药、国城矿业、梅安森、重庆港分列第 4 至第 10 位，排名前 10 的上市公司市盈率均超过 70 倍。

分行业看，医药生物作为战略性新兴产业，因行业具有产品长周期实验论证的特性，故市盈率分布相对较为悬殊，最高为 94.63 倍，最低为 −71.63 倍，平均值为 20.38 倍。房地产行业市盈率整体在 −11~35 倍，分布差异相对不大。汽车行业市盈率大多分布在 20~40 倍，但力帆科技因完成资产重组，被投资者看好，市盈率较高。公用事业行业市盈率分布最为集中且差距不大，整体较为稳定，处于 25~31 倍。整体来看，重庆境内上市公司平均市盈率为 30.80 倍，中位数为 24.70 倍，市盈率为 0~50 倍的上市公司占比较高，境内上市公司估值较为合理。

---

① 市盈率（PE）是指股票价格除以每股收益的比率，通常用来作为比较不同价格的股票是否被高估或者低估的指标。

3. 市净率（PB）[①]：多为 1~3 倍，重庆啤酒最高

截至 2021 年 12 月 31 日，重庆境内上市公司市净率在 10 倍及以上的有 4 家，占 6.35%；在 5~10（不含）倍的有 7 家，占 11.11%；在 3~5（不含）倍的有 11 家，占 17.46%；在 2~3（不含）倍的有 17 家，占 26.98%；在 1~2（不含）倍的有 15 家，占 23.81%；1 倍以下的有 9 家，占 14.29%。整体来看，重庆境内上市公司平均市净率为 3.83 倍，中位数为 2.62 倍，市净率多分布在 1~3 倍。

从排名来看，重庆啤酒以 41.74 倍的市净率“傲视群雄”，博腾股份、智飞生物分别以 12.23 倍、11.29 倍排在第 2、第 3 位，小康股份、声光电科、三羊马、财信发展、国城矿业、百亚股份、华森制药分列第 4 至第 10 位（见图 2-6）。

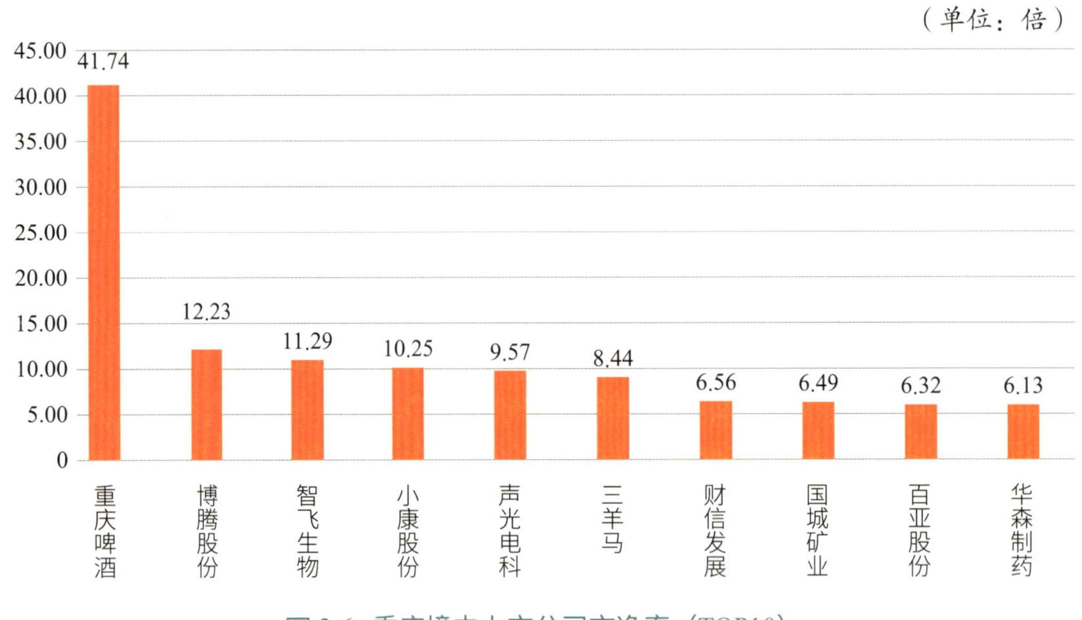

图 2-6 重庆境内上市公司市净率（TOP10）

注：数据截至 2021 年 12 月 31 日。

分行业来看，医药生物行业的市净率差距仍然较为悬殊，最高为 12.23 倍，最低为 0.73 倍。汽车行业除小康股份外，多分布在 1.5~4.0 倍。房地产行业市净率分布出现两个层级，新大正、财信发展市净率在 5.0 倍以上，其余的分布在 0.5~1.5 倍。

---

① 市净率（PB）指的是每股股价与每股净资产的比率。一般来讲，市净率较低的股票，投资价值较高；相反，则投资价值较低。

4. 平均年化收益率：七成以上为正，多数在 0~100%

截至 2021 年 12 月 31 日，除 2021 年新上市的 6 家上市公司，其余的 57 家境内上市公司的平均年化收益率中，40 家为正值，17 家为负值。其中，100% 及以上的有 3 家，分别为小康股份、财信发展、博腾股份，占 5.26%；50%~100%（不含）的 10 家，占 17.54%；10%~50%（不含）的 20 家，占 35.09%；0~10%（不含）的 7 家，占 12.28%；−10%~0（不含）的 11 家，占 19.30%；−10% 以下的 6 家，占 10.53%（见图 2-7）。综合来看，上述 57 家上市公司平均年化收益率的平均值为 45.35%，中位数为 30.67%（见图 2-8），10%~100%（不含）的占多数，共计占 52.63%。

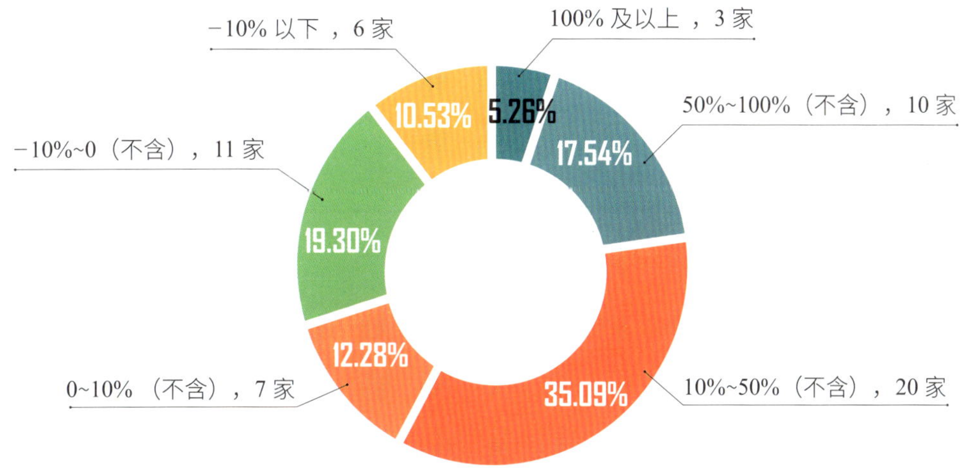

图 2-7 重庆境内上市公司平均年化收益率分布情况

注：数据截至 2021 年 12 月 31 日。

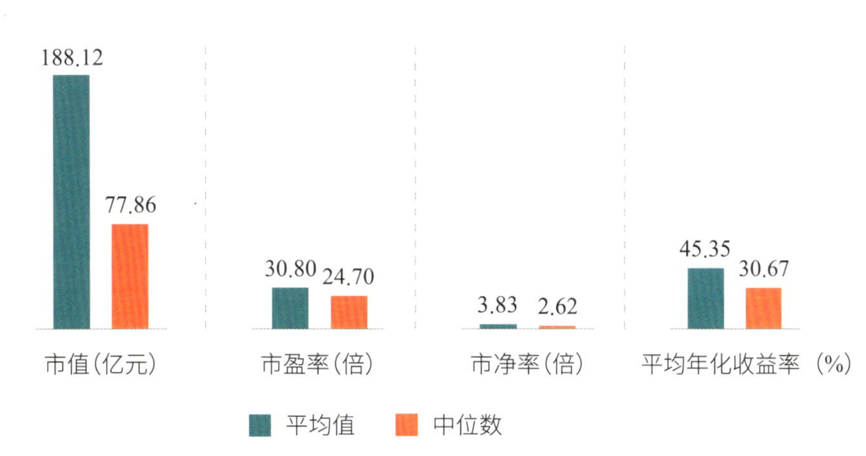

图 2-8 2021 年重庆境内上市公司整体市场表现

从排名来看，小康股份排名首位，为 248.65%，财信发展以 165.82% 排在第 2 位，博腾股份位列第 3，为 145.49%，前三位的平均年化收益率均超过 100%（见图 2-9）。川仪股份、声光电科、万里股份、涪陵电力、欢瑞世纪、重庆路桥、太极集团分列第 4 至第 10 位。

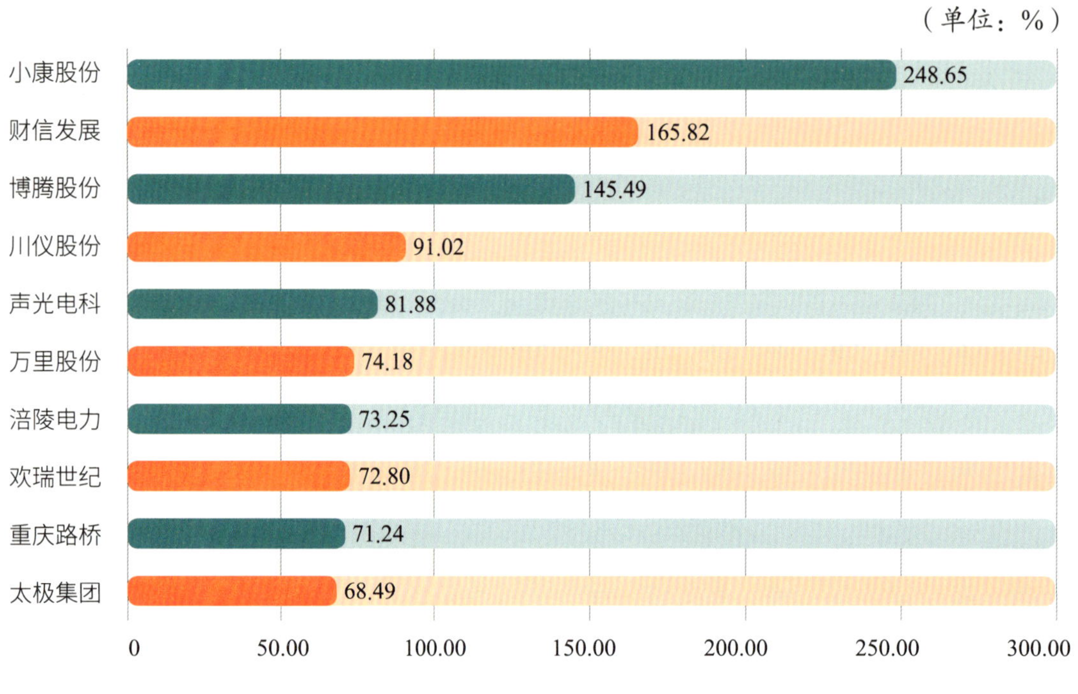

图 2-9 重庆境内上市公司平均年化收益率（TOP10）

（三）财务情况

1. 资产规模：总量持续做大，超八成企业实现增长

2019—2021 年，重庆分别有上市公司 54 家、57 家、63 家，资产规模总量分别为 21093.92 亿元、24657.57 亿元、33400.61 亿元，同比分别增长 126.74%、16.89%、35.46%，平均规模分别为 390.63 亿元、432.59 亿元、530.17 亿元（见图 2-10）。重庆境内上市公司资产规模总量扩大，一方面是因为，在市委、市政府的高度重视和相关部门的大力支持下，重庆农村商业银行、重庆银行等本地银行金融机构陆续回归 A 股，带动上市公司总资产规模持续增加；另一方面在于，上市公司不断加强自主创新，加快转型升级，不断提高自身综合实力。

图 2-10 2019—2021 年重庆境内上市公司资产规模总量情况

截至 2021 年年末，渝农商行的资产规模位居重庆境内上市公司首位，为 12658.51 亿元，是重庆 63 家上市公司中唯一资产规模破万亿元的上市公司；重庆银行次之，为 6189.54 亿元；金科股份以 3713.62 亿元排名第 3；中交地产、长安汽车、迪马股份、西南证券、重庆建工、重药控股、重庆钢铁分列第 4 至第 10 位（见图 2-11）。

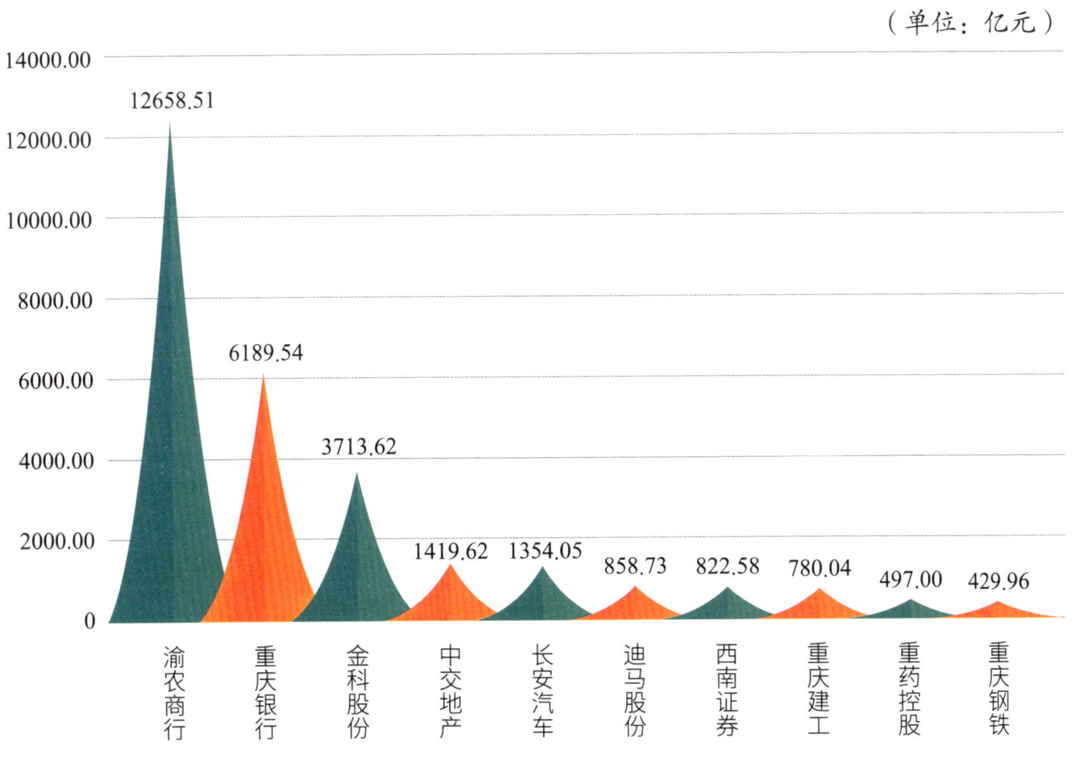

图 2-11 2021 年重庆境内上市公司资产规模（TOP10）

从总资产分布情况看，排名前 10 位的上市公司多分布在金融、房地产及制造业，与重庆建设西部金融中心、打造国家重要先进制造业中心的战略相契合。其中，排名前 5 位的渝农商行、重庆银行、金科股份、中交地产、长安汽车资产规模均超过千亿元。此外，200 亿 ~1000 亿元的 12 家，占 19.05%；100 亿 ~200 亿（不含）元的 9 家，占 14.29%；50 亿 ~100 亿（不含）元的 12 家，占 19.05%；20 亿 ~50 亿（不含）元的 13 家，占 20.63%；10 亿 ~20 亿（不含）元的 9 家，占 14.29%；10 亿元以下的 3 家，占 4.76%（见图 2-12）。

整体来看，头部企业资产规模占比较大，其中，TOP5 共计 25335.34 亿元，占重庆 63 家境内上市公司的 75.85%；TOP10 共计 28723.65 亿元，占 86.00%。中位数为 71.75 亿元，资产规模在 20 亿至 100 亿元区间的较多。

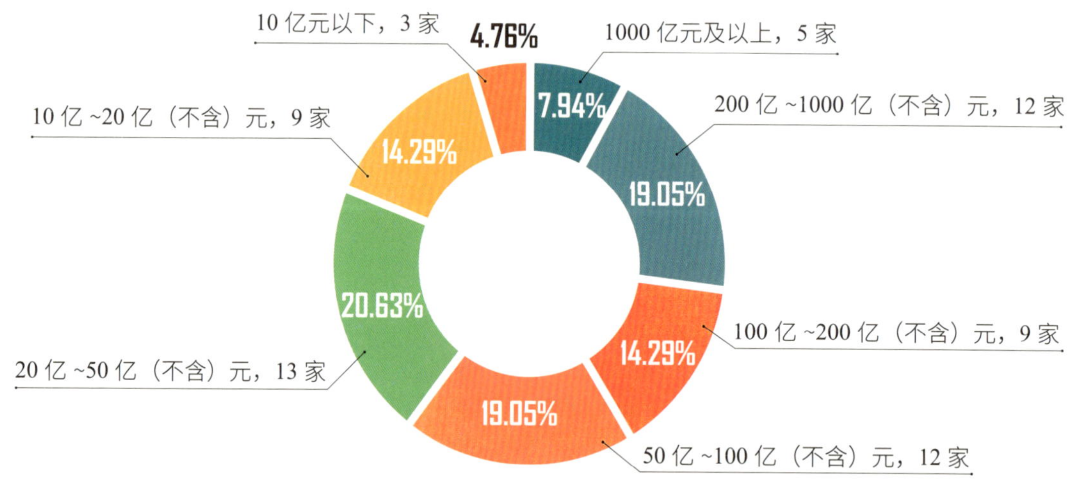

图 2-12　2021 年重庆境内上市公司资产规模分布情况

从资产规模同比增幅来看，截至 2021 年年末，重庆 63 家境内上市公司中，51 家实现正增长。其中，增幅超 50% 的有 7 家，占 11.11%；20%~50% 的 9 家，占 14.29%；10%~20%（不含）的 13 家，占 20.63%；0~10%（不含）的 22 家，占 34.92%。12 家为负增长，占 19.04%。具体来看，由于声光电科在 2021 年完成重大资产重组增加合并报表范围，以 287.42% 的增幅居首，也是唯一 1 家资产规模增幅超 100% 的公司；智飞生物、涪陵榨菜分列第 2、第 3 位，增幅分别为 97.48%、95.20%。

2. 净资产（归属母公司股东的权益[①]）：总量保持增长，近一成企业实现翻番

2019—2021 年，重庆境内上市公司净资产规模总量分别为 3816.39 亿元、4485.99 亿元、5484.94 亿元，同比分别增长 37.06%、17.55%、22.27%（见图 2-13）。

图 2-13 2019—2021 年重庆境内上市公司净资产规模总量情况

从排名来看，截至 2021 年年末，渝农商行以 1045.13 亿元居重庆境内上市公司净资产规模首位，也是唯一 1 家净资产规模超千亿元的上市公司；长安汽车、重庆银行分列第 2、第 3 位，分别为 557.33 亿元、472.73 亿元；第 4 至第 10 位分别为金科股份、西南证券、重庆钢铁、智飞生物、重庆水务、太阳能和三峡水利（见图 2-14）。

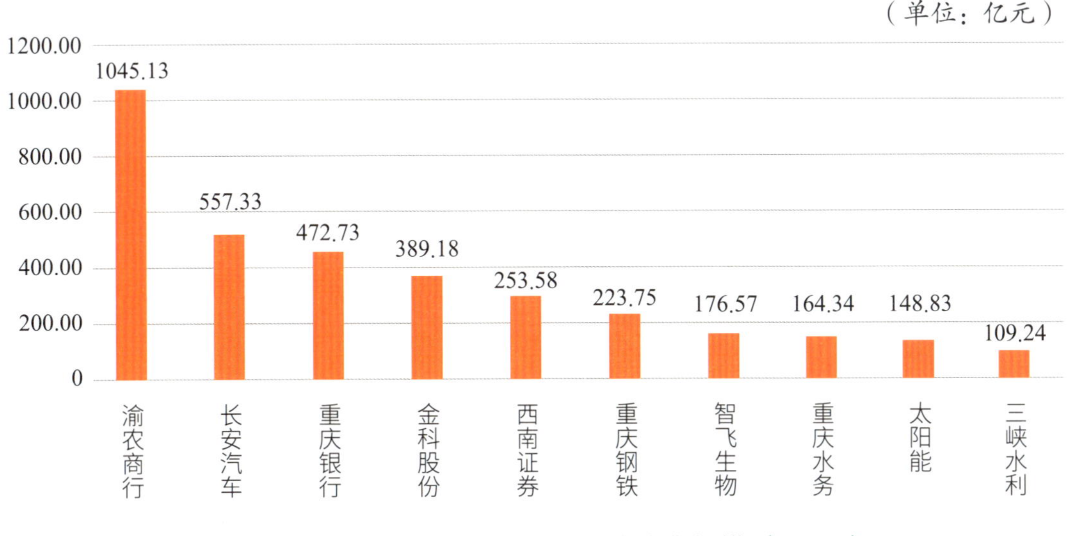

图 2-14 2021 年重庆境内上市公司净资产规模（TOP10）

① 归属母公司股东的权益是指公司总资产中扣除负债所余下的归属母公司部分权益，也称为净资产，是指股本、资本公积、盈余公积、未分配利润之和，代表了股东对企业的所有权。

从分布情况来看，净资产规模为500亿元及以上的有2家，占3.17%；100亿~500亿（不含）元的12家，占19.05%；50亿~100亿（不含）元的10家，占15.87%；20亿~50亿（不含）元的17家，占26.99%；10亿~20亿（不含）元的15家，占23.81%；10亿元以下的7家，占11.11%（见图2-15）。整体来看，10亿~50亿元区间内分布得较多，中位数为32.59亿元。

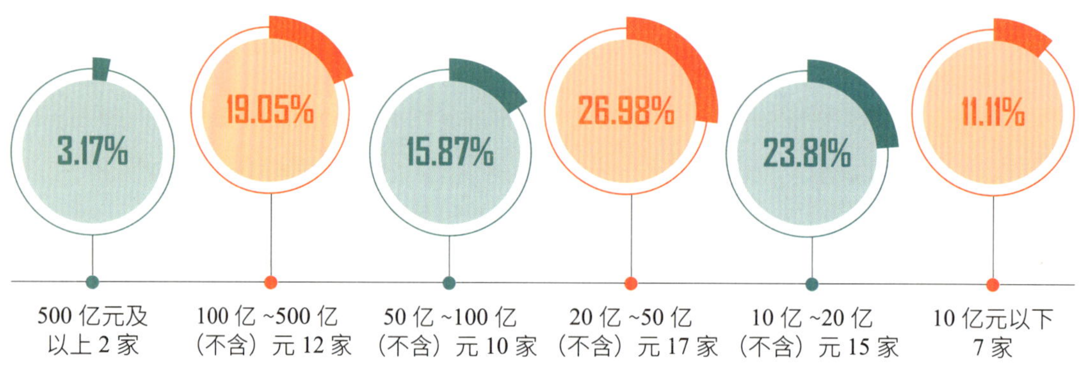

图2-15　2021年重庆境内上市公司净资产规模分布情况

从净资产规模同比增幅来看，53家实现正增长，占84.13%。其中，增幅为100%及以上的有6家（分别是声光电科376.82%、重庆啤酒199.77%、四方新材126.62%、智飞生物114.06%、涪陵电力113.54%、涪陵榨菜110.09%），占9.52%。同比增幅为50%~100%（不含）的有5家，占7.94%；10%~50%（不含）的17家，占26.98%；0~10%（不含）的25家，占39.68%。负增长的10家，占15.87%（见图2-16）。

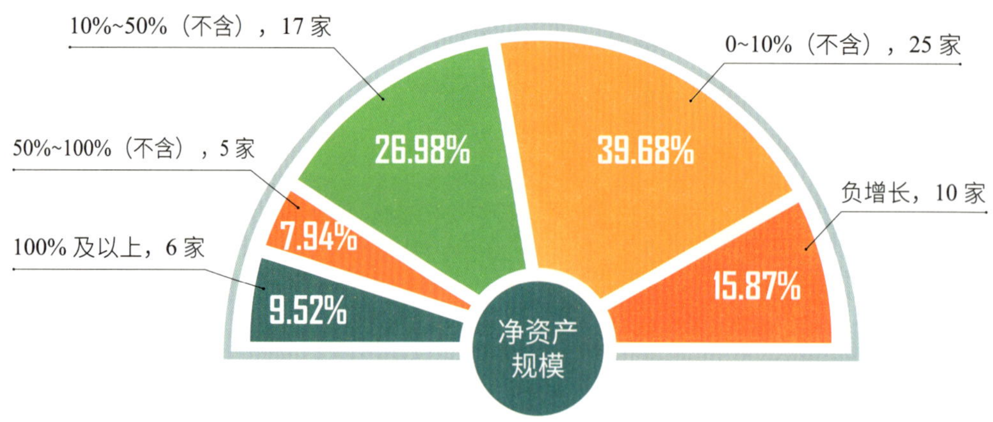

图2-16　2021年上市公司净资产规模同比增幅分布情况

3. 营业收入：首尾差距较大，总体较为乐观

2019—2021 年，重庆境内上市公司营业总收入分别为 4962.56 亿元、5591.75 亿元、7127.34 亿元，同比分别增加 871.56 亿元、629.19 亿元、1535.59 亿元（见图 2-17）。其中，2020 年，受疫情影响增量相对较少；但在 2021 年，中国经济在全球范围内率先复苏，为上市公司发展注入强劲动力，带动上市公司营业收入快速增长。

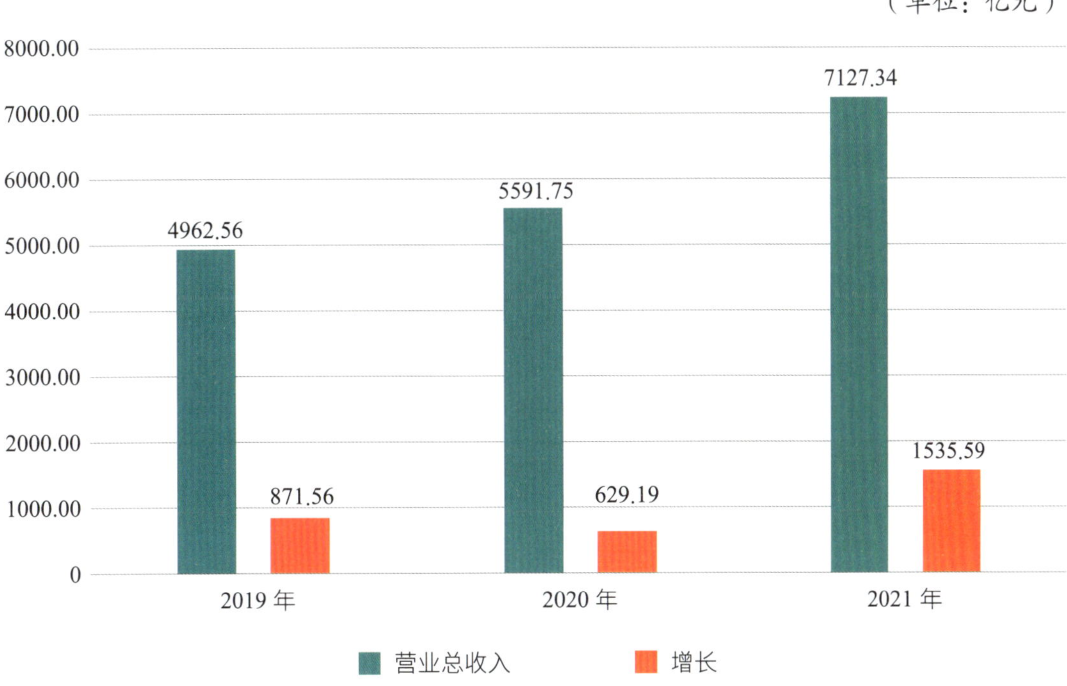

图 2-17 2019—2021 年重庆境内上市公司营业总收入情况

从上市公司营业收入排名来看，截至 2021 年年末，金科股份排在首位，为 1123.10 亿元，长安汽车以 1051.42 亿元紧随其后，这也是重庆境内上市公司中仅有的 2 家营业收入超千亿元的上市公司；重药控股排在第 3 位，为 625.21 亿元；重庆建工、重庆钢铁、渝农商行、智飞生物、重庆百货、迪马股份、小康股份分列第 4 至第 10 位（见图 2-18）。

2021 年，营业收入 TOP10 上市公司与 2020 年的相同，但排序稍有变化。其中，智飞生物提升 2 位，重药控股、重庆钢铁各提升 1 位。2021 年，TOP10 营业收入共计 4974.30 亿元，占重庆境内上市公司总营业收入的近七成，达 69.79%；门槛也从 2020 年的 143.02 亿元提升至 167.18 亿元。

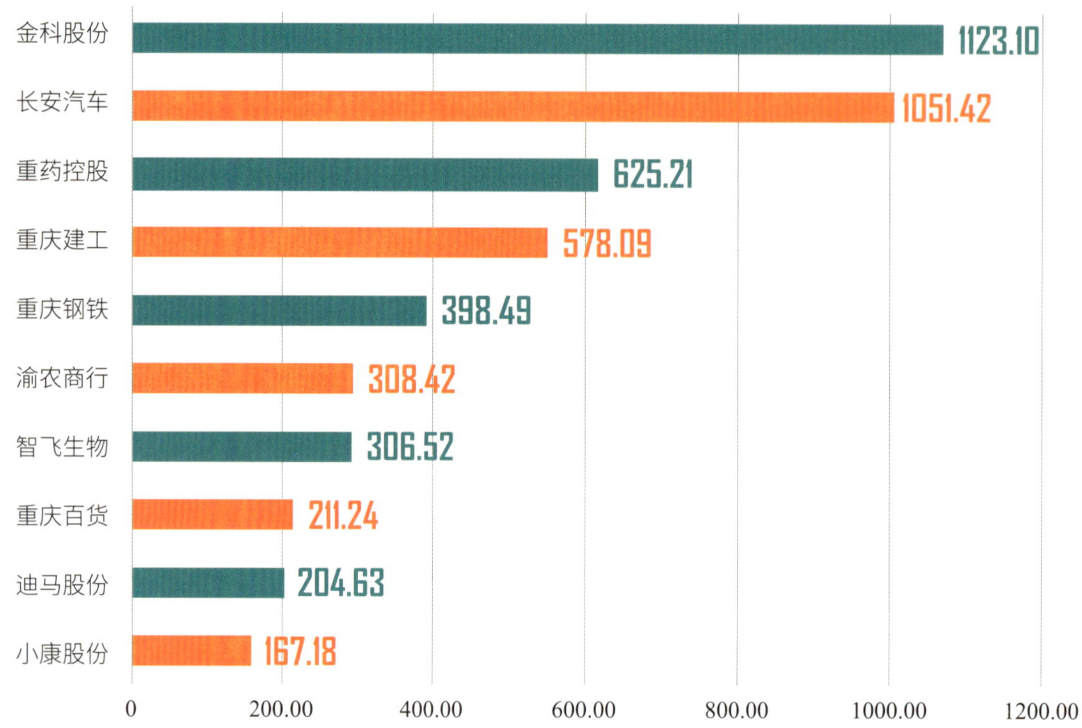

图 2-18　2021 年重庆境内上市公司营业收入（TOP10）

从营业收入分布来看，截至 2021 年年末，重庆境内上市公司营业收入在 500 亿元及以上的有 4 家，占 6.35%；100 亿 ~500 亿（不含）元的有 13 家，占 20.63%；50 亿 ~100 亿（不含）元的有 9 家，占 14.29%；20 亿 ~50 亿（不含）元的有 14 家，占 22.22%；10 亿 ~20 亿（不含）元的有 9 家，占 14.29%；10 亿元以下的有 14 家，占 22.22%（见图 2-19）。平均营业收入为 113.13 亿元，中位数为 31.05 亿元。

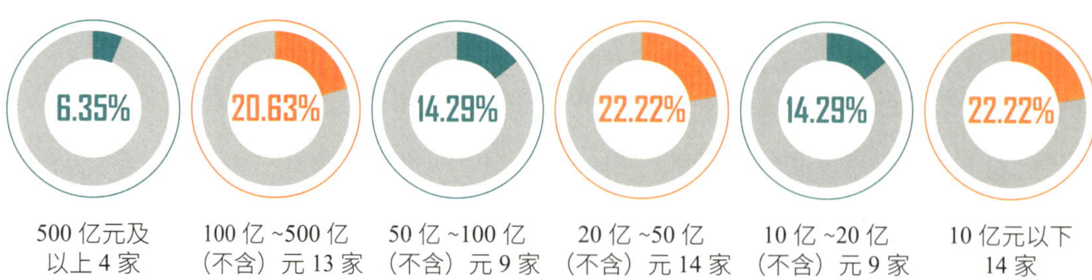

图 2-19　2021 年重庆境内上市公司营业收入分布情况

从同比增幅来看，49 家实现正增长，占比近八成，为 77.78%。其中，增幅在 100% 及以上的有 4 家，占比 6.35%，声光电科以高达 311.38% 的增幅排在首位，主要是因为其在 2021 年营业收入增长的同时完成了重大重组，合并报表范围增加；其余 3 家分别是欢瑞世纪（109.71%）、顺博合金（105.07%）、智飞生物（101.79%）。50%~100%（不含）的有 8 家，占 12.70%；20%~50%（不含）的 10 家，占 15.87%；10%~20%（不含）的 16 家，占 25.40%；0~10%（不含）的 11 家，占 17.46%。负增长的有 14 家，占 22.22%（见图 2-20）。

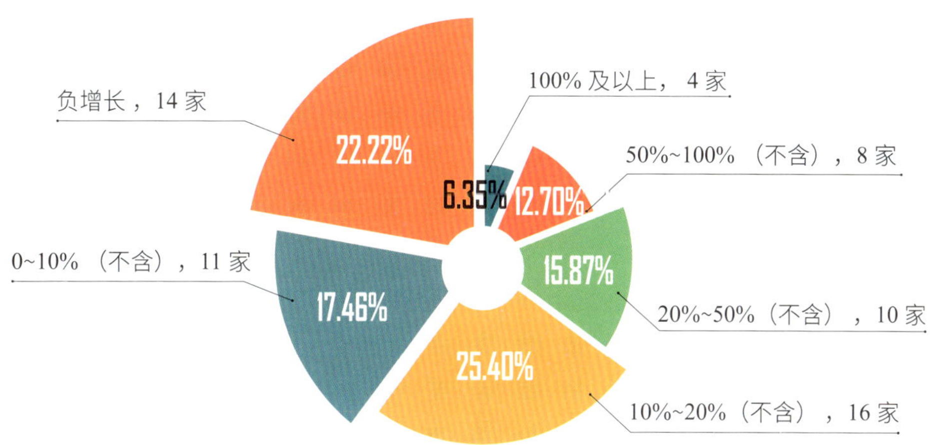

图 2-20 2021 年重庆境内上市公司营业收入同比增幅分布情况

整体来看，重庆境内上市公司营业情况较为可观；平均值为 113.13 亿元，中位数为 31.05 亿元，相差较大。

4. 净利润：总体增幅有所回落，个体增幅差别巨大

2019—2021 年，重庆境内上市公司净利润总额分别为 293.47 亿元、431.17 亿元、516.03 亿元，同比分别增长 25.98%、46.92%、19.68%。其中，2021 年增幅有所回落，与重庆境内上市公司以新兴产业、制造业为主相关。以占比较高的医药生物、汽车产业为例，医药生物行业的研发投入较高，投入周期较长，在很大程度上影响上市公司的净利润；汽车行业受转型升级影响会增加研发投入，上游原材料价格上涨也在一定程度上增加了生产成本。

截至2021年年末，共计51家重庆境内上市公司实现盈利，占80.95%；12家出现亏损，占19.05%（见图2-21）。从净利润分布情况来看，净利润在50亿元及以上的有3家，占4.76%，分别是智飞生物、渝农商行、金科股份；10亿~50亿（不含）元的10家，占15.87%；2亿~10亿（不含）元的21家，占33.33%；0~2亿（不含）元的17家，占26.98%。平均值为8.19亿元，中位数为2.20亿元（见图2-22）。

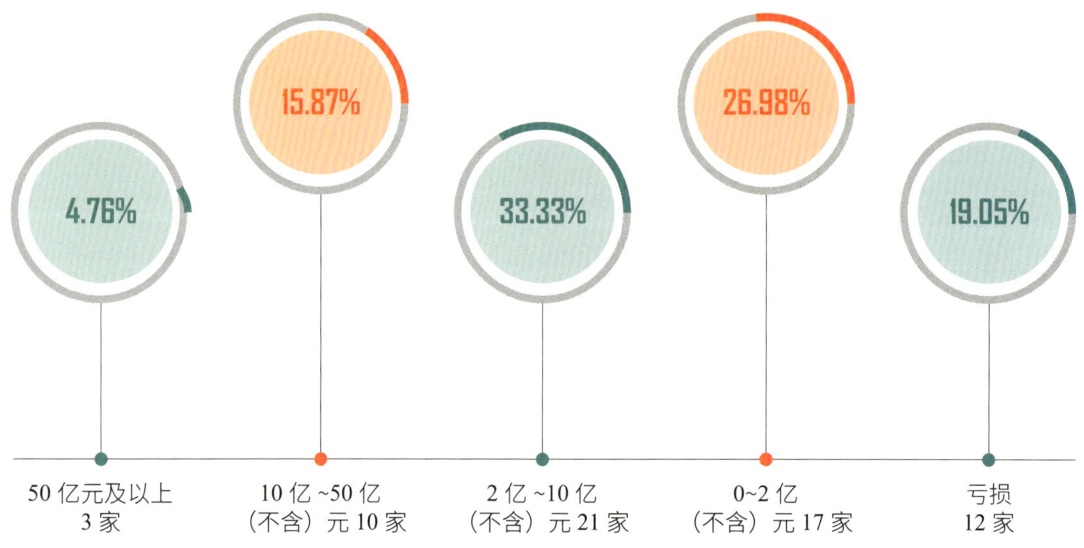

图2-21　2021年重庆境内上市公司净利润分布情况

图2-22　2019—2021年重庆境内上市公司净利润平均值、中位数

具体来看，2021年智飞生物以102.09亿元的净利润超过渝农商行跃居首位；渝农商行位居第2，为97.18亿元；金科股份位居第3，为66.88亿元；重庆银行、长安汽车、重庆啤酒、重庆钢铁、重庆水务、三峰环境、重药控股分列第4至第10位（见图2-23）。

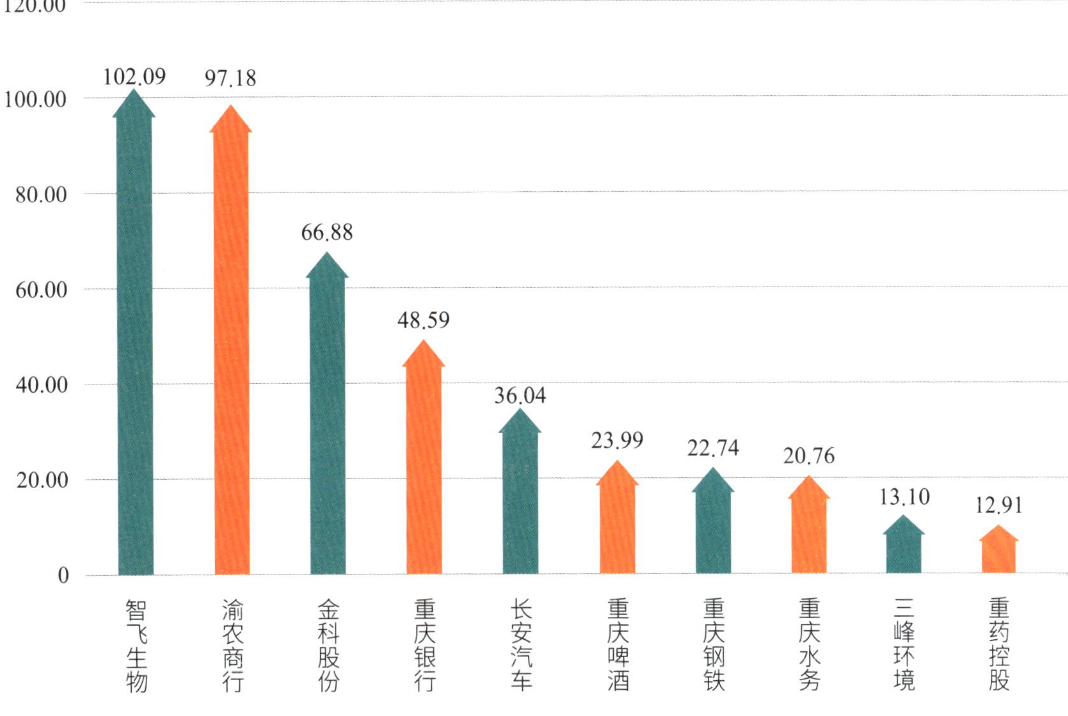

图 2-23 2021 年重庆境内上市公司净利润（TOP10）

截至 2021 年年末，36 家重庆境内上市公司净利润实现增长，占 57.14%；27 家上市公司净利润同比下滑，占 42.86%。具体来看，蓝黛科技以超 57 倍的超高增幅排在首位；重庆钢铁、智飞生物增幅均超过 200.00%，分别为 256.22%、209.23%；排名第 4 至第 10 位的依次是正川股份、ST 天圣、神驰机电、三峰环境、顺博合金、莱美药业、欢瑞世纪（见表 2-5）。

表 2-5 2021 年重庆境内上市公司净利润增幅（TOP10）

序号	上市公司	净利润增幅（%）
1	蓝黛科技	571255.49
2	重庆钢铁	256.22

续表

序号	上市公司	净利润增幅（%）
3	智飞生物	209.23
4	正川股份	100.95
5	ST 天圣	85.34
6	神驰机电	83.29
7	三峰环境	77.44
8	顺博合金	74.82
9	莱美药业	69.26
10	欢瑞世纪	56.86

2019 年，蓝黛科技完成控股台冠科技，进军触控显示行业。分析认为，近年来触控显示业务发展持续增长，成为蓝黛科技净利润的主要来源。此外，受益于大宗商品涨价，重庆钢铁的商品坯材销售价格同比增长 34.72%，推动公司净利润大幅增长；智飞生物通过“技术 + 市场”双轮驱动的发展模式实现经营业绩持续增长，智飞生物的新冠疫苗（智克威得）为上亿名民众提供保护。

分行业看，金融行业以 156.03 亿元的净利润排名第 1；其次为医药生物，行业净利润为 117.76 亿元；第 3 为房地产行业的 49.80 亿元；环保、食品饮料、公用事业、汽车、钢铁、机械设备、商贸零售排第 4 至第 10 位（见图 2-24）。整体来看，金融行业的行业属性使其成为最赚钱的行业，房地产行业虽受宏观经济影响，整体压力较大，但其盈利能力依然可观。

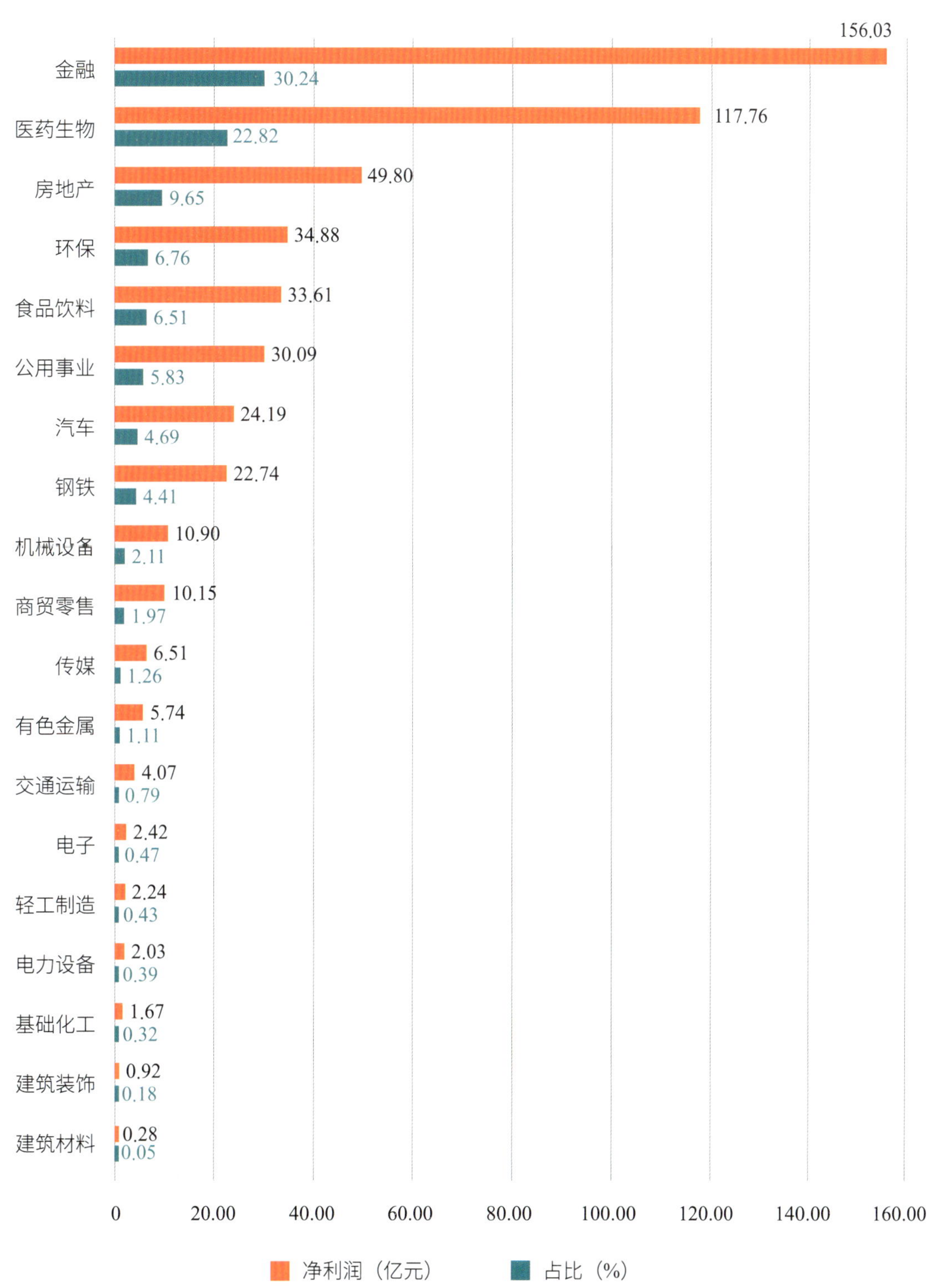

图 2-24 2021 年重庆境内上市公司盈利情况（分行业）

5. 现金净流量（TTM）：超半数为正，两家逾百亿元

截至 2021 年年末，长安汽车以 188.62 亿元的现金净流量居重庆境内上市公司现金净流量排名首位，渝农商行以 165.17 亿元紧随其后，这也是仅有的 2 家现金净流量超过 100 亿元的上市公司；重庆银行排名第 3，为 55.04 亿元；智飞生物、中交地产、重庆钢铁、重药控股、川仪股份、声光电科、四方新材分列第 4 至第 10 位（见图 2-25）。

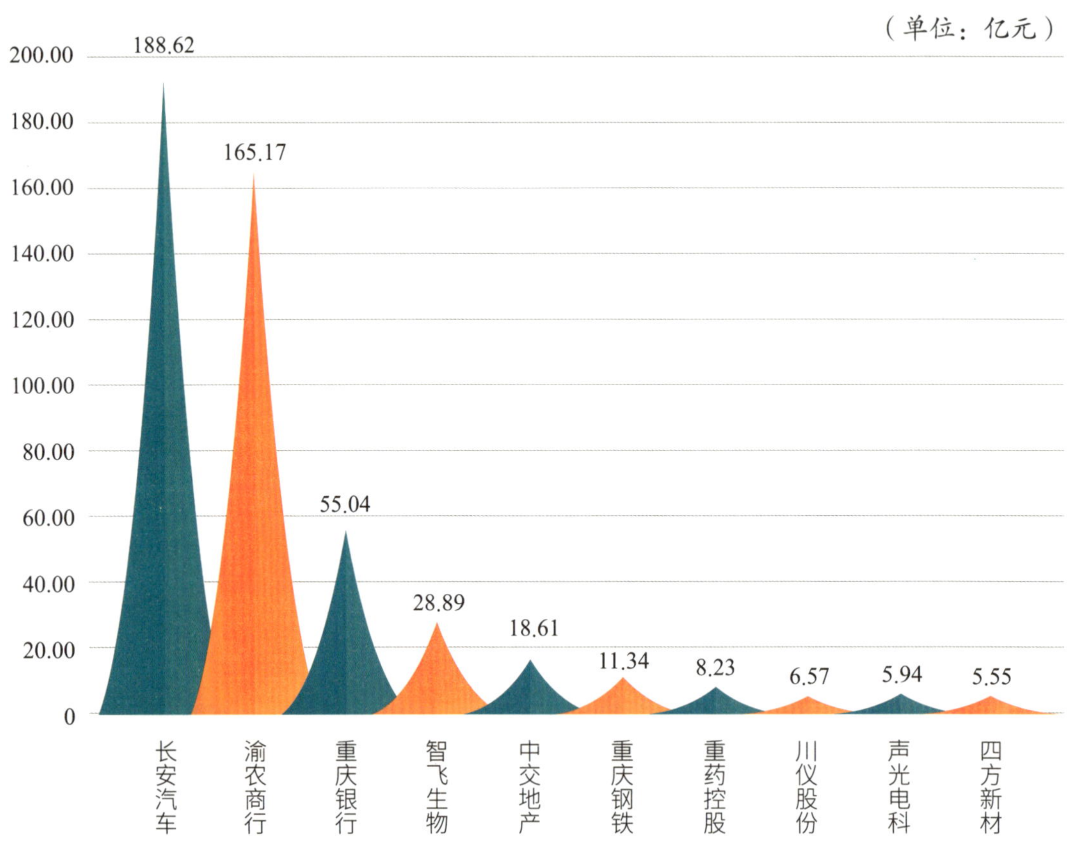

图 2-25　2021 年重庆境内上市公司现金净流量（TOP10）

从分布情况来看，共有 33 家现金净流量为正，其中现金净流量 10 亿元及以上的有 6 家，占 9.52%；2 亿 ~10 亿（不含）元的有 14 家，占 22.22%；0~2 亿（不含）元的有 13 家，占 20.63%。30 家现金净流量为负，其中在 −2 亿 ~0（不含）元的有 15 家，占 23.81%；−10 亿 ~−2 亿（不含）元的有 11 家，占 17.46%；−10 亿元以下的有 4 家，占 6.35%（见图 2-26）。整体来看，现金净流量为负的公司数量占比近半，为 47.62%。

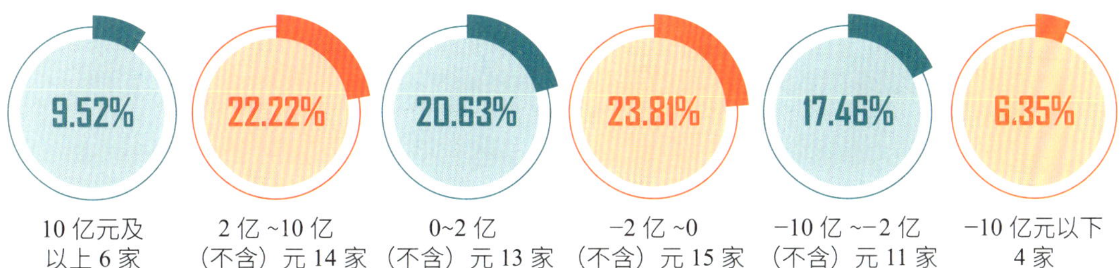

图 2-26　2021 年重庆境内上市公司现金净流量分布情况

（四）创新能力

1. 研发费用：19 家超亿元，战略性新兴产业增幅较大

当前，重庆正在加快建设具有全国影响力的科技创新中心。重庆境内上市公司不仅是推动区域经济发展的“排头兵”，更是推动科技创新的重要力量。2019—2021 年，公布数据的重庆境内上市公司总研发费用分别为 74.70 亿元、79.79 亿元、94.50 亿元，同比分别增长 26.61%、6.81%、18.37%。

2021 年，长安汽车以高达 35.15 亿元的研发费用遥遥领先；小康股份、巨人网络分别为 9.48 亿元、7.13 亿元，排名第 2、第 3 位；排名第 4 至第 10 位的分别为智飞生物、隆鑫通用、川仪股份、华邦健康、博腾股份、宗申动力、声光电科（见图 2-27）。

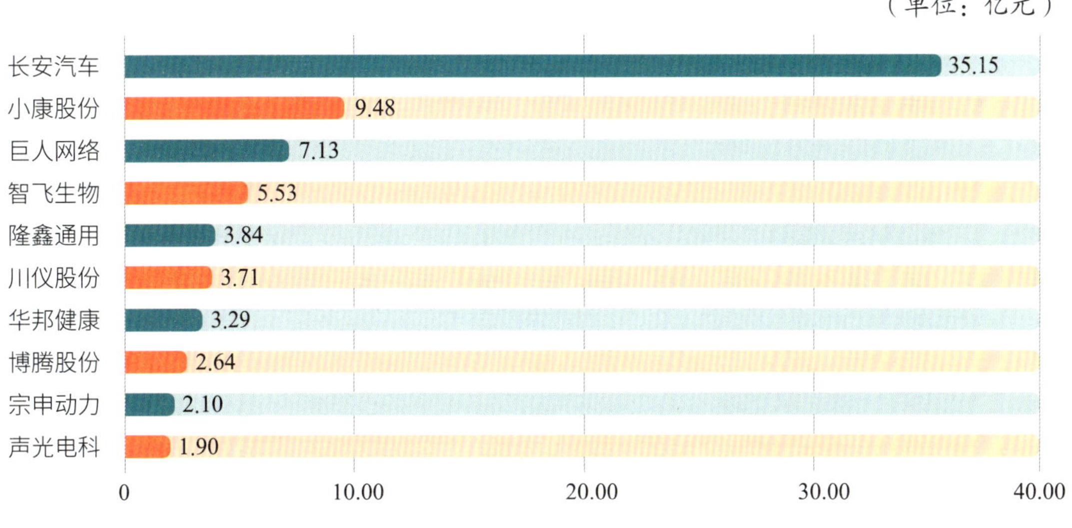

图 2-27　2021 年重庆境内上市公司研发费用（TOP10）

在公布研发费用的51家公司中，研发费用为5.0亿元及以上的有4家，占7.84%；1.0亿~5.0亿（不含）元的15家，占29.41%；0.5亿~1.0亿（不含）元的7家，占13.73%；0.1亿~0.5亿（不含）元的13家，占25.49%；0.1亿元以下的12家，占23.53%。

截至2021年年末，研发费用增长的占73.47%；下降的占26.53%（见图2-28）。具体来看，重庆百货以1149.05%的增幅排在首位；财信发展排名第2，增幅为637.25%；声光电科排名第3，为404.00%；重药控股、四方新材、太阳能、建车B、重庆啤酒、重庆燃气、智飞生物分列第4至第10位。

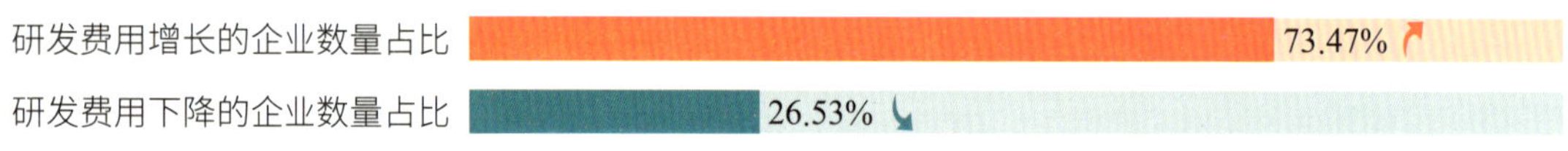

图2-28　2021年重庆境内上市公司研发费用较2020年变化情况

整体来看，研发费用较高的多集中在制造业、医药生物和科技行业。分析认为，近年来，重庆制造业实施创新驱动战略，通过持续加大研发投入，加快转型升级。而作为战略性新兴产业，医药生物和科技行业充分发挥创新主体作用，不断投入研发费用，加强前沿技术研究，推动产学研一体化发展。

2. 研发费用占营业收入比例：近四成企业超3%

研发费用占营业收入的比重是上市公司科技创新的试金石。2021年，录得51家重庆境内上市公司研发费用占营业收入的比例数据，其中，5%及以上的有7家，占13.73%；3%~5%（不含）的12家，占23.53%；1%~3%（不含）的15家，占29.41%；0.1%~1%（不含）的13家，占25.49%；0.1%以下的4家，占7.84%（见图2-29）。

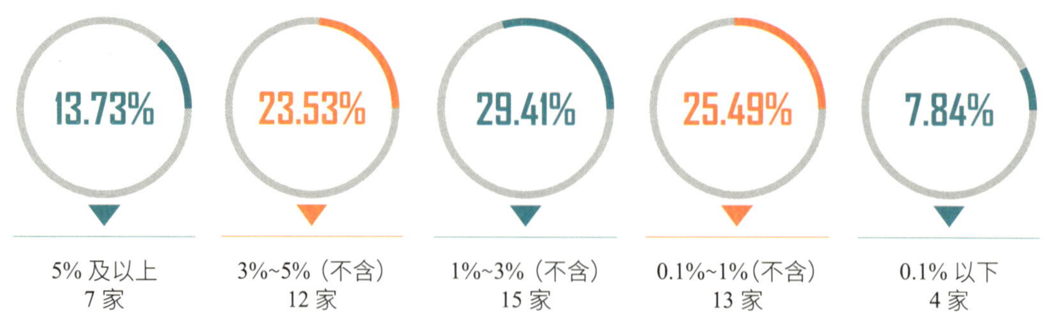

图2-29　2021年重庆境内上市公司研发费用占营业收入比例分布情况

截至 2021 年年末，巨人网络研发费用占营业收入比例为 33.58%，居重庆境内上市公司研发费用占营业收入比例排名首位；声光电科位居第 2，为 11.47%；梅安森以 8.67% 位居第 3；博腾股份、莱美药业、川仪股份、再升科技、华森制药、福安药业、中国汽研分列第 4 至第 10 位（见图 2-30）。

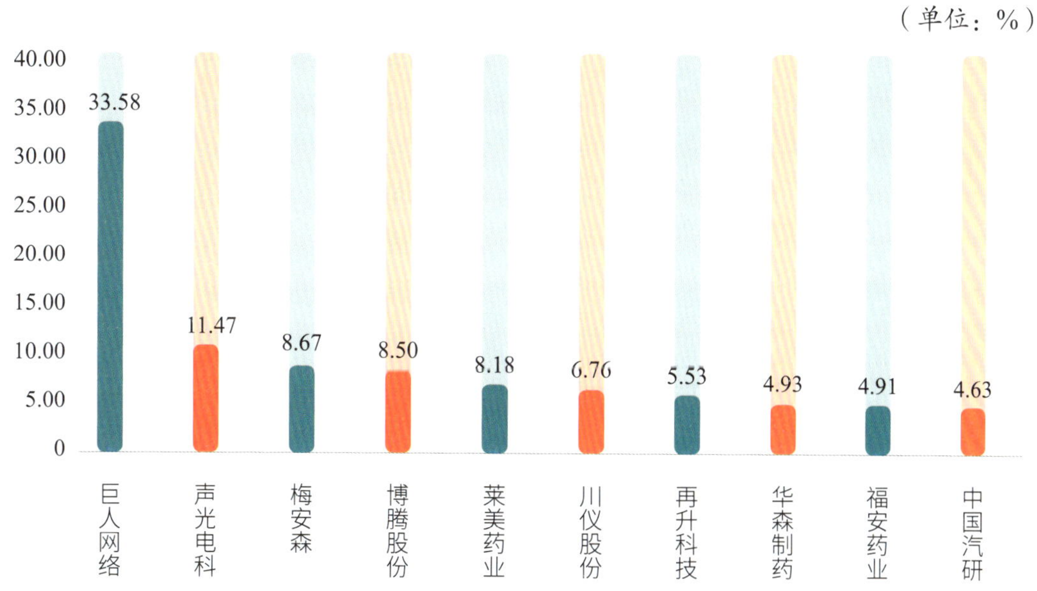

图 2-30　2021 年重庆境内上市公司研发费用占营业收入比重（TOP10）

整体来看，重庆境内上市公司较为重视研发。其中，研发费用占营业收入比例在 3% 以上的上市公司近 4 成，以信息技术、医药生物、高端装备制造为代表的战略性新兴企业占比较高。

3. 人才构成：本科及以上学历约占三成

截至 2021 年年末，重庆 63 家境内上市公司员工总数为 34.37 万人。从学历构成来看，本科人数 91959 人，占 26.70%；硕士研究生人数 13380 人，占 3.89%；博士研究生人数 327 人，占 0.10%（见图 2-31）。

具体来看，共录得 19 家境内上市公司有博士人才。其中，长安汽车以 109 人居首，华邦健康、中国汽研分别以 52 人、51 人分列第 2、第 3 位，前 3 位上市公司博士人数均超过 50 人。从博士人数占比来看，梅安森最高，占 2.84%；中国汽研以 2.42% 紧随其后，其余上市公司的博士人数占比均未突破 1%。

从硕士人数来看，共录得 51 家境内上市公司公布的硕士人数，其中硕士人数超过 500 人的有 7 家，分别为长安汽车 2201 人、金科股份 1806 人、渝农商行 880 人、西南证券 869 人、重庆银行 704 人、博腾股份 703 人、中国汽研 690 人。从硕士人数占比来看，共有 8 家公司超过 10%，分别为西南证券 36.24%、中国汽研 32.78%、博腾股份 18.59%、欢瑞世纪 18.08%、中交地产 16.87%、巨人网络 15.78%、重庆银行 14.93%、智飞生物 10.23%。

从董事会秘书学历来看，61 家公布董事会秘书学历的公司中，博士研究生学历的 1 人，为西南证券；硕士研究生学历的 30 人、本科学历的 29 人、专科学历的 1 人（见图 2-32）。

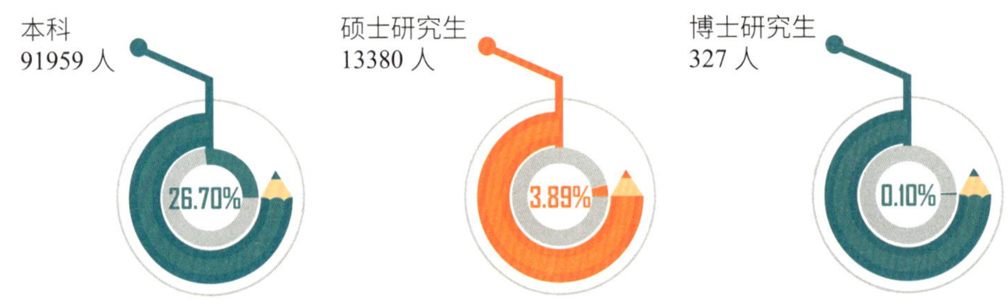

图 2-31　2021 年重庆境内上市公司人才结构情况

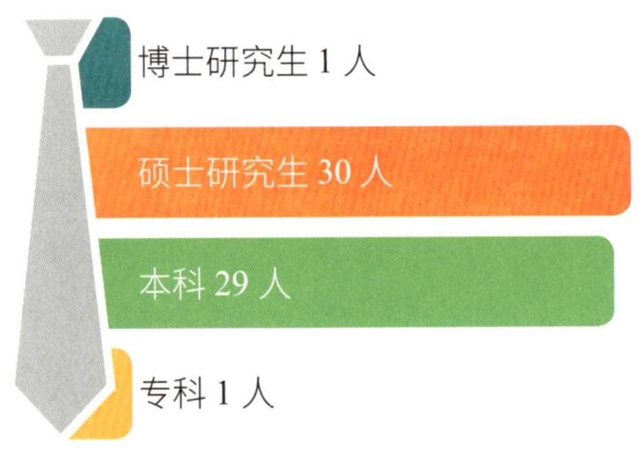

图 2-32　2021 年重庆境内上市公司董事会秘书学历情况

整体来看，重庆境内上市公司高学历人才占比有待提升。董事会秘书中，硕士研究生及以上学历占比过半，但博士研究生学历占比还较低。

4. 技术人员：建筑装饰行业占比最高

截至 2021 年年末，59 家上市公司公布了技术人员数量。其中，重庆建工以 9085 人排在首位，长安汽车以 8752 人排名第 2 位，金科股份以 5309 人排在第 3 位，小康股份、太极集团、重庆百货、华邦健康、重庆燃气、宗申动力、隆鑫通用分列第 4 至第 10 位。

分行业看，排名前 3 的行业为汽车、建筑装饰和医药生物（见图 2-33）。具体来看，汽车行业 15847 人，技术人员最多；其次为建筑装饰行业，共 9636 人；再次为医药生物行业，共 8056 人。

图 2-33　2021 年重庆境内上市公司技术人员数量（行业 TOP5）

从技术人员占比情况来看，中设咨询以 81.10% 排在首位，巨人网络以 70.63% 排名第 2，中国汽研以 61.81% 排名第 3，重庆建工、财信发展、梅安森、声光电科、重庆燃气、博腾股份、远达环保分列第 4 至第 10 位。

分行业看，建筑装饰行业技术人员占比平均值为 50.01%，排名第 1；其次为传媒行业，占 43.23%；第 3 为机械设备行业，占 29.80%；电力设备、汽车、公用事业、房地产、交通运输、医药生物、商贸零售行业排名第 4 至第 10 位，占比分别为 23.63%、22.59%、20.86%、19.14%、17.60%、16.52%、15.18%（见图 2-34）。

整体来看，技术人员分布和技术人员占比排名与行业特性高度契合。以技术人员数量排名第 1 的重庆建工、技术人员占比排名第 1 的中设咨询为例，重庆建工以路桥施工、市政建设为主业，中设咨询以工程设计、工程勘察、科研规划与工程项目管理为主业，其大部分职位有专业技术门槛或专业资格要求，故其技术人员数量多，占比大。

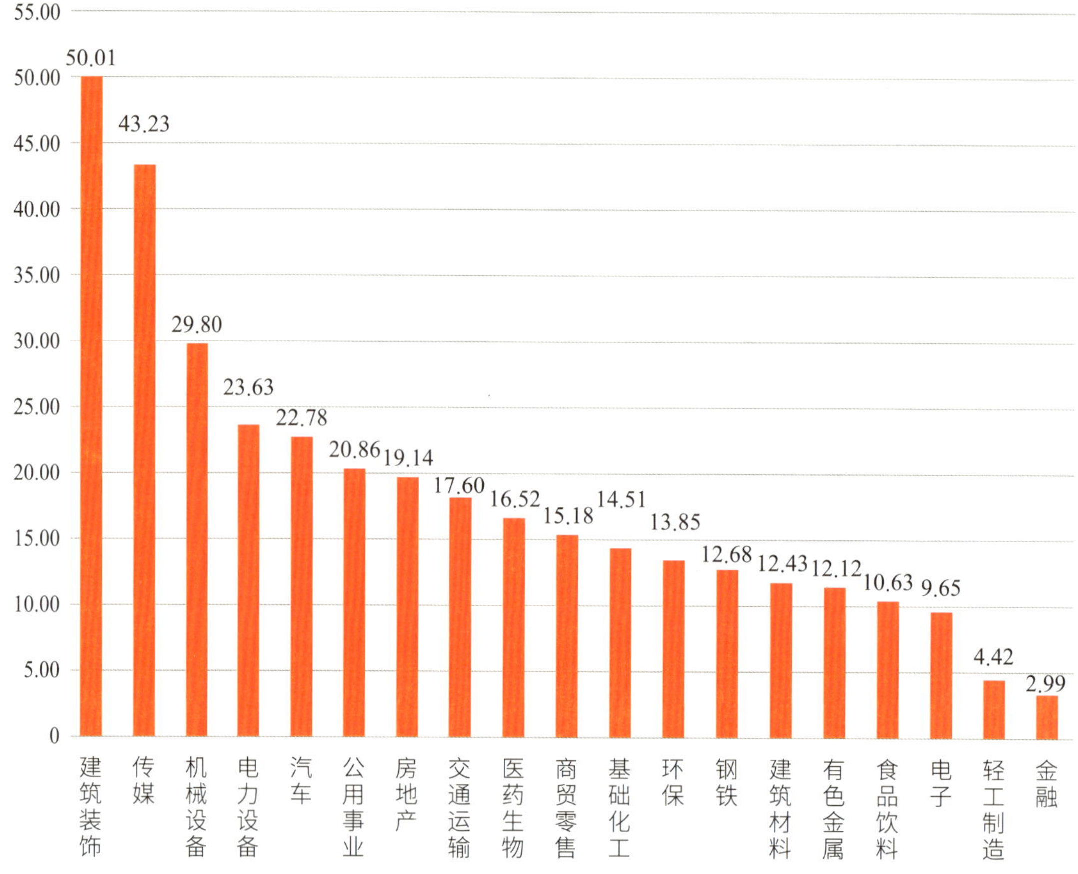

图 2-34　2021 年重庆境内上市公司技术人员占比情况（分行业）

（五）资本市场利用情况

1. 首发融资：新增 IPO 首发募资超 60 亿元

截至 2021 年年末，重庆 63 家境内上市公司（64 只股票）的首发募集资金总额为 490.38 亿元（其中，长安汽车 A 股募资 7.63 亿元，B 股募资 4.73 亿元），平均首发募集资金 7.66 亿元。

从首发募集资金规模来看，10 亿元及以上的有 12 家，占 19.05%；5 亿 ~10 亿（不含）元的 13 家，占 20.63%；2 亿 ~5 亿（不含）元的 24 家，占 38.10%；2 亿元以下的 14 家，占 22.22%（见图 2-35）。

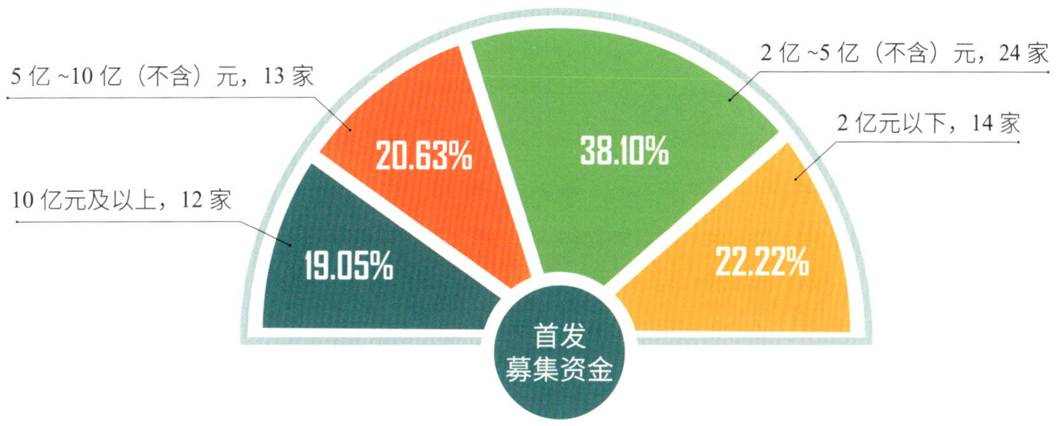

图 2-35 2021 年重庆境内上市公司首发募集资金分布情况

2021 年，重庆新增首发上市公司 5 家（新安洁为精选层平移至北交所上市，非首发上市公司），首发募集资金 61.06 亿元。其中，重庆银行、四方新材、中设咨询、三羊马、长江材料分别为 37.63 亿元、13.25 亿元、1.73 亿元、3.20 亿元、5.25 亿元，合计 61.06 亿元（见图 2-36）。

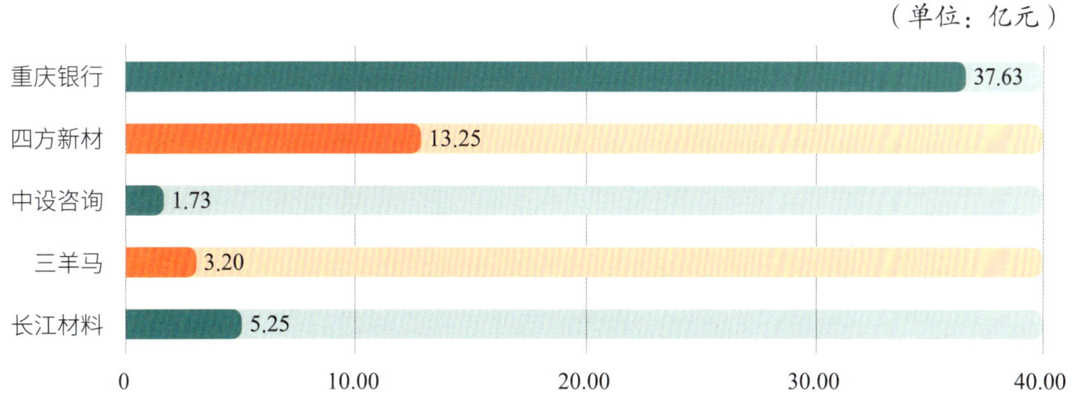

图 2-36 2021 年重庆新增 IPO 首发募集资金情况

2. 增发融资：增发数量持续上升

从 2019—2021 年增发募资情况来看，2019 年增发 3 笔，融资 30.43 亿元；2020 年增发 6 笔，融资 217.33 亿元；2021 年增发 8 笔、融资 111.79 亿元（见图 2-37）。

图 2-37　2019—2021 年重庆境内上市公司增发募资情况

2021 年，涪陵榨菜、小康股份、声光电科、涪陵电力、莱美药业、天域生态和梅安森 7 家上市公司完成定向增发募集资金，总额为 111.78 亿元。其中，涪陵榨菜以 33.00 亿元位居第 1，小康股份以 25.93 亿元排在第 2，后续依次是声光电科 18.48 亿元（两次增发，分别募资 9.48 亿元和 9.00 亿元）、涪陵电力 17.97 亿元、莱美药业 10.84 亿元、天域生态 4.02 亿元、梅安森 1.54 亿元（见表 2-6）。

表 2-6　2021 年重庆境内上市公司增发募资情况

上市公司	发行日期	募集资金（亿元）
涪陵榨菜	2021-05-18	33.00
小康股份	2021-06-28	25.93
涪陵电力	2021-08-11	17.97
莱美药业	2021-03-22	10.84
声光电科	2021-11-26	9.48
声光电科	2021-12-24	9.00
天域生态	2021-07-01	4.02
梅安森	2021-03-12	1.54

3. 债券融资：金融行业存量债务规模较大

2021 年，渝农商行、重庆银行、金科股份、中交地产、西南证券、重药控股、重庆水务、三峰环境、小康股份、迪马股份、正川股份、华邦健康、渝开发 13 家重庆境内上市公司共发行信用债券 514 笔，发行规模共计 4468.86 亿元，平均值 8.69 亿元 / 笔（见表 2-7）。

表 2-7 2021 年重庆境内上市公司债券发行情况

<table>
<tr><th>序号</th><th>上市公司</th><th>债券类型</th><th>发行数量（笔）</th><th>发行金额(亿元)</th><th>发行金额合计(亿元)</th></tr>
<tr><td rowspan="2">1</td><td rowspan="2">渝农商行</td><td>同业存单</td><td>302</td><td>2920.30</td><td rowspan="2">2990.30</td></tr>
<tr><td>商业银行债</td><td>3</td><td>70.00</td></tr>
<tr><td rowspan="2">2</td><td rowspan="2">重庆银行</td><td>同业存单</td><td>175</td><td>1238.30</td><td rowspan="2">1278.30</td></tr>
<tr><td>商业银行债</td><td>2</td><td>40.00</td></tr>
<tr><td rowspan="4">3</td><td rowspan="4">金科股份</td><td>公司债</td><td>3</td><td>39.50</td><td rowspan="4">97.35</td></tr>
<tr><td>证监会主管ABS</td><td>2</td><td>16.85</td></tr>
<tr><td>短期融资券</td><td>4</td><td>36.00</td></tr>
<tr><td>中期票据</td><td>1</td><td>5.00</td></tr>
<tr><td rowspan="2">4</td><td rowspan="2">中交地产</td><td>公司债</td><td>1</td><td>11.00</td><td rowspan="2">20.35</td></tr>
<tr><td>证监会主管ABS</td><td>3</td><td>9.35</td></tr>
<tr><td>5</td><td>西南证券</td><td>证券公司债</td><td>1</td><td>20.00</td><td>20.00</td></tr>
<tr><td>6</td><td>重药控股</td><td>证监会主管ABS</td><td>9</td><td>17.00</td><td>17.00</td></tr>
<tr><td>7</td><td>重庆水务</td><td>公司债</td><td>1</td><td>10.00</td><td>10.00</td></tr>
<tr><td>8</td><td>三峰环境</td><td>中期票据</td><td>1</td><td>10.00</td><td>10.00</td></tr>
<tr><td>9</td><td>小康股份</td><td>可交换债</td><td>2</td><td>9.71</td><td>9.71</td></tr>
<tr><td>10</td><td>迪马股份</td><td>私募债</td><td>1</td><td>4.50</td><td>4.50</td></tr>
<tr><td>11</td><td>正川股份</td><td>可转债</td><td>1</td><td>4.05</td><td>4.05</td></tr>
<tr><td>12</td><td>华邦健康</td><td>短期融资券</td><td>1</td><td>4.00</td><td>4.00</td></tr>
<tr><td>13</td><td>渝开发</td><td>中期票据</td><td>1</td><td>3.30</td><td>3.30</td></tr>
<tr><td>总计</td><td></td><td></td><td>514</td><td></td><td>4468.86</td></tr>
</table>

其中，渝农商行以 2990.30 亿元排在首位；重庆银行次之，为 1278.30 亿元；金科股份排在第 3 位，为 97.35 亿元。

从债券类型来看，13 家上市公司主要通过同业存单、商业银行债、中期票据、可转债、证监会主管 ABS、可交换债、公司债、私募债、证券公司债、短期融资券的方式进行融资。具体来看，同业存单 477 笔，融资 4158.60 亿元；商业银行债 5 笔，110.00 亿元；公司债 5 笔，60.50 亿元；证监会主管 ABS 14 笔，43.20 亿元；短期融资券 5 笔，40.00 亿元；证券公司债 1 笔，20 亿元；中期票据 3 笔，18.30 亿元；可交换债 2 笔，9.71 亿元；私募债 1 笔，4.50 亿元；可转债 1 笔，4.05 亿元（见表 2-8）。

表 2-8　2021 年重庆境内上市公司发债类型及融资情况

债券类型	发行数量（笔）	融资金额（亿元）
同业存单	477	4158.60
商业银行债	5	110.00
公司债	5	60.50
证监会主管 ABS	14	43.20
短期融资券	5	40.00
证券公司债	1	20.00
中期票据	3	18.30
可交换债	2	9.71
私募债	1	4.50
可转债	1	4.05

从发债主体信用评级来看，重庆境内上市公司发行债券信用评级优良，共录得30家上市公司的信用评级。其中，AAA级7家、AA+级7家、AA级7家、AA−级5家、A+级3家、C级1家（见表2-9）。

表2-9 2021年重庆境内上市公司发债主体信用评级情况

评级	上市公司
AAA	金科股份、长安汽车、西南证券、重庆水务、渝农商行、三峰环境、重庆银行
AA+	太阳能、中交地产、三峡水利、远达环保、华邦健康、重庆钢铁、重庆建工
AA	渝开发、国城矿业、宗申动力、重庆路桥、太极集团、重庆港、迪马股份
AA−	重药控股、再升科技、三圣股份、小康股份、华森制药
A+	莱美药业、天域生态、正川股份
C	力帆科技

发行债券的13家上市公司中，信用评级最低的为正川股份（A+），其发行的中期可转债利率相对较低，为0.5%。评级为AA−的重药控股、小康股份发行的债券利率为0~7%，其中，小康股份发行的2笔3年可交换债平均利率为6.5%（债券发行时信用评级为AA），重药控股发行的9笔证监会主管ABS，最高利率为5%，平均利率为3.09%。信用等级为AA的迪马股份、渝开发分别发行1笔私募债、1笔中期票据，利率分别为8.5%（债券发行时信用评级为AA+）、3.6%。信用等级为AA+的中交地产、华邦健康发行的债券利率为0~5.5%，其中，中交地产发行的4笔债券（1笔公司债、3笔证监会主管ABS）的平均利率为3.19%，华邦健康发行的1笔短期融资券利率为5%。评级为AAA的6家境内上市公司中，除金科股份外，其余5家上市公司发行的债券利率均低于4%，金科股份发行的10笔债券最高利率为6.8%，平均利率为5.6%。分析认为，金科股份债券发行利率较高的主要原因与其所属的行业有关，在“房住不炒”政策的影响及2021年严控负债率的融资大环境下，从银行获贷较为困难，债券等常用融资工具的负债风险越来越大，导致房企的债券融资成本较高。

从存量债券来看，录得19家上市公司有存量债券419笔、存量债券余额4001.55亿元，包括渝农商行、重庆银行、金科股份、西南证券、中交地产、重庆水务、重庆建工、迪马股份、重药控股、三峰环境、重庆钢铁、国城矿业、小康股份、渝开发、太阳能、正川股份、华邦健康、华森制药、天域生态（见表2-10）。

表2-10　2021年年末重庆境内上市公司存量债券情况

序号	上市公司	存量债券类型	数量（笔）	金额（亿元）	金额合计（亿元）
1	渝农商行	同业存单	198	2051.00	2291.00
		金融债	7	240.00	
2	重庆银行	同业存单	139	1066.80	1186.80
		金融债	4	120.00	
3	金科股份	公司债	9	89.96	172.48
		资产支持证券	7	39.52	
		短期融资券	2	18.00	
		中期票据	3	25.00	
4	西南证券	金融债	6	136.40	136.40
5	中交地产	公司债	4	35.00	55.00
		资产支持证券	6	20.00	
6	重庆水务	公司债	2	30.00	30.00
7	重庆建工	可转债	1	16.60	26.60
		中期票据	2	6.00	
		资产支持证券	2	4.00	
8	迪马股份	公司债	1	4.50	21.67
		资产支持证券	3	11.57	
		中期票据	1	5.60	

续表

序号	上市公司	存量债券类型	数量（笔）	金额（亿元）	金额合计（亿元）
9	重药控股	资产支持证券	9	17.00	17.00
10	三峰环境	中期票据	1	10.00	10.00
11	重庆钢铁	中期票据	2	10.00	10.00
12	国城矿业	可转债	1	8.50	8.50
13	小康股份	可交换债	1	8.39	10.46
		可转债	1	2.07	
14	渝开发	中期票据	1	3.30	7.09
		公司债	1	3.79	
15	太阳能	公司债	1	5.00	5.00
16	正川股份	可转债	1	4.05	4.05
17	华邦健康	短期融资券	1	4.00	4.00
18	华森制药	可转债	1	3.00	3.00
19	天域生态	公司债	1	2.50	2.50
总计			419		4001.55

其中，渝农商行以 2291.00 亿元居首；重庆银行以 1186.80 亿元排名第 2；金科股份排名第 3，为 172.48 亿元。西南证券和中交地产分列第 4、第 5 位，分别为 136.40 亿元、55.00 亿元。前 10 名中，金融机构 3 家，存量债券 354 笔、余额 3614.20 亿元，存量债券余额占总额的 90.32%。

未清偿可转债[①]方面，5 家公司共有未清偿可转债 3421.19 万张。其中，重庆建工 1659.77 万张，国城矿业 849.80 万张，正川股份 404.95 万张，华森制药 299.73 万张，小康股份 206.94 万张（见图 2-38）。

① 未清偿可转债：截至某一天上市公司发行在外的可转债数量。

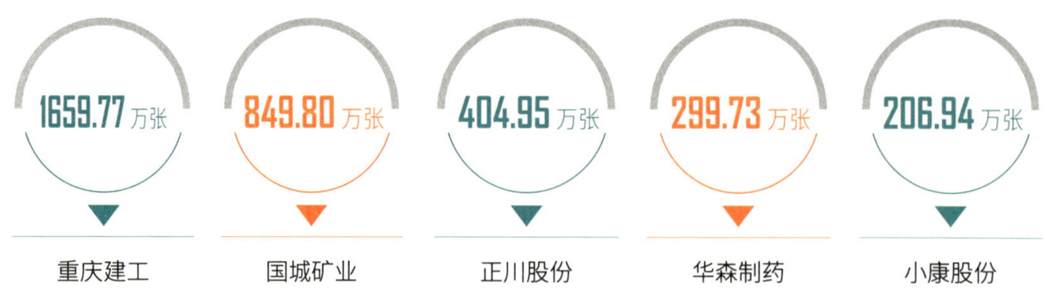

图 2-38　2021 年重庆境内上市公司未偿清可转债情况

4. 并购重组：约六成已顺利完成

2021 年，共发生 22 起重庆境内上市公司并购重组事件，交易总价值 60.59 亿元（见表 2-11）。

其中，13 起并购重组顺利完成，占 59.09%，交易价值 37.64 亿元，占 62.12%。如 ST 电能置入西南设计 45.39% 股权、芯亿达 51.00% 股权、瑞晶实业 49.00% 股权，太极集团转让成都新衡生 95% 股权等。3 起处于签署转让协议阶段，交易总价值约 6.56 亿元。如宗申动力转让宗申融资租赁公司 70% 股权等。1 起达成转让意向，即顺博合金收购奥博铝材 100% 股权及相关债权。2 起董事会预案阶段，即金科股份转让蓝波湾置业 67% 股权及相关债权，新安洁收购暨增资汇贤优策获其 20.02% 股权。2 起并购重组失败，即宗申动力转让宗申融资租赁公司 70% 股权，重药控股子公司收购化医财务公司 10% 股权。1 起股东大会未通过，即财信发展收购财信智服 100% 股权。

表 2-11　2021 年重庆境内上市公司并购重组事件一览

序号	披露日期	交易事件	交易竞买方	进度	交易总价值（万元）
1	2021-01-14	重药控股转让重药大足医管 65% 股权和 1616 万元债权	大足国资	签署转让协议	11137.00
2	2021-01-14	金科股份转让蓝波湾置业 67% 股权及相关债权	融创西南集团、重庆铭睿	董事会预案	52700.00

续表

序号	披露日期	交易事件	交易竞买方	进度	交易总价值（万元）
3	2021-02-08	太极集团转让成都新衡生 95% 股权	重庆太衡	完成	83757.00
4	2021-02-09	莱美药业转让湖南康源 100% 股权、成都金星 90% 股权、四川禾正 100% 股权及莱美健康 60% 股权等 5 家公司股权	重庆智赢优远健康科技、杭州布莱森医药科技、芝臣科技	签署转让协议	53410.09
5	2021-03-12	迪马股份收购睿成房地产 3.39% 股权、元正洪久 5% 股权、远东川府 5% 股权，励德天同 10% 股权、威斯莱克酒店 30% 股权、东原励川科技 10% 股权、睿丰科技 2.49% 股权、原和房地产 6.78% 股权、成都皓博房地产 1% 股权	迪马股份	完成	0.00
6	2021-03-30	宗申动力转让左师傅公司 15.51% 股权	忽米产业	签署转让协议	1080.00
7	2021-04-02	宗申动力转让宗申融资租赁公司 70% 股权	重庆创思特文化传媒	失败	15893.40
8	2021-04-10	财信发展收购合同能源公司 35% 股权	财信发展	完成	1776.12
9	2021-04-26	重药控股子公司收购化医财务公司 10% 股权	重庆医药	失败	12271.64
10	2021-04-30	新安洁收购暨增资汇贤优策获其 20.02% 股权	新安洁	董事会预案	7358.70
11	2021-05-07	ST 天圣出售长圣医药 51% 股权	重庆医药	完成	5955.00

续表

序号	披露日期	交易事件	交易竞买方	进度	交易总价值（万元）
12	2021-05-31	ST电能置入西南设计45.39%股权、芯亿达51%股权、瑞晶实业49%股权	声光电科	完成	84167.87
13	2021-06-08	川仪股份股东四联集团100%股权无偿划转	渝富控股	完成	0.00
14	2021-06-18	财信发展放弃收购财信实业100%股权后由国家电投集团远达水务收购	国家电投集团远达水务	完成	64800.00
15	2021-06-29	金科股份6.96%股权权益变动	重庆虹淘文化传媒	完成	0.00
16	2021-07-22	重庆建工收购建材物流公司17.88%股权	重庆建工	完成	11101.68
17	2021-07-28	财信发展收购财信智服100%股权	财信发展	股东大会未通过	58000.00
18	2021-09-23	四方新材收购砼磊高新公司65%股权	四方新材	完成	0.00
19	2021-10-08	财信发展收购安徽诚和物业100%股权	财信发展	完成	19800.00
20	2021-10-23	顺博合金收购奥博铝材100%股权及相关债权	顺博合金	达成转让意向	17739.53
21	2021-11-03	重药控股收购和亚创投36%合伙份额	重药控股	完成	10211.24
22	2021-12-01	电能股份定增收购西南设计54.61%股权、芯亿达49%股权、瑞晶实业51%股权	声光电科	完成	94793.23

（六）营运情况

1. 运营能力：资产流动性强，短期偿债能力较强

（1）总资产周转率①

总资产周转率是企业一定时期的销售收入净额与平均资产总额之比，主要用于分析固定资产的利用效率，比率越高，说明利用率越高，管理水平越高，一般标准为 0.80 次。

截至 2021 年年末，重庆境内上市公司总资产周转率在 1.00 次及以上的有 8 家，占 12.70%；0.80~1.00（不含）次的有 9 家，占 14.29%；0.50~0.80（不含）次的有 14 家，占 22.22%；0.10~0.50（不含）次的有 28 家，占 44.44%；0.10 次以下的有 4 家，占 6.35%（见图 2-39）。整体来看，重庆境内上市公司总资产周转率的平均值为 0.60 次，中位数为 0.50 次。

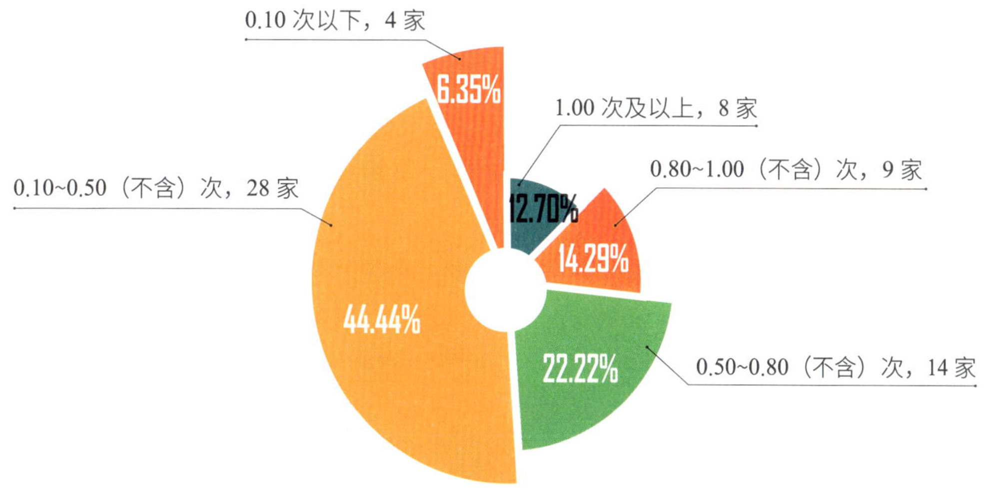

图 2-39　2021 年重庆境内上市公司总资产周转率分布情况

从排名来看，顺博合金以 2.48 次排名第 1，也是唯一 1 家总资产周转率超 2 次的上市公司；新大正、重药控股分别以 1.55 次、1.36 次排在第 2、第 3 位；智飞生物、重庆啤酒、重庆百货、神驰机电、声光电科、隆鑫通用、百亚股份分列第 4 至第 10 位（见图 2-40）。

① 总资产周转率是企业一定时期的销售收入净额与平均资产总额之比，是衡量资产投资规模与销售水平之间配比情况的指标。

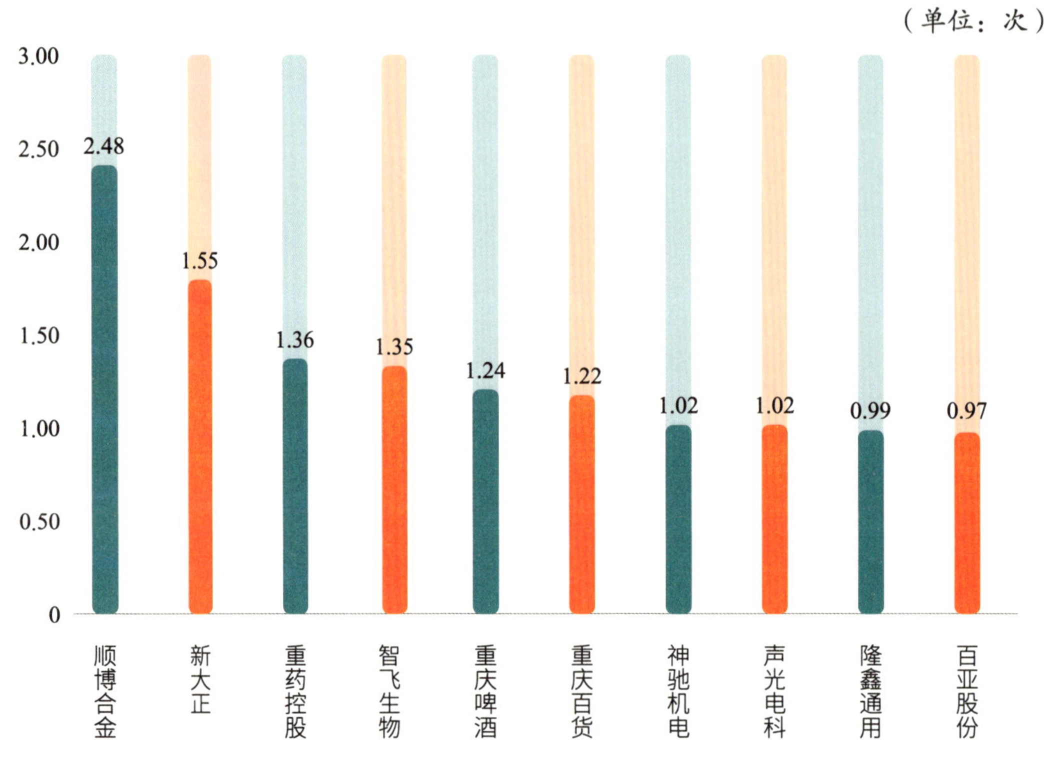

图 2-40　2021 年重庆境内上市公司总资产周转率（TOP10）

2021 年，顺博合金抓住国内铝资源需求旺盛的产业机遇，实现产品产量和销量的快速增长，使总资产周转率提升。总的来看，重庆啤酒、重庆百货等大消费领域企业的销售能力及营运能力具备一定优势，但重庆境内上市公司整体销售水平与资产规模的匹配度有待提升，高于标准值 0.80 次的企业数不足 3 成。

（2）流动资产周转率①

企业流动资产周转率一般不低于 2.00 次。截至 2021 年年末，除金融行业的 3 家外的 60 家公司中，流动资产周转率为 2.00 次及以上的有 8 家，占 13.33%；1.00~2.00（不含）次的有 27 家，占 45.00%；0.50~1.00（不含）次的有 17 家，占 28.33%；0.50 次以下的有 8 家，占 13.33%（见图 2-41）。总体来看，60 家公司的平均值为 1.22 次，中位数为 1.10 次。

① 流动资产周转率指企业一定时期内主营业务收入净额同平均流动资产总额的比率，是评价企业资产利用率的一个重要指标。

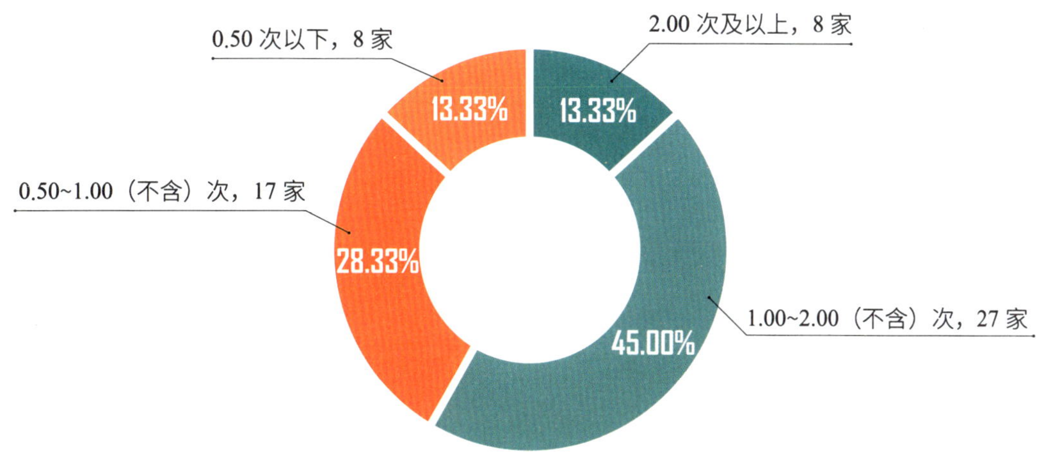

图 2-41 2021 年重庆境内上市公司流动资产周转率分布情况

从排名来看，重庆燃气的流动资产周转率最高，为 3.59 次；顺博合金以 3.11 次排名第 2，重庆啤酒以 3.03 次排名第 3，重庆钢铁、重庆百货、三峡水利、涪陵电力、重庆港、新大正、国城矿业分列第 4 至第 10 位（见图 2-42）。

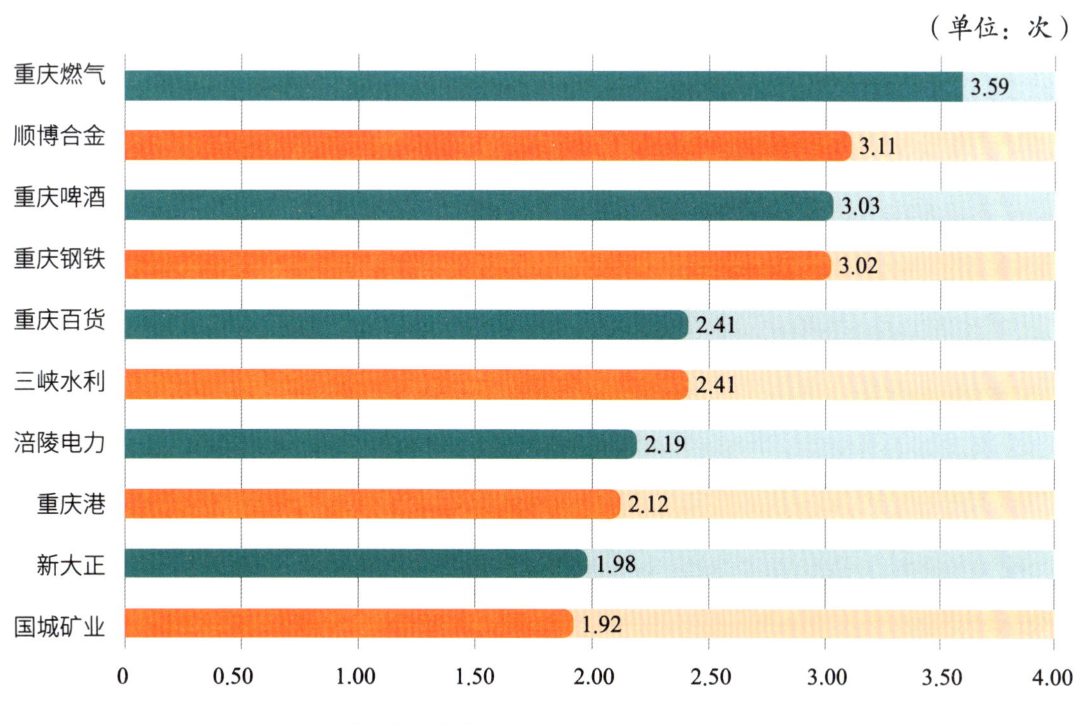

图 2-42 2021 年重庆境内上市公司流动资产周转率（TOP10）

整体来看，重庆境内上市公司中，高流动资产周转率企业占比小，不足两成，且国有企业流动资产营运能力整体优于民营企业。前 10 名中，国企占 6 家，且排名较为靠前。

（3）应收账款周转率[①]

应收账款周转率能体现企业对应收账款的管理水平，企业的标准值一般为 3.00 次，社会平均值为 7.80 次，良好值为 15.20 次，优秀值为 24.30 次。截至 2021 年年末，除金融行业的 3 家上市公司外，共录得 60 家上市公司的应收账款周转率。其中，应收账款周转率在 100.00 次及以上的有 5 家，占 8.33%；10.00~100.00（不含）次的 13 家，占 21.67%；5.00~10.00（不含）次的 18 家，占 30.00%；2.00~5.00（不含）次的 14 家，占 23.33%；2.00 次以下的 10 家，占 16.67%（见图 2-43）。总体来看，60 家公司的平均值为 68.26 次，中位数为 6.29 次。

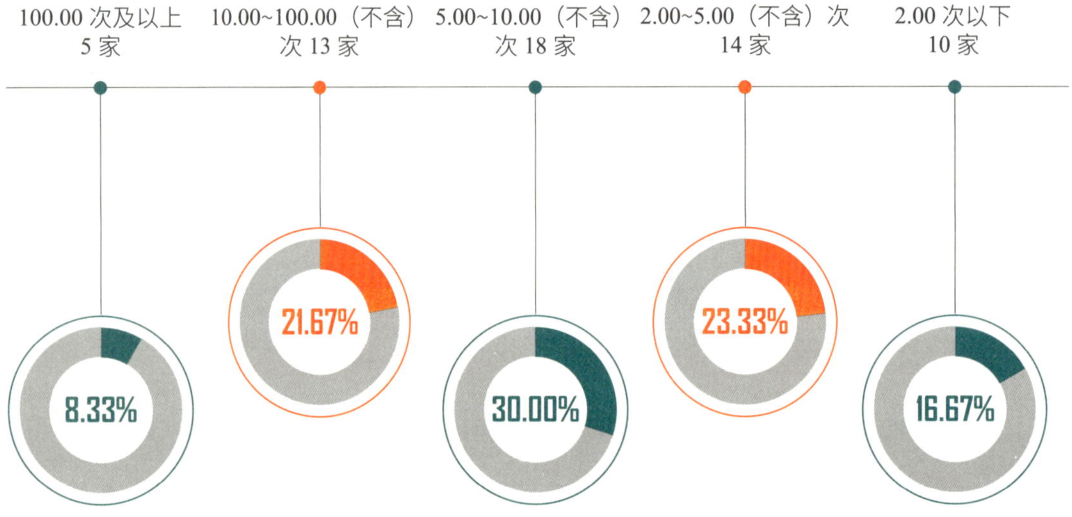

图 2-43　2021 年重庆境内上市公司应收账款周转率分布情况

从排名来看，有友食品以 1025.62 次的应收账款周转率居首，也是唯一 1 家应收账款周转率超过 1000.00 次的上市公司；涪陵榨菜以 899.34 次位居第 2；重庆钢铁排名第 3，为 896.24 次；第 4 至第 10 位分别是中交地产、重庆啤酒、重庆百货、财信发展、长安汽车、重庆燃气、金科股份（见图 2-44）。

① 应收账款周转率是企业在一定时期内赊销净收入与平均应收账款余额之比，是衡量企业应收账款周转速度及管理效率的指标。

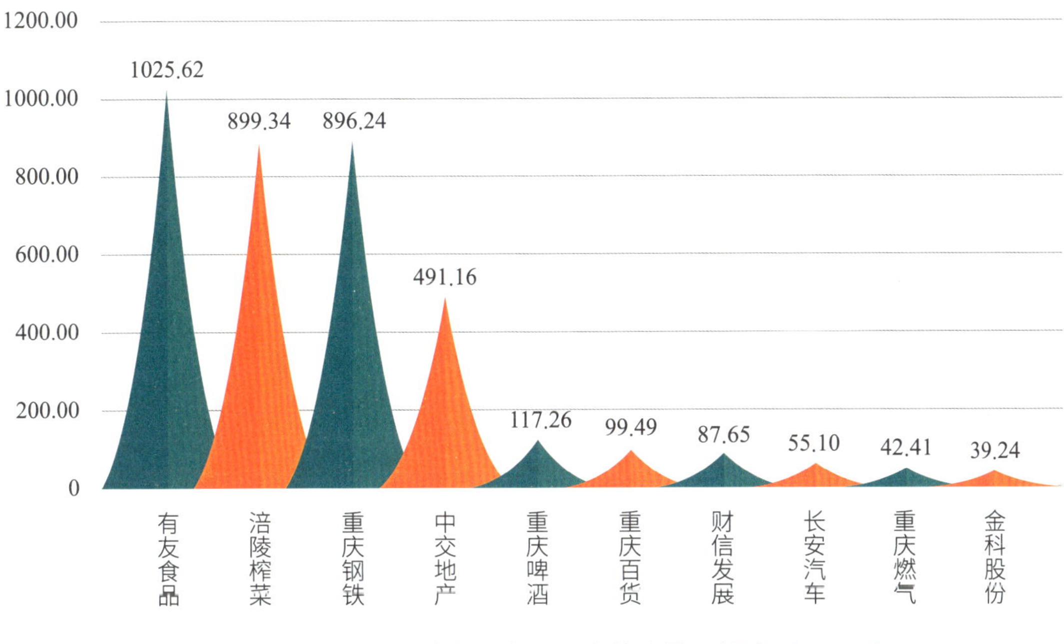

图 2-44 2021 年重庆境内上市公司应收账款周转率（TOP10）

总体来看，参照优秀值 24.30 次的标准，重庆境内上市公司应收账款周转率超过这一标准的企业有 12 家；参照良好值 15.20 次的标准，重庆有 16 家；参照社会平均值 7.80 次的标准，重庆有 23 家；以 3.00 次为标准，重庆有 46 家。这表明重庆境内上市公司收账迅速，账龄较短，资产流动性强，短期偿债能力强。特别是食品饮料行业的应收账款周转率相对较高。以有友食品为例，其加快营销网络布局，积极调整了电商渠道的运营策略，实现线上线下相互融合，及时回款。

（4）固定资产周转率[①]

截至 2021 年年末，除金融行业的 3 家上市公司外，60 家公司的固定资产周转率为 20.00 次及以上的有 7 家，占 11.67%；10.00~20.00（不含）次的有 8 家，占 13.33%；2.00~10.00（不含）次的有 28 家，占 46.67%；1.00~2.00（不含）次的有 11 家，占 18.33%；1.00 次以下的有 6 家，占 10.00%（见图 2-45）。平均值为 10.70 次，中位数为 2.82 次。

① 固定资产周转率又称为固定资产利用率，是指企业年产品销售收入净额与固定资产平均净值的比率，是反映企业固定资产周转情况，从而衡量固定资产利用效率的一项指标。

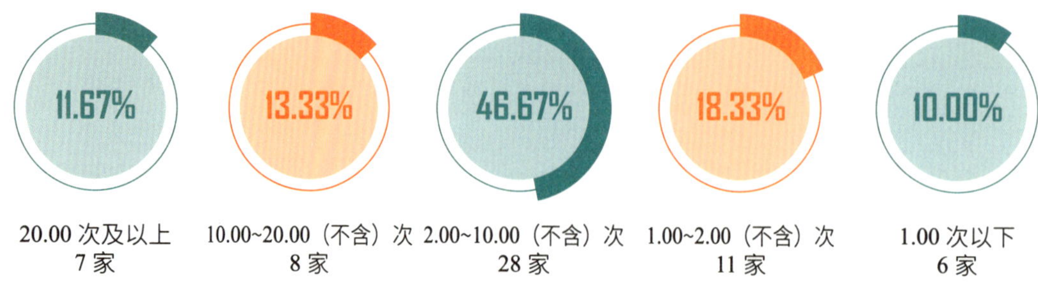

图 2-45　2021 年重庆境内上市公司固定资产周转率分布情况

从排名来看，中交地产以 151.36 次排名首位，也是唯一 1 家超过 100.00 次的上市公司；迪马股份、重药控股分别以 66.92 次、40.87 次排在第 2、第 3 位；重庆建工、声光电科、财信发展、金科股份、智飞生物、顺博合金、北大医药分列第 4 至第 10 位（见图 2-46）。

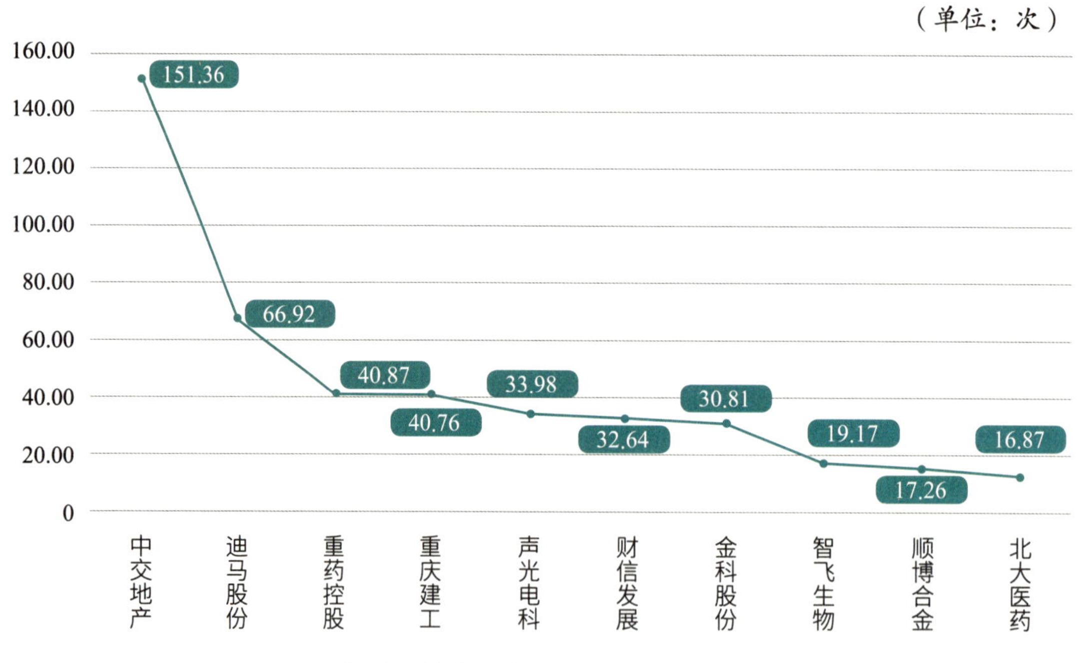

图 2-46　2021 年重庆境内上市公司固定资产周转率（TOP10）

整体来看，重庆境内上市公司固定资产管理水平较高，对厂房、设备等固定资产的利用效率较高。

（5）存货周转率[①]

存货周转率反映企业存货管理水平。截至2021年年末，共录得58家公司的存货周转率。其中，100.00次及以上的2家（分别是涪陵电力、新大正），占3.45%；10.00~100.00（不含）次的11家，占18.97%；5.00~10.00（不含）次的15家，占25.86%；2.00~5.00（不含）次的19家，占32.76%；2.00次以下的11家，占18.97%（见图2-47）。58家公司的平均值为75.24次，中位数为4.28次。

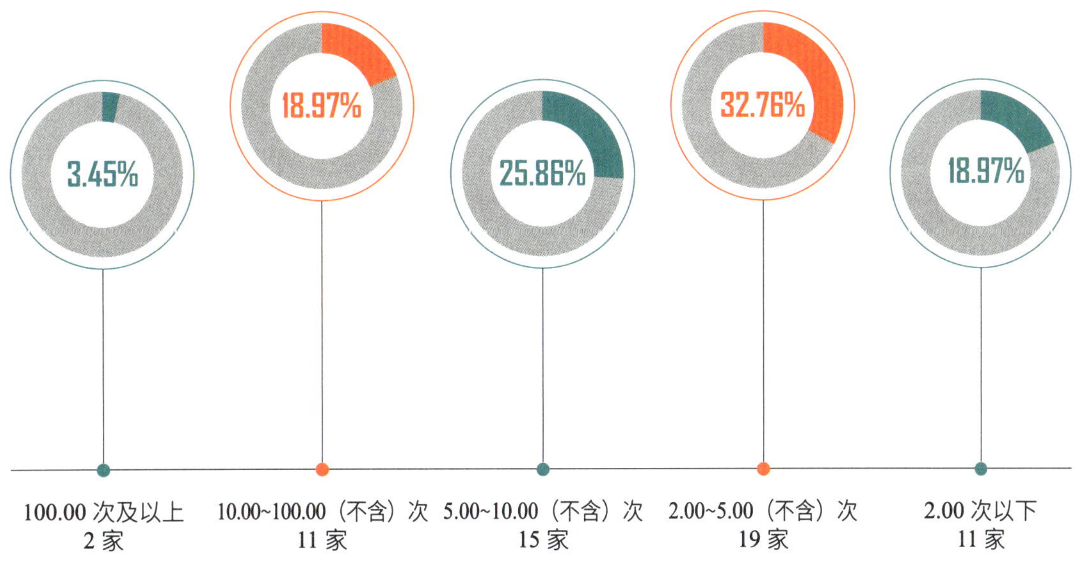

图2-47 2021年重庆境内上市公司存货周转率分布情况

从排名来看，涪陵电力以3454.11次的超高存货周转率排在首位；新大正排名第2位，为373.07次；重庆燃气位居第3，为86.59次；三羊马、四方新材、国城矿业、太阳能、三峡水利、新安洁、长安汽车分列第4至第10位（见表2-12）。

整体来看，重庆境内上市公司存货周转速度较快，存货的占用水平较低，流动性较高，存货转换为现金或应收账款的速度较快，短期偿债能力较强。

① 存货周转率是企业一定时期营业成本（销货成本）与平均存货余额的比率，是衡量和评价企业购入存货、投入生产、销售收回等各环节管理状况的综合性指标。

表 2-12　2021 年重庆境内上市公司存货周转率（TOP10）

序号	上市公司	存货周转率（次）
1	涪陵电力	3454.11
2	新大正	373.07
3	重庆燃气	86.59
4	三羊马	62.97
5	四方新材	60.66
6	国城矿业	25.53
7	太阳能	25.26
8	三峡水利	24.76
9	新安洁	18.33
10	长安汽车	13.67

2. 盈利能力：人均创利进一步提升

（1）总资产净利率（ROA）①

截至 2021 年年末，共有 51 家重庆境内上市公司的总资产净利率为正，其中，10.00% 及以上的 8 家，占 12.70%；5.00%~10.00%（不含）的 18 家，占 28.57%；2.00%~5.00%（不含）的 15 家，占 23.81%；0~2.00%（不含）的 10 家，占 15.87%。12 家为负，占 19.05%。总体来看，63 家公司的平均值为 4.17%，中位数为 4.06%。

① 总资产净利率是指公司净利润与平均资产总额的百分比，反映的是公司运用全部资产所获得利润的水平。

其中，智飞生物以 45.11% 位居首位；重庆啤酒次之，为 22.71%；百亚股份位居第 3，为 14.85%；声光电科、涪陵榨菜、新大正、有友食品、中国汽研、顺博合金、再升科技分列第 4 至第 10 位（见图 2-48）。

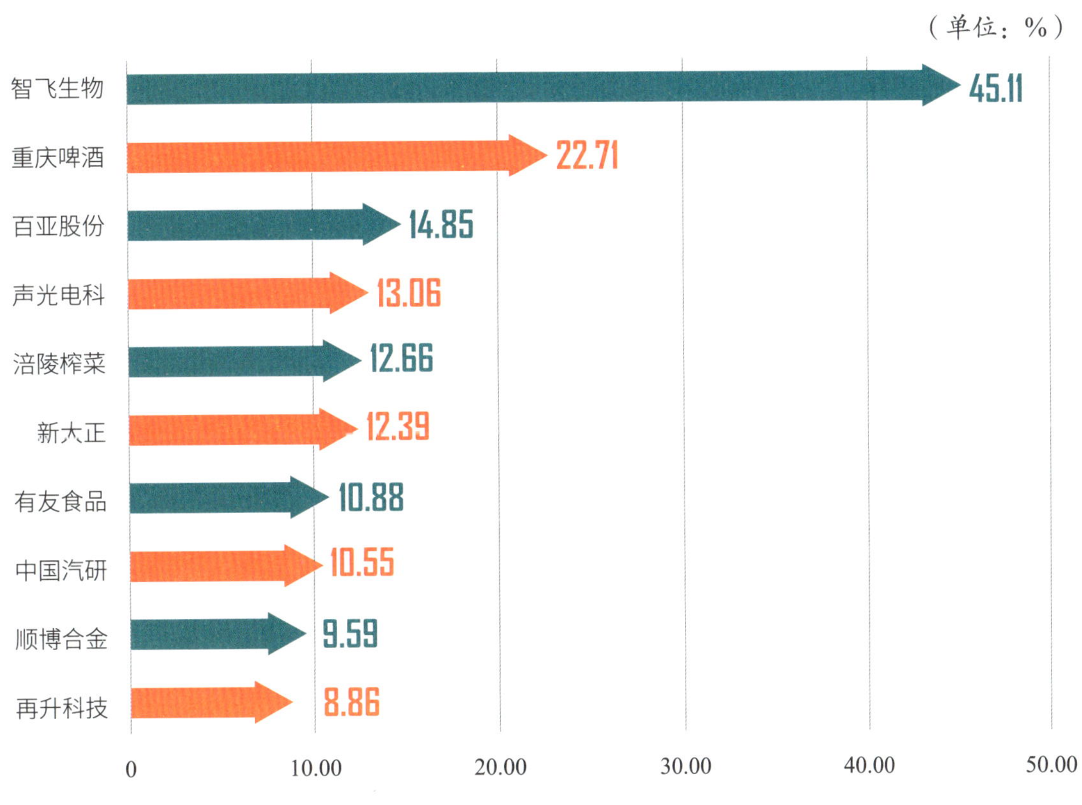

图 2-48 2021 年重庆境内上市公司总资产净利率 (TOP10)

整体来看，重庆境内上市公司总资产净利率超过 10.00% 的企业占比不高，盈利能力还有提升空间。

（2）净资产收益率（ROE）①

截至 2021 年年末，共有 51 家重庆境内上市公司的净资产收益率为正，其中，20.00% 及以上的 2 家（分别为重庆啤酒、智飞生物），占 3.17%；10.00%~20.00%（不含）的 20 家，31.75%；5.00%~10.00%（不含）的 19 家，占 30.16%；0~5.00%（不含）的 10 家，

① 净资产收益率是公司税后利润除以净资产得到的百分比，该指标反映股东权益的收益水平，用以衡量公司运用自有资本的效率。

占 15.87%。12 家净资产收益率为负，占 19.05%（见图 2-49）。总体来看，63 家公司的平均值为 6.81%，中位数为 7.68%。

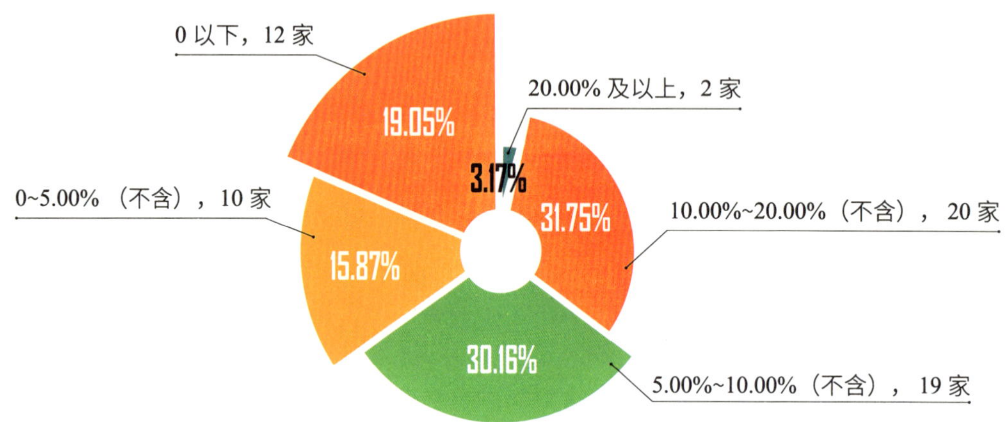

图 2-49　2021 年重庆境内上市公司净资产收益率分布情况

其中，重庆啤酒以 99.69% 居首位；智飞生物以 78.81% 排名第 2；百亚股份排名第 3，为 19.50%。川仪股份、新大正、顺博合金、涪陵电力、重庆百货、三峰环境、博腾股份分列第 4 至第 10 位（见图 2-50）。

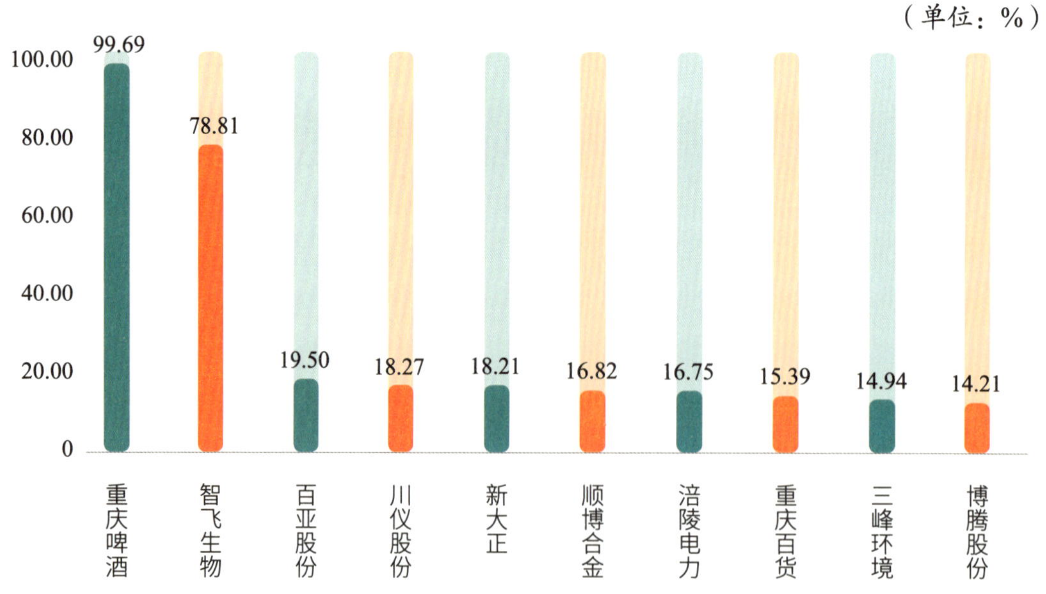

图 2-50　2021 年重庆境内上市公司净资产收益率（TOP10）

整体来看，高于 15.00% 的有 8 家，占 12.70%。重庆境内上市公司对股东投入资本的利用效率有待提高，投资收益比有待提升。

（3）人均创收

截至 2021 年年末，人均创收在 500 万元及以上的有 5 家，占 7.94%；200 万 ~500 万（不含）元的 13 家，占 20.63%；100 万 ~200 万（不含）元的 25 家，占 39.68%；50 万 ~100 万（不含）元的 16 家，占 25.40%；50 万元以下的 4 家，占 6.35%。63 家公司的平均值为 212.25 万元，中位数为 131.04 万元。同期，全国 A 股上市公司人均创收平均值为 216.17 万元，中位数为 114.64 万元。重庆境内上市公司的人均创收平均值虽略低于全国水平，但中位数高于全国水平（见图 2-51、图 2-52）。

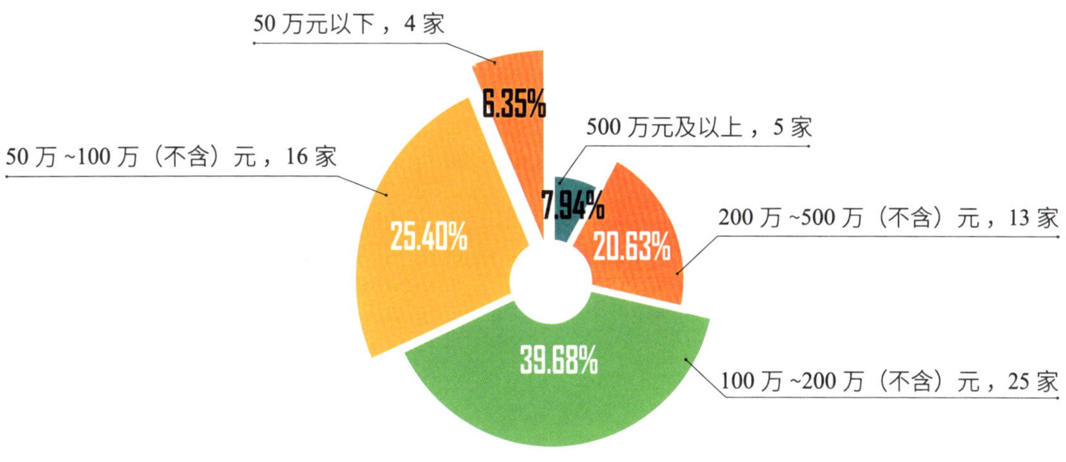

图 2-51 2021 年重庆境内上市公司人均创收分布情况

（单位：万元）

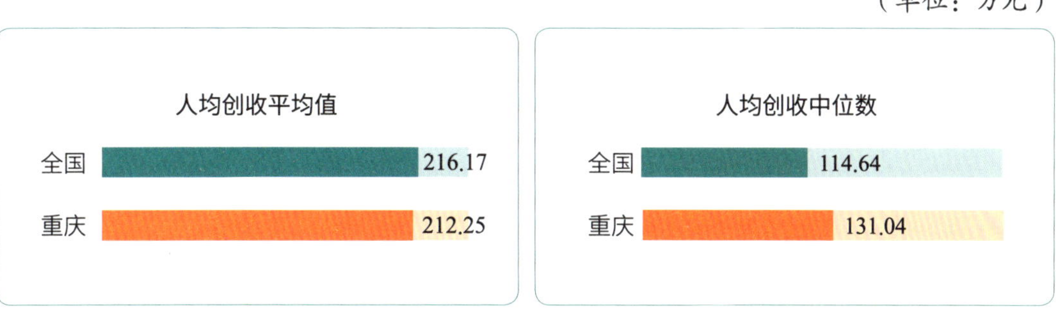

图 2-52 2021 年重庆境内上市公司 vs 全国 A 股上市公司人均创收平均值及中位数

具体来看，财信发展的人均创收居首位，为1657.27万元；中交地产、顺博合金分别以834.34万元、687.18万元排在第2、第3位；智飞生物、重庆钢铁、重药控股、金科股份、涪陵电力、重庆建工、太阳能分别排在第4至第10位（见图2-53）。

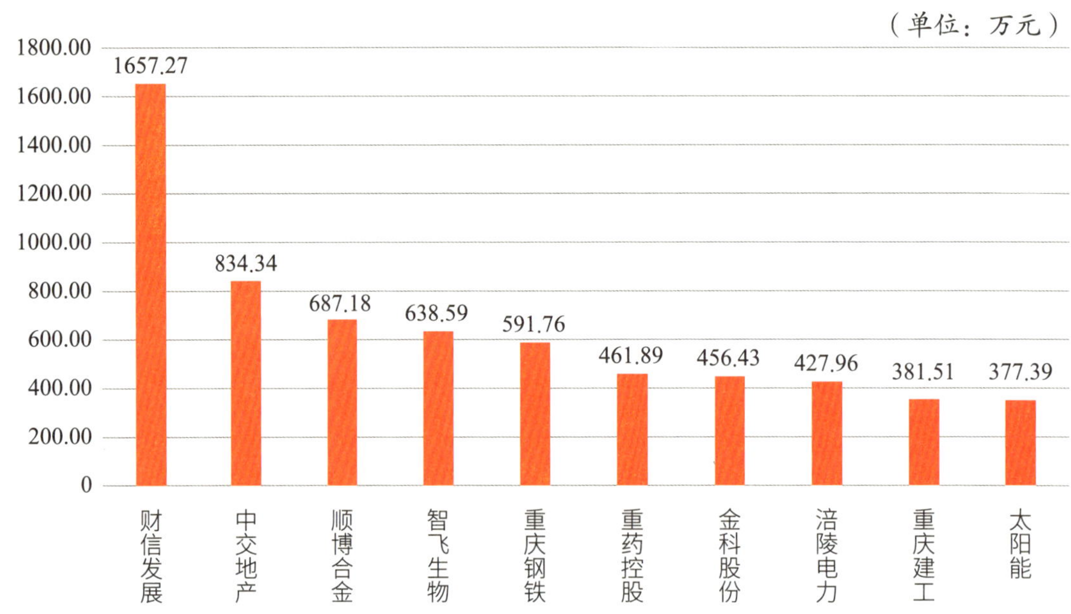

图2-53　2021年重庆境内上市公司人均创收（TOP10）

从人均创收增幅来看，51家重庆境内上市公司的人均创收出现正增长，占80.95%；12家出现负增长，占19.05%。具体来看，增幅为50.00%及以上的有6家，分别为三峡水利94.46%、渝开发87.68%、声光电科85.28%、重庆钢铁59.50%、财信发展58.56%、顺博合金58.21%。增幅为30.00%~50.00%（不含）的7家；10.00%~30.00%（不含）的25家；0~10.00%（不含）的13家。

整体来看，重庆境内上市公司人均创收呈增长趋势，但人均创收平均水平与中位数的差距较全国更小，表明重庆境内上市公司的创收能力较为稳定。

（4）人均创利

截至2021年年末，51家重庆境内上市公司的人均创利为正，其中，人均创利100万元及以上的有2家（分别为智飞生物、重庆路桥），占3.17%；30万~100万（不含）元的10家，占15.87%；10万~30万（不含）元的17家，占26.98%；0~10万（不含）元的22家，占34.92%（见图2-54）。人均创利为负的12家，占19.05%。

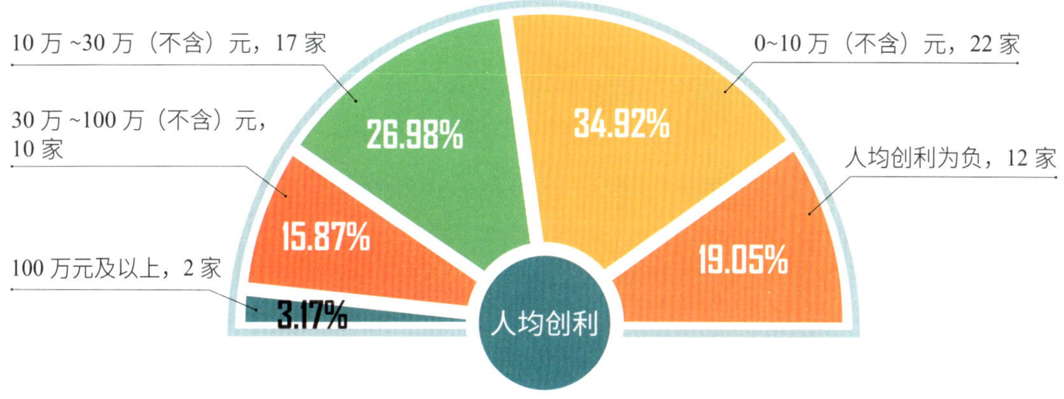

图 2-54 2021 年重庆境内上市公司人均创利分布情况

其中，智飞生物居首位，为 212.68 万元；重庆路桥紧随其后，为 189.42 万元；重庆银行以 98.93 万元位居第 3 位；第 4 至第 10 位的分别是巨人网络、涪陵电力、渝农商行、太阳能、西南证券、三峰环境、重庆钢铁（见图 2-55）。值得一提的是，重庆金融行业 3 家上市公司的人均创利均排进前 10，表明重庆本土法人金融机构的创利能力较强。

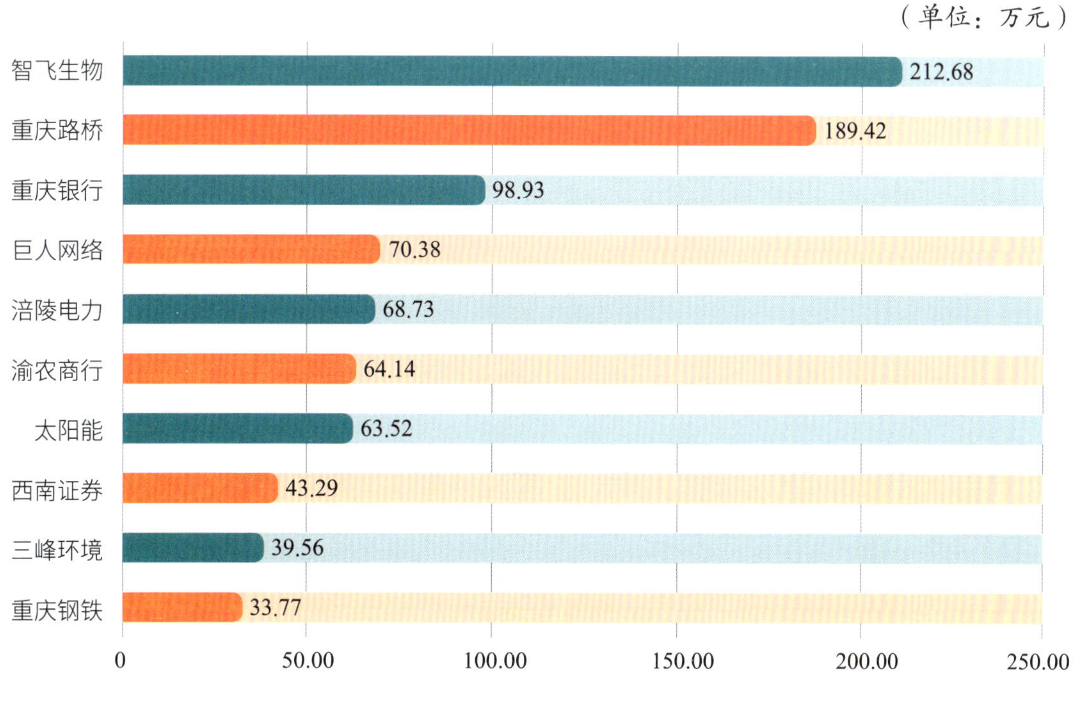

图 2-55 2021 年重庆境内上市公司人均创利（TOP10）

从人均创利增幅来看，35 家为正，占 55.56%；28 家为负，占 44.44%。

结合人均创收来看，人均创收与人均创利均居前 10 位的有智飞生物、涪陵电力、太阳能、重庆钢铁 4 家。有部分人均创收较高的上市公司人均创利相对较低。

3. 偿债能力：偿债压力进一步增大，短期偿债能力较强

（1）带息债务[①]

截至 2021 年年末，带息债务金额为 1000 亿元及以上的有 2 家（分别为渝农商行、重庆银行），占 3.17%；100 亿 ~1000 亿（不含）元的 7 家，占 11.11%；10 亿 ~100 亿（不含）元的 17 家，占 26.98%；1 亿 ~10 亿（不含）元的 24 家，占 38.10%；1 亿元以下的 13 家（其中 2 家无带息债务），占 20.63%（见图 2-56）。由于渝农商行、重庆银行属于银行业金融机构，带息债务一直处于高位，也表明其揽存储能力较强。其他的 61 家带息债务平均值为 50.18 亿元，中位数为 5.33 亿元。

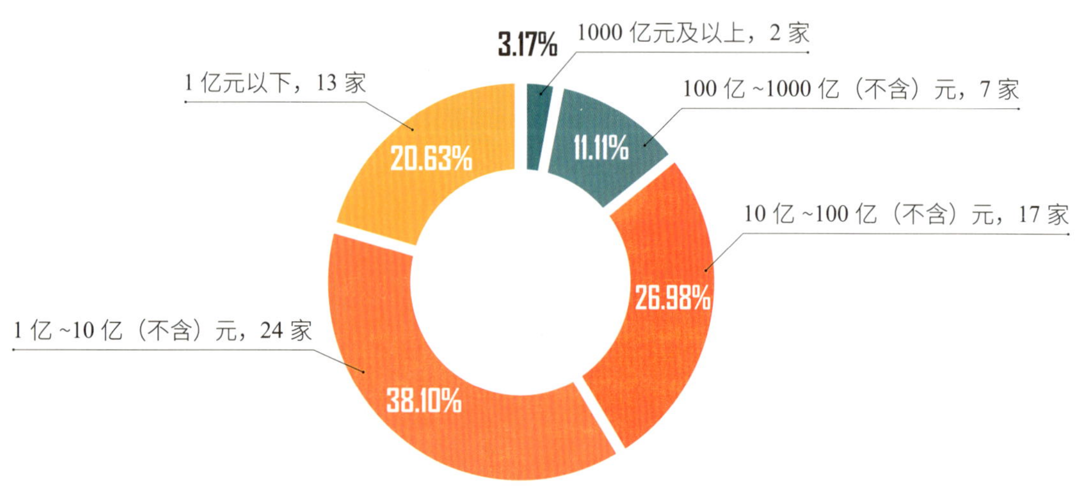

图 2-56 2021 年重庆境内上市公司带息债务分布情况

具体来看，超过 100 亿元的 9 家，分别为渝农商行、重庆银行、金科股份、中交地产、太阳能、西南证券、重药控股、迪马股份、重庆建工，主要集中在金融行业和房地产行业。

① 带息债务即有息负债，指企业负债中需要支付利息的债务。一般情况下，“短期借款”“长期借款”“应付债券”“1 年内到期的非流动性负债”“1 年内到期的融资租赁负债”“长期融资租赁负债”等都是带息债务。

与 2020 年同期相比，31 家的带息债务出现正增长，26 家出现负增长，无带息债务的从 6 家减少至 2 家。这表明在宏观经济增长下行压力的背景下，上市公司带息债务出现一定幅度的增长，偿债压力进一步增大。

（2）短期偿债能力（流动比率[①]和速动比率[②]）

截至 2021 年年末，除渝农商行、重庆银行外，共录得 61 家公司的流动比率和速动比率。

流动比率在 5.00 及以上的有 4 家（分别为涪陵榨菜、有友食品、万里股份、长江材料），占 6.56%；3.00~5.00（不含）的 8 家，占 13.11%；2.00~3.00（不含）的 12 家，占 19.67%；1.00~2.00（不含）的 25 家，占 40.98%；1.00 以下的 12 家，占 19.67%（见图 2-57）。平均值为 2.33，中位数为 1.62。

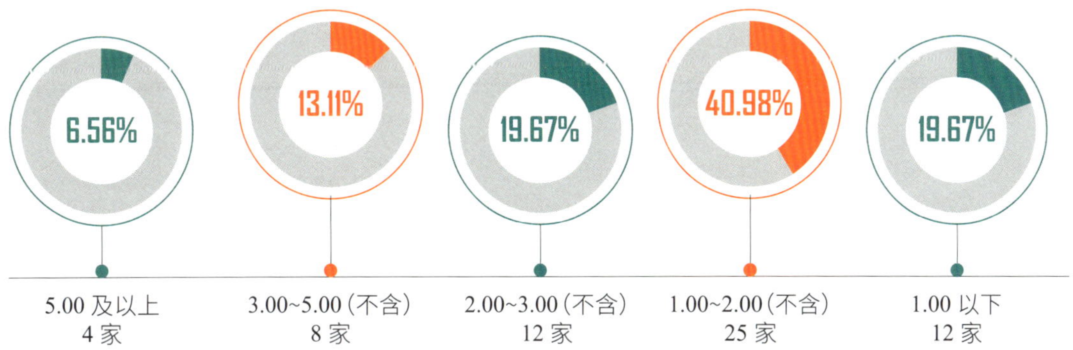

图 2-57 2021 年重庆境内上市公司流动比率分布情况

其中，涪陵榨菜以 12.55 的流动比率排在首位；有友食品排在第 2 位，为 8.70；万里股份以 6.62 排名第 3 位；长江材料、巨人网络、秦安股份、新安洁、华森制药、中设咨询、声光电科分列第 4 至第 10 位。

从速动比率看，在 5.00 及以上的有 2 家，占 3.28%；3.00~5.00（不含）的 9 家，占 14.75%；2.00~3.00（不含）的 8 家，占 13.11%；1.00~2.00（不含）的 22 家，占 36.07%；1.00 以下的 20 家，占 32.79%（见图 2-58）；平均值为 1.92，中位数为 1.28。

① 流动比率是流动资产与流动负债的比率，用来衡量企业流动资产在短期债务到期以前可以变为现金用于偿还负债的能力。

② 速动比率是企业速动资产与流动负债的比率。速动资产是企业的流动资产减去存货和预付费用后的余额，主要包括现金、短期投资、应收票据、应收账款等项目。

图 2-58 2021 年重庆境内上市公司速动比率分布情况

从排名来看，涪陵榨菜以 11.70 排在首位；有友食品以 7.20 排名第 2；巨人网络以 4.97 排名第 3；长江材料、万里股份、新安洁、中设咨询、秦安股份、华森制药、声光电科分列第 4 至第 10 位。

整体来看，重庆境内上市公司具有较强的短期偿债能力。从流动比率来看，大于 2.00 的共 24 家，占 39.34%；从速动比率看，大于 1.00 的共 41 家，占 67.21%；均较 2020 年（分别为 37.50%、66.07%）略微增长。与流动比率对比来看，速动比率的前 10 位上市公司与流动比率前 10 位相同，仅排名顺序稍有变化，表明这 10 家上市公司具有较强的短期偿债能力。

（3）长期偿债能力（资产负债率①和产权比率②）

从资产负债率看，截至 2021 年年末，60% 及以上的有 16 家，占 25.40%；50%~60%（不含）的 7 家，占 11.11%；30%~50%（不含）的 25 家，占 39.68%；30% 以下的 15 家，占 23.81%（见图 2-59）；平均值为 46.48%，中位数为 43.67%。

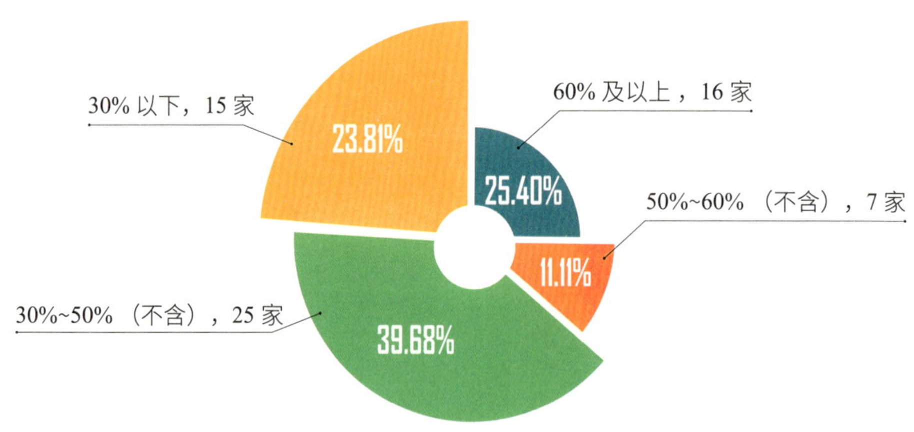

图 2-59 2021 年重庆境内上市公司资产负债率分布情况

① 资产负债率是期末负债总额除以资产总额的百分比，也就是负债总额与资产总额的比例关系，是衡量企业负债水平及风险程度的指标之一。

② 产权比率是企业负债总额与所有者权益总额的比率，是评估资金结构合理性的一种指标，也是衡量企业长期偿债能力的指标之一。

具体来看，重庆银行以 92.04% 居首，渝农商行以 91.62% 紧随其后，中交地产以 87.36% 排名第 3，财信发展、重庆建工、建车 B、太极集团、迪马股份、金科股份、重药控股分列第 4 至第 10 位。

从资产负债率的增幅看，28 家较 2020 年有所增长，35 家有所减少。其中，顺博合金、正川股份、国城矿业、博腾股份 4 家上市公司增幅超过 10%，分别增长 20.44%、19.07%、12.91%、11.66%。

从产权比率看，3.00 及以上的有 11 家，占 17.46%；1.00~3.00（不含）的 12 家，占 19.05%；0.50~1.00（不含）的 22 家，占 34.92%；0.50 以下的 18 家，占 28.57%（见图 2-60）。平均值为 1.69，中位数为 0.78。

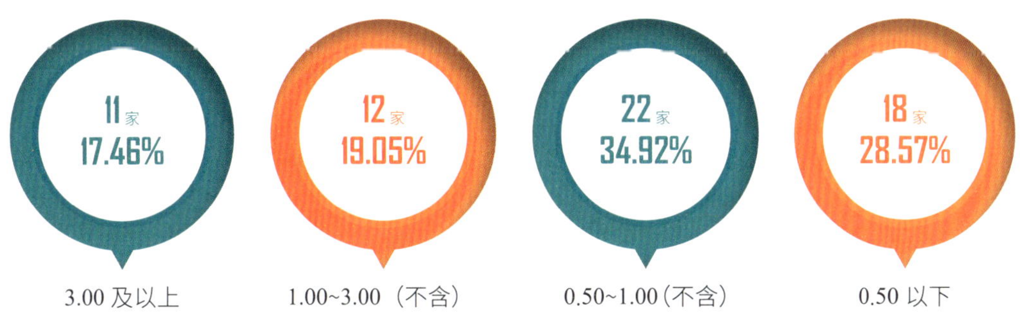

图 2-60 2021 年重庆境内上市公司产权比率分布情况

从排名来看，重庆银行以 11.57 的产权比率居首；渝农商行次之，为 10.94；中交地产排名第 3，为 6.91；第 4 至第 10 位分别为财信发展、重庆建工、建车 B、太极集团、迪马股份、金科股份、重药控股。

重庆境内上市公司的资产负债率水平较为适宜，资产负债率低于 60.00% 的企业共有 47 家，占 74.60%；资产负债率较高的集中在金融行业和房地产行业。就金融行业而言，资产负债率较高，说明其吸储能力及资金利用率较高；房地产行业主要与其为重资产属性相关。2021 年，产权比率超过 1.00 的占比（36.51%）较 2020 年（42.11%）有所降低。整体来看，重庆境内上市公司产权比率较为适宜，财务结构相对稳定，具备良好的长期偿债能力。

（七）公司治理

1. 股权集中度：结构较为稳定，均值超过 60%

截至 2021 年年末，重庆境内上市公司股权集中度在 80% 及以上的有 7 家，占 11.11%；70%~80%（不含）的 16 家，占 25.40%；60%~70%（不含）的 12 家，占 19.05%；50%~60%（不含）的 12 家，占 19.05%；40%~50%（不含）的 12 家，占 19.05%；40% 以下的 4 家，占 6.35%（见图 2-61）；平均值为 62.74%，中位数为 63.60%。

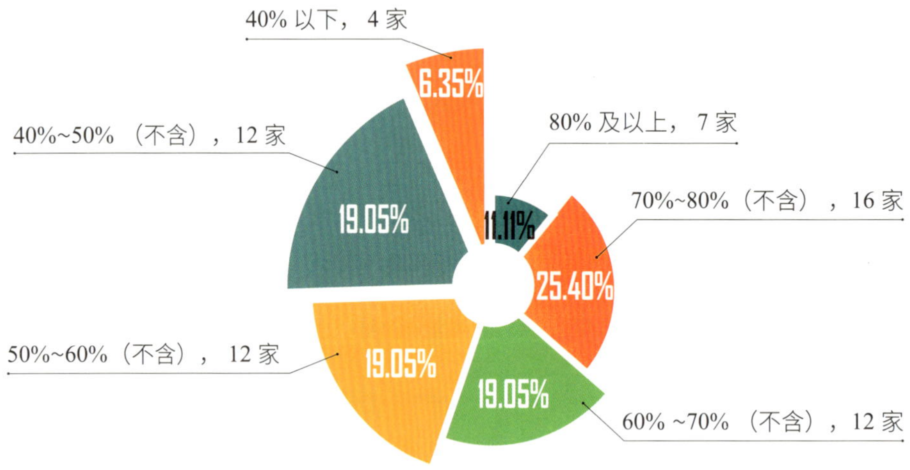

图 2-61　2021 年重庆境内上市公司股权集中度分布情况

其中，重庆银行和重庆水务的股权集中度最高，均超过 90%，分别为 98.87%、92.73%；第 3 为重庆燃气，89.84%；重庆建工、百亚股份、华森制药、中交地产、国城矿业、建车 B、神驰机电位列第 4 至第 10 位。

从股权集中度的增减来看，公布 2020 年数据的有 61 家，股权集中度较 2020 年增长的有 21 家，较 2020 年减少的有 35 家，没有变化的有 5 家。其中，声光电科上升 11.95%，成为股权集中度增长最高的企业。

从第一大股东持股比例来看，持股 50% 及以上（控股）的有 12 家，占 19.05%；40%~50%（不含）的 13 家，占 20.63%；30%~40%（不含）的 12 家，占 19.05%；

20%~30%（不含）的 16 家，占 25.40%；持股 20% 以下的 10 家，占 15.87%（见图 2-62）。整体平均值为 35.56%，中位数为 34.74%。

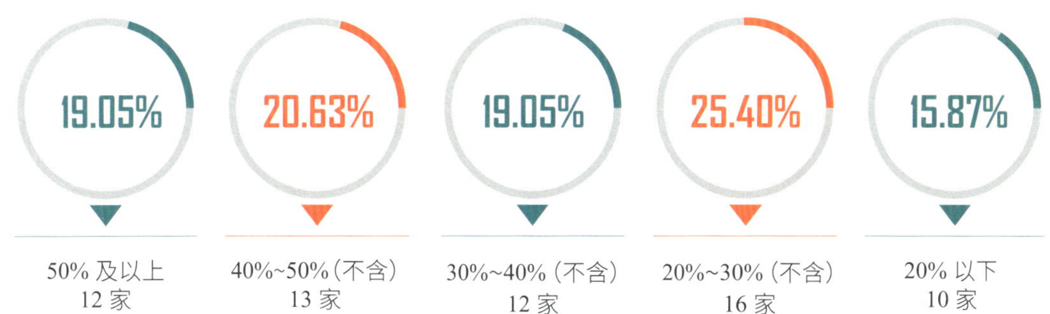

图 2-62 2021 年重庆境内上市公司第一大股东持股比例分布情况

从排名来看，建车 B 的第一大股东中国兵器装备集团有限公司持股比例最高，为 71.13%；秦安股份、渝开发以 65.63%、63.19% 分列第 2、第 3 位；三羊马、财信发展、四方新材、重庆百货、中交地产、中国汽研、智飞生物排名第 4 至第 10 位（见图 2-63）。

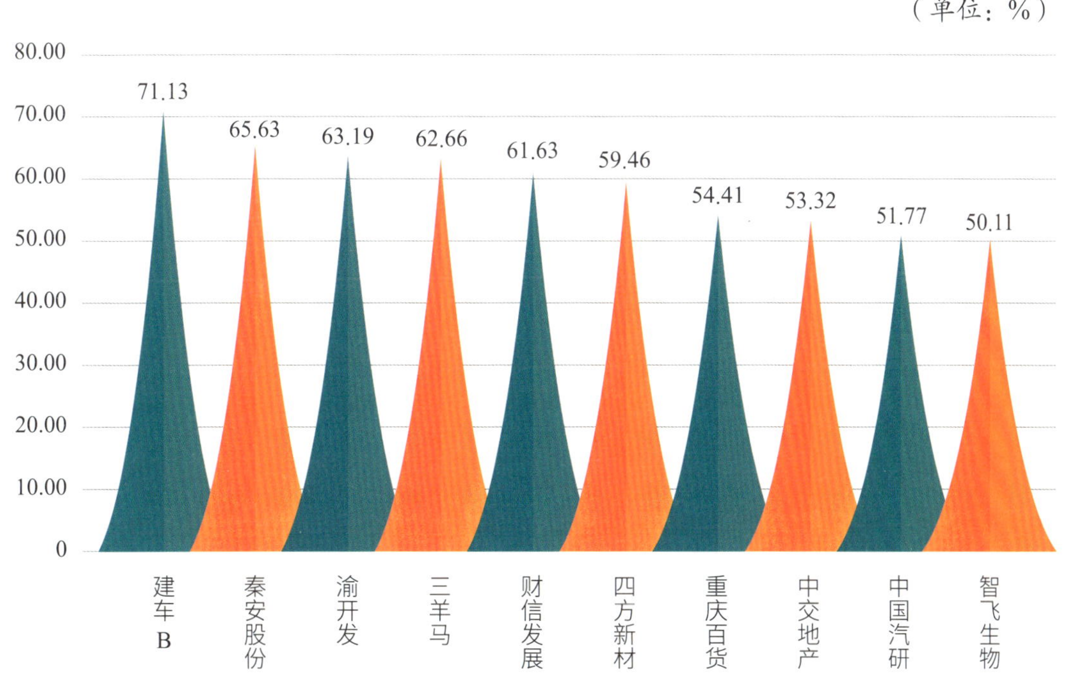

图 2-63 2021 年重庆境内上市公司第一大股东持股比例（TOP10）

从第一大股东控股能力（第二大股东持股比例 / 第一大股东持股比例）来看，在 10% 以下的有 9 家，占 14.29%；10%~30%（不含）的 19 家，占 30.16%；30%~50%（不含）的 16 家，占 25.40%；50%~80%（不含）的 12 家，占 19.05%；80% 及以上的 7 家，占 11.11%。整体平均值为 38.22%，中位数为 34.66%（见图 2-64）。

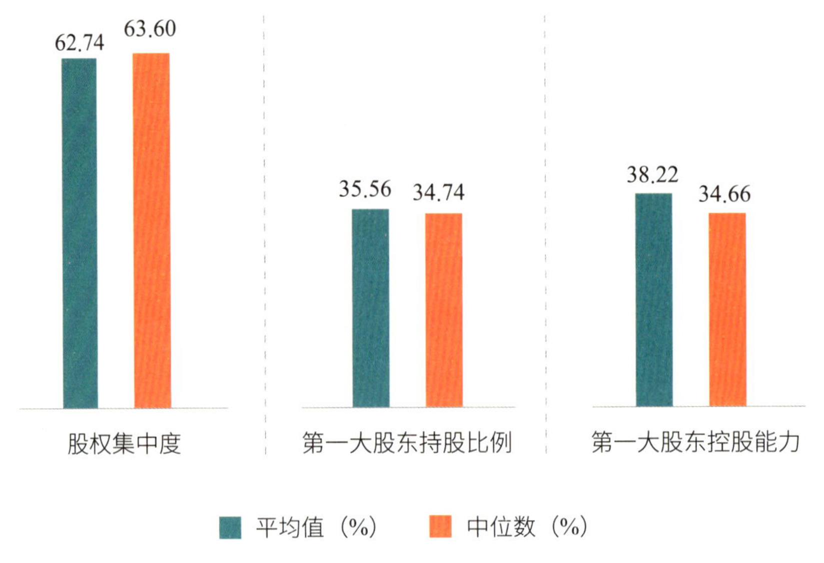

图 2-64　2021 年重庆境内上市公司治理能力

从排名来看，第一大股东控股能力最强的是渝开发，第二大股东持股比例仅占第一大股东持股比例的 1.01%；其次为财信发展，为 1.95%；秦安股份以 2.65% 排名第 3 位；第 4 至第 10 位分别为建车 B、渝三峡 A、隆鑫通用、三羊马、重庆百货、新安洁、涪陵电力（见表 2-13）。整体而言，重庆境内上市公司股权较为集中，结构较稳定。

表 2-13　2021 年重庆境内上市公司第一大股东控股能力（TOP10）

序号	上市公司	第一大股东控股能力（%）
1	渝开发	1.01
2	财信发展	1.95

续表

序号	上市公司	第一大股东控股能力（%）
3	秦安股份	2.65
4	建车 B	2.66
5	渝三峡 A	3.75
6	隆鑫通用	4.77
7	三羊马	6.64
8	重庆百货	6.95
9	新安洁	7.73
10	涪陵电力	10.35

2. 独立董事[①]：博士占比过半，履职情况较好

独立董事制度目的在于提高公司治理能力，保护投资者合法权益。其存在的价值在于以其独立的特殊身份，摆脱公司利益阶层和管理层的影响与控制，对上市公司进行客观公正的监督；主要职责包括定期报告审议、重大关联交易事前认可、提议聘用或解聘会计师事务所、提议召开董事会或股东大会等。

截至 2021 年年末，重庆 63 家上市公司共有独立董事 215 位，涉及 175 人；其中 26 人同时担任 2~3 家公司的独立董事，4 人同时担任 4 家公司的独立董事。

长安汽车独立董事人数最多，8 位；重庆钢铁 6 位排名第 2；有 5 家公司各有 5 位，分别为涪陵榨菜、太极集团、重庆百货、渝农商行、重庆银行；10 家各有 4 位；44 家各有 3 位；2 家各有 2 位。

① 独立董事是指独立于公司股东且不在公司内部任职，并与公司或公司经营管理者没有重要的业务联系或专业联系，对公司事务做出独立判断的董事。

从独立董事学历来看，175 人中，博士研究生 92 人，占 52.57%；硕士研究生 45 人，占 25.71%；本科 32 人，占 18.29%；专科 3 人，占 1.71%；未公布学历的 3 人，占 1.71%（见图 2-65）。

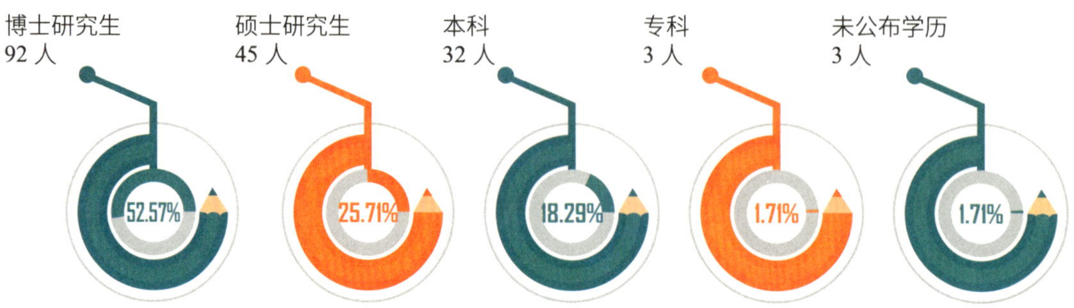

图 2-65　2021 年重庆境内上市公司独立董事学历分布情况

从董事会召开情况来看，4 家公司召开董事会在 20 次及以上，22 家召开了 10~20（不含）次，33 家召开了 5~10（不含）次，4 家召开了 5 次以下。从董事会下属专门委员会会议召开情况来看，4 家在 20 次及以上，27 家召开了 10~20（不含）次，26 家召开了 5~10（不含）次，6 家召开了 5 次以下。

从独立董事履职情况来看，重庆境内上市公司充分发挥独立董事职能，独立董事及时了解公司的生产经营、财务状况及发展等情况，全部参加了应参加的董事会及其下属专门委员会会议，审议各项议案，对董事会审议的重大事项发表了独立客观的意见，为董事会的科学决策提供了支撑，维护了公司和中小股东的合法利益。但在股东大会方面，部分上市公司的部分独立董事并未全部出席。

3. 董事会激励：过半数上市公司管理层年度薪酬增长，董事会激励较可观

（1）管理层年度薪酬

2021 年，63 家重庆境内上市公司管理层年度薪酬总计 65596.86 万元。从分布情况来看，在 2000 万元及以上的有 6 家，占 9.52%；1000 万 ~2000 万（不含）元的 20 家，占 31.75%；在 500 万 ~1000 万（不含）元的 21 家，占 33.33%；300 万 ~500 万（不含）元的 11 家，占 17.46%；300 万元以下的 5 家，占 7.94%（见图 2-66）。平均值为 1041.22 万元，中位数为 761.10 万元，最高为 4402.35 万元，最低为 160.37 万元，首尾相差 27.45 倍多集中在 500 万 ~2000 万元。

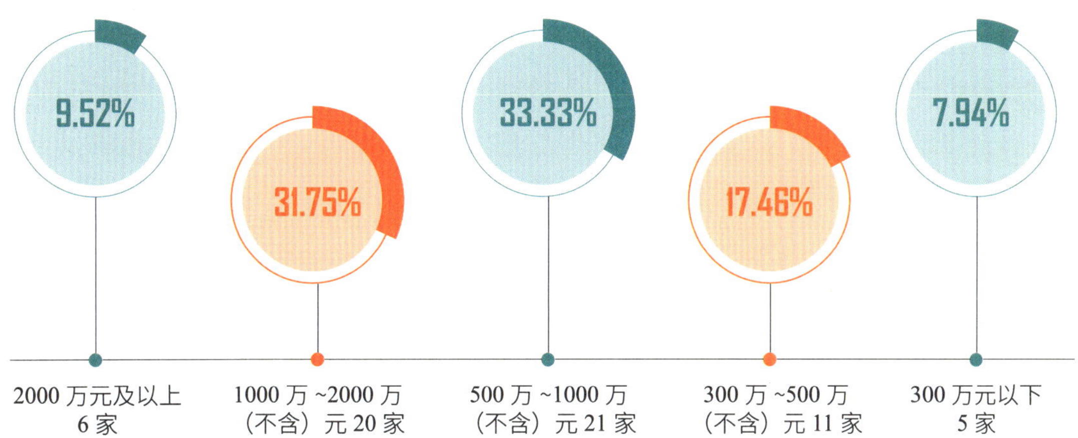

图 2-66　2021 年重庆境内上市公司管理层年度薪酬分布情况

从排名来看，金科股份管理层年度薪酬居首位，为 4402.35 万元；迪马股份以 4345.38 万元紧随其后；重庆啤酒排在第 3 位，为 3294.32 万元；长安汽车、巨人网络、小康股份、川仪股份、宗申动力、智飞生物、中国汽研分列第 4 至第 10 位（见图 2-67）。ST 天圣、三羊马、顺博合金、声光电科、万里股份 5 家上市公司管理层年度薪酬均不及 300 万元。

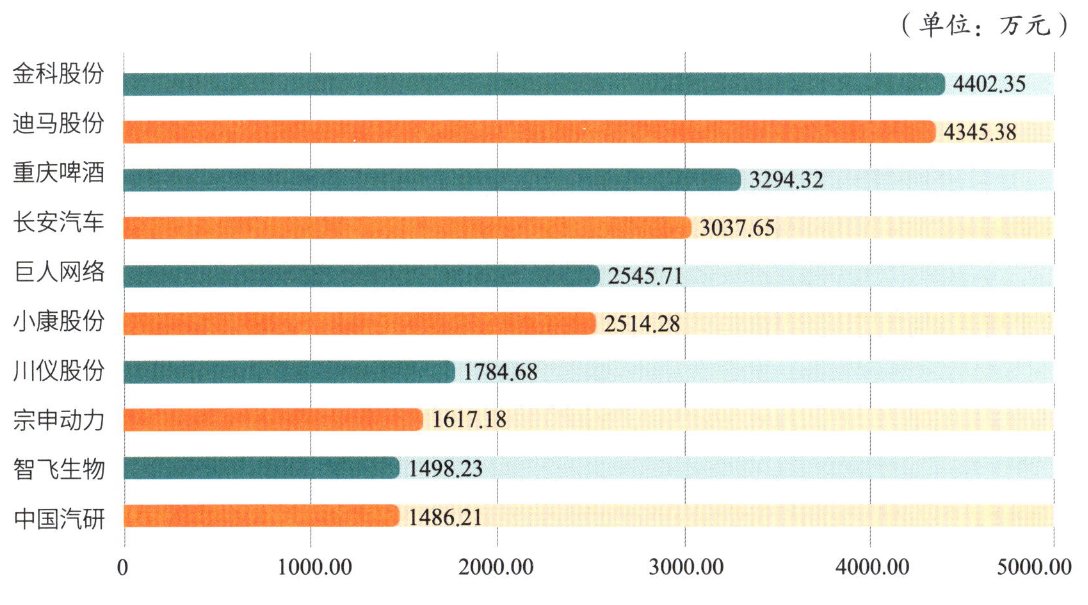

图 2-67　2021 年重庆境内上市公司管理层年度薪酬（TOP10）

从管理层年度薪酬增幅来看，61 家上市公司（长江材料和中设咨询未公布）中，管理层年度薪酬较上一年增长的有 39 家，占 63.93%；出现降低的有 22 家，占 36.07%。其中，重庆啤酒以 128.78% 的增幅位居第 1 位；川仪股份和西南证券的增幅也超过 50.00%，分别为 70.72%、56.42%，分列第 2、第 3 位（见图 2-68）。

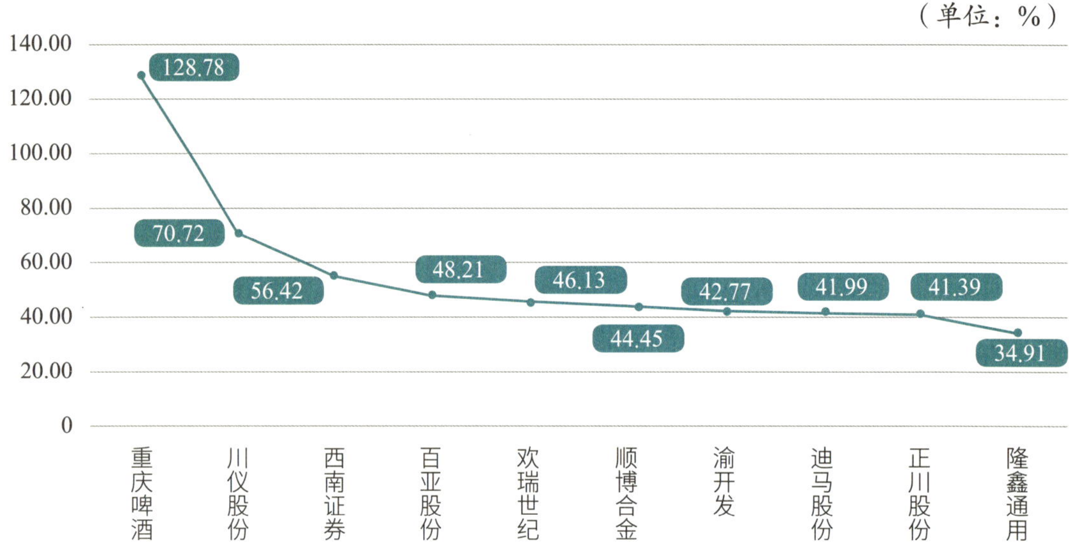

图 2-68　2021 年重庆境内上市公司管理层年度薪酬增幅（TOP10）

（2）前三名高管年度薪酬

从前三名高管年度薪酬来看， 63 家公司前三名高管年度薪酬总额为 26561.56 万元。其中，前三名高管年度薪酬为 1000 万元及以上的有 5 家，占 7.94%；500 万 ~1000 万（不含）元的 9 家，占 14.29%；200 万 ~500 万（不含）元的 28 家，占 44.44%；100 万 ~200 万（不含）元的 19 家，占 30.16%；100 万元以下的 2 家，占 3.17%（见图 2-69）。整体来看，重庆境内上市公司前三名高管年度薪酬集中在 100 万 ~500 万元，平均值为 421.61 万元，中位数为 276.59 万元。

从排名来看，迪马股份的前三名高管年度薪酬居首，为 2729.05 万元；重庆啤酒、金科股份分别以 2081.38 万元、1453.88 万元位居第 2、第 3 位；第 4 至第 10 位的分别为巨人网络、小康股份、中国汽研、长安汽车、百亚股份、重庆百货、欢瑞世纪（见图 2-70）。

100 万元以下，2 家
3.17%
1000 万元及以上，5 家
7.94%
500 万~1000 万（不含）元，9 家
14.29%
100 万~200 万（不含）元，19 家
30.16%
200 万~500 万（不含）元，28 家
44.44%

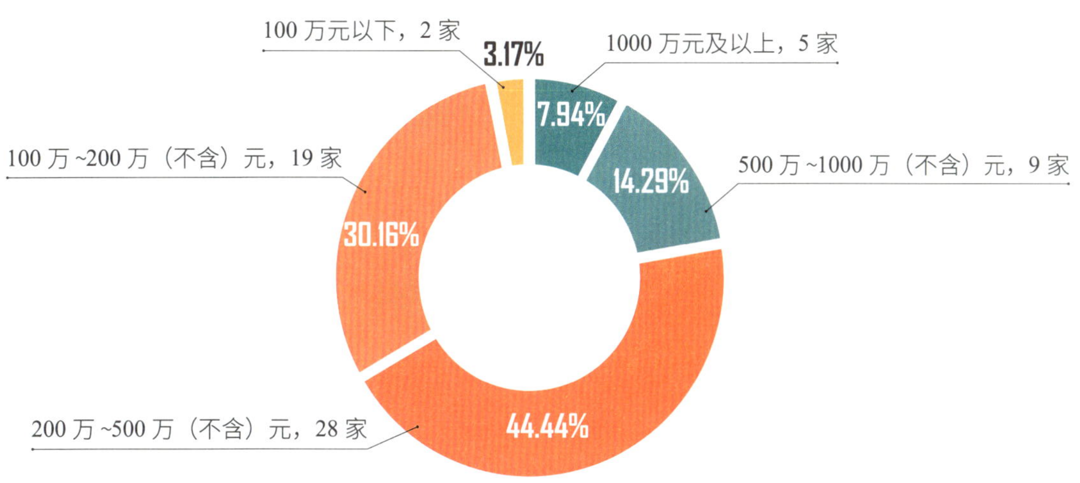

图 2-69 2021 年重庆境内上市公司前三名高管年度薪酬分布情况

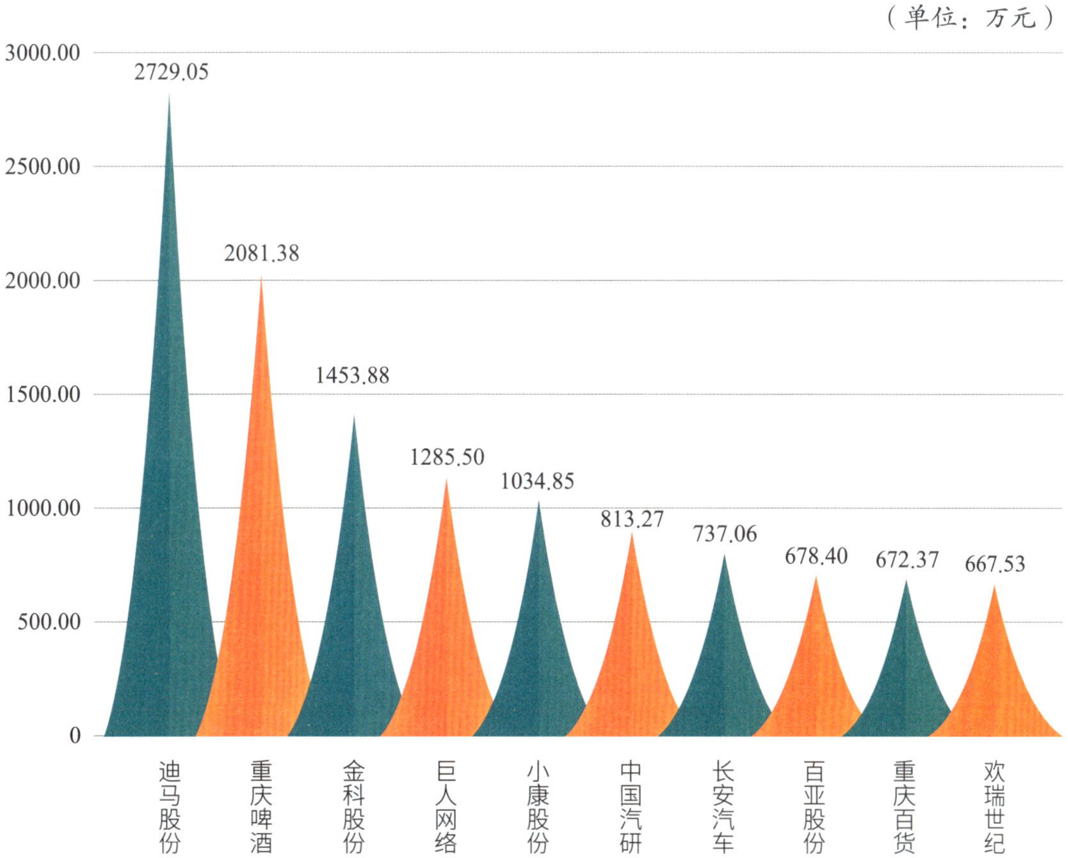

（单位：万元）
3000.00
2500.00
2000.00
1500.00
1000.00
500.00
0
2729.05
2081.38
1453.88
1285.50
1034.85
813.27
737.06
678.40
672.37
667.53
迪马股份
重庆啤酒
金科股份
巨人网络
小康股份
中国汽研
长安汽车
百亚股份
重庆百货
欢瑞世纪

图 2-70 2021 年重庆境内上市公司前三名高管年度薪酬（TOP10）

从前三名高管年度薪酬增幅来看，61 家上市公司（长江材料和中设咨询未公布）中，前三名高管年度薪酬较一年增长的有 35 家，占 57.38%；持平的有 1 家，为北大医药，占 1.64%；出现降低的有 25 家，占 40.98%。其中，重庆啤酒以 164.38% 的增幅位居第 1，中国汽研、渝开发分别以 59.64%、51.26% 的增幅分列第 2、第 3 位（见图 2-71）。

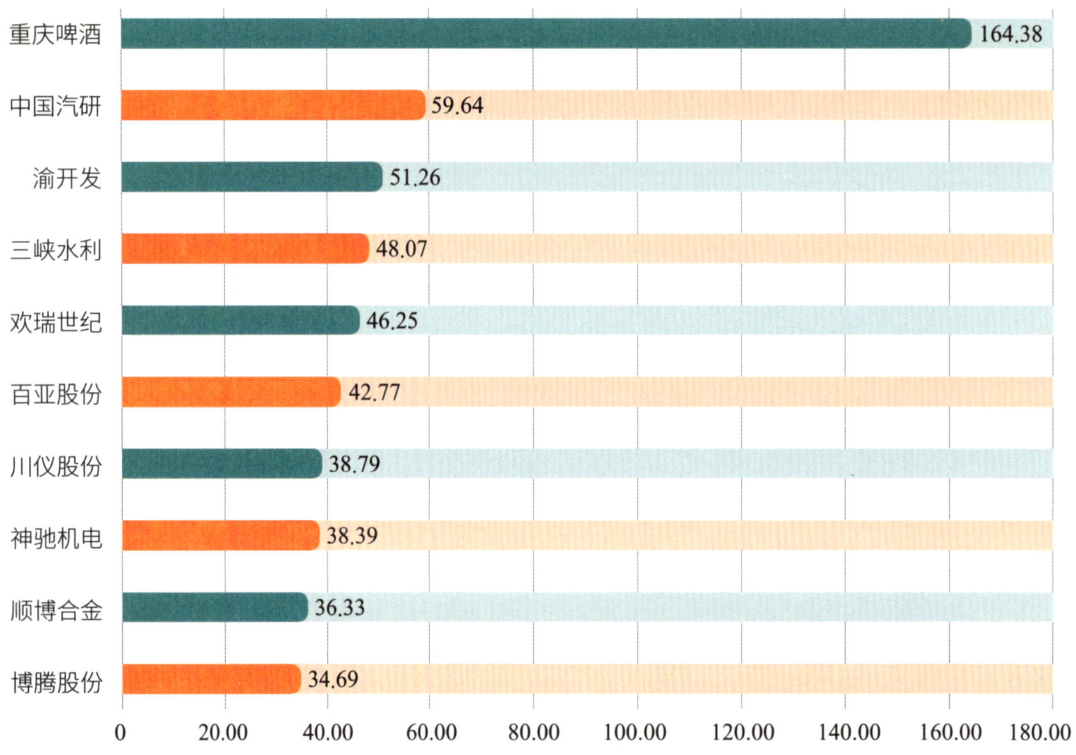

图 2-71　2021 年重庆境内上市公司前三名高管年度薪酬增幅（TOP10）

（3）前三名董事年度薪酬

63 家公司前三名董事年度薪酬总额为 23870.39 万元。其中，1000 万元及以上的有 4 家，占 6.35%；500 万 ~1000 万（不含）元的 6 家，占 9.52%；200 万 ~500 万（不含）元的 25 家，占 39.68%；100 万 ~200 万（不含）元的 25 家，占 39.68%；100 万元以下的 3 家，占 4.76%（见图 2-72）。综合来看，重庆境内上市公司前三名董事年度薪酬多分布在 100 万 ~500 万元，平均值为 378.90 万元，中位数为 232.70 万元。

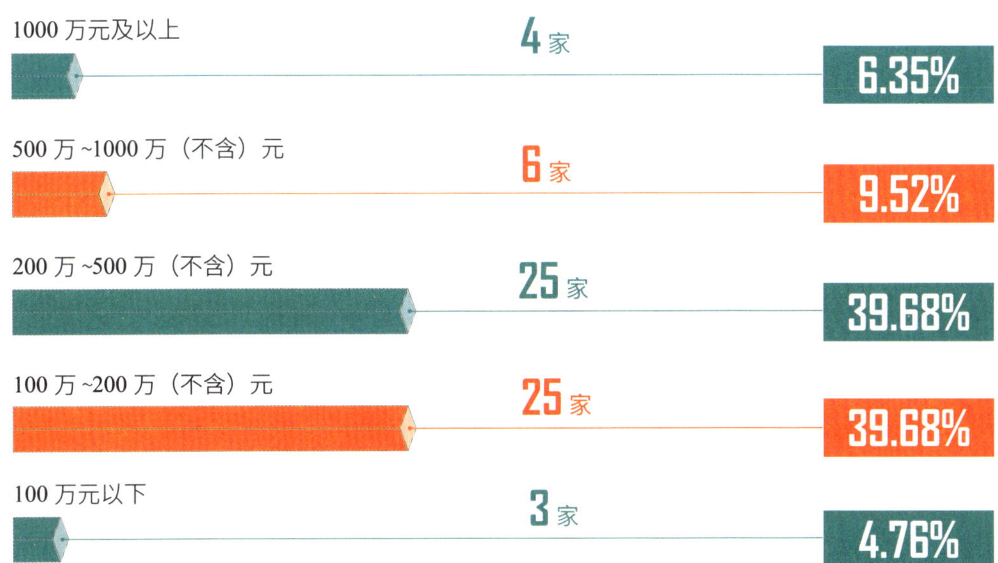

图 2-72 2021 年重庆境内上市公司前三名董事年度薪酬分布情况

从排名来看，迪马股份以 2729.05 万元居第 1；重庆啤酒位居第 2，为 2348.57 万元；金科股份排在第 3 位，为 1401.61 万元；巨人网络、小康股份、秦安股份、长安汽车、百亚股份、欢瑞世纪、重庆钢铁分列第 4 至第 10 位（见图 2-73）。

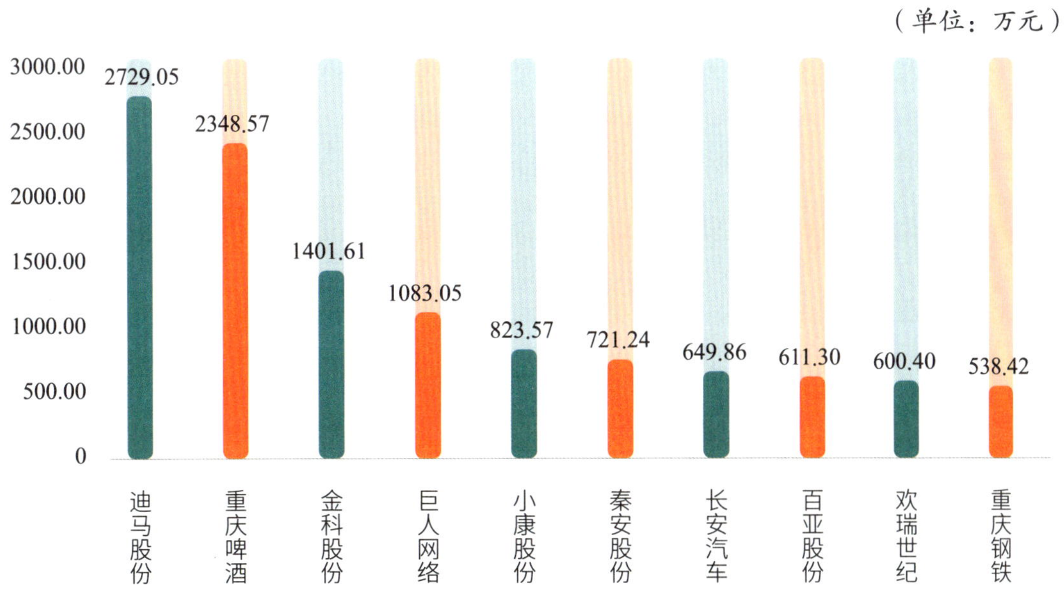

图 2-73 2021 年重庆境内上市公司前三名董事年度薪酬（TOP10）

从前三名董事年度薪酬增幅来看，61 家上市公司（长江材料和中设咨询未公布）中，前三名董事年度薪酬较上一年增长的有 34 家，占 55.74%；持平的有 1 家，为北大医药，占 1.64%；出现降低的有 26 家，占 42.62%。

其中，重庆啤酒以 382.88% 的增幅高居榜首；三峡水利以 256.71% 的增幅位列第 2 位；万里股份则排在第 3 位，为 115.07%，增幅前三的前三名董事年度薪酬增长率均超过 100%。

整体来看，重庆境内上市公司董事会激励较为可观，首尾差距较大。值得一提的是，金科股份、迪马股份、重庆啤酒、长安汽车、巨人网络、小康股份 6 家上市公司在管理层年度薪酬、前三名高管年度薪酬、前三名董事年度薪酬方面均位于前 10。增幅方面，重庆啤酒和欢瑞世纪在管理层年度薪酬、前三名高管年度薪酬、前三名董事年度薪酬的增幅方面均居前 10。

4. 股东权益：年度分红达 150.52 亿元，超六成上市公司达再融资门槛

（1）上市以来分红率

截至 2021 年年末，共录得 51 家公司上市以来的分红率。从分布情况来看，分红率为 50% 及以上的有 9 家，占 17.65%；40%~50%（不含）的 12 家，占 23.53%；30%~40%（不含）的 13 家，占 25.49%；20%~30%（不含）的 7 家，占 13.73%；10%~20%（不含）的 10 家，占 19.61%（见图 2-74）。平均值为 39.18%，中位数为 35.16%。

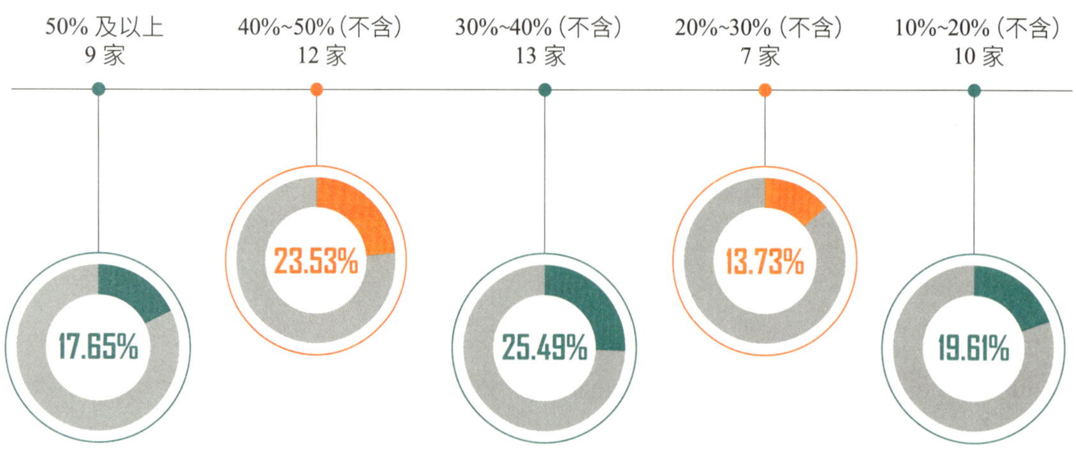

图 2-74　2021 年重庆境内上市公司上市以来分红率分布情况

从排名来看，财信发展以 182.13% 居第 1；重庆水务次之，为 75.18%；福安药业排名第 3，为 71.00%；重庆啤酒、三羊马、百亚股份、有友食品、华邦健康、重庆百货、西南证券分列第 4 至第 10 位（见图 2-75）。

总的来看，2021 年重庆境内上市公司上市以来分红率与 A 股平均水平相当，其中上市以来分红率平均值低于 2021 年 A 股平均值（49.15%），中位数高于 A 股水平（32.01%）（见图 2-76）。

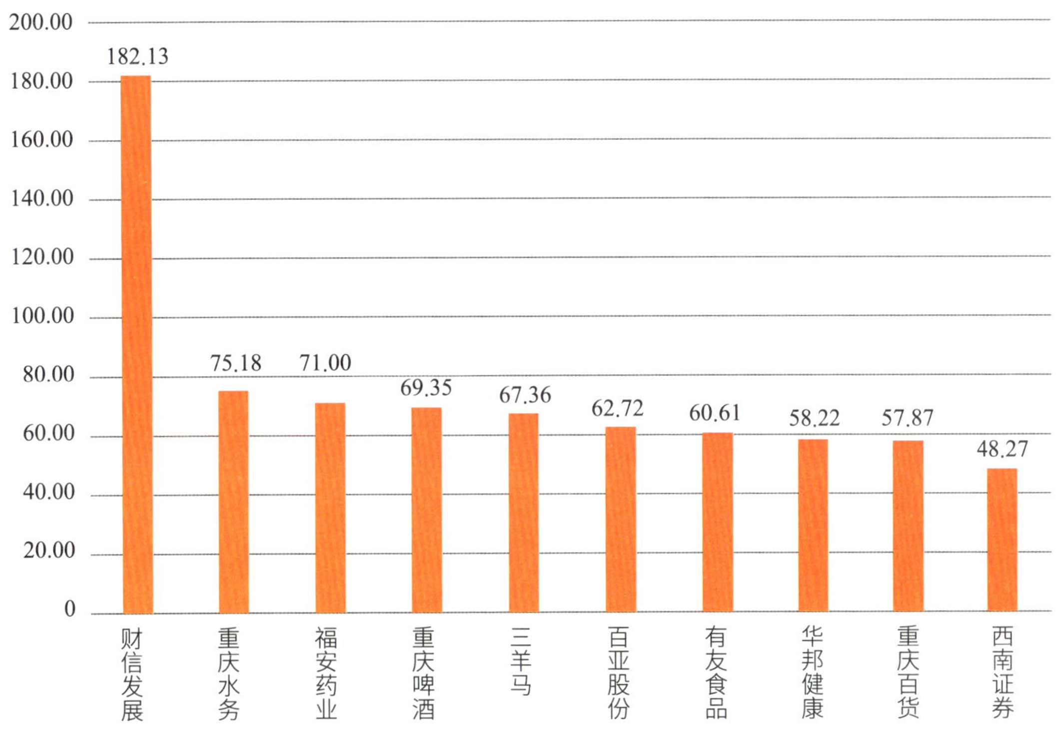

图 2-75 2021 年重庆境内上市公司上市以来分红率（TOP10）

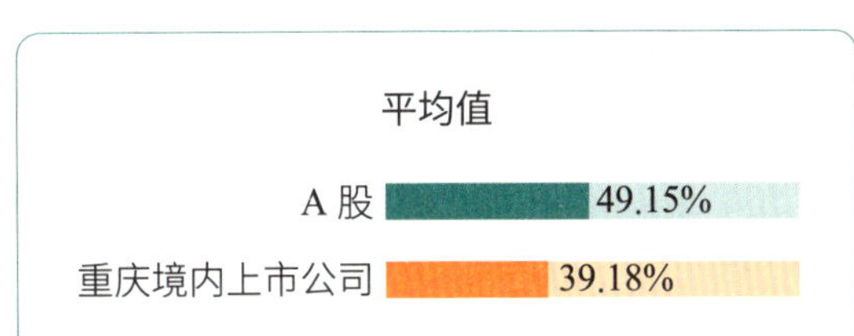

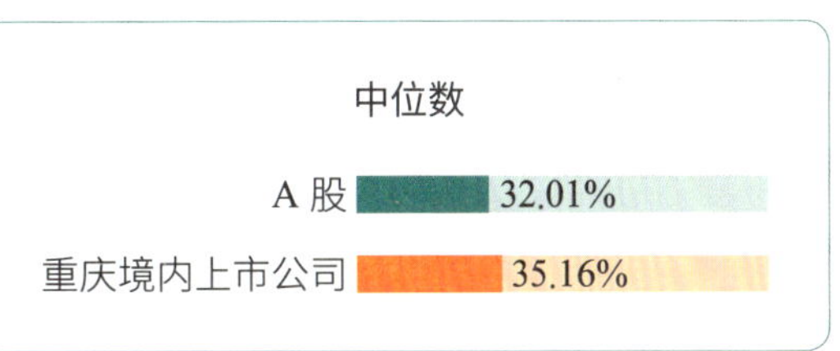

图 2-76 2021 年重庆境内上市公司上市以来分红率与 A 股平均水平对比

（2）年度累计分红总额

63 家公司中，披露年度分红方案的有 44 家（共 45 只股票），累计分红额达 150.52 亿元。按截至 2021 年年末重庆境内上市公司数计算，平均值为 2.39 亿元，分红总额占净利润总额的 29.17%，低于全国平均水平（3.87 亿元、34.15%）。

具体来看，渝农商行以 22.33 亿元居第 1 位；其次为长安汽车 17.78 亿元；第 3 为重庆百货，共分红 15.01 亿元；重庆银行、重庆水务、重庆啤酒、智飞生物、西南证券、华邦健康、三峰环境排名第 4 至第 10 位（见表 2-14）。

从分红额占净利润的比重来看，秦安股份、重庆百货将 2021 年的净利润全部分给了投资者。其中，秦安股份分红比例最高，为 200.97%，分红 2.07 亿元，公司当年净利润为 1.03 亿元。重庆百货分红 15.01 亿元，全年的净利润为 10.15 亿元，分红占比 147.88%。当年现金分红占净利润比例超过 30% 的企业有 25 家，占比 39.68%。

整体来看，进行现金分红的上市公司数量与分红总额较 2020 年（41 家上市公司，共 42 只股票完成 146.43 亿元现金分红）实现双增长。与此同时，重庆银行、四方新材、三羊马、长江材料 4 家 A 股新秀也在积极分红。

表 2-14　2021 年重庆境内上市公司现金分红情况

<table>
<tr><th>序号</th><th colspan="2">上市公司</th><th>方案说明</th><th>每股派息（元）</th><th>基准股本（万股）</th><th>年度分红总额（亿元）</th><th>派息日</th></tr>
<tr><td>1</td><td colspan="2">渝农商行</td><td>每 10 股派 2.525 元</td><td>0.253</td><td>884366.40</td><td>22.33</td><td>2022-06-29</td></tr>
<tr><td rowspan="2">2</td><td rowspan="2">长安汽车</td><td>A 股</td><td>每 10 股派 2.33 元转 3 股</td><td rowspan="2">0.233</td><td rowspan="2">763215.34</td><td rowspan="2">17.78</td><td>2022-06-27</td></tr>
<tr><td>B 股</td><td>每 10 股派 2.33 元转 3 股</td><td>2022-06-29</td></tr>
<tr><td>3</td><td colspan="2">重庆百货</td><td>每 10 股派 37.9 元</td><td>3.790</td><td>39616.84</td><td>15.01</td><td>2022-05-13</td></tr>
<tr><td>4</td><td colspan="2">重庆银行</td><td>每 10 股派 3.9 元</td><td>0.390</td><td>347450.53</td><td>13.55</td><td>2022-07-28</td></tr>
<tr><td>5</td><td colspan="2">重庆水务</td><td>每 10 股派 2.57 元</td><td>0.257</td><td>480000.00</td><td>12.34</td><td>2022-06-10</td></tr>
<tr><td>6</td><td colspan="2">重庆啤酒</td><td>每 10 股派 20 元</td><td>2.000</td><td>48397.12</td><td>9.68</td><td>2022-06-16</td></tr>
</table>

续表

序号	上市公司	方案说明	每股派息（元）	基准股本（万股）	年度分红总额（亿元）	派息日
7	智飞生物	每 10 股派 6 元	0.600	160000.00	9.60	2022-07-15
8	西南证券	每 10 股派 0.8 元	0.080	664510.91	5.32	2022-07-13
9	华邦健康	每 10 股派 2.2 元	0.220	197991.92	4.36	2022-06-02
10	三峰环境	每 10 股派 2.22 元	0.222	167826.80	3.73	2022-05-20
11	涪陵榨菜	每 10 股派 3.5 元	0.350	88763.00	3.11	2022-05-18
12	巨人网络	每 10 股派 1.6 元	0.160	192497.53	3.08	2022-06-02
13	中国汽研	每 10 股派 3 元	0.300	98895.56	2.97	2022-08-12
14	三峡水利	每 10 股派 1.5 元	0.150	191214.29	2.87	2022-08-01
15	宗申动力	每 10 股派 2.5 元	0.250	114502.69	2.86	2022-06-24
16	川仪股份	每 10 股派 6 元	0.600	39500.00	2.37	2022-05-30
17	重庆燃气	每 10 股派 1.48 元	0.148	157134.00	2.33	2022-06-17
18	秦安股份	每 10 股派 5 元	0.500	41449.68	2.07	2022-05-10
19	有友食品	每 10 股派 6.5 元	0.650	30904.56	2.01	2022-07-07
20	百亚股份	每 10 股派 3 元	0.300	43033.03	1.29	2022-04-28
21	隆鑫通用	每 10 股派 0.6 元	0.060	205354.19	1.23	2022-06-24
22	涪陵电力	每 10 股派 1.6 元送 2 股	0.160	76217.34	1.22	2022-06-28
23	重药控股	每 10 股派 0.65 元	0.065	174336.73	1.13	2022-06-28
24	博腾股份	每 10 股派 1.93 元	0.193	54416.53	1.05	2022-04-28
25	重庆建工	每 10 股派 0.44 元	0.044	190178.11	0.84	2022-07-28

续表

序号	上市公司	方案说明	每股派息（元）	基准股本（万股）	年度分红总额（亿元）	派息日
26	新大正	每 10 股派 5 元转 4 股	0.500	16268.10	0.81	2022-05-31
27	重庆路桥	每 10 股派 0.58 元	0.058	132902.51	0.77	2022-06-21
28	再升科技	每 10 股派 1.05 元转 4 股	0.105	72553.27	0.76	2022-04-26
29	神驰机电	每 10 股派 4 元转 4 股	0.400	14970.11	0.60	2022-05-24
30	正川股份	每 10 股派 3.08 元	0.308	15120.15	0.47	2022-06-24
31	顺博合金	每 10 股派 1 元	0.100	43900.00	0.44	2022-04-19
32	长江材料	每 10 股派 4 元转 3 股	0.400	8219.94	0.33	2022-06-24
33	三羊马	每 10 股派 4 元	0.400	8004.00	0.32	2022-05-18
34	蓝黛科技	每 10 股派 0.5 元	0.050	58262.53	0.29	2022-05-13
35	中交地产	每 10 股派 0.4 元	0.040	69543.37	0.28	2022-06-30
36	重庆港	每 10 股派 0.2 元	0.020	118686.63	0.24	2022-06-16
37	华森制药	每 10 股派 0.5 元	0.050	40105.58	0.20	2022-07-14
38	渝开发	每 10 股派 0.2 元	0.020	84377.10	0.17	2022-07-28
39	远达环保	每 10 股派 0.21 元	0.021	78081.69	0.16	2022-06-20
40	四方新材	每 10 股派 0.8 元	0.080	17235.40	0.14	2022-05-27
41	北大医药	每 10 股派 0.23 元	0.023	59598.74	0.14	2022-06-17
42	渝三峡 A	每 10 股派 0.25 元	0.025	43359.22	0.11	2022-05-10
43	新安洁	每 10 股派 0.36 元	0.036	30118.76	0.11	2022-07-05
44	梅安森	每 10 股派 0.25 元	0.025	18817.04	0.05	2022-05-27

（3）近 3 年累计分红占比

截至 2021 年年末，63 家公司中有 41 家近 3 年累计分红占比超过 30%，达到上市公司再融资“最近 3 年以现金方式累计分配的利润不少于最近 3 年实现的年均可分配利润的 30%”的门槛，占 65.08%。其中，近 3 年累计分红占比 100% 及以上的有 12 家，50%~100%（不含）的 21 家，30%~50%（不含）的 8 家（见图 2-77）。

图 2-77 41 家重庆境内上市公司近 3 年累计分红占比超 30% 的情况

从排名来看，重庆百货以 327.48% 遥遥领先，福安药业以 173.86% 排名第 2 位，百亚股份以 143.39% 排名第 3 位。宗申动力、华邦健康、蓝黛科技、重庆水务、秦安股份、长安汽车、涪陵榨菜、再升科技、西南证券 9 家上市公司的近 3 年累计分红占比均超过 100%。

整体来看，重庆境内上市公司达再融资门槛的比例较 2020 年（70.18%）有所下降；股东权益水平较全国平均水平 70.27% 略低。

5. 股东大会召开情况：房地产行业相对频繁

作为企业经营管理的最高决策机关，股东大会对公司的重大经营事项做出决策，为公司股东参与公司治理提供有效途径。截至 2021 年年末，63 家上市公司共召开股东大会 228 次。其中，最多的 17 次，最少的 1 次，中位数为 3 次。具体来看，10 次以上的 2 家，分别为中交地产、金科股份；7 次的 2 家，6 次的 6 家，5 次的 4 家，4 次的 10 家，3 次的 19 家，2 次的 13 家，1 次的 7 家。

从排名来看，中交地产以 17 次排名首位；金科股份次之，为 11 次；博腾股份、财信发展均召开 7 次；国城矿业、渝开发、迪马股份、重庆燃气、小康股份、蓝黛科技各召开 6 次（见图 2-78）。

（单位：次）

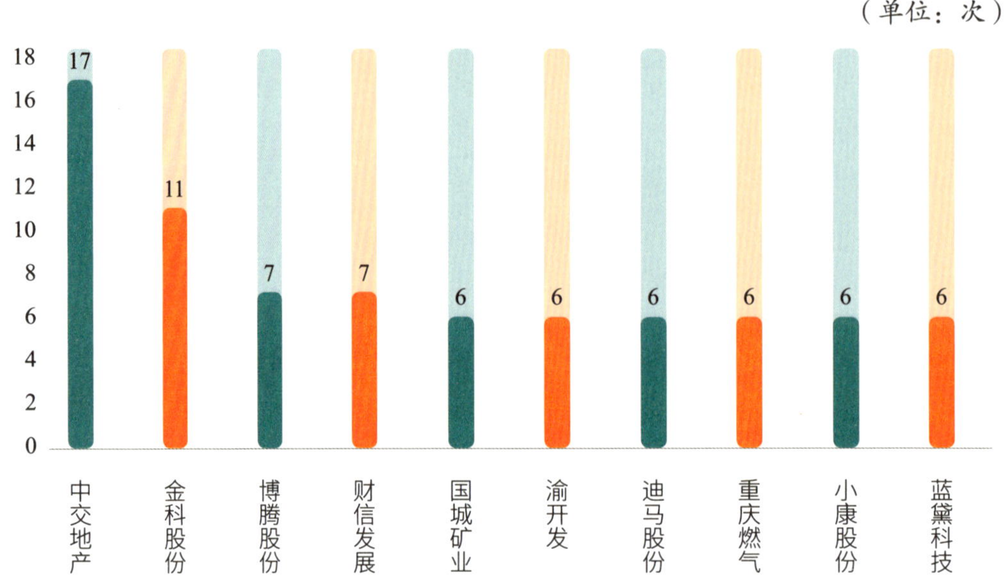

图 2-78 2021 年重庆境内上市公司股东大会召开次数（TOP10）

整体来看，房地产行业召开股东大会较为频繁。从召开股东大会次数最多的前 10 家来看，房地产企业占 5 家。分析认为，2021 年国家出台了系列房地产调控政策，引导房地产行业健康发展，在“房住不炒”和融资端、销售端紧缩的情况下，房地产企业面临新的发展需求，需要频繁召开股东大会做出重要决策。

（八）国际化程度

1. 海外业务：汽车、制造业企业为主

截至 2021 年年末，共有 24 家公司录得海外业务数据，海外业务收入共计 383.52 亿元，同比增长 40.98%，占 24 家上市公司营业收入的 15.40%，占 63 家上市公司总营业收入的 5.38%。在全球新冠肺炎疫情持续、经济下行的背景下，重庆境内上市公司海外业务收入仍然出现高速增长，体现其综合实力不断提升，国际影响力持续增强。

从分布情况来看，24 家公司中，海外业务收入为 30 亿元及以上的有 4 家，占 16.67%；10 亿 ~30 亿（不含）元的 6 家，占 25.00%；1 亿 ~10 亿（不含）元的 5 家，占 20.83%；1 亿元以下的 9 家，占 37.50%（见图 2-79）。海外业务收入平均值为 15.98 亿元。

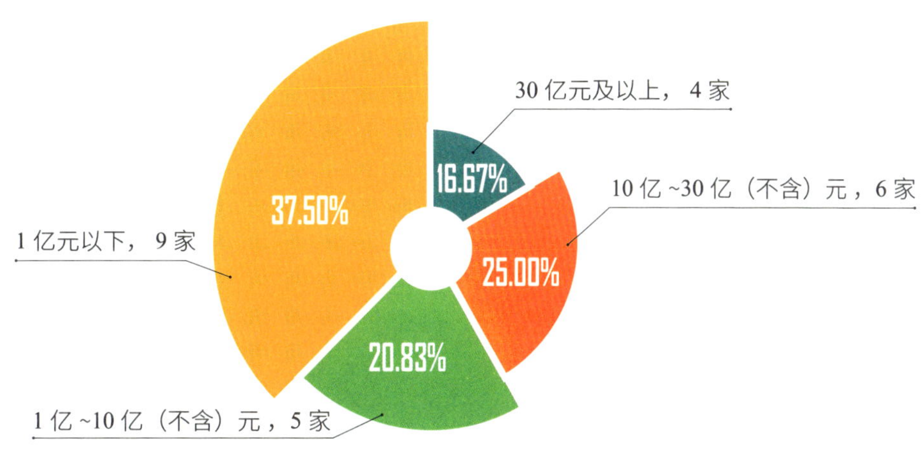

图 2-79 2021 年重庆境内上市公司海外业务收入分布情况

从排名来看，隆鑫通用排在首位，为 87.66 亿元；长安汽车排名第 2，为 78.03 亿元；宗中动力排在第 3 位，为 48.42 亿元；华邦健康、小康股份、博腾股份、力帆科技、神驰机电、智飞生物、蓝黛科技分列第 4 至第 10 位（见图 2-80）。

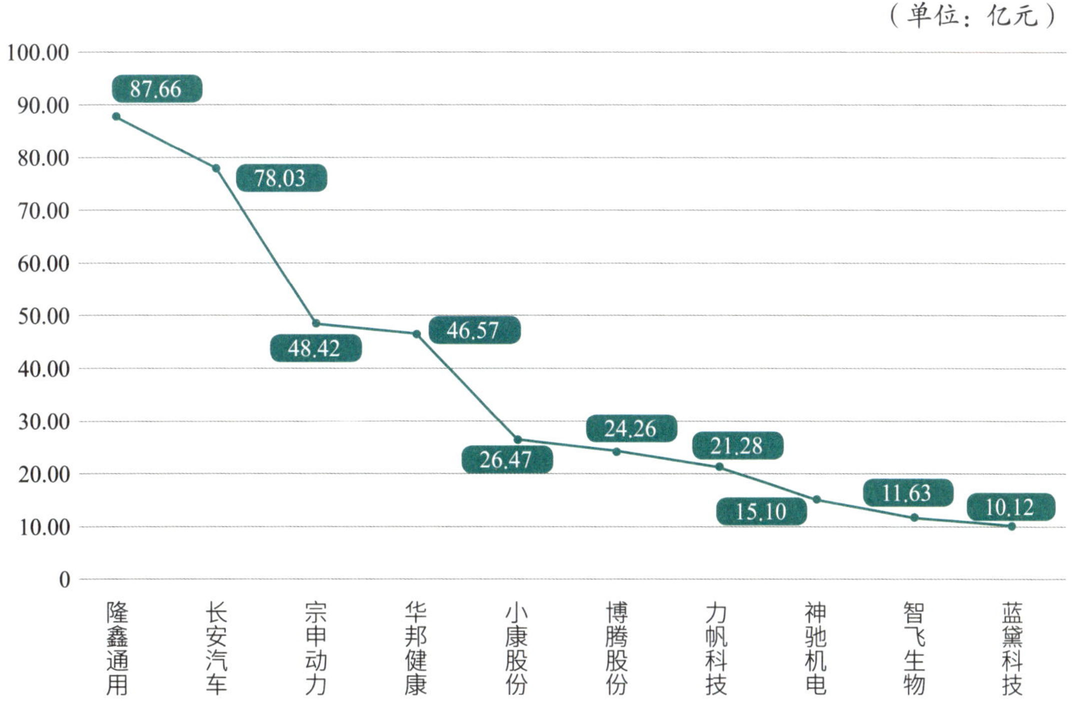

图 2-80 2021 年重庆境内上市公司海外业务收入（TOP10）

从海外业务收入占营业收入比来看，24家公司中，超过50%的有5家，分别为博腾股份78.13%、隆鑫通用67.13%、神驰机电61.94%、力帆科技53.50%、宗申动力52.77%；此外，占比为10%~50%的有5家，1%~10%（不含）的8家，1%以下的6家（见图2-81）。

图2-81　2021年重庆境内上市公司海外业务收入占营业收入比分布情况

从海外业务收入增长情况来看，24家公司中正增长的有15家（其中声光电科、博顺合金2家公司在2020年无海外业务收入，无增幅数据），负增长的有9家。具体来看，智飞生物以9651.18%的超高增幅居首；正川股份的增幅也达878.67%，排名第2；小康股份位居第3，为123.90%，海外营业收入前三甲的上市公司增幅均超100%。此外，30%~100%的有4家，0~30%（不含）的6家，−50%~0（不含）的5家，−50%以下的4家。值得一提的是，声光电科、顺博合金2家企业的海外业务在2021年实现零突破（见图2-82）。

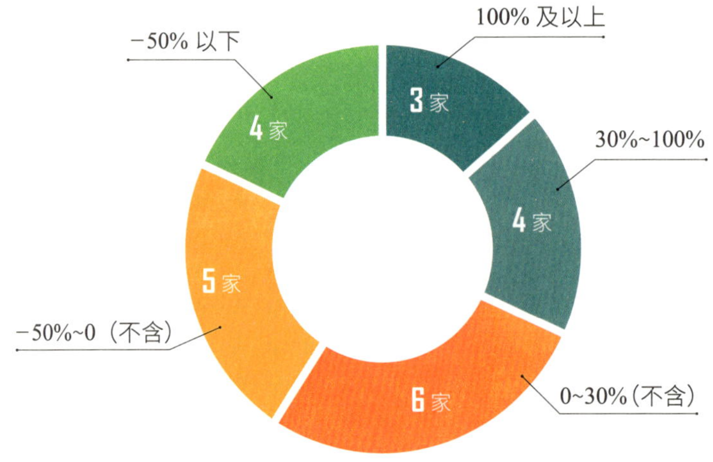

图2-82　2021年重庆境内上市公司海外业务收入增幅分布情况

整体来看，拥有海外业务收入的上市公司多分布在汽车、制造业，这与重庆产业发展格局相适应。在国际国内双循环新发展格局下，重庆境内上市公司海外业务拓展良好。

2. 外资持股：总数超千万股，涪陵电力最多

截至 2021 年年末，共录得 4 家上市公司有外资持股，合计达 1087.36 万股，分别为涪陵电力 738.92 万股、长江材料 338.09 万股、博腾股份 9.35 万股、华森制药 1.00 万股（见图 2-83）。

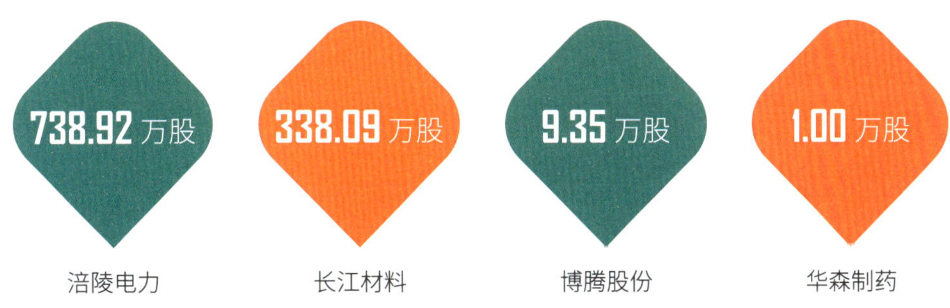

图 2-83 2021 年重庆境内上市公司外资持股情况一览

从持股机构来看，1 家境外法人持股 738.92 万股（涪陵电力），3 家境外自然人共持股 348.44 万股。

3.QFII 持股[①]：总持股超 5000 万股，持股比例均不超过 4%

截至 2021 年年末，共有 6 家上市公司涉及 QFII 持股情况，共计 5610.37 万股，分别为再升科技 2876.77 万股、太极集团 1578.81 万股、渝开发 541.04 万股、蓝黛科技 281.20 万股、重庆啤酒 208.32 万股、百亚股份 124.23 万股（见图 2-84）。从持股 QFII 数来看，再升科技的持股 QFII 数有 3 家，太极集团、百亚股份各 2 家，渝开发、蓝黛科技、重庆啤酒各 1 家。

从 QFII 持股比例来看，再升科技 QFII 持股占 3.97%、太极集团 2.84%、蓝黛科技 0.69%、渝开发 0.64%、重庆啤酒 0.43%、百亚股份 0.58%。

---

① QFII 持股指在合格的境外机构投资者制度下持有股份，即允许合格的境外机构投资者持有的股份在一定规定和限制下汇入一定额度的外汇资金，并转换为当地货币，通过严格监管的专门账户投资当地证券市场，其资本利得、股息等经批准后可转为外汇汇出的一种市场开放模式。

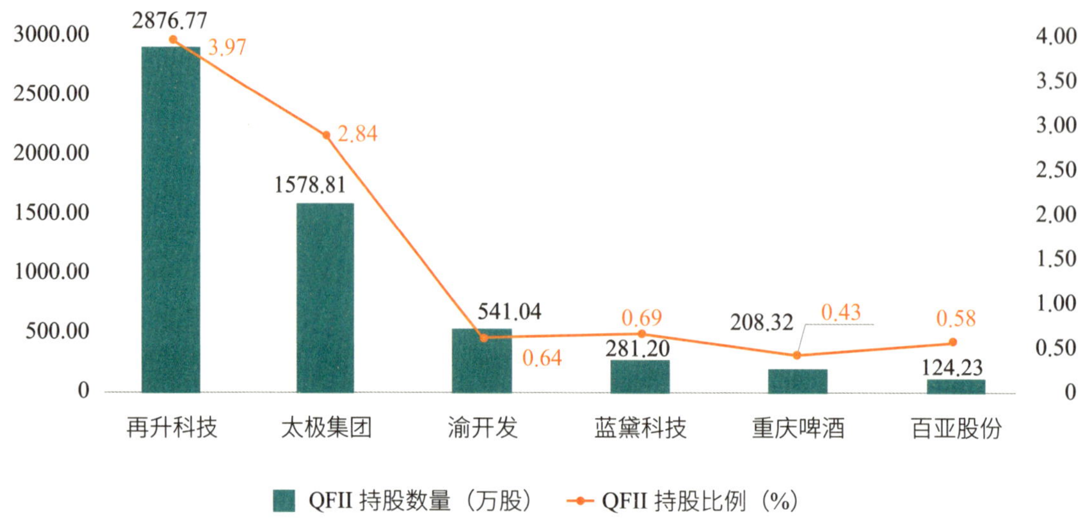

图 2-84　2021 年重庆境内上市公司 QFII 持股情况一览

（九）社会责任

1. 带动就业（员工总数）：提供就业岗位超 34 万个，长安汽车最多

截至 2021 年年末，63 家公司员工总数为 34.37 万人，同比增长 5.62%。最高为 42444 人，最低为 135 人，平均值为 5456 人，中位数为 2398 人。整体来看，在新冠肺炎疫情防控、经济环境严峻的背景下，重庆境内上市公司员工总数仍然出现增长。

从分布情况来看，员工总数 20000 人及以上的有 3 家，占 4.76%；10000~20000（不含）人的 8 家，占 12.70%；3000~10000（不含）人的 16 家，占 25.40%；1000~3000（不含）人的 19 家，占 30.16%；500~1000（不含）人的 11 家，占 17.46%；500 人以下的 6 家，占 9.52%（见图 2-85）。

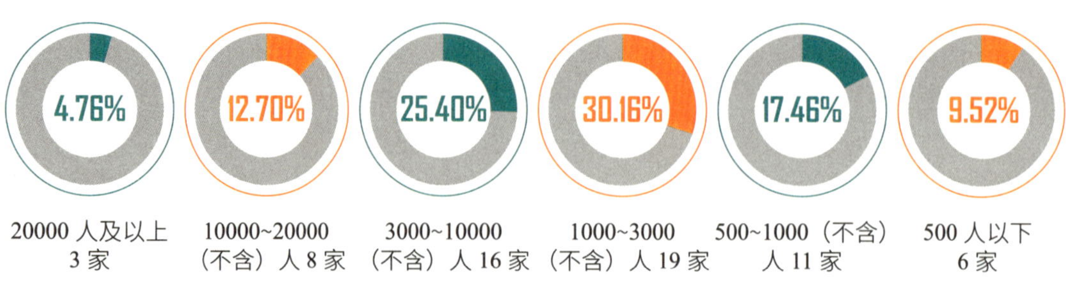

图 2-85　2021 年重庆境内上市公司员工总数分布情况

从排名来看，长安汽车以42444人位居第1；新大正、金科股份分别以30526人、24606人分列第2、第3位；重庆百货、重庆建工、渝农商行、新安洁、重药控股、小康股份、太极集团排名第4至第10位（见图2-86）。

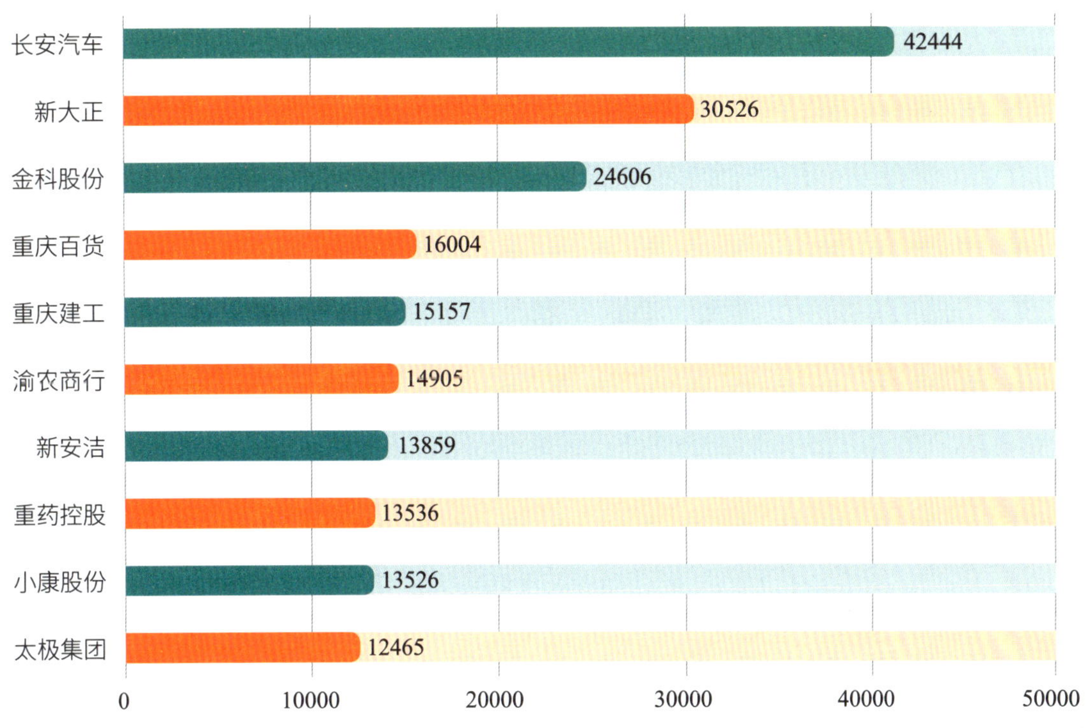

图2-86 2021年重庆境内上市公司员工总数（TOP10）

从员工总数变化情况来看，上市公司员工人数的变化在一定程度上反映了企业发展所处的阶段，人数大幅增加的公司往往处于战略扩张期，未来有望进一步转化为营收增长。2021年，63家公司中，员工总数出现增长的有37家，占58.73%；员工总数出现下降的26家，占41.27%。

从增量来看，63家境内上市公司较上一年新增就业岗位25019个。其中，新大正、重庆啤酒、长安汽车增量排名前3，作为劳动密集型企业，为促进就业做出了巨大贡献（见图2-87）。而员工人数减少最多的为重庆百货，分析其原因，主要与近年来商超零售业转型升级有关，电子商务、自助收银等的发展使得从业人员有所减少。

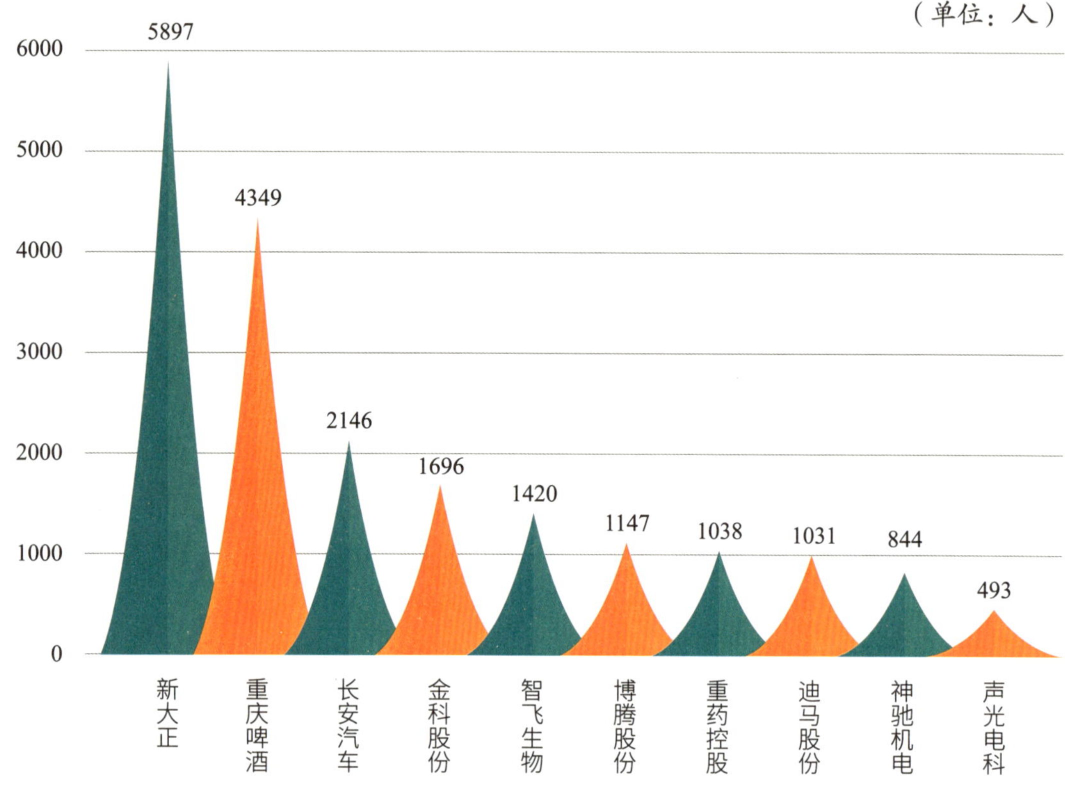

图 2-87 2021 年重庆境内上市公司新增员工数（TOP10）

2. 职工薪酬：增加超 600 亿元社会收入，财信发展人均薪酬最高

（1）应付职工薪酬（本期增加）

截至 2021 年年末，63 家公司应付职工薪酬总额为 601.05 亿元。其中，最高为 81.84 亿元，最低为 0.24 亿元，平均值为 9.54 亿元，中位数为 3.78 亿元。

从分布情况来看，应付职工薪酬 20 亿元及以上的有 7 家，占 11.11%；10 亿 ~20 亿（不含）元的 11 家，占 17.46%；3 亿 ~10 亿（不含）元的 17 家，占 26.98%；1 亿 ~3 亿（不含）元的 21 家，占 33.33%；1 亿元以下的 7 家，占 11.11%（见图 2-88）。

从排名来看，长安汽车以 81.84 亿元居首，金科股份以 69.53 亿元位居第 2，渝农商行以 59.96 亿元位居第 3，第 4 至第 10 位分别为小康股份、重庆百货、迪马股份、重庆建工、重庆银行、重药控股、华邦健康（见图 2-89）。

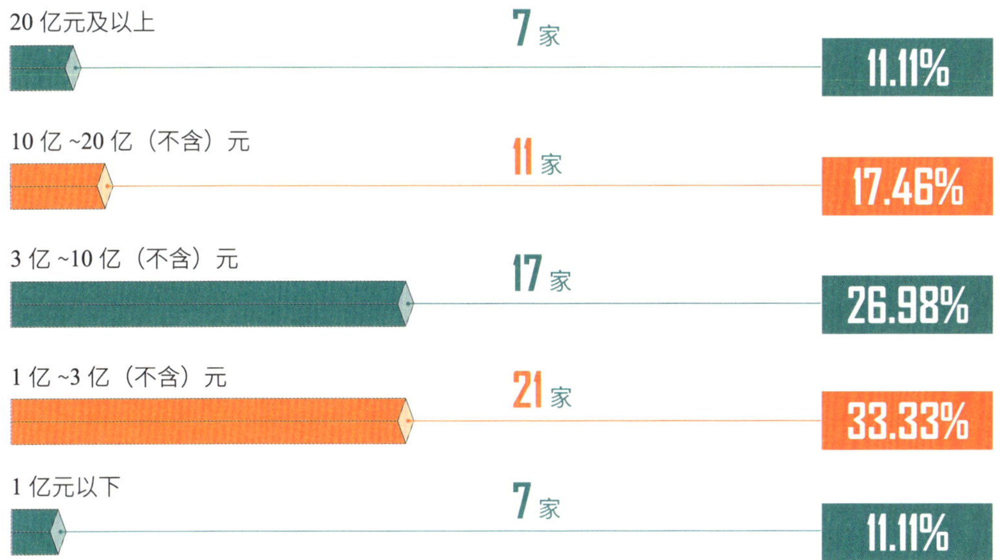

图 2-88 2021 年重庆境内上市公司应付职工薪酬（本期增加）分布情况

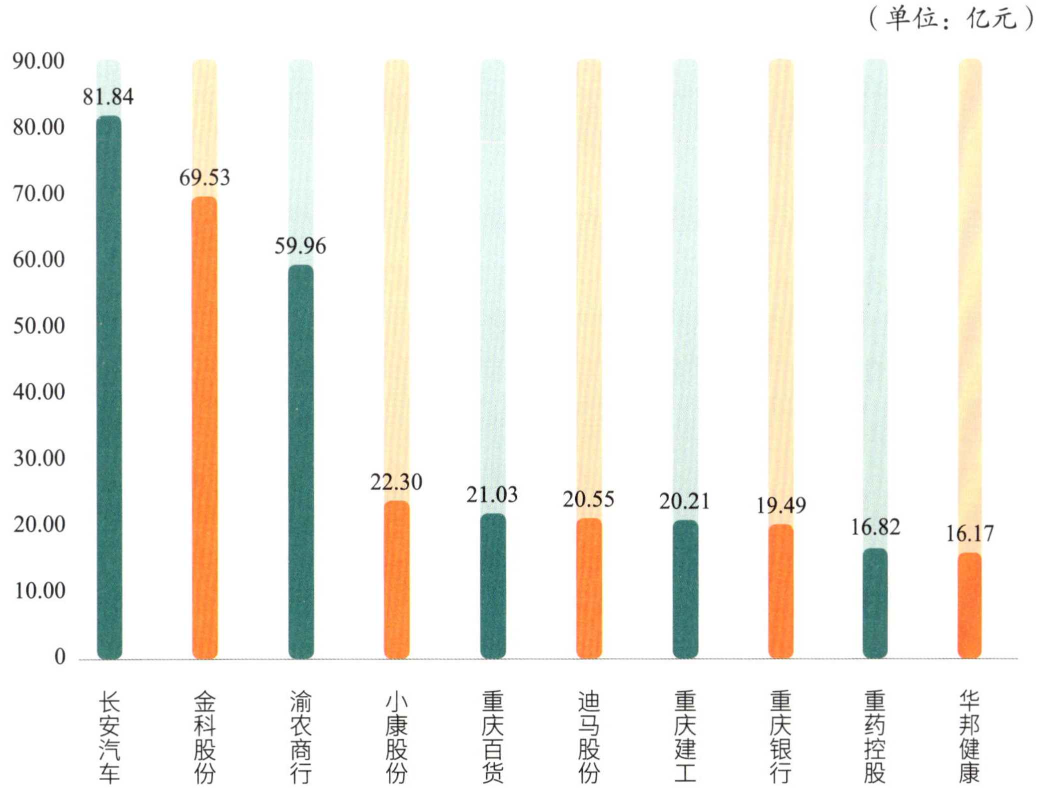

图 2-89 2021 年重庆境内上市公司应付职工薪酬（本期增加）（TOP10）

整体来看，应付职工薪酬（本期增加）排名前 10 的企业中，有 9 家企业员工总数排名前 15 位，这表明应付职工薪酬较高的企业主要受员工人数较多影响。

从应付职工薪酬（本期增加）增幅来看，除长江材料外，共录得 62 家公司数据。其中，56 家正增长，占 90.32%。增幅 50% 及以上的有 9 家，占 14.52%；20%~50%（不含）的 22 家，占 35.48%；10%~20%（不含）的 14 家，占 22.58%；0~10%（不含）的 11 家，占 17.74%。6 家出现下降，占 9.68%（见图 2-90）。

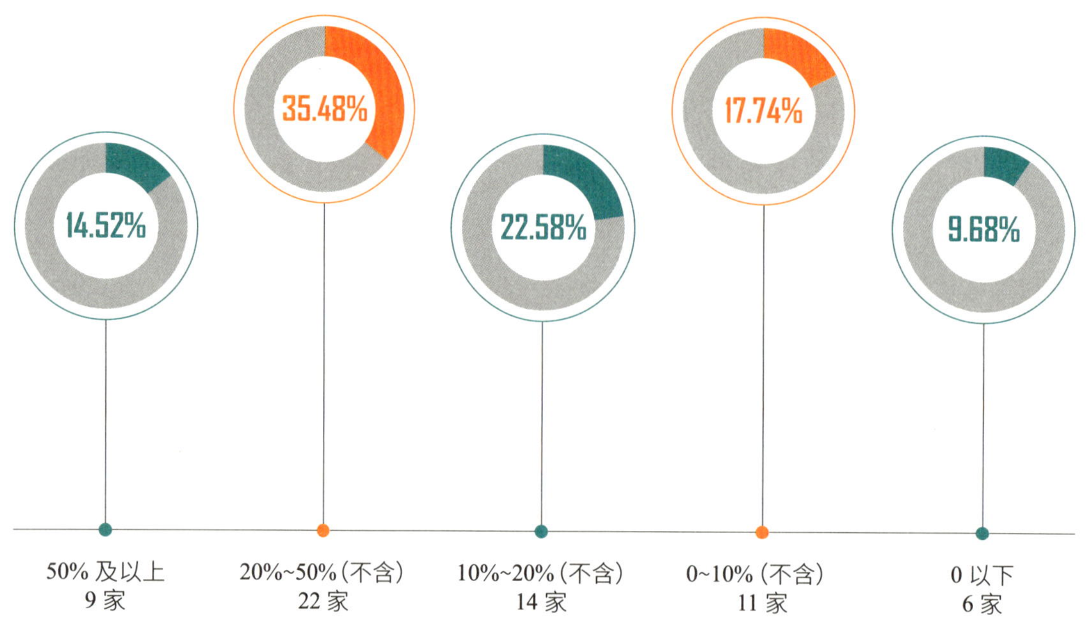

图 2-90　2021 年重庆境内上市公司应付职工薪酬增幅分布情况

整体来看，重庆境内上市公司职工薪酬呈增长趋势。一是因扩大生产规模而新增员工，带动职工薪酬增加，如新大正；二是上市公司营业收入、净利润增长带动员工福利增加，如声光电科、智飞生物、顺博合金等。

（2）人均薪酬

截至 2021 年年末，63 家公司中，人均薪酬 50 万元及以上的 3 家，占 4.76%；20 万 ~50 万（不含）元的 18 家，占 28.57%；10 万 ~20 万（不含）元的 29 家，占 46.03%；5 万 ~10 万（不含）元的 11 家，占 17.46%；5 万元以下的 2 家，占 3.17%（见图 2-91）。

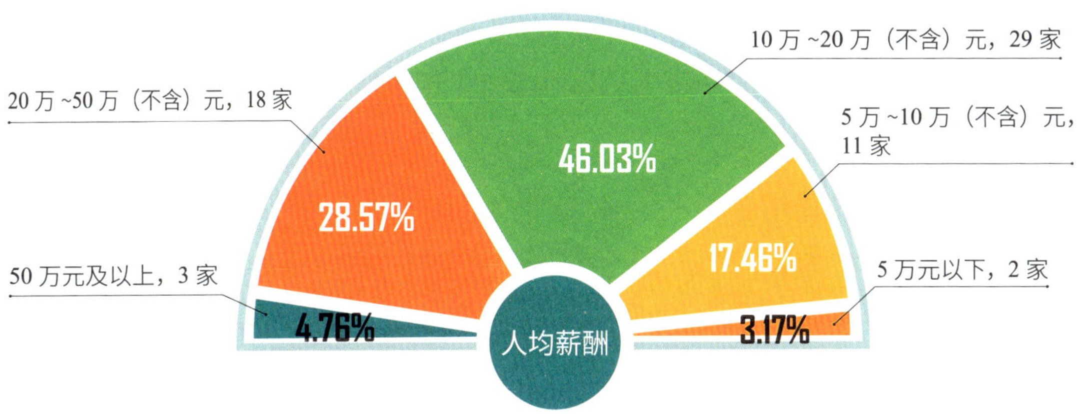

图 2-91 2021 年重庆境内上市公司人均薪酬分布情况

从排名来看，财信发展以 64.53 万元居首；西南证券次之，为 57.88 万元；巨人网络排名第 3，为 57.47 万元；中交地产、重庆银行、渝农商行、中国汽研、欢瑞世纪、金科股份、涪陵电力分列第 4 至第 10 位（见图 2-92）。整体来看，金融、房地产行业人均薪酬较高，均有 3 家上市公司居前 10。

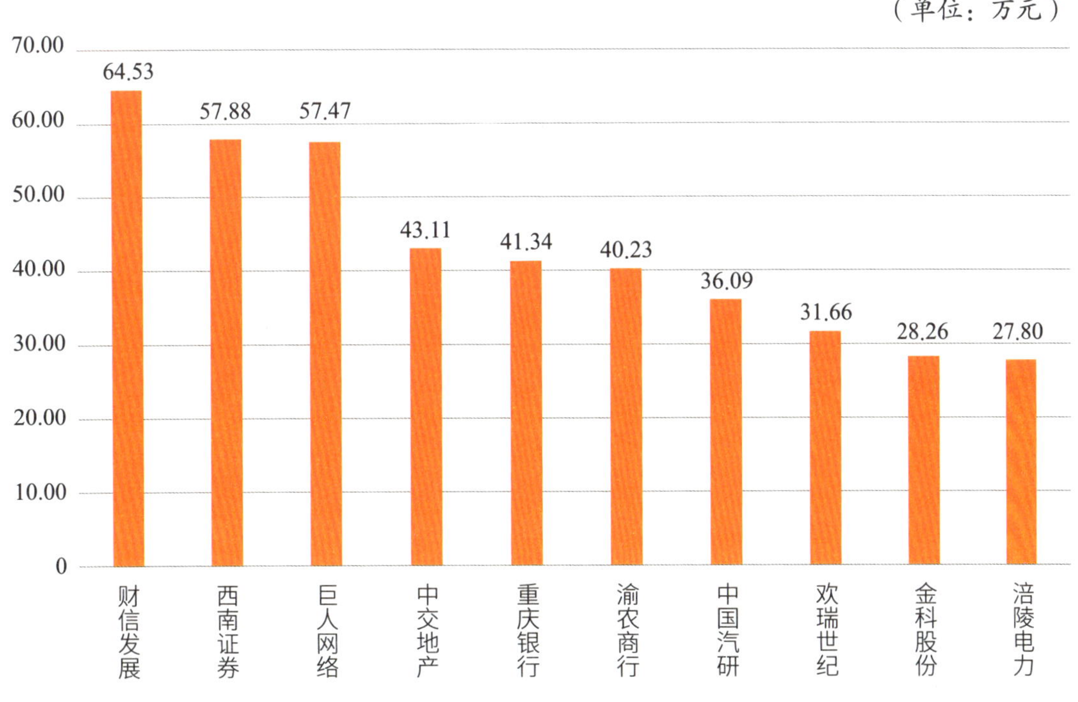

图 2-92 2021 年重庆境内上市公司人均薪酬（TOP10）

从人均薪酬增幅来看，除长江材料外，共录得62家公司的人均薪酬变化数据。其中，55家出现正增长，占88.71%；7家出现下降，占11.29%。具体来看，人均薪酬增幅50%及以上的有2家，分别为财信发展75.49%、三峡水利73.91%；20%~50%（不含）的20家，10%~20%（不含）的20家，0~10%（不含）的13家（见图2-93）。

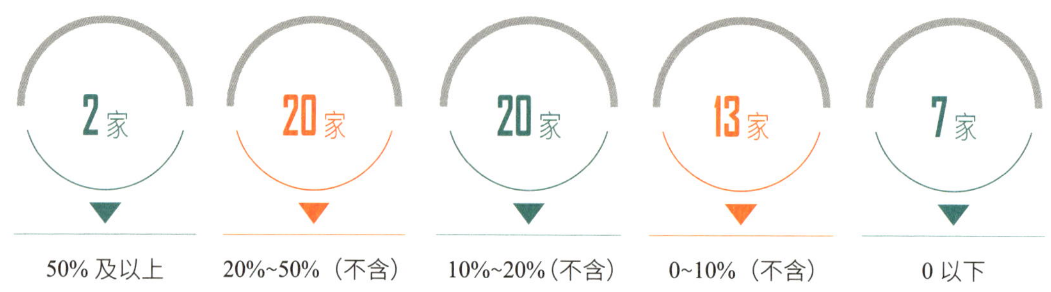

图2-93 2021年重庆境内上市公司人均薪酬增幅分布情况

3. 捐赠、公益：重点发力乡村振兴

2021年，63家公司中有56家披露了社会公益及捐赠情况，其中21家公司发布社会责任报告。56家上市公司共计捐赠、帮扶金额约30.08亿元，以实际行动践行了重庆境内上市公司责任担当，实现了企业价值与社会价值的双赢。

具体来看，在社会公益方面，33家公司以志愿服务、开展慰问、爱心捐赠、无偿献血等方式积极参加社会公益活动，共计捐赠2.43亿元及相关物品。其中，4家上市公司捐款金额超千万元，分别为迪马股份13726.68万元、智飞生物5285.50万元、国城矿业1978.50万元、长安汽车1625.96万元。

在巩固脱贫攻坚成果、助力乡村振兴方面，44家公司以加大消费帮扶、助学捐赠、开展公益服务活动、拓展传播渠道、提升产品品牌等方式支持帮扶乡村振兴重点帮扶县，共计捐赠0.74亿元、消费帮扶26.91亿元。其中，智飞生物捐赠3000万元成立“智飞生物乡村振兴”慈善光彩基金；金科股份依托东西部（重庆）消费帮扶协作中心实现农产品销售25.00亿元；重庆百货采购、帮消农产品1.37亿元。

值得一提的是，渝开发、太极集团、重庆水务、西南证券、重庆建工、建车B、重庆燃气7家上市公司派驻12名干部开展驻村定点帮扶乡村振兴工作，以人才帮扶助力乡村振兴。太极集团、长安汽车2家上市公司完成产业投资、农村基础设施建设共计1570.00万元，促进乡村产业发展。

4. 绿色发展：担当行业绿色发展“先锋队”

绿色低碳发展是实现高质量发展的必由之路。作为各行业的领军企业，上市公司既是经济建设的生力军，也是引领行业绿色低碳发展的“先锋队”。重庆境内上市公司响应国家提出的绿色发展要求，公用事业、环保、汽车（新能源汽车）等行业企业凭借自身绿色属性成为推动绿色发展的主力军，同时，大部分上市公司通过降低生产能耗、使用清洁或可再生能源等方式积极减碳。

其中，以长安汽车为代表的龙头企业发挥“链主”带动效应，成立碳达峰碳中和联合项目组，向绿色能源生态、绿色服务生态、绿色供应链生态转型。2021 年，长安汽车共计消纳光伏电力 37672 兆瓦时，实现降碳 32270 吨。长江材料建设并投产了最新研发的“高效节能新型铸造废旧砂再生成套设备”，采用自主研发的全逆流热裂解技术，提高了炉内换热效率和生产效率，废旧砂处理能耗降低 20% 以上。

在“双碳”目标的指引下，新能源汽车、光伏产业等为碳中和提供低碳交通工具、清洁能源等“基础设施”。如长安汽车新能源汽车销量首次突破 10 万辆，同比增长超 200%；小康股份新能源汽车销量同比增长 104.40%；宗申动力促进传统业务的绿色化改造，推动公司由“燃油动力”向“电动动力、混合动力以及其他清洁能源动力”升级转型。太阳能积极探索“光伏 +”新模式，投建了多个“光伏 + 农业种植、养殖、旅游”项目，2021 年度产出的绿色电力相当于节约标准煤 236.86 万吨，可减排二氧化碳 507.41 万吨、二氧化硫 17.76 万吨、氮氧化物 8.88 万吨。涪陵电力印发的公司“碳达峰碳中和重点举措及任务清单”共 50 多项任务，并网接入 50 多个光伏电站，110 千伏及以上电网建设项目环评率 100%。涪陵榨菜累计利用自有资金数亿元修建环保设施，推动绿色发展。

绿色债券、绿色信贷等金融工具也成为重庆境内上市公司促进绿色发展的重要途径。2021 年，三峰环境发行 10 亿元绿色中期票据，推动企业发展。重庆银行发行 20 亿元绿色金融债券，募集资金专项用于支持绿色环保项目；制定了关于“打造‘绿色方舟’加快绿色金融发展”的三年实施规划及年度计划， 2021 年年末，绿色信贷余额 191.20 亿元，较 2020 年年末增长 33%。渝农商行发行 2 笔绿色金融债券共计 30 亿元，用于中国金融学会绿色金融专业委员会《绿色债券支持项目目录》规定的绿色产业项目、具有碳减排效益的绿色贷款项目，2021 年年末，绿色信贷余额 366.64 亿元，主要投向轨道交通、水资源处理、风电项目等。

（十）经济贡献度

1. 税收贡献：超七成贡献度提高

（1）应缴税费（未支付的税费）

2021 年，重庆境内上市公司应缴税费整体较 2020 年小幅增长 2.36%。具体来看，2021 年应缴税费总计 150.11 亿元，2020 年应缴税费总计 146.65 亿元。

（2）支付税费

上市公司作为企业中的“优等生”，规模大、影响力强，其缴纳的税费额不仅在一定程度上体现了企业的实力，而且为重庆的经济发展做出了重要贡献。2021 年，重庆境内上市公司支付的各项税费共计 469.36 亿元，同比增长 12.53%。最高为 69.62 亿元，最低为 0.14 亿元，平均值为 7.45 亿元，中位数为 1.68 亿元。

具体来看，支付税费 50 亿元及以上的有 3 家，占 4.76%；10 亿 ~50 亿（不含）元的 7 家，占 11.11%；5 亿 ~10 亿（不含）元的 8 家，占 12.70%；1 亿 ~5 亿（不含）元的 26 家，占 41.27%；0.5 亿 ~1 亿（不含）元的 6 家，占 9.52%；0.5 亿元以下的 13 家，占 20.63%（见图 2-94）。

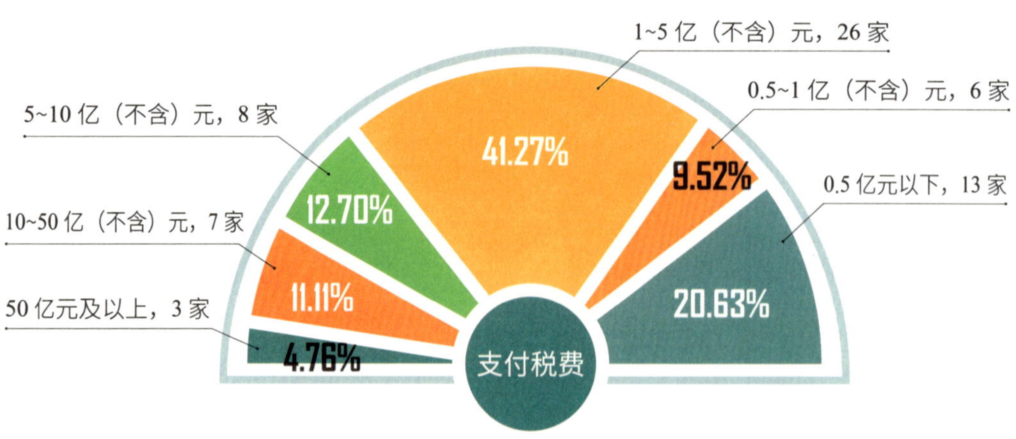

图 2-94 2021 年重庆境内上市公司支付税费分布情况

从排名来看，长安汽车排名第 1，为 69.62 亿元；渝农商行以 59.12 亿元排名第 2；金科股份以 56.58 亿元排名第 3；第 4 至第 10 位分别为重庆银行、中交地产、重庆啤酒、迪马股份、智飞生物、重庆建工、重药控股（见图 2-95）。前 10 位上市公司支付的各项税费均超过 10 亿元。

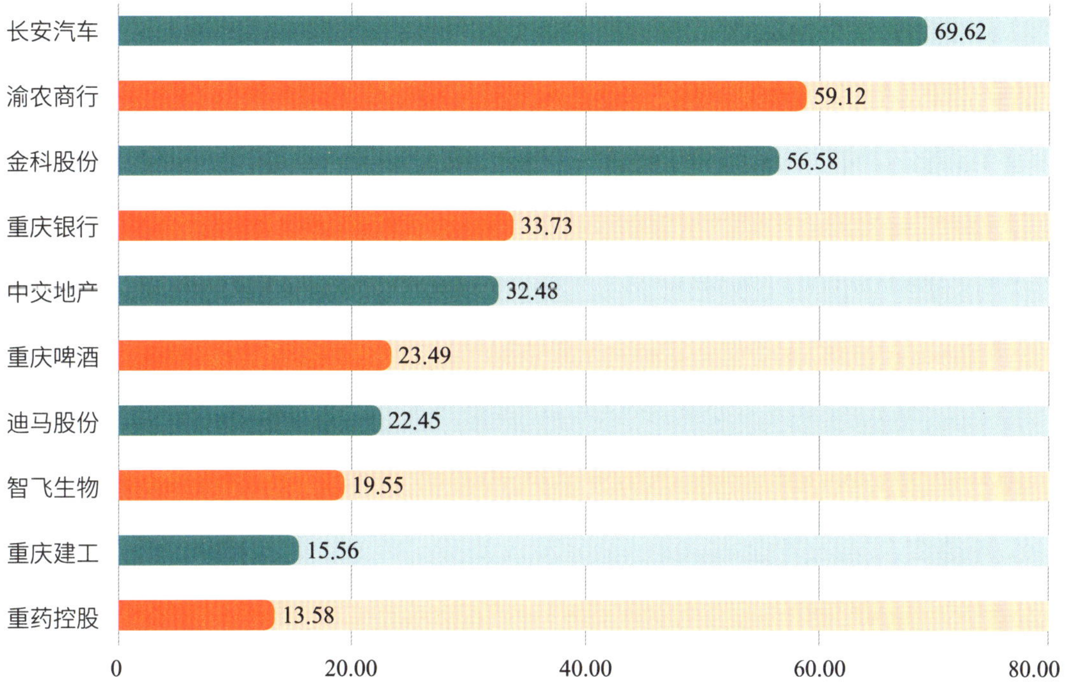

图 2-95 2021 年重庆境内上市公司支付税费情况（TOP10）

从增幅来看，支付的各项税费较上年增长的有 45 家，占 71.43%；较上年减少的有 18 家，占 28.57%。具体来看，增长 100% 及以上的有 4 家，50%~100%（不含）的 9 家，20%~50%（不含）的 15 家，0~20%（不含）的 17 家，−20%~0（不含）的 12 家，−20% 以下的 6 家。顺博合金以高达 306.02% 的增幅居首，新安洁、智飞生物分别以 133.11%、123.27% 的增幅分居第 2、第 3 位，第 4 至第 10 位分别为天域生态、神驰机电、建车 B、蓝黛科技、力帆科技、国城矿业、渝开发（见图 2-96）。

整体来看，重庆境内上市公司为财政增加收入约 470 亿元。

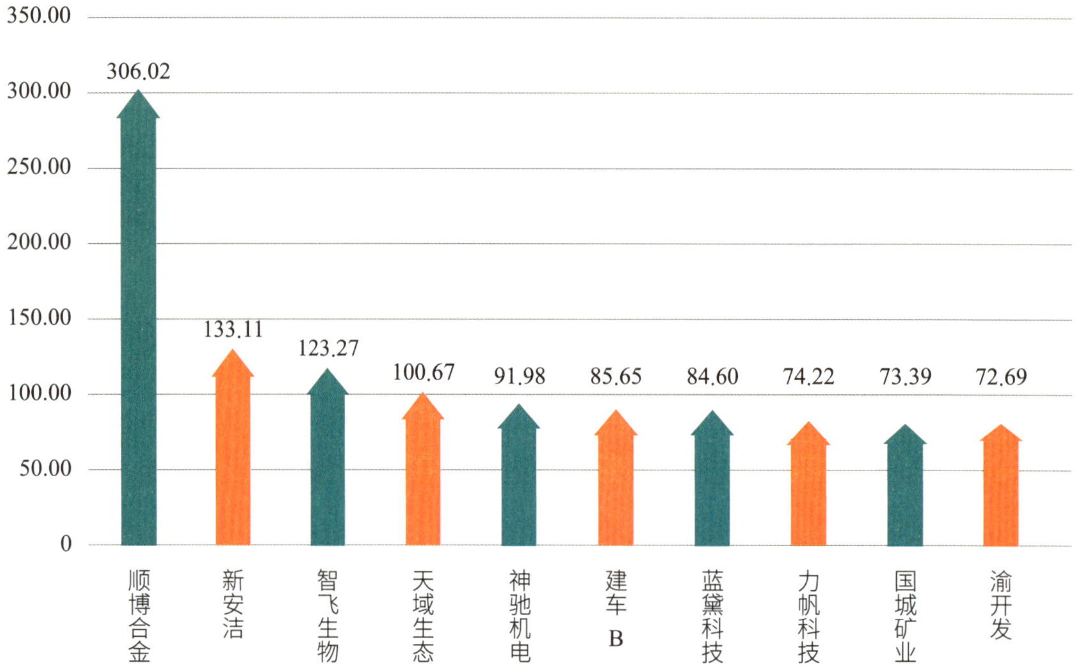

图 2-96　2021 年重庆境内上市公司支付税费增幅情况（TOP10）

2. 企业增加值[①]：七成实现增长

增加值与 GDP 相对应，用来度量经济单位生产过程创造的新增价值，是衡量经济单位价值创造的重要指标。2021 年，63 家公司企业增加值共计 1710.81 亿元，占重庆 GDP（27894.02 亿元）的 6.13%，同比增长 11.94%，高于重庆 GDP 增速（8.30%）3.64 个百分点。

具体来看，100 亿元及以上的有 4 家，占 6.35%；50 亿 ~100 亿（不含）元的 4 家，占 6.35%；30 亿 ~50 亿（不含）元的 6 家，占 9.52%；10 亿 ~30 亿（不含）元的 16 家，占 25.40%；5 亿 ~10 亿（不含）元的 10 家，占 15.87%；0~5 亿（不含）元的 20 家，占 31.75%；企业增加值为负的 3 家，占 4.76%（见图 2-97）。63 家上市公司企业增加值的平均值为 27.16 亿元，中位数为 9.00 亿元。

① 按收入法计算的增加值计算公式为：企业增加值 = 劳动者薪酬 + 生产税净额 + 固定资产折旧 + 营业盈余。报告用“薪酬总额”代替“劳动者薪酬”，“支付的各项税费”代替“生产税净额”，“净利润”代替“营业盈余”，并以此计算增加值。

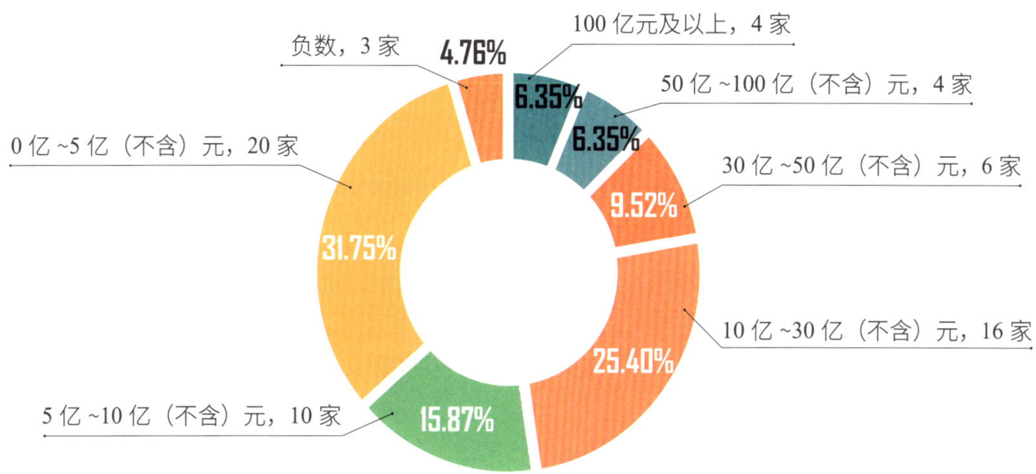

图 2-97 2021 年重庆境内上市公司企业增加值分布情况

其中，长安汽车以 216.76 亿元排名第 1；渝农商行以 216.27 亿元紧随其后；金科股份排在第 3 位，为 195.16 亿元；第 4 至第 10 位分别为智飞生物、重庆银行、重庆啤酒、重庆水务、重庆钢铁、中交地产、重庆百货（见图 2-98）。

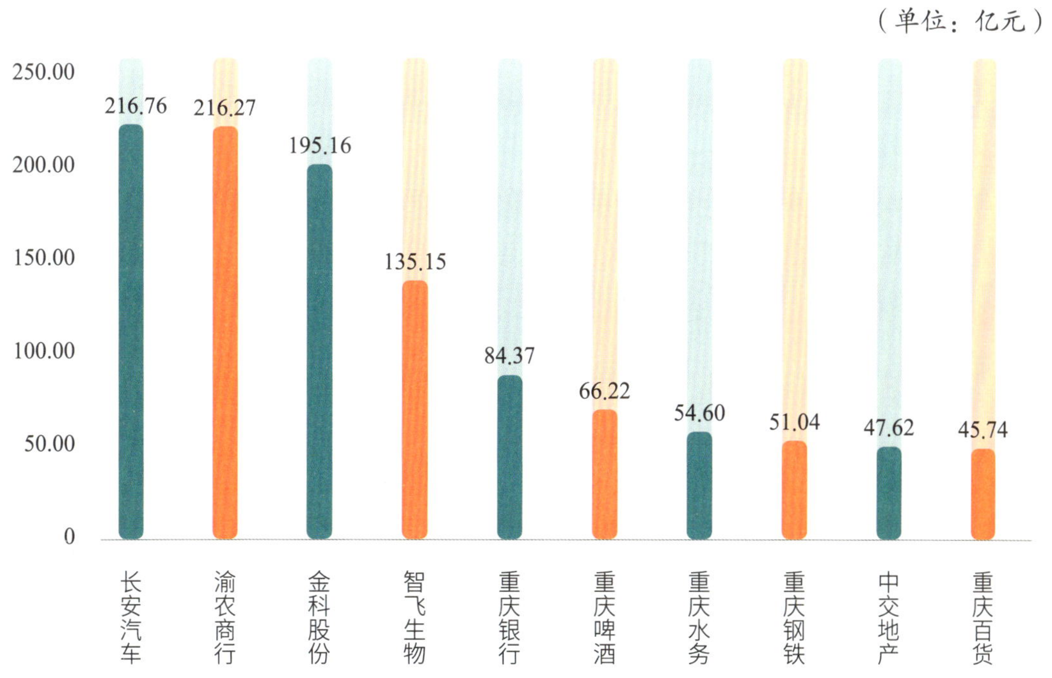

图 2-98 2021 年重庆境内上市公司企业增加值（TOP10）

从增幅来看，共有45家上市公司增加值出现正增长，占71.43%。其中增幅100%及以上的有4家，50%~100%（不含）的6家，10%~50%（不含）的22家，0~10%（不含）的13家。出现负增长的18家，占28.57%（见表2-15）。智飞生物以175.31%的增幅居首，莱美药业、顺博合金、声光电科3家上市公司的增幅均超过100%，分别为127.43%、117.34%、110.76%。

表2-15　2021年重庆境内上市公司企业增加值及增幅情况

序号	上市公司	2021年企业增加值（亿元）	2020年企业增加值（亿元）	增幅（%）
1	智飞生物	135.15	49.09	175.31
2	莱美药业	2.57	1.13	127.43
3	顺博合金	9.65	4.44	117.34
4	声光电科	4.70	2.23	110.76
5	蓝黛科技	9.00	5.25	71.43
6	神驰机电	5.87	3.49	68.19
7	重庆钢铁	51.04	31.72	60.91
8	天域生态	−0.75	−0.47	59.57
9	新大正	17.40	11.26	54.53
10	三峡水利	27.65	18.22	51.76
11	小康股份	12.55	8.47	48.17
12	三峰环境	23.19	15.66	48.08
13	博腾股份	15.26	10.47	45.75

续表

序号	上市公司	2021 年企业增加值（亿元）	2020 年企业增加值（亿元）	增幅（%）
14	正川股份	3.59	2.51	43.03
15	渝开发	4.92	3.45	42.61
16	国城矿业	7.14	5.18	37.84
17	川仪股份	21.34	16.00	33.38
18	重药控股	44.77	35.21	27.15
19	中国汽研	20.06	16.13	24.36
20	重庆啤酒	66.22	53.42	23.96
21	涪陵电力	17.53	14.37	21.99
22	渝三峡 A	2.43	2.00	21.50
23	渝农商行	216.27	180.92	19.54
24	长安汽车	216.76	184.59	17.43
25	百亚股份	6.28	5.35	17.38
26	华邦健康	40.59	35.20	15.31
27	梅安森	1.14	0.99	15.15
28	重庆燃气	19.37	16.81	15.23
29	重庆水务	54.60	47.43	15.12
30	太阳能	33.20	29.01	14.44

续表

序号	上市公司	2021 年企业增加值（亿元）	2020 年企业增加值（亿元）	增幅（%）
31	重庆路桥	3.37	2.94	14.63
32	中交地产	47.62	42.35	12.44
33	重庆港	8.92	8.13	9.72
34	北大医药	3.19	2.95	8.14
35	西南证券	27.90	26.07	7.02
36	重庆银行	84.37	79.03	6.76
37	重庆百货	45.74	43.03	6.30
38	有友食品	4.91	4.64	5.82
39	长江材料	3.22	3.06	5.23
40	巨人网络	21.48	20.60	4.27
41	涪陵榨菜	14.88	14.28	4.20
42	隆鑫通用	20.28	19.48	4.11
43	华森制药	3.90	3.81	2.36
44	重庆建工	39.67	39.28	0.99
45	三羊马	1.86	1.85	0.54
46	宗申动力	14.84	15.37	−3.45
47	力帆科技	8.01	8.43	−4.98
48	万里股份	1.02	1.22	−16.39

续表

序号	上市公司	2021 年企业增加值（亿元）	2020 年企业增加值（亿元）	增幅（%）
49	太极集团	22.16	26.55	−16.53
50	建车 B	1.26	1.54	−18.18
51	四方新材	3.73	4.58	−18.56
52	金科股份	195.16	241.61	−19.23
53	秦安股份	5.90	7.73	−23.67
54	再升科技	6.17	8.33	−25.93
55	新安洁	1.01	1.37	−26.28
56	远达环保	6.39	11.24	−43.15
57	迪马股份	24.15	63.91	−62.21
58	中设咨询	0.47	1.29	−63.57
59	欢瑞世纪	−2.60	−7.21	−63.94
60	三圣股份	1.86	6.26	−70.29
61	福安药业	0.83	8.80	−90.57
62	财信发展	−1.88	8.53	−122.04
63	ST 天圣	1.53	−2.31	−166.23

整体来看，企业增加值靠前的大多为国有企业。近年来，重庆国有控股上市公司改革发展取得显著成绩，股权结构不断优化，资产质量持续提升，在市场化机制、激发活力上取得了实质性进展，价值创造能力不断增强，较好地发挥了经济发展“顶梁柱”的作用。

3. 综合贡献："头雁"引领作用明显

2021 年，重庆市实现地区生产总值 27894.02 亿元，增速 8.30%。我们选取上市公司部分指标增速与地区生产总值增速进行对比，以反映上市公司发展与地区经济发展情况的匹配度。

推动企业上市是提高地区经济证券化水平的重要手段，2021 年重庆上市公司数量增速（新增 6 家）为 10.53%；总市值为 12039.58 亿元，较上年末增长 15.60%；总资产规模 33400.61 亿元，同比增长 35.46%；净资产规模 5484.94 亿元，同比增长 22.27%；总营业收入 7127.34 亿元，同比增长 27.46%；净利润总额 516.03 亿元，同比增长 19.68%；支付的各项税费共计 469.36 亿元，同比增长 12.53%；研发费用为 94.50 亿元，同比增长 18.35%，占企业增加值的 5.52%，高于同期重庆全社会研发经费支出占 GDP 的比重（2.21%）（见表 2-16）。

表 2-16 2021 年重庆境内上市公司各项发展指标与重庆 GDP 增速情况对比

<table>
<tr><th>上市公司指标</th><th>规模</th><th>同比增幅（%）</th><th>GDP 增速（%）</th></tr>
<tr><td>新增数量</td><td>6 家</td><td>10.53</td><td rowspan="8">8.30</td></tr>
<tr><td>总市值</td><td>12039.58 亿元</td><td>15.60</td></tr>
<tr><td>总资产</td><td>33400.61 亿元</td><td>35.46</td></tr>
<tr><td>净资产</td><td>5484.94 亿元</td><td>22.27</td></tr>
<tr><td>总营业收入</td><td>7127.34 亿元</td><td>27.46</td></tr>
<tr><td>净利润</td><td>516.03 亿元</td><td>19.68</td></tr>
<tr><td>税收贡献</td><td>469.36 亿元</td><td>12.53</td></tr>
<tr><td>研发费用</td><td>94.50 亿元</td><td>18.35</td></tr>
</table>

综合来看，在国际环境更趋复杂严峻、国内经济下行压力增大的背景下，作为重庆经济的优秀代表，重庆境内上市公司实现了较城市更高的增长速度，"头雁"引领作用明显。

二 重庆境外上市公司

(一) 总体情况

1. 地域分布：港交所是主战场

境外上市在支持企业利用外资、提高公司治理水平、深度融入世界经济等方面发挥了积极作用，推动企业境外上市是资本市场对外开放的重要体现。截至 2021 年年末，重庆境外上市公司共 21 家。其中，港交所 17 家，台交所、新交所、纽交所、纳斯达克交易所各 1 家（见表 2-17）。

表 2-17 重庆境外上市公司一览

证券代码	证券简称	上市日期	上市地点
00668.HK	东银国际控股	1990-12-12	港交所
01122.HK	庆铃汽车股份	1994-08-17	
01064.HK	中华国际	1997-10-13	
01053.HK	重庆钢铁股份	1997-10-17	
01224.HK	中渝置地	1999-04-30	
00812.HK	西证国际证券	2002-01-30	
01292.HK	长安民生物流	2006-02-23	
02722.HK	重庆机电	2008-06-13	
00960.HK	龙湖集团	2009-11-19	

续表

证券代码	证券简称	上市日期	上市地点
00837.HK	谭木匠	2009-12-29	港交所
00976.HK	齐合环保	2010-07-12	
03618.HK	重庆农村商业银行	2010-12-16	
01963.HK	重庆银行	2013-11-06	
03903.HK	瀚华金控	2014-06-19	
06136.HK	康达环保	2014-07-04	
01569.HK	民生教育	2017-03-22	
09666.HK	金科服务	2020-11-17	
5546.TW	永固 -KY	2020-05-20	台交所
5DM.SG	英利国际置业	2003-07-28	新交所
DQ.N	大全新能源	2010-10-07	纽交所
BTOG.O	香态食品	2019-08-14	纳斯达克交易所

注：数据截至2021年年末。

2. 行业分布：房地产和金融业最多

根据申万一级行业分类标准，21 家公司涉及电子、房地产、钢铁、环保、建筑材料、交通运输、教育、金融、汽车、商贸零售、食品饮料、综合共 12 类行业。

其中，房地产、金融业最多，均为 5 家；环保业 2 家；电子、钢铁、建筑材料、交通运输、教育、汽车、商贸零售、食品饮料、综合行业各 1 家（见图 2-99）。总体上，重庆境外上市公司覆盖行业较为广泛，相对集中在传统行业。

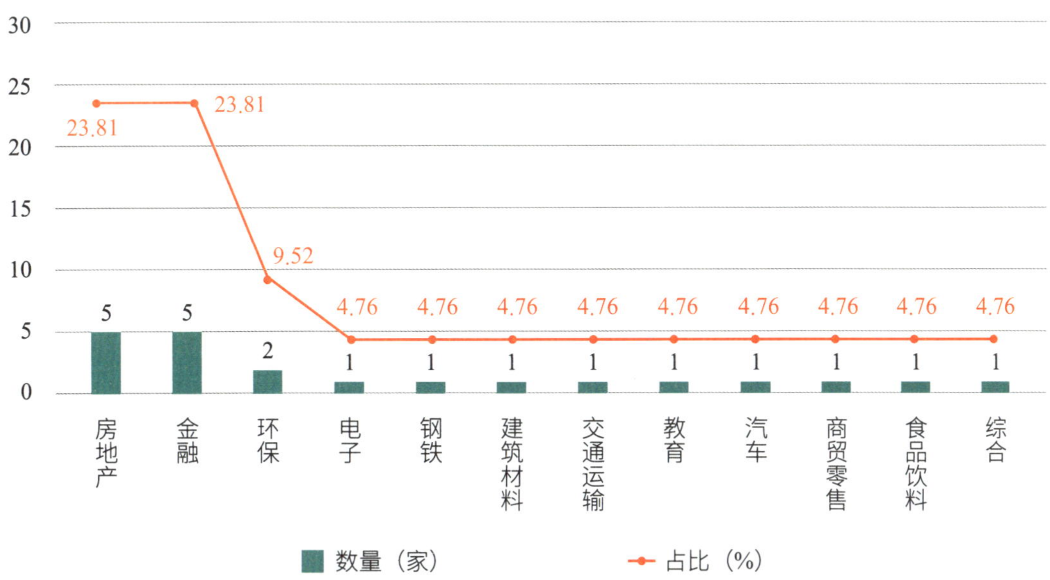

图 2-99 2021 年重庆境外上市公司所属行业情况

3. 企业性质：民企占据半壁江山

21 家公司中，民营企业 11 家，占 52.38%；国有企业 7 家（中央 1 家、地方 6 家），占 33.33%；外资企业 2 家，占 9.52%；其他企业 1 家，占 4.76%（见表 2-18）。

表 2-18 2021 年重庆境外上市公司企业性质及企业明细

企业性质		企业名称	数量（家）	占比（%）
民营企业		东银国际控股、谭木匠、龙湖集团、齐合环保、中渝置地、民生教育、瀚华金控、康达环保、中华国际、永固 -KY、香态食品	11	52.38
国有企业	中央	重庆钢铁股份	1	4.76
	地方	长安民生物流、西证国际证券、庆铃汽车股份、重庆银行、重庆机电、重庆农村商业银行	6	28.57
外资企业		英利国际置业、大全新能源	2	9.52
其他企业		金科服务	1	4.76

（二）市场表现

1. 总市值：房地产和金融业企业排名靠前

截至 2021 年 12 月 31 日， 21 家公司总市值为 2898.78 亿元（人民币，下同），平均值为 138.04 亿元，中位数为 19.93 亿元。

其中，龙湖集团以 1822.65 亿元排名第 1，也是重庆目前仅有的 1 家总市值破千亿元的境外上市公司；重庆农村商业银行以 257.21 亿元排名第 2；大全新能源以 191.53 亿元排名第 3；金科服务、重庆银行、重庆钢铁股份、中渝置地、民生教育、庆铃汽车股份、重庆机电分列第 4 至第 10 位（见图 2-100）。

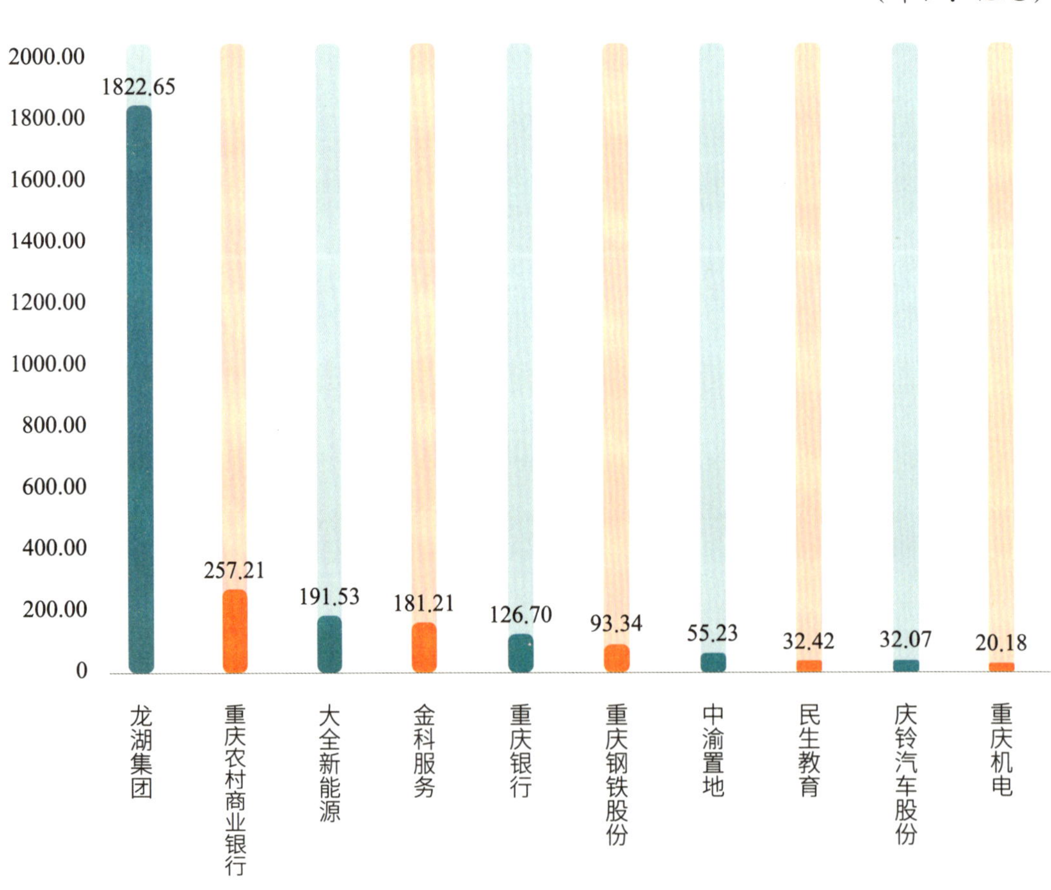

图 2-100 2021 年重庆境外上市公司总市值（TOP10）

注：数据截至 2021 年 12 月 31 日。

分区间看，总市值在 1000 亿元及以上的有 1 家，占 4.76%；100 亿 ~300 亿（不含）元的 4 家，占 19.05%；50 亿 ~100 亿（不含）元的 2 家，占 9.52%；10 亿 ~50 亿（不含）元的 7 家，占 33.33%；10 亿元以下的 7 家，占 33.33%（见图 2-101）。

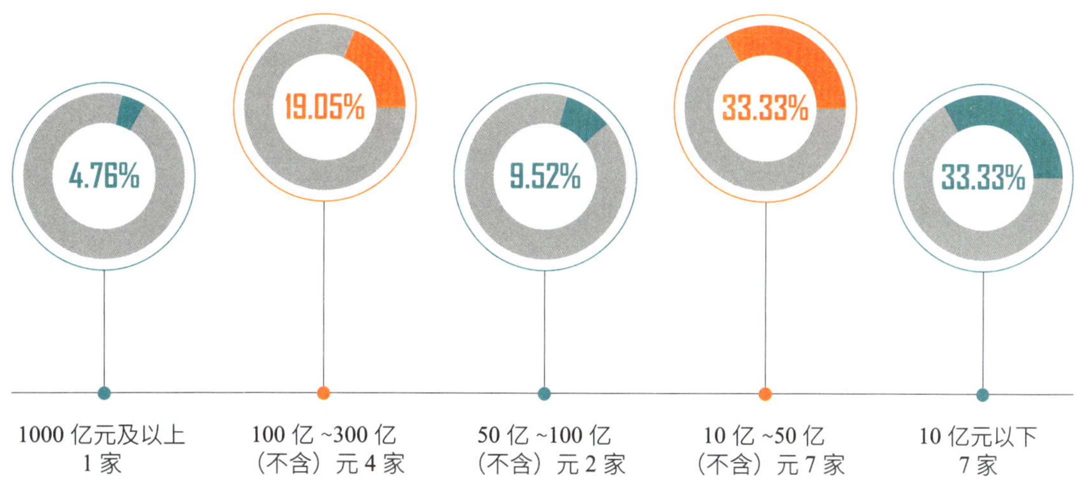

图 2-101 2021 年重庆境外上市公司总市值规模分布情况

整体上，重庆境外上市公司平均市值较境内上市公司（平均市值 191.10 亿元）低。分析认为，一方面，A 股市场以境内投资者为主，对境内上市公司的信心更足；而境外交易市场的投资者来自全球，以港交所、纽交所、纳斯达克交易所为代表的交易市场投资者投资机会多、选择对象多元，影响了境外上市公司市值。另一方面，有的境外交易所受欧美投资理念影响较大，对中国内地上市公司的估值往往较低，影响了境外上市公司市值。

2. 市盈率（PE）：平均市盈率接近 7 倍

2021 年，除永固 -KY 与英利国际置业未公布数据外，其余 19 家公司的平均市盈率为 6.99 倍，中位数为 5.62 倍。

分区间看，市盈率在 20 倍及以上的有 1 家；10~20（不含）倍的 3 家；0~10（不含）倍的 13 家；市盈率为负数的 2 家（见图 2-102）。其中，瀚华金控以 25.98 倍的市盈率排名第 1，市场表现较好；金科服务为 17.14 倍，排名第 2；中渝置地为 13.78 倍，排名第 3；中华国际、庆铃汽车股份、长安民生物流、龙湖集团、重庆机电、谭木匠、民生教育分列第 4 至第 10 位（见图 2-103）。

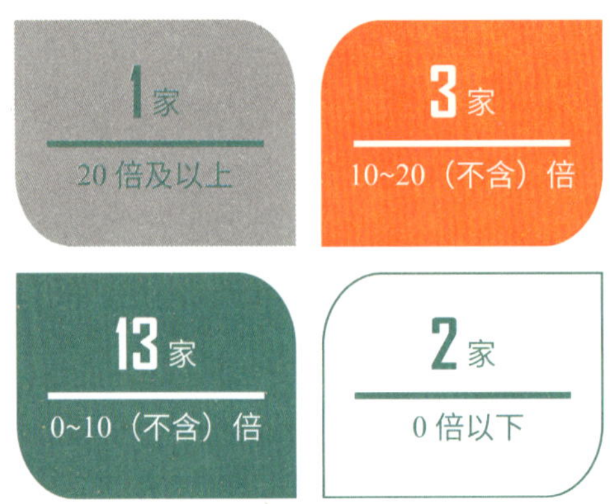

图 2-102 2021 年重庆境外上市公司市盈率分布情况

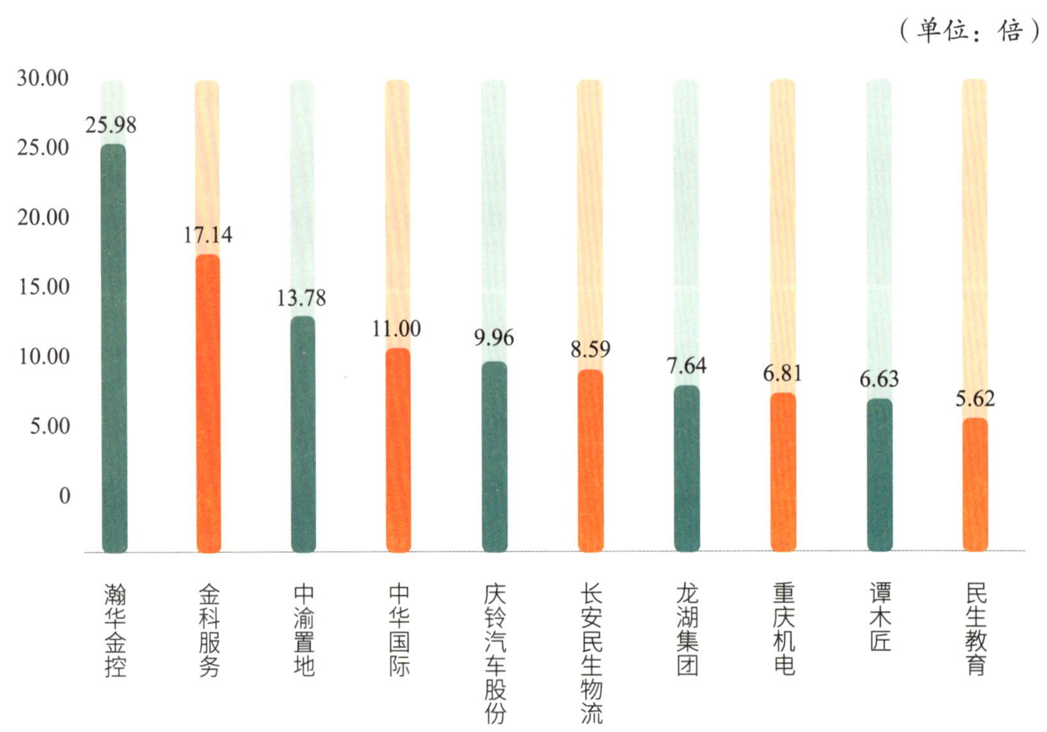

图 2-103 2021 年重庆境外上市公司市盈率（TOP10）

注：数据截至 2021 年 12 月 31 日。

整体来看，市盈率排名靠前的主要为房地产、汽车等行业，获利能力相对较强，股息增长率相对较大，投资价值相对较高，是投资市场的热点。

3. 市净率（PB）：九成为正

2021 年，除英利国际置业外， 其余 20 家公司公布了市净率。其中，18 家为正，2 家为负，平均数为 −0.65 倍，中位数为 0.34 倍。

其中，1~3（不含）倍的有 5 家，占 25%；0~1（不含）倍的 13 家，占 65%；2 家为负，占 10%（见图 2-104）。具体来看，金科服务最高，为 2.37 倍；永固 -KY 以 1.53 倍排名第 2；龙湖集团以 1.46 倍排名第 3。

图 2-104 2021 年重庆境外上市公司市净率分布情况

注：数据截至 2021 年 12 月 31 日。

整体上，重庆境外上市公司市净率集中在 1 倍以下；其中，在港交所上市的公司平均市净率为 0.52 倍，较港交所的整体水平（1.78 倍）低。

4. 平均年化收益率：两极分化较大

截至 2021 年 12 月 31 日，21 家公司中，11 家的平均年化收益率为正，10 家为负，最高为 296.35%，最低为 −57.51%。

其中，平均年化收益率在 100% 及以上的有 1 家，占 4.76%；50%~100%（不含）的 2 家，占 9.52%；0~50%（不含）的 8 家，占 38.10%；−10%~0（不含）的 4 家，占 19.05%；−10% 以下的 6 家，占 28.57%（见图 2-105）。平均值为 18.60%，中位数为 1.40%（见图 2-106）。

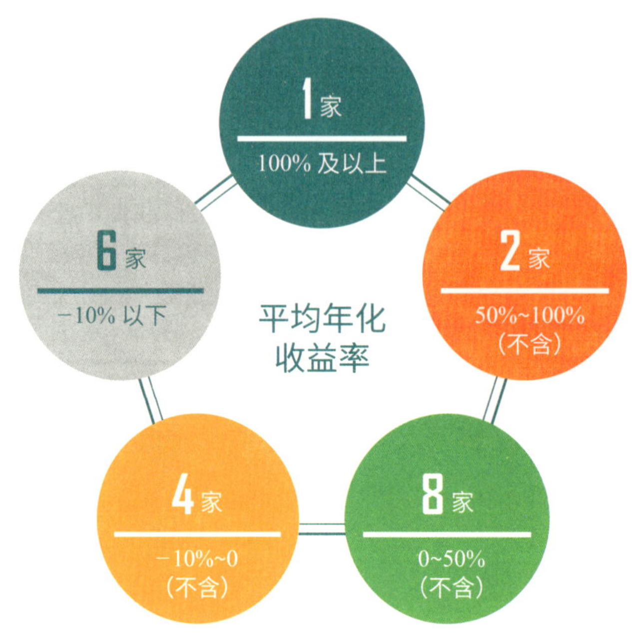

图 2-105 2021 年重庆境外上市公司平均年化收益率分布情况

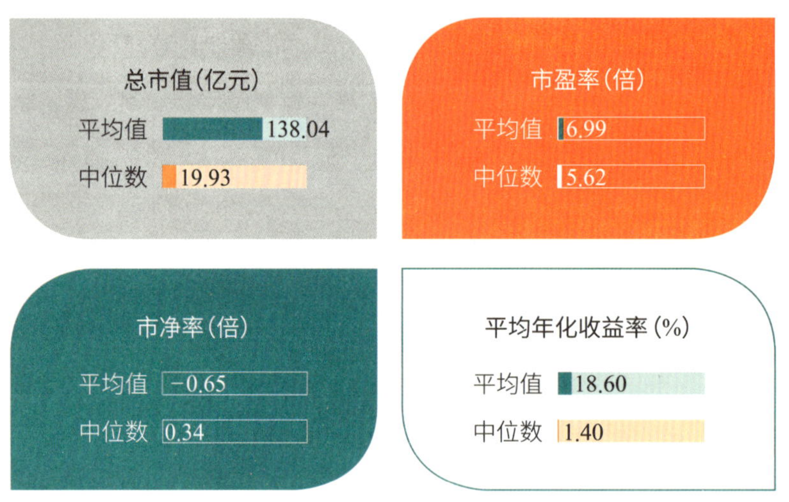

图 2-106 2021 年重庆境外上市公司整体市场表现

从具体排名看，齐合环保以 296.35% 排名第 1；重庆钢铁股份、瀚华金控分别以 90.81%、76.86% 排名第 2、第 3 位；重庆机电、香态食品、大全新能源、中渝置地、康达环保、重庆农村商业银行、长安民生物流分别排名第 4 至第 10 位（见图 2-107）。

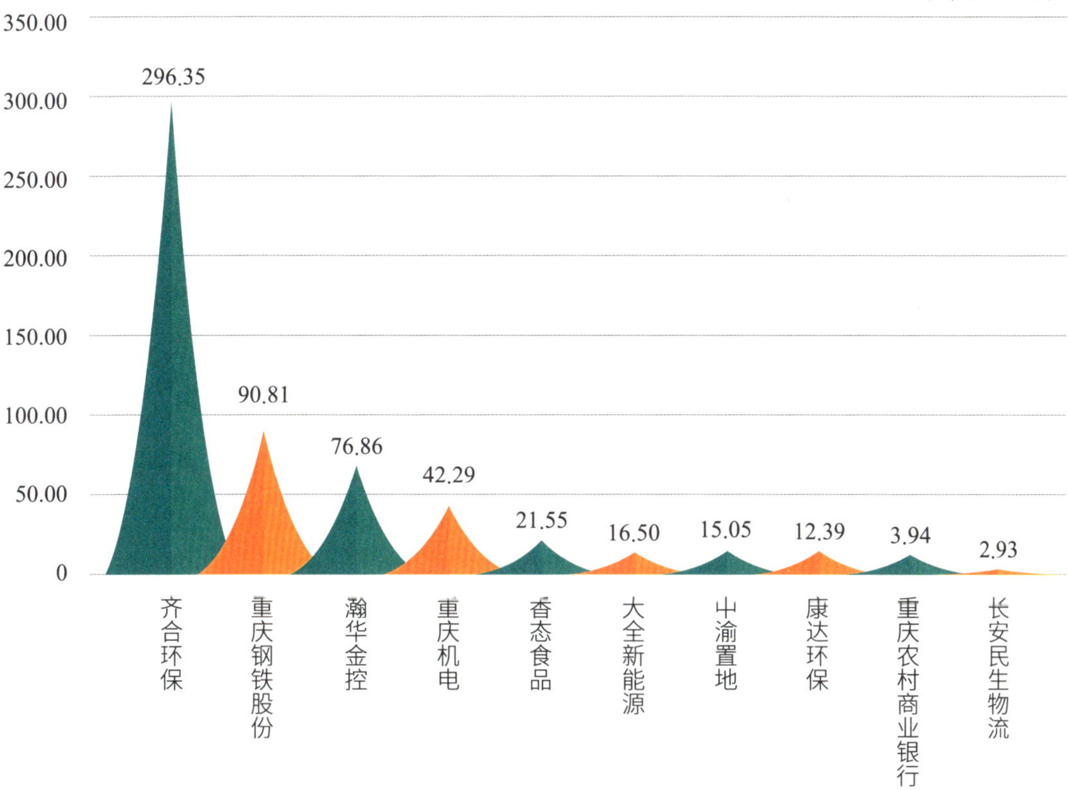

图 2-107 2021 年重庆境外上市公司平均年化收益率（TOP10）

注：数据截至 2021 年 12 月 31 日。

整体来看，重庆境外上市公司平均年化收益率超过 100% 的占比较少，50% 以下的较多。相较重庆境内上市公司，其整体收益能力有待提高。

（三）财务情况

1. 总资产：同比增长超一成，金融业稳占鳌头

截至 2021 年年末，除永固 -KY、英利国际置业未录得相关数据外，其余 19 家公司的资产总额为 29510.56 亿元，同比增长 11.87%，平均值为 1553.19 亿元，中位数为 114.38 亿元。2019—2020 年，上述 19 家公司的总资产分别为 23399.72 亿元、26379.83 亿元，增长态势明显（见图 2-108）。

图 2-108　2019—2021 年重庆境外上市公司资产总额

从 2021 年的同比增幅来看，12 家实现正增长，分别是大全新能源、民生教育、金科服务、龙湖集团、重庆农村商业银行、重庆银行、重庆钢铁股份、谭木匠、康达环保、东银国际控股、重庆机电、中华国际。其中，增幅最大的为大全新能源，同比增长 163.67%；其次为民生教育，增长 25.55%；第三为金科服务，增长 22.07%。

从排名来看，19 家公司资产规模前三甲分别为重庆农村商业银行、龙湖集团、重庆银行，与 2020 年一致，资产分别为 12662.91 亿元（港股年报数据，部分 A+H 上市公司数据与 A 股披露数据略有不同，下同。）、8756.51 亿元、6189.54 亿元（见图 2-109）。

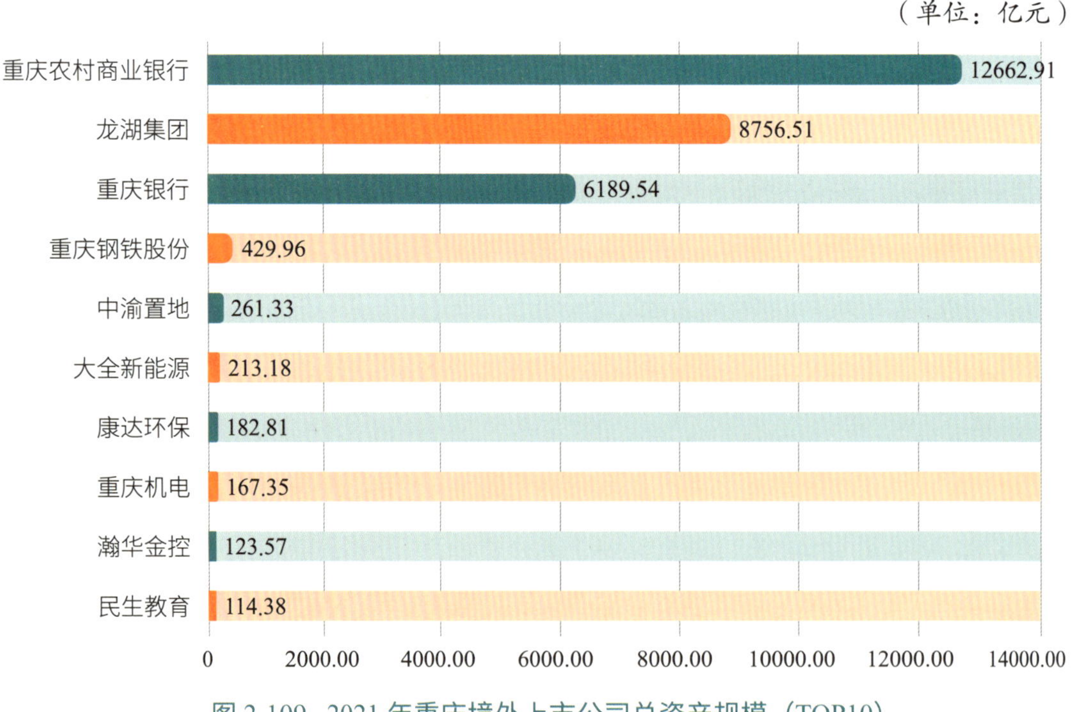

图 2-109　2021 年重庆境外上市公司总资产规模（TOP10）

分行业看，金融业以 18999.27 亿元稳居榜首，占 19 家公司总资产规模的 64.38%；房地产业为 9160.88 亿元，占 31.04%。分析认为，金融业特别是银行业金融机构基于行业特征，具有较大的优势；房地产企业由于重资产运营，在资产规模上也存在一定优势。

2. 净资产（归属母公司股东权益）：经营能力和资产保值增值能力提升

截至 2021 年年末，除永固 -KY、英利国际置业外，其余 19 家公司的净资产总额为 3760.85 亿元，同比增长 13.87%；平均值为 197.94 亿元，中位数为 73.36 亿元。

其中，龙湖集团以 1249.49 亿元排名第 1，且连续 3 年位列榜首；重庆农村商业银行以 1049.53 亿元排名第 2；重庆银行以 472.73 亿元位列第 3（见图 2-110）。

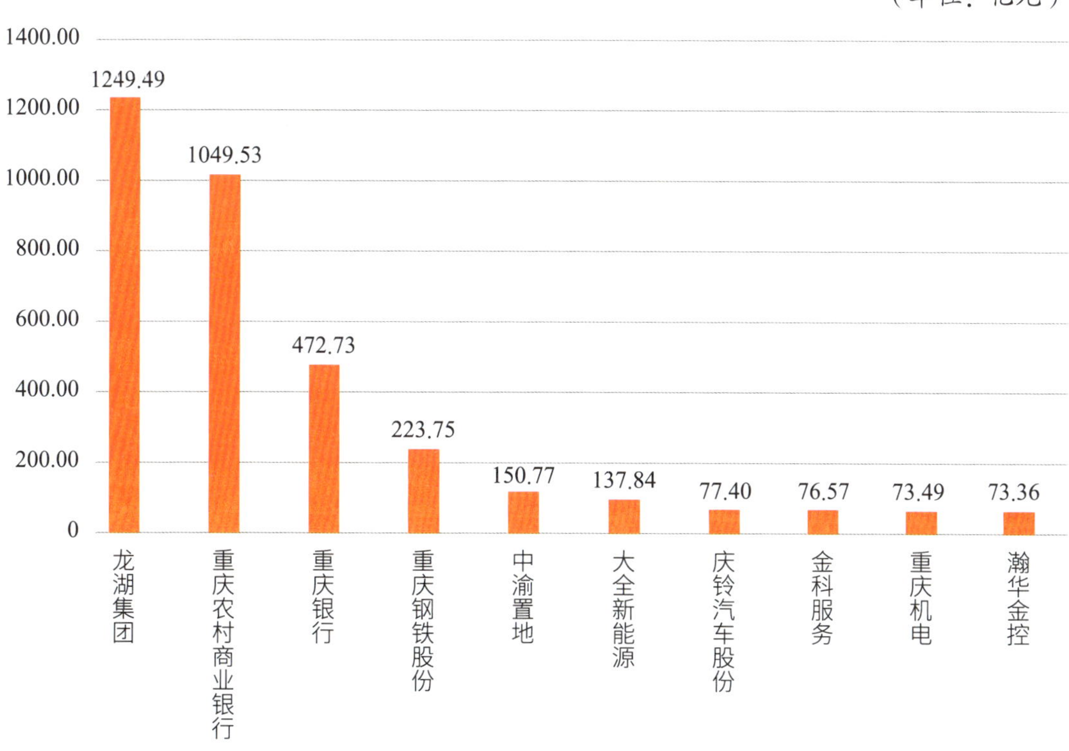

图 2-110 2021 年重庆境外上市公司净资产规模（TOP10）

从净资产规模分布来看，净资产破千亿元的上市公司有 2 家；100 亿 ~1000 亿（不含）元的 4 家；50 亿 ~100 亿（不含）元的 5 家；10 亿 ~50 亿（不含）元的 3 家；10 亿元以下的 5 家（见图 2-111）。

图 2-111 2021 年重庆境外上市公司净资产规模分布情况

从增幅来看，16 家公司净资产同比增长。其中，大全新能源增幅最大，为 175.38%；其次为西证国际证券，增长 18.02%；第 3 为重庆银行，增长 17.67%。

整体来看，重庆境外上市公司资产规模呈扩张状态，说明其经营能力和企业资产保值增值能力正在不断提升。排名前 3 的境外上市公司净资产之和为 2771.75 亿元，占重庆境外上市公司净资产总额的 73.70%，头部效应明显。

3. 营业收入：连续三年增长，龙湖独占约六成

2019—2021 年， 19 家公司（永固 -KY、英利国际置业未录得相关数据）营业收入总额分别为 2446.75 亿元、2792.08 亿元、3536.42 亿元，连续三年实现正增长。

2021 年，龙湖集团以 2239.19 亿元位列第 1，占 63.17%，也是仅有的 1 家营业收入超过 2000 亿元的境外上市公司。其次为重庆钢铁股份，营业收入为 396.88 亿元；第 3 为重庆农村商业银行，营业收入为 197.98 亿元。

从营业收入规模分布来看，500 亿元及以上的有 1 家，占 5.26%；100 亿 ~500 亿（不含）元的 4 家，占 21.05%；50 亿 ~100 亿（不含）元的 5 家，占 26.32%；10 亿 ~50 亿（不含）元的 2 家，占 10.53%；10 亿元以下的 7 家，占 36.84%（见图 2-112）。

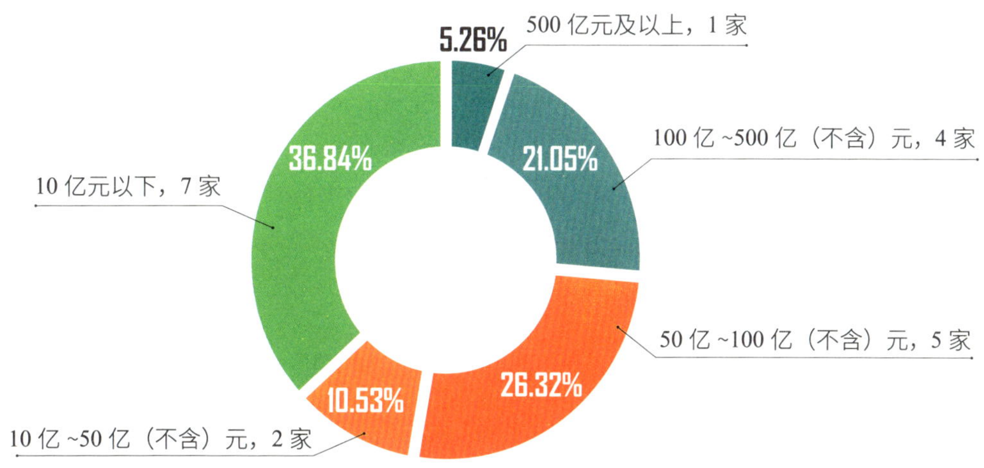

图 2-112 2021 年重庆境外上市公司营业收入规模分布情况

从增幅来看，19 家公司总体上同比增长 26.66%。其中，正增长 14 家，大全新能源、中华国际、民生教育增幅排名前 3。金科服务、重庆钢铁股份、齐合环保、东银国际控股、长安民生物流、龙湖集团、谭木匠排第 4 至第 10 位（见图 2-113）。

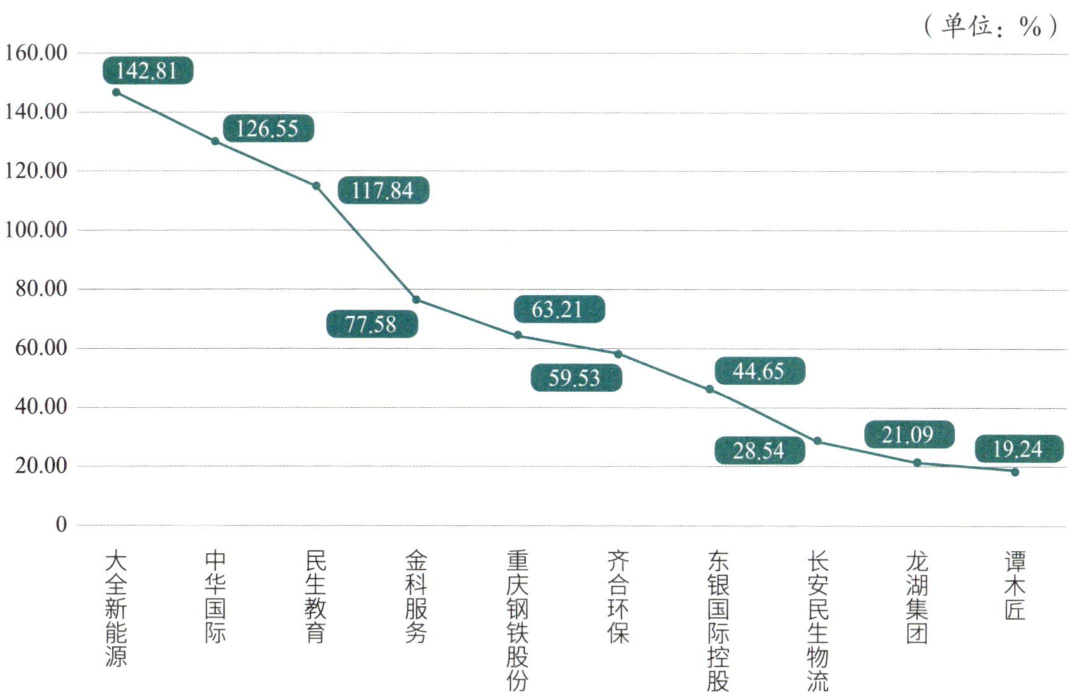

图 2-113 2021 年重庆境外上市公司营业收入增幅（TOP10）

在全球新冠肺炎疫情反复和国际形势复杂的情况下，超七成重庆境外上市公司实现营收增长，展示了良好的经营能力。排名第 1 的龙湖集团 2021 年共获取新地 122 块，一定程度上保障了后期的规模与利润提升能力。除了传统的住宅开发业务，龙湖集团由商业运营、租赁住房及物业管理等组成的经营性收入提升近四成，释放了较高的成长活力。

4. 净利润：近九成盈利，超七成增长

2021 年，19 家公司（永固 -KY、英利国际置业未录得相关数据）的净利润总额为 486.83 亿元，较 2020 年增长 35.37%。其中，14 家公司净利润较 2020 年实现增长，占 73.68%。长安民生物流增幅最大，由约 420.10 万元增加到约 2914.80 万元，增幅约 6823.52%。整体来看，重庆境外上市公司盈利能力增强。

2021 年，重庆境外上市公司近九成企业实现盈利。具体来看，17 家盈利，2 家亏损。其中，50 亿元及以上的有 2 家；30 亿 ~50 亿（不含）元的 2 家；10 亿 ~30 亿（不含）元的 2 家；0~10 亿（不含）元的 11 家（见图 2-114）。龙湖集团以 238.54 亿元稳居第 1；重庆农村商业银行以 95.60 亿元位列第 2；大全新能源以 47.75 亿元排名第 3（见图 2-115）。

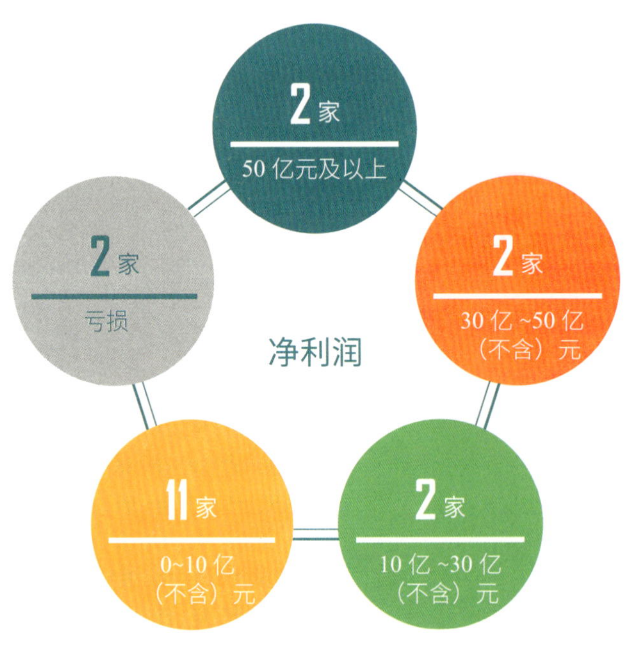

图 2-114　2021 年重庆境外上市公司净利润分布情况

（单位：亿元）

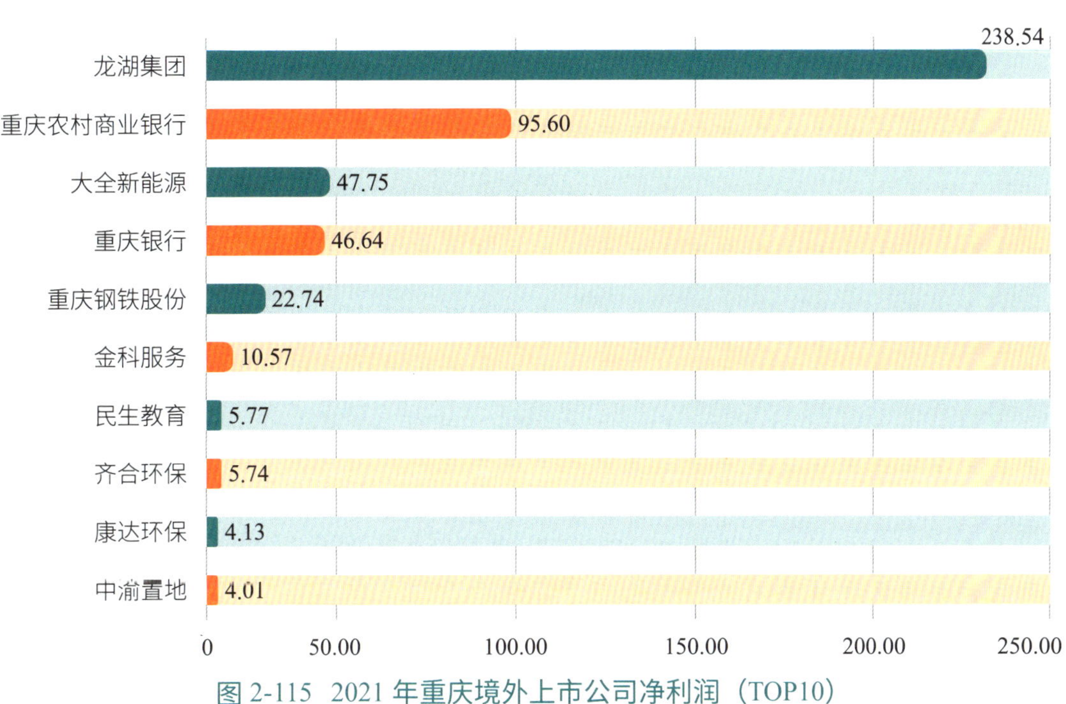

图 2-115 2021 年重庆境外上市公司净利润（TOP10）

5. 现金净流量（TTM）：近六成为正，重庆农村商业银行最高

截至 2021 年年末，共录得 18 家公司（齐合环保、永固 -KY、英利国际置业未录得相关数据）的现金净流量（TTM）总额为 355.01 亿元，平均值为 19.72 亿元，中位数为 1.12 亿元。

其中，100 亿元及以上的有 2 家；50 亿 ~100 亿（不含）元的 1 家；10 亿 ~50 亿（不含）元的 2 家；0~10 亿（不含）元的 5 家；为负数的 8 家，占 44.44%。重庆农村商业银行以 165.17 亿元位列第 1，龙湖集团以 110.98 亿元排名第 2，重庆银行以 55.04 亿元排名第 3。

（四）营运能力

1. 经营运作：资产流动性待提升，房地产领域受影响较大

（1）总资产周转率

截至 2021 年年末，共录得 19 家公司的总资产周转率数据（永固 -KY、英利国际置业未录得相关数据）。2021 年年末，总资产周转率在 1.00 次及以上的有 3 家，占 15.79%；

0.80~1.00（不含）次的 1 家，占 5.26%；0.50~0.80（不含）次的 2 家，占 10.53%；0.10~0.50（不含）次的 7 家，占 36.84%；0.10 次以下的 6 家，占 31.58%（见图 2-116）。平均值为 0.52 次，中位数为 0.27 次。

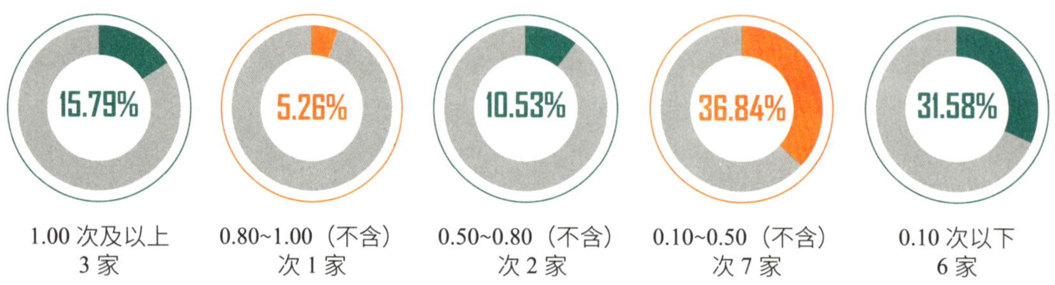

图 2-116 2021 年重庆 19 家境外上市公司总资产周转率分布情况

其中，齐合环保以 2.22 次排名第 1；香态食品、长安民生物流分别以 1.54 次、1.41 次排第 2、第 3 位；重庆钢铁股份、大全新能源、金科服务、庆铃汽车股份、谭木匠、重庆机电、龙湖集团位于第 4 至第 10 位（见图 2-117）。

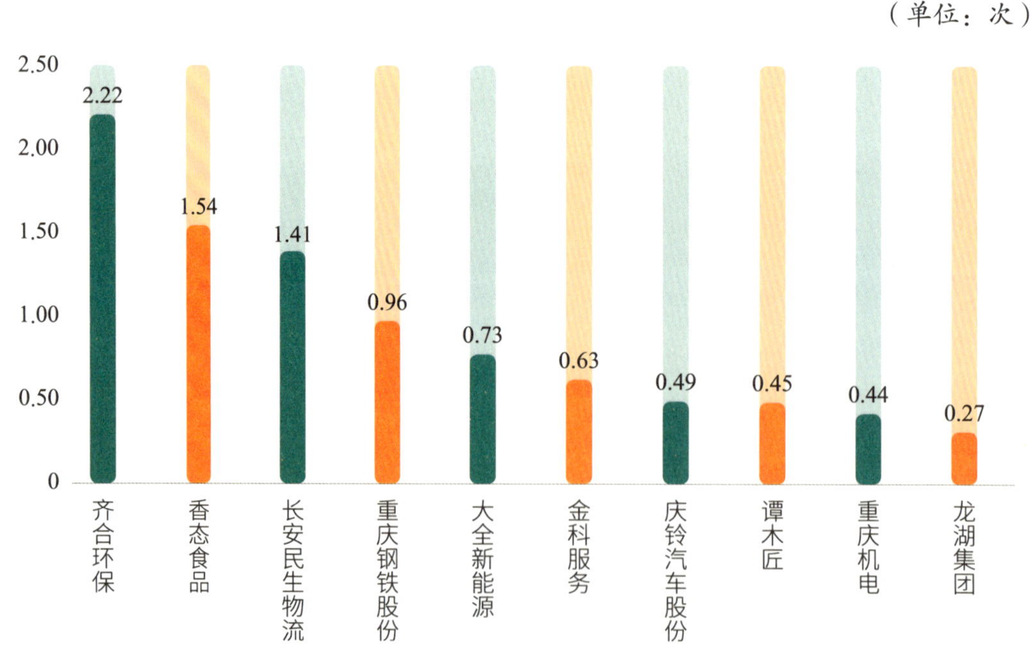

图 2-117 2021 年重庆境外上市公司总资产周转率（TOP10）

整体来看，齐合环保紧抓绿色发展机遇，通过资源回收再利用等方式推动企业发展，2021 年处理并销售了再生产品 430 万吨，促使总资产周转率提升。同时，受宏观经济等方面影响，以龙湖集团等为代表的房地产企业存货较高，进而导致总资产周转率较低。

（2）流动资产周转率

截至 2021 年年末，共录得 15 家公司的流动资产周转率数据（西证国际证券、重庆农村商业银行、重庆银行、瀚华金控、永固 -KY、英利国际置业未录得相关数据，下文应收账款周转率公司数量相同）。其中，流动资产周转率在 2.00 次及以上的有 2 家，占 13.33%；1.00~2.00（不含）次的 3 家，占 20.00%；0.50~1.00（不含）次的 6 家，占 40.00%；0.50 次以下的 4 家，占 26.67%（见图 2-118）。平均值为 1.23 次，中位数为 0.68 次。

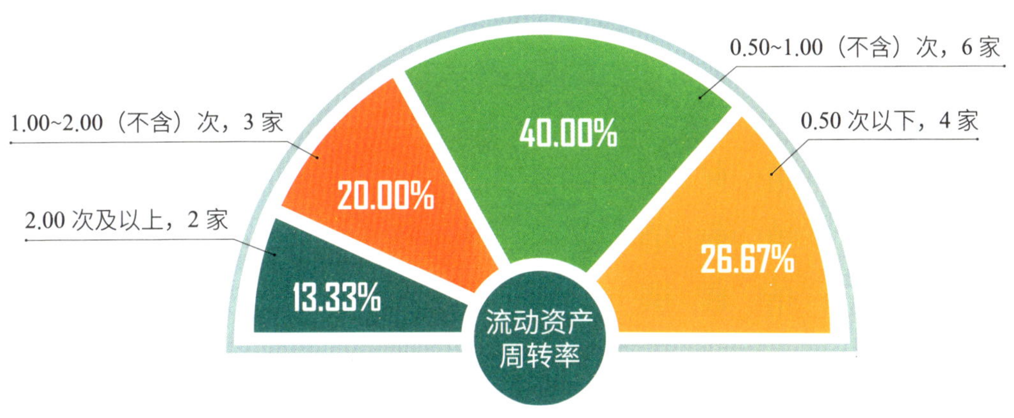

图 2-118 2021 年重庆境外上市公司流动资产周转率分布情况

从排名来看，齐合环保以 4.63 次排名第 1；重庆钢铁股份、长安民生物流分别以 3.01 次、1.98 次排在第 2、第 3 位；香态食品、大全新能源、庆铃汽车股份、民生教育、重庆机电、金科服务、谭木匠排名第 4 至第 10 位（见图 2-119）。

整体来看，重庆境外上市公司流动资产运用效率有待提升。齐合环保、香态食品、长安民生物流的总资产周转率和流动资产周转率较高，说明其资产管理效率与资金利用效率较高。

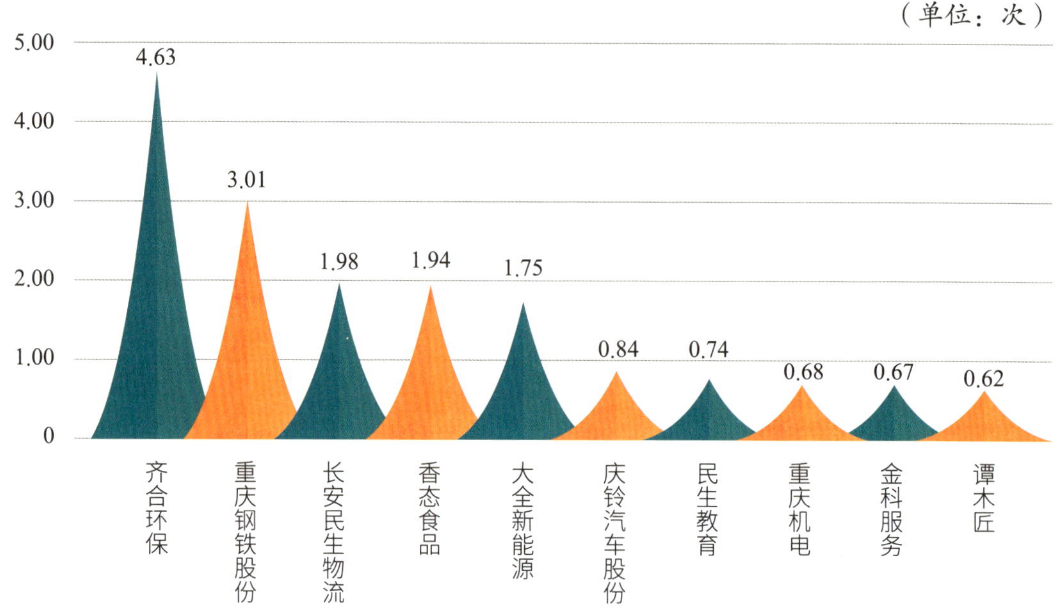

图 2-119　2021 年重庆境外上市公司流动资产周转率（TOP10）

（3）应收账款周转率

截至 2021 年年末，上述 15 家公司的应收账款周转率中，在 50.00 次及以上的有 2 家，占 13.33%；10.00~50.00（不含）次的 4 家，占 26.67%；10.00 次以下的 9 家，占 60.00%（见图 2-120）。平均值为 18.45 次，中位数为 7.65 次。

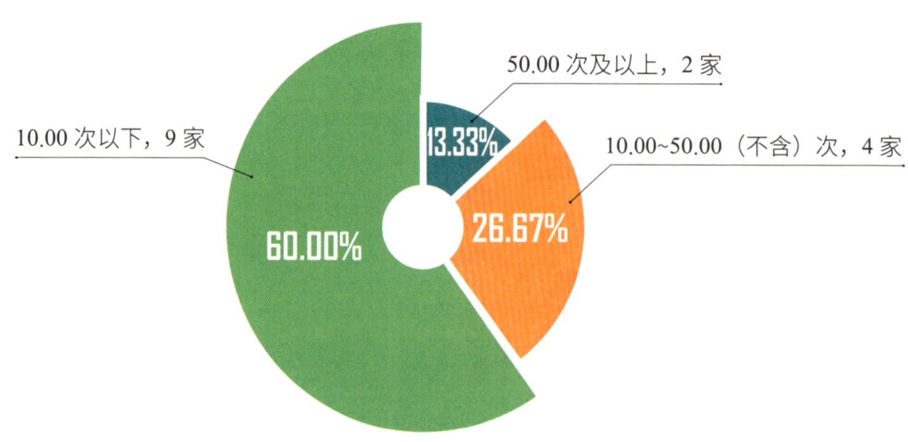

图 2-120　2021 年重庆境外上市公司应收账款周转率分布情况

从排名来看，谭木匠以 76.81 次排名第 1；龙湖集团、中渝置地分别以 70.36 次、36.77 次排在第 2、第 3 位；重庆钢铁股份、东银国际控股、齐合环保、大全新能源、民生教育、长安民生物流、中华国际排名在第 4 至第 10 位。

参照优秀值 24.3 的标准，重庆境外上市公司应收账款周转率超过这一标准的企业有 3 家；参照良好值 15.2 次的标准，重庆有 5 家；参照社会平均值 7.8 次的标准，重庆有 7 家；以 3 次为标准，重庆有 12 家。整体而言，重庆境外上市公司应收账款周转速度较快，资产流动性较高。

（4）固定资产周转率

截至 2021 年年末，共录得 18 家公司的固定资产周转率数据（瀚华金控、永固 -KY、英利国际置业未录得）。具体来看，固定资产周转率在 100.00 次及以上的有 1 家，占 5.56%；50.00~100.00（不含）次的 2 家，占 11.11%；10.00~50.00（不含）次的 5 家，占 27.78%；10.00 次以下的 10 家，占 55.56%，占比过半（见图 2-121）。平均值为 130.47 次，中位数为 7.22 次。

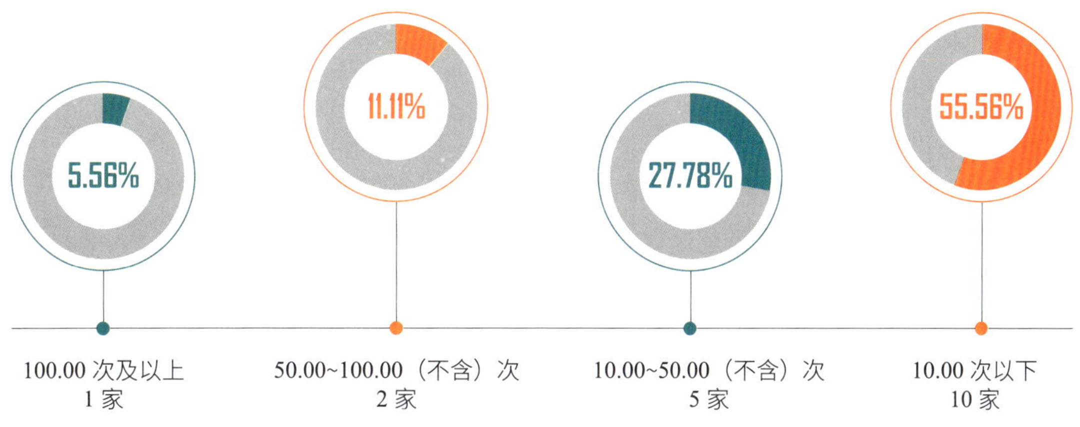

图 2-121 2021 年重庆境外上市公司固定资产周转率分布情况

其中，东银国际控股以 2023.71 次排名第 1，远超平均值；金科服务、龙湖集团分别以 99.73 次、69.36 次排在第 2、第 3 位；香态食品、康达环保、西证国际证券、中华国际、长安民生物流、齐合环保、中渝置地排在第 4 至第 10 位（见图 2-122）。分析认为，东银国际控股属金融业，其对固定资产的使用效率较高，固定资产的投入结构比较合理。

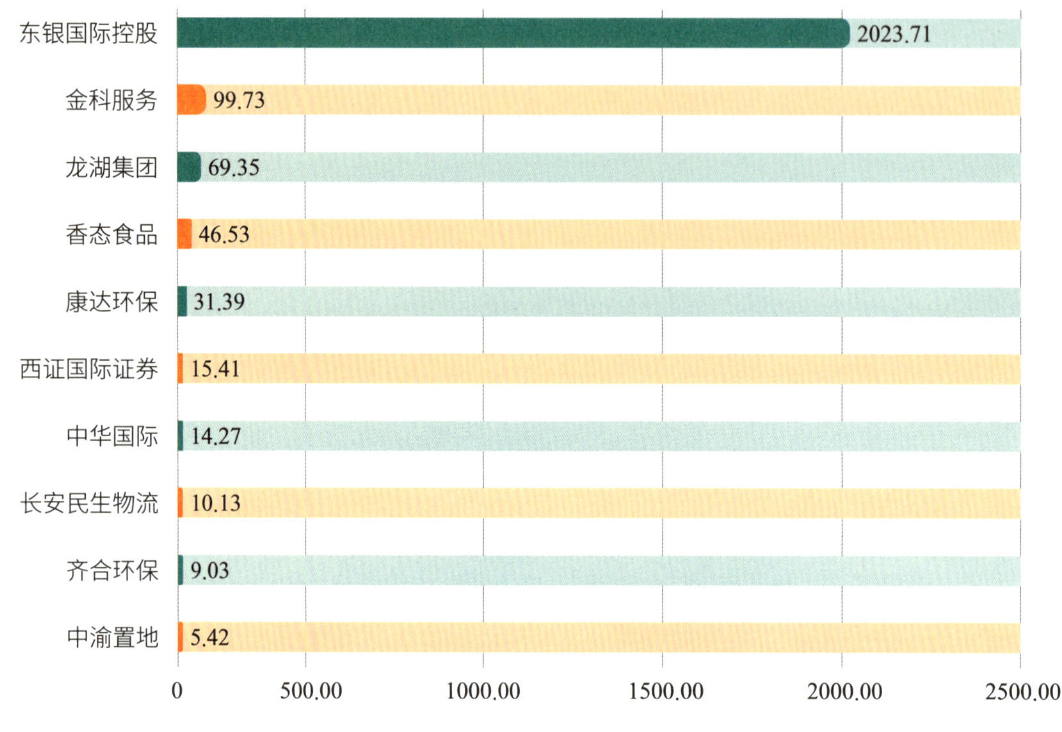

图 2-122　2021 年重庆境外上市公司固定资产周转率（TOP10）

2. 盈利能力：半数实现提升，约九成人均创利实现增长

（1）总资产净利率（ROA）

总资产净利率是反映公司运用全部资产所获得利润水平的指标，体现公司管理水平的高低。截至 2021 年年末，共录得 19 家公司的总资产净利率数据（永固 -KY、英利国际置业未录得相关数据，净资产收益率、人均创收、人均创利收录公司数量相同）。

分区间来看，10% 及以上的有 3 家，占 15.79%；5%~10%（不含）的 4 家，占 21.05%；2%~5%（不含）的 3 家，占 15.79%；0~2%（不含）的 7 家，占 36.84%；0 以下的 2 家，占 10.53%（见图 2-123）。

增幅方面，13 家较 2020 年实现正增长，大全新能源、齐合环保上涨幅度均超过 10%，分别上涨 22.10%、15.53%。具体来看，大全新能源以 32.68% 的总资产净利率排名第 1；谭木匠排名第 2，为 14.18%；金科服务排名第 3，为 11.13%。

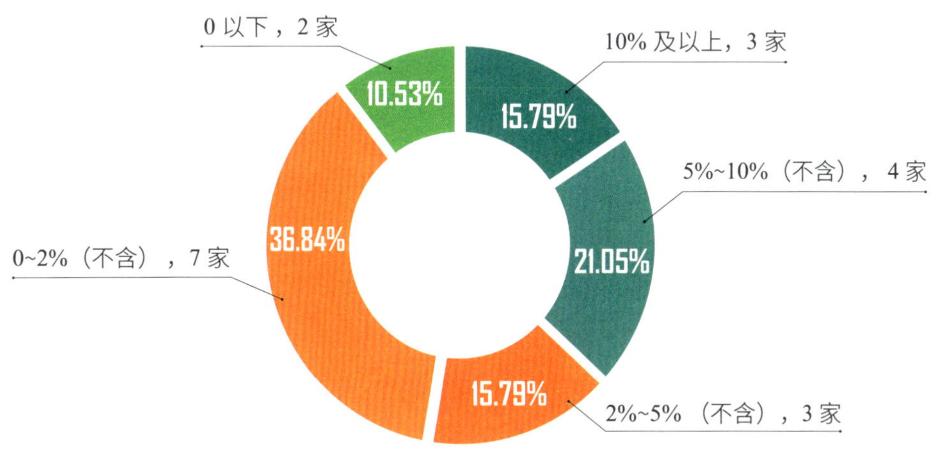

图 2-123 2021 年重庆境外上市公司总资产净利率分布情况

综合来看，2021 年，19 家公司总资产净利率的平均值从 2020 年的 1.84% 下降到 0.25%，近七成公司总资产净利率实现增长，表明其资产获利水平进一步提升，投入产出水平逐渐提高。

（2）净资产收益率（ROE）

2021 年，上述 19 家公司净资产收益率的平均值从 2020 年的 9.81% 上升到 11.70%（见图 2-124）。其中，11 家较 2020 年增长，占 57.89%；8 家下降，占 42.11%。

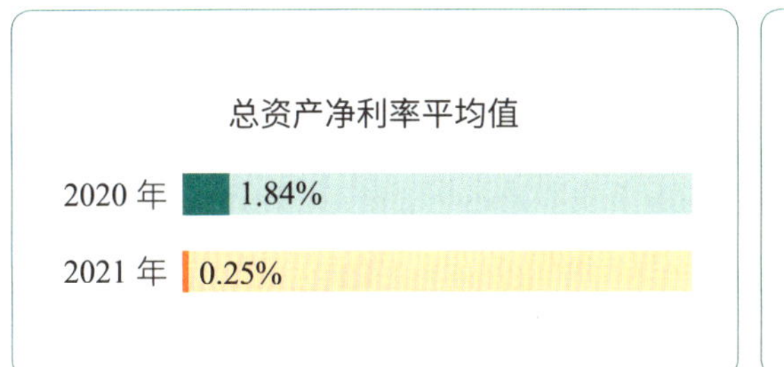

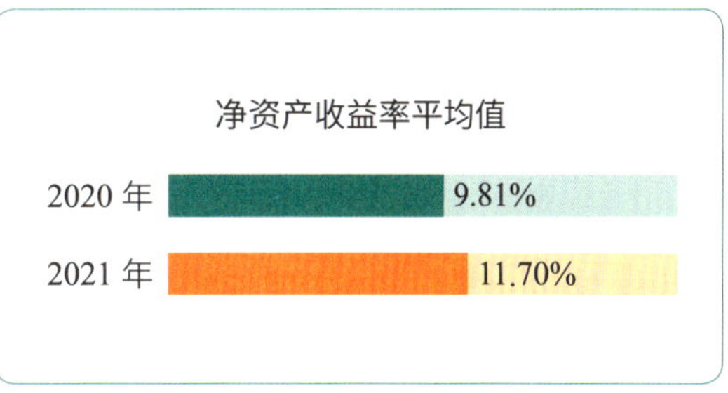

图 2-124 2020—2021 年重庆境外上市公司总资产净利率、净资产收益率平均值对比

具体来看，净资产收益率在 20% 及以上的有 2 家，占 10.53%；10%~20%（不含）的 7 家，占 36.84%；5%~10%（不含）的 3 家，占 15.79%；0~5%（不含）的 6 家，占 31.58%；0 以下的 1 家，占 5.26%（见图 2-125）。

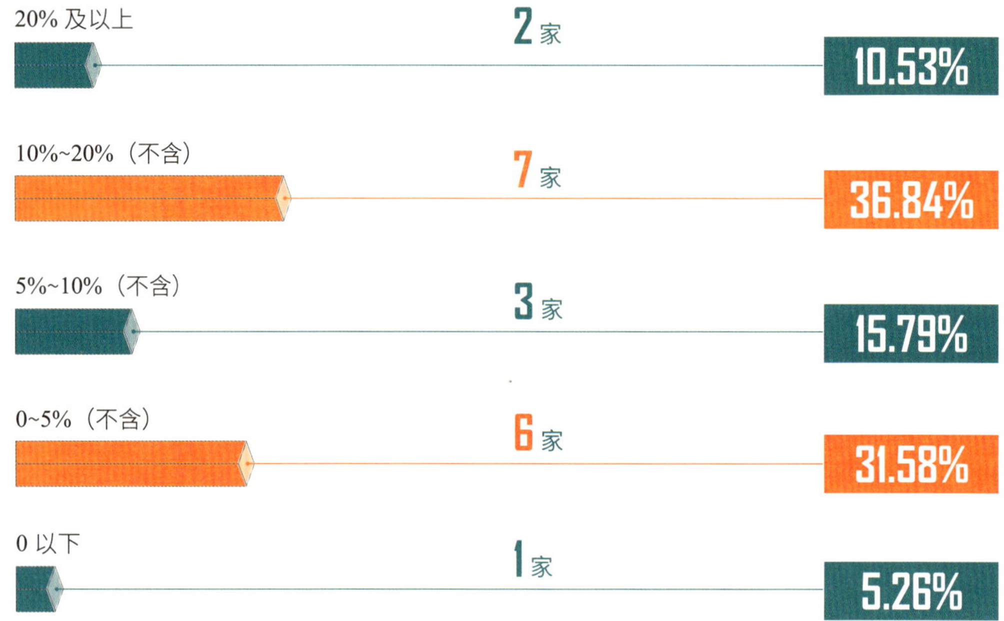

图 2-125　2021 年重庆境外上市公司净资产收益率分布情况

其中，大全新能源以 51.14% 排名第 1，龙湖集团、西证国际证券分别以 20.45%、19.42% 排在第 2、第 3 位；谭木匠、齐合环保、金科服务、民生教育、重庆钢铁股份、重庆银行、重庆农村商业银行分别排在第 4 至第 10 位。

总体上，2021 年净资产收益率实现增长的公司占比较多，说明重庆境外上市公司股东权益收益水平整体提升。

（3）人均创收

2021 年，上述 19 家公司中，人均创收 500 万元及以上的有 3 家，占 15.79%；100 万 ~500 万（不含）元的 10 家，占 52.63%；50 万 ~100 万（不含）元的 4 家，占 21.05%；50 万元以下的 2 家，占 10.53%。平均值为 241.89 万元，中位数为 159.31 万元，多集中在 100 万 ~500 万元。

具体来看，齐合环保以 636.28 万元位列第 1；重庆钢铁股份、龙湖集团分别以 589.36 万元、508.16 万元位列第 2、第 3 位；大全新能源、中渝置地、东银国际控股、香态食品、重庆银行、庆铃汽车股份、中华国际排在第 4 至第 10 位（见图 2-126）。从增幅上看，13 家实现增长的境外上市公司中，中华国际增幅最大，增长率为 202.06%。

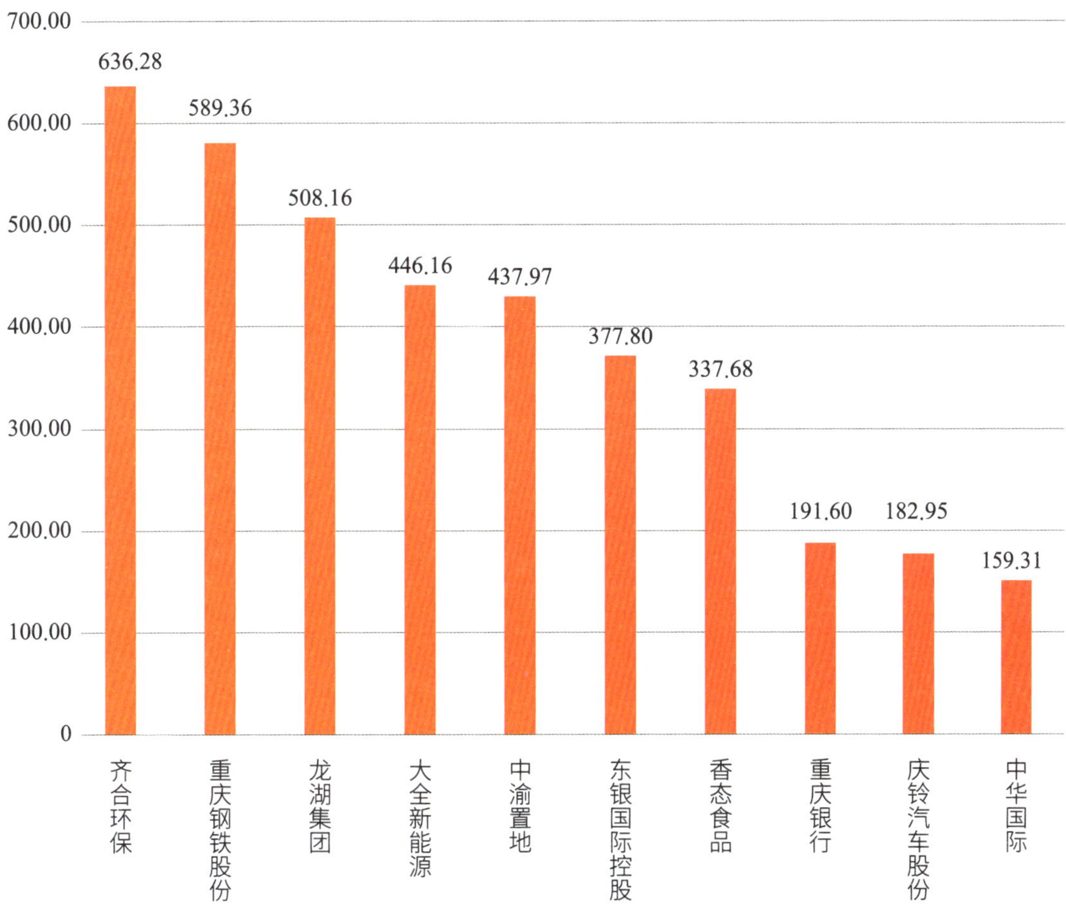

图 2-126 重庆境外上市公司人均创收（TOP10）

（4）人均创利

2021 年，上述 19 家公司中，人均创利 100 万元及以上的有 3 家，占 15.79%；50 万 ~100 万（不含）元的 3 家，占 15.79%；10 万 ~50 万（不含）元的 6 家，占 31.58%；0~10 万（不含）元的 5 家，占 26.32%；2 家为负数，占 10.53%。平均值为 40.27 万元，中位数为 17.01 万元。

其中，中渝置地、大全新能源、东银国际控股分别以 331.15 万元、199.04 万元、147.67 万元排名前 3，且均超过 100 万元。重庆银行、重庆农村商业银行、龙湖集团、重庆钢铁股份、齐合环保、中华国际、康达环保分别排在第 4 至第 10 位（见图 2-127）。

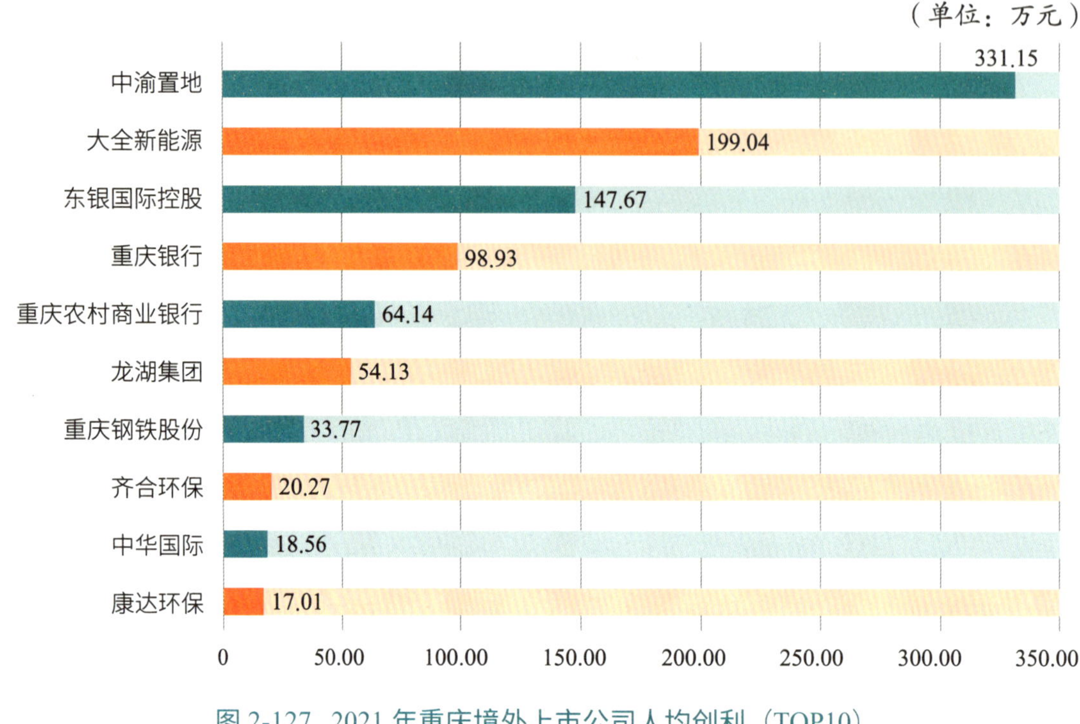

图 2-127　2021 年重庆境外上市公司人均创利（TOP10）

3. 偿债能力：大全新能源短期偿债能力提升较快

（1）带息债务

上述 19 家公司带息债务总量为 1.96 万亿元，同比增长 10.70%。

其中，5000 亿元及以上的有 2 家，占 10.53%；1000 亿 ~5000 亿（不含）元的 1 家，占 5.26%；100 亿 ~1000 亿（不含）元的 1 家，占 5.26%；10 亿 ~100 亿（不含）元的 7 家，占 36.84%；低于 10 亿元的 8 家，占 42.11%。除重庆农村商业银行和重庆银行 2 家银行业金融机构外，17 家境外上市公司带息债务平均值为 136.23 亿元，中位数为 12.56 亿元。

2021 年，庆铃汽车股份、谭木匠、金科服务 3 家连续两年无带息债务，其余的 8 家带息债务增加、8 家减少。总体来看，近 2 年重庆境外上市公司的带息债务变化幅度较小。

（2）短期偿债能力（流动比率和速动比率）

流动比率方面，共录得 15 家公司的流动比率数据（西证国际证券、重庆农村商业银行、重庆银行、瀚华金控、永固 -KY、英利国际置业未录得相关数据）。其中，流动比率在 3 及以上的有 4 家，占 26.67%；2~3（不含）的 1 家，占 6.67%；1~2（不含）的 6 家，占 40.00%；1 以下的 4 家，占 26.67%（见图 2-128）。平均值为 2.65，中位数为 1.44。

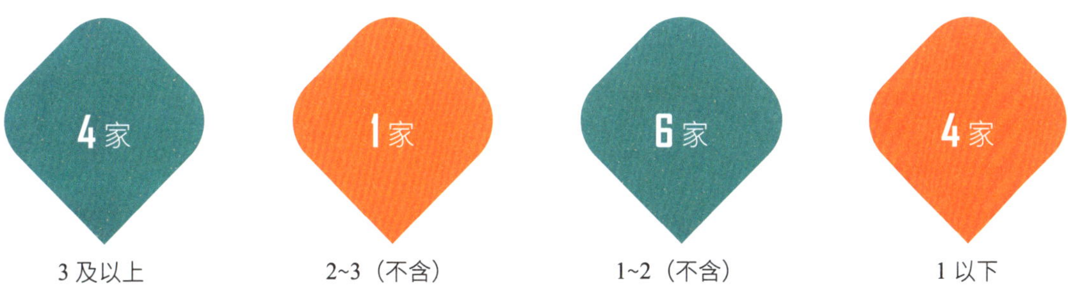

图 2-128 2021 年重庆境外上市公司流动比率分布情况

从增幅来看，6 家较 2020 年增长，9 家下降。其中，大全新能源的流动比率增幅最大，达 399.01%。

从速动比率方面来看，共录得 13 家公司的速动比率数据（东银国际控股、中渝置地、西证国际证券、重庆农村商业银行、重庆银行、瀚华金控、永固 -KY、英利国际置业未录得相关数据）。其中，速动比率在 3 及以上的有 2 家，占 15.38%；2~3（不含）的 1 家，占 7.69%；1~2（不含）的 4 家，占 30.77%；1 以下的 6 家，占 46.15%（见图 2-129）。平均值为 1.65，中位数为 1.19。

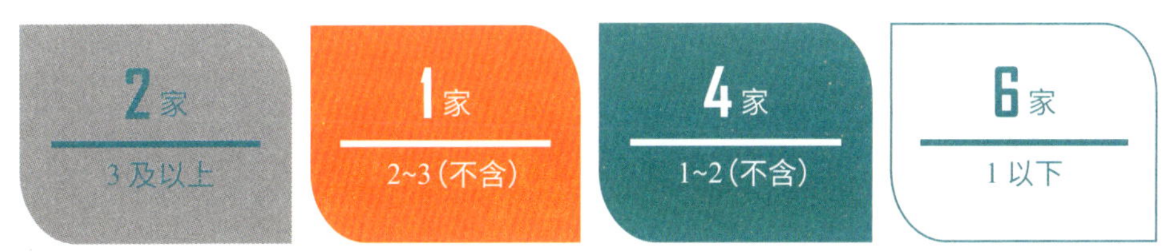

图 2-129 2021 年重庆境外上市公司速动比率分布情况

整体来看，重庆境外上市公司具有比较强的短期偿债能力，其中，大全新能源的速动比率增幅为 454.86%。分析认为，其短期偿债能力同期提升程度较高，主要受益于 2021 年国家“双碳”政策持续推进，整体光伏市场持续增长，下游单晶硅片企业扩产提速，市场对高品质多晶硅的需求增长明显，而高纯多晶硅料整体供应紧缺，因此使得多晶硅市场价格持续上涨，存货周转速度提升，企业生产经营有序进行。

（3）长期偿债能力（资产负债率和产权比率）

资产负债率方面，共录得 19 家公司的资产负债率数据（永固 -KY、英利国际置业未录得相关数据）。其中，60% 及以上的有 6 家，占 31.58%；50%~60%（不含）的 3 家，占 15.79%；30%~50%（不含）的 5 家，占 26.32%；低于 30% 的 5 家，占 26.32%（见图 2-130）。平均值为 51.69%，中位数为 49.81%。

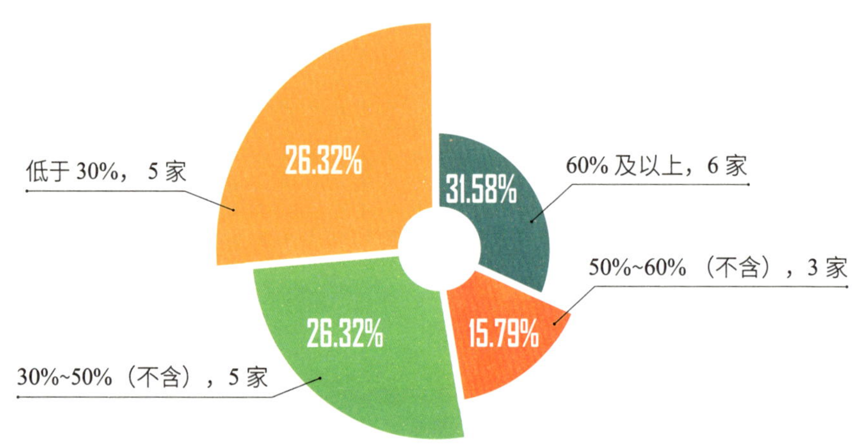

图 2-130　2021 年重庆境外上市公司资产负债率分布情况

产权比率方面，上述 19 家公司中，5 及以上的有 3 家，2~5（不含）的 2 家，1~2（不含）的 3 家，低于 1 的 11 家（见图 2-131）。平均值为 0.89，中位数为 0.92。

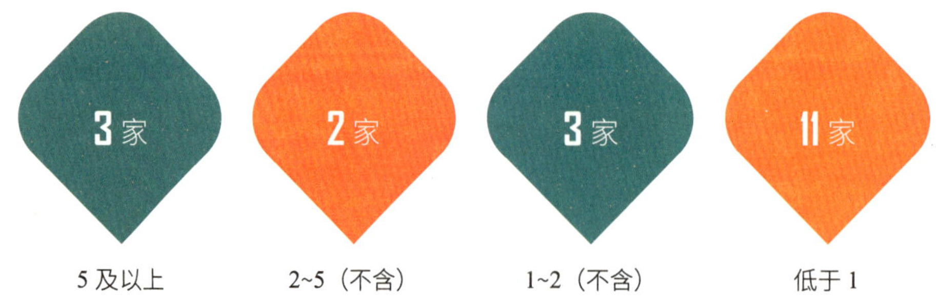

图 2-131　2021 年重庆境外上市公司产权比率分布情况

整体来看，资产负债率低于 60% 的有 13 家，占 68.42%；产权比率超过 1 的有 8 家，占 42.11%。二者均较 2020 年的 73.68%、52.63% 有所减少。

（五）公司治理

1. 股权集中度：需关注大股东控股能力问题

股权集中度是衡量公司的股权分布状态和公司稳定性的主要指标。从第一大股东持股比例来看，重庆 21 家境外上市公司中，第一大股东持股比例的平均值为 40.49%，中位数为 42.63%。其中，持股比例在 70% 及以上的有 3 家，占 14.29%；50%~70%（不含）的 6 家，占 28.57%；30%~50%（不含）的 5 家，占 23.81%；30% 以下的 7 家，占 33.33%（见图 2-132）。

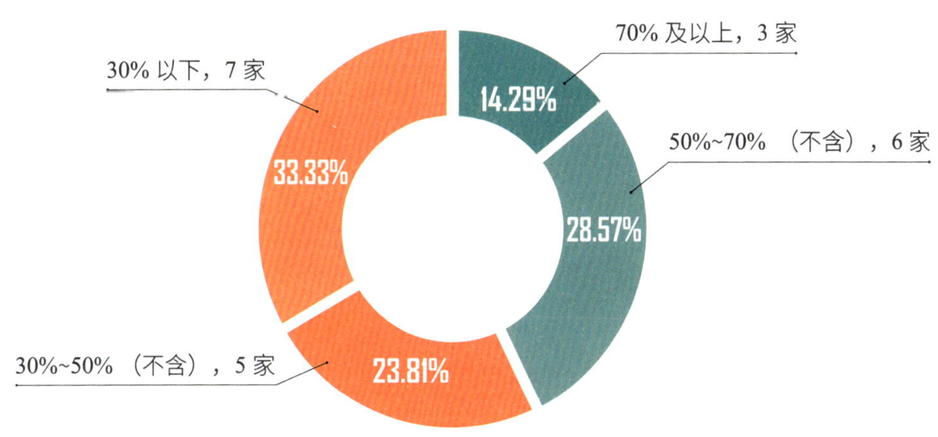

图 2-132 2021 年重庆境外上市公司第一大股东持股比例分布情况

从第一大股东控股能力（第二大股东持股比例 / 第一大股东持股比例）来看，录得 17 家境外上市公司的数据（西证国际证券、中渝置地、谭木匠、香态食品未录得相关数据）。其中，齐合环保的第一大股东控股能力最强，股权分布较集中；民生教育、重庆机电分别排在第 2、第 3 位；金科服务、重庆钢铁股份、东银国际控股、永固 -KY、庆铃汽车股份、龙湖集团、康达环保排在第 4 至第 10 位。

综合来看，第一大股东控股能力不足 50% 的公司占比不及一半，需关注境外上市公司大股东控股能力问题。

2. 独立董事：硕士研究生及以上学历占比较大

除永固 -KY 未录得数据外，其余 20 家境外上市公司独立董事人数总计 70 人。其中，62 位董事公布了学历情况，本科 12 人，占 19.35%；硕士研究生 23 人，占 37.10%；博士研究生 27 人，占 43.55%（见图 2-133）。

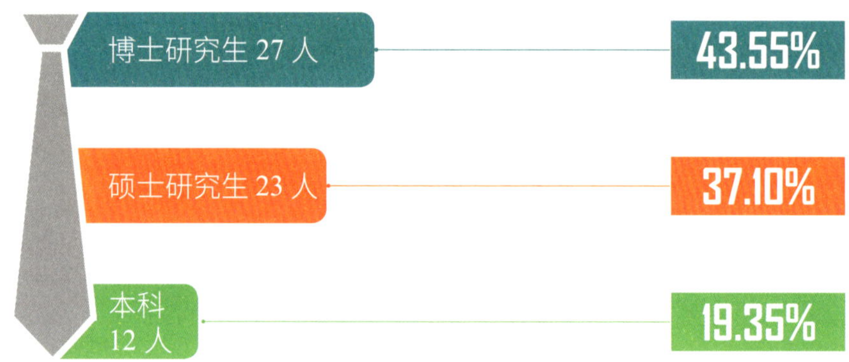

图 2-133 2021 年重庆 20 家境外上市公司独立董事学历结构情况

3. 董事会激励：年度平均薪酬超 2000 万元

除英利国际置业、齐合环保、香态食品、大全新能源、永固 -KY 外，录得 16 家公司的董事会激励数据。

从管理层年度薪酬来看，总额为 38762.83 万元，平均值为 2422.68 万元，中位数为 731.55 万元。分区间来看，5000 万元及以上的有 2 家，1000 万 ~5000 万（不含）元的 5 家，500 万 ~1000 万（不含）元的 4 家，500 万元以下的 5 家。其中，龙湖集团以 20885.90 万元排名第 1，远超平均值，是排名第 2 的中渝置地的 3.12 倍；民生教育以 2051.60 万元排名第 3。

从前三位董事年度薪酬来看，董事年度薪酬总额达 27525.88 万元，平均值为 1720.37 万元，中位数为 413.06 万元。排名第 1、第 2、第 3 位的董事年度薪酬总额为 22845.23 万元，约占总额的 83.00%。

整体来看，龙湖集团、中渝置地、民生教育在境外上市公司的管理层年度薪酬、前三位董事年度薪酬排名中均位于前 3，领先优势明显。同时，与境内上市公司相比，境外上市公司管理层年度薪酬平均值较高。

4. 股东权益：10 家公司累计分红超 156 亿元

共录得 10 家公司的年度累计分红总额数据，总额为 134.41 亿元。最高为龙湖集团，103.30 亿元；其次为重庆银行，13.55 亿元；第 3 为重庆农村商业银行，6.35 亿元（见图 2-134）。平均值为 15.67 亿元。

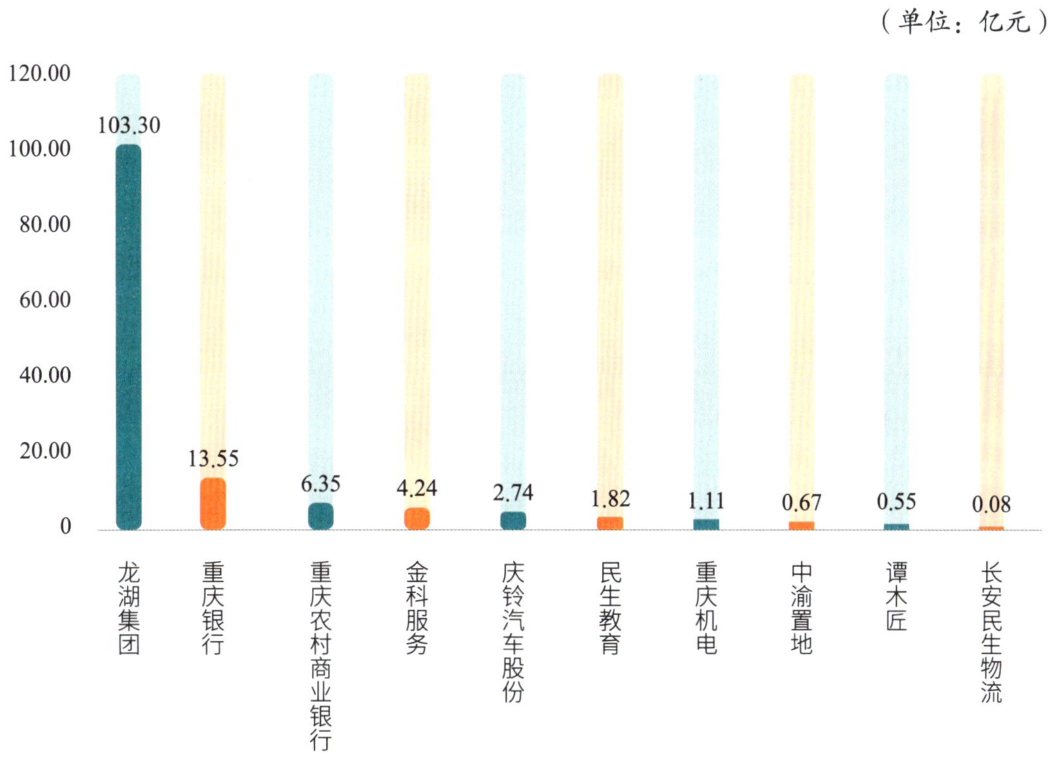

图 2-134 2021 年重庆境外上市公司年度累计分红总额一览

（六）带动就业

除永固 -KY、英利国际置业外，共录得 19 家公司员工数据员工总数约 11.49 万人，平均吸纳就业人数超 6000 人。

从排名来看，龙湖集团位列第 1，达 44065 人；重庆农村商业银行、金科服务分别以 14905 人、11700 人居第 2、第 3 位；重庆机电、民生教育、重庆钢铁股份、重庆银行、长安民生物流、庆铃汽车股份、齐合环保位列第 4 至第 10 位（见图 2-135）。

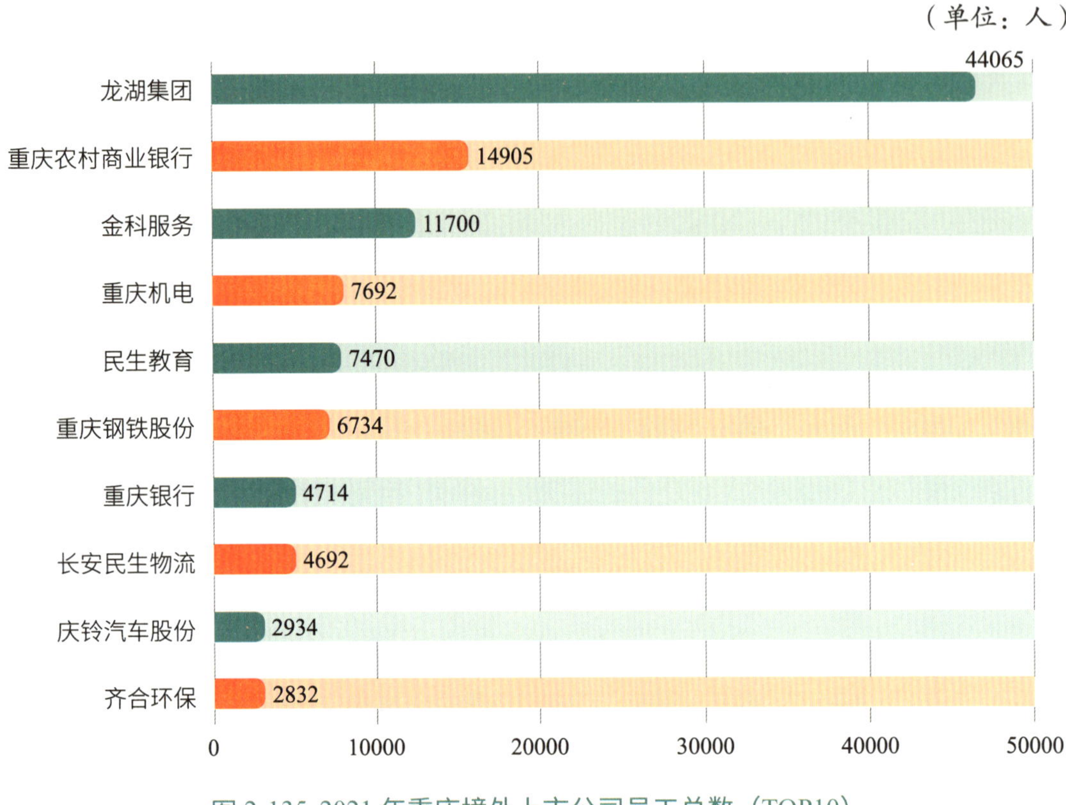

图 2-135 2021 年重庆境外上市公司员工总数（TOP10）

从行业来看，就业人数最多的为房地产和金融业，超过 5000 人的还包括教育、钢铁等行业。这些行业多为近年来获得较多盈利的行业，良好的盈利能力使得公司不断扩招，吸纳更多就业人员。

第三章 重庆新三板挂牌企业情况

新三板向上链接北交所，向下链接区域性股权市场，在多层次资本市场中的互联互通作用明显，已经成为资本市场服务中小企业的重要平台之一。截至 2021 年年末，重庆共有 85 家新三板挂牌企业，部分企业成功实现交易所上市。

一 基本情况

（一）总体数量：近 3 年存在战略性减少的情况

新三板系受中国证监会直接监管的全国性非上市股份有限公司股权交易平台，是多层次资本市场的重要组成部分。自北交所成立以来，新三板向上链接北交所，向下链接区域性股权市场，在多层次资本市场中的互联互通作用明显，成为资本市场服务中小企业的重要平台之一。

截至 2021 年年末，全国新三板挂牌企业 6932 家，其中重庆 85 家，占全国的 1.23%，在 31 个省、自治区、直辖市（不含台湾、香港、澳门）中排名第 18 位。从分层情况来看，85 家企业中，基础层 73 家、创新层 12 家（见表 3-1）。

表 3-1 重庆新三板挂牌企业统计

序号	证券代码	挂牌企业	挂牌日期	所属分层
1	430562.NQ	安运科技	2014-01-24	基础层
2	430550.NQ	沃克斯	2014-01-24	
3	430536.NQ	万通新材	2014-01-24	
4	430448.NQ	和航科技	2014-01-24	
5	830825.NQ	和泰润佳	2014-06-27	
6	830896.NQ	旺成科技	2014-08-01	
7	831332.NQ	申高制药	2014-11-12	
8	831422.NQ	奥根科技	2014-12-03	
9	831417.NQ	摘牌峻岭	2014-12-04	
10	831408.NQ	大美游轮	2014-12-09	

续表

序号	证券代码	挂牌企业	挂牌日期	所属分层
11	831434.NQ	巨创计量	2014-12-30	基础层
12	831742.NQ	纽米科技	2015-01-16	
13	832720.NQ	兴渝股份	2015-07-09	
14	832778.NQ	多邦科技	2015-07-16	
15	832985.NQ	熊猫传媒	2015-07-23	
16	833219.NQ	软汇科技	2015-08-10	
17	833167.NQ	乐邦科技	2015-08-11	
18	833539.NQ	大方生态	2015-09-21	
19	833866.NQ	紫翔生物	2015-10-20	
20	834242.NQ	常青基业	2015-11-12	
21	834033.NQ	康普化学	2015-11-16	
22	834324.NQ	安碧捷	2015-11-17	
23	834511.NQ	凯歌电子[①]	2015-11-30	
24	834569.NQ	微标科技	2015-12-04	
25	834919.NQ	狼卜股份	2015-12-15	
26	835925.NQ	ST 昌辉	2016-03-01	
27	835698.NQ	聚能股份	2016-03-07	
28	835970.NQ	联发科技	2016-03-10	
29	836297.NQ	瑞普电气	2016-03-14	
30	836617.NQ	软岛科技	2016-03-16	
31	836811.NQ	永泰股份	2016-04-22	
32	837351.NQ	新申新材	2016-05-05	
33	837664.NQ	荆江半轴	2016-06-08	
34	837781.NQ	重交再生	2016-06-28	
35	837766.NQ	讯美科技	2016-07-04	

① 现简称锦瑜股份。

续表

序号	证券代码	挂牌企业	挂牌日期	所属分层
36	837988.NQ	兆光科技	2016-07-29	基础层
37	838826.NQ	华茂林业	2016-08-09	
38	838784.NQ	黑山谷	2016-08-11	
39	838712.NQ	鸿全兴业	2016-08-15	
40	838704.NQ	红岭医疗	2016-08-17	
41	838661.NQ	祥龙电气	2016-08-24	
42	838654.NQ	ST 融通环	2016-08-24	
43	839003.NQ	大众能源	2016-08-26	
44	838629.NQ	梦赛力士	2016-10-11	
45	839720.NQ	熊猫雷笋	2016-11-17	
46	839409.NQ	大地生态	2016-11-18	
47	839506.NQ	泽众园林	2016-11-25	
48	870172.NQ	创高股份	2016-12-09	
49	870115.NQ	先融期货	2016-12-16	
50	870376.NQ	斯欧信息①	2017-01-03	
51	870821.NQ	高速传媒	2017-02-10	
52	870962.NQ	四联交通	2017-02-21	
53	871022.NQ	熙成传媒	2017-03-03	
54	871069.NQ	ST 越界	2017-03-16	
55	871252.NQ	必安必恒	2017-04-07	
56	871311.NQ	ST 东河	2017-05-02	
57	871951.NQ	左岸环境	2017-08-11	
58	871900.NQ	澳凯龙	2017-08-18	
59	872046.NQ	微客巴巴②	2017-09-05	
60	872409.NQ	欧百特	2017-12-07	
61	872466.NQ	瑞通精工	2017-12-12	

① 现简称斯欧互联。

② 现简称 ST 微客。

续表

序号	证券代码	挂牌企业	挂牌日期	所属分层
62	872662.NQ	旭德教育	2018-02-09	基础层
63	872667.NQ	华西人防	2018-02-13	
64	872715.NQ	大正仪表	2018-02-27	
65	872770.NQ	ST 博恩	2018-05-17	
66	872886.NQ	霏洋环保	2018-07-25	
67	872855.NQ	诺趣股份	2018-07-25	
68	873098.NQ	风平股份	2018-12-05	
69	873155.NQ	渝都传媒	2019-03-08	
70	873297.NQ	重庆康旅	2019-06-06	
71	873512.NQ	南方数控	2020-10-20	
72	873589.NQ	牧尚股份	2021-05-31	
73	873595.NQ	中联科技	2021-06-11	
74	830920.NQ	聚融集团	2014-08-06	创新层
75	831057.NQ	多普泰	2014-08-19	
76	833162.NQ	港力环保	2015-08-11	
77	837078.NQ	阿泰可	2016-04-25	
78	837934.NQ	神州能源	2016-07-26	
79	838411.NQ	云网科技	2016-08-16	
80	870156.NQ	瑜欣电子	2016-12-19	
81	870417.NQ	华西易通	2017-01-06	
82	871308.NQ	旺峰肉业	2017-04-17	
83	871394.NQ	立信数据	2017-04-27	
84	871857.NQ	泓禧科技	2017-08-18	
85	873017.NQ	渝欧跨境	2018-10-11	

注：数据截至 2021 年年末。

2019—2021 年，重庆新三板挂牌企业分别为 112 家、101 家、85 家（见图 3-1）。三年间，共有 54 家企业摘牌。其中，2019 年 23 家、2020 年 14 家、2021 年 17 家。原因包括生产经营调整、吸收合并、转板上市等，生产经营调整是最主要的原因，部分企业因谋求登陆其他资本市场而摘牌。

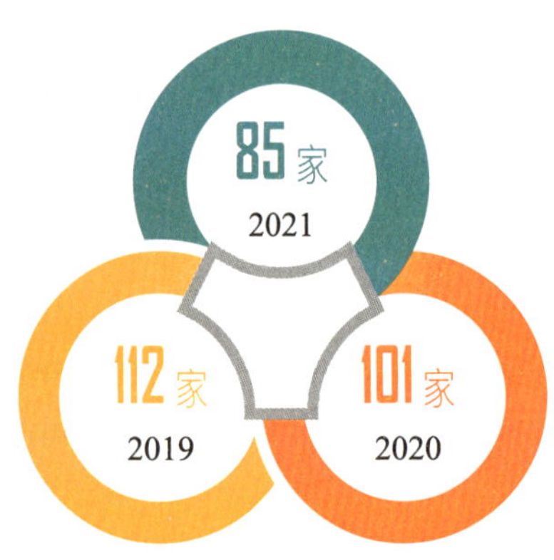

图 3-1 2019—2021 年重庆新三板挂牌企业数量情况

2019—2021 年，有 3 家重庆新三板企业成功实现交易所上市。其中，中设咨询、新安洁登陆北交所，成为北交所首批上市公司；三羊马在深交所主板上市。此外，2019 年从新三板摘牌的望变电气于 2022 年 4 月登陆上交所主板；泓禧科技在 2022 年 2 月 28 日在新三板摘牌的同时，转板至北交所上市；2022 年 4 月在新三板摘牌的瑜欣电子次月即登陆深交所创业板。

（二）区域分布：主城都市区占超九成

从注册地来看，重庆 85 家新三板企业涉及 25 个区县及两江新区。其中，主城都市区 79 家，占 92.94%。主城都市区中，中心城区 55 家，占 69.62%；主城新区 24 家，占 30.38%。

九龙坡区以 15 家排名第 1，占 17.65%；两江新区以 9 家排名第 2，占 10.59%；渝中区、渝北区以 8 家并列第 3，分别占 9.41%；沙坪坝区、璧山区、铜梁区、荣昌区各 4 家，分别占 4.71%；江北区、南岸区、长寿区各 3 家，分别占 3.53%；万州区、大渡口区、北碚区、忠县、万盛经开区各 2 家，分别占 2.35%；涪陵区、巴南区、江津区、合川区、永川区、南川区、綦江区、大足区、开州区、石柱县各 1 家，分别占 1.18%（见表 3-2）。2021 年，重庆新增 2 家挂牌企业，分别位于两江新区、荣昌区。

表 3-2 2021 年重庆新三板挂牌企业区域分布占比及名单

区县	数量（家）	占比（%）	名单
九龙坡区	15	17.65	沃克斯、和航科技、安运科技、万通新材、巨创计量、兴渝股份、软汇科技、乐邦科技、联发科技、讯美科技、神州能源、创高股份、瑜欣电子、微客巴巴、华西人防
两江新区	9	10.59	熊猫传媒、大方生态、微标科技、永泰股份、新申新材、熙成传媒、左岸环境、ST 博恩、中联科技
渝中区	8	9.41	港力环保、常青基业、软岛科技、红岭医疗、大地生态、先融期货、诺趣股份、渝欧跨境
渝北区	8	9.41	狼卜股份、阿泰可、高速传媒、ST 越界、旺峰肉业、立信数据、欧百特、渝都传媒
沙坪坝区	4	4.71	旺成科技、多邦科技、斯欧信息（现更名为“斯欧互联”）、旭德教育
璧山区	4	4.71	瑞普电气、兆光科技、梦赛力士、瑞通精工
铜梁区	4	4.71	和泰润佳、安碧捷、祥龙电气、ST 融通环
荣昌区	4	4.71	摘牌峻岭、凯歌电子、鸿全兴业、牧尚股份
江北区	3	3.53	紫翔生物、风平股份、南方数控
南岸区	3	3.53	ST 昌辉、云网科技、华西易通
长寿区	3	3.53	纽米科技、康普化学、泓禧科技
万州区	2	2.35	申高制药、奥根科技
大渡口区	2	2.35	聚能股份、必安必恒
北碚区	2	2.35	澳凯龙、大正仪表

续表

区县	数量（家）	占比（%）	名单
忠县	2	2.35	聚融集团、大美游轮
万盛经开区	2	2.35	多普泰、黑山谷
涪陵区	1	1.18	华茂林业
巴南区	1	1.18	泽众园林
江津区	1	1.18	霏洋环保
合川区	1	1.18	四联交通
永川区	1	1.18	重交再生
南川区	1	1.18	大众能源
綦江区	1	1.18	荆江半轴
大足区	1	1.18	熊猫雷笋
开州区	1	1.18	ST 东河
石柱县	1	1.18	重庆康旅

（三）行业分布：制造业为主，科学研究和技术服务业变动大

根据证监会行业分类，2021 年重庆 85 家新三板挂牌企业涉及制造业，信息传输、软件和信息技术服务业，租赁和商务服务业，水利、环境和公共设施管理业，建筑业，交通运输、仓储和邮政业，电力、热力、燃气及水生产和供应业，批发和零售业，文化、体育和娱乐业，教育，金融业，科学研究和技术服务业，农、林、牧、渔业，卫生和社会工作 14 个行业门类（见表 3-3）。

表 3-3 2020—2021 年重庆新三板挂牌企业行业分布

所属行业	2021 年		2020 年		变化幅度	
	数量（家）	占比（%）	数量（家）	占比（%）	增减情况（家）	占比（%）
制造业	39	45.88	42	41.58	−3	4.30
信息传输、软件和信息技术服务业	14	16.47	16	15.84	−2	0.63
租赁和商务服务业	9	10.59	10	9.90	−1	0.69
水利、环境和公共设施管理业	5	5.88	6	5.94	−1	−0.06
建筑业	5	5.88	7	6.93	−2	−1.05
交通运输、仓储和邮政业	2	2.35	3	2.97	−1	−0.62
电力、热力、燃气及水生产和供应业	2	2.35	2	1.98	0	0.37
批发和零售业	2	2.35	3	2.97	−1	−0.62
文化、体育和娱乐业	2	2.35	3	2.97	−1	−0.62
教育	1	1.18	1	0.99	0	0.19
金融业	1	1.18	1	0.99	0	0.19
科学研究和技术服务业	1	1.18	4	3.96	−3	−2.78
农、林、牧、渔业	1	1.18	2	1.98	−1	−0.80
卫生和社会工作	1	1.18	1	0.99	0	0.19

其中，制造业最多，共 39 家，占 45.88%。其次为信息传输、软件和信息技术服务业，共 14 家，占 16.47%；租赁和商务服务业 9 家，占 10.59%；水利、环境和公共设施管理业，

建筑业各 5 家，分别占 5.88%；交通运输、仓储和邮政业，电力、热力、燃气及水生产和供应业，批发和零售业，文化、体育和娱乐业各 2 家，分别占 2.35%；教育，金融业，科学研究和技术服务业，农、林、牧、渔业，卫生和社会工作各 1 家，分别占 1.18%。

2021 年以来，除电力、热力、燃气及水生产和供应业，教育，金融业，卫生和社会工作的企业数量无变化外，其他行业的企业数量均有减少。制造业、科学研究和技术服务业数量变动幅度最大，分别比 2020 年减少 3 家。

制造业，信息传输、软件和信息技术服务业，租赁和商务服务业等 7 个行业比重有所提升。其中，制造业以 4.30% 的增幅位居第 1。近年来，重庆深入推动制造业转型升级，加速建设国家重要先进制造业中心，进一步促进了企业发展，推动了企业挂牌。

（四）分层情况：基础层超八成，创新层企业占比不高

2021 年 11 月，北交所开市，精选层退出舞台，新三板市场迎来历史时刻。

2019—2021 年，重庆新三板挂牌企业中，基础层、创新层分别为 101 家、11 家，89 家、11 家，73 家、12 家；其中，2020 年还有精选层企业 1 家（见表 3-4）。截至 2021 年年末，重庆成功通过北交所发审委审核的新三板挂牌企业有 3 家，即中设咨询、新安洁、泓禧科技。

表 3-4 2019—2021 年重庆新三板挂牌企业分层情况

年份	基础层（家）	创新层（家）	精选层（家）
2019	101	11	—
2020	89	11	1
2021	73	12	—

2021 年，重庆新三板挂牌企业中，创新层占 14.12%，低于全国水平（16.23%），说明北交所“后备军”有待充实。

二 市场表现

（一）总市值：接近 300 亿元，6 家破 10 亿元

截至 2021 年 12 月 31 日，录得数据的 71 家企业的总市值为 283.29 亿元。

其中，市值在 50 亿元及以上的有 1 家，占 1.41%；10 亿 ~50 亿（不含）元的 5 家，占 7.04%；5 亿 ~10 亿（不含）元的 7 家，占 9.86%；1 亿 ~5 亿（不含）元的 22 家，占 30.99%；0~1 亿（不含）元的 36 家，占 50.70%（见图 3-2）。平均值为 3.99 亿元，中位数为 0.98 亿元。

图 3-2 重庆新三板挂牌企业市值分布情况

注：数据截至 2021 年 12 月 31 日。

具体来看，重交再生排名第 1，为 68.35 亿元；渝欧跨境以 33.90 亿元排名第 2，纽米科技以 20.54 亿元排名第 3，狼卜股份、高速传媒、旺峰肉业、康普化学、聚能股份、瑜欣电子、华西易通分别排在第 4 至第 10 位，市值均超过 7 亿元。

整体来看，重庆新三板挂牌企业市值差别较大，低市值企业占较大比例。分析认为，相较于交易所上市公司，新三板股票价格存在一定折价。同时，其市盈率普遍低于 A 股同行业水平。

（二）市盈率（PE）：6 家逾 100 倍，多集中在 20 倍以下

市盈率是评估股价水平是否合理的指标之一，也是投资者判断企业股票是否具有投资价值的重要依据，一定程度上反映投资者对企业成长价值的认可度。

截至 2021 年 12 月 31 日，上述 71 家企业中，市盈率在 100 倍及以上的有 6 家，占 8.45%；50~100（不含）倍的 7 家，占 9.86%；20~50（不含）倍的 8 家，占 11.27%；0~20（不含）倍的 29 家，占 40.85%；0 倍以下的 21 家，占 29.58%（见图 3-3）。中位数为 6.96 倍，0~20（不含）倍的占比最大。

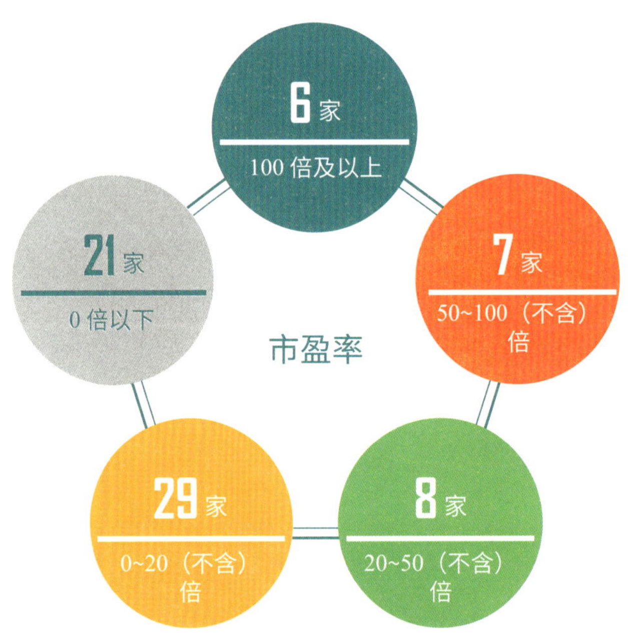

图 3-3 重庆新三板挂牌企业市盈率分布情况

综合来看，重庆新三板挂牌企业市盈率平均值较高，达 49.93 倍，但中位数不足 7 倍，表明多数挂牌企业被低估，具有较高的投资价值。

具体来看，排名前 10 的挂牌企业市盈率均超过 80 倍。其中，狼卜股份、鸿全兴业、必安必恒分别以 1245.54 倍、839.90 倍、410.89 倍排名前 3；乐邦科技、华西易通、重交再生、高速传媒、渝都传媒、大地生态、霏洋环保分别排在第 4 至第 10 位（见图 3-4）。

图 3-4 重庆新三板挂牌企业市盈率（TOP10）

注：数据截至 2021 年 12 月 31 日。

（三）平均年化收益率：近六成为正，平均值超 130%

截至 2021 年 12 月 31 日，共录得 42 家重庆新三板挂牌企业的平均年化收益率数据。其中，平均年化收益率在 100% 及以上的有 11 家，占 26.19%；50%~100%（不含）的 4 家，占 9.52%；0~50%（不含）的 10 家，占 23.81%；−10%~0（不含）的 4 家，占 9.52%；−10% 以下的 13 家，占 30.95%。

从具体排名来看，重交再生、渝欧跨境、旺峰肉业分别以 1842.39%、1341.44%、609.46% 位列前 3；纽米科技、沃克斯、万通新材、风平股份、大方生态、高速传媒、旭德教育排名第 4 至第 10 位（见图 3-5）。

综合来看，上述 42 家企业年化平均收益率均值为 130.40%，中位数为 10.04%；最高值为 1842.39 %，最低值为 −84.62%。

（单位：%）

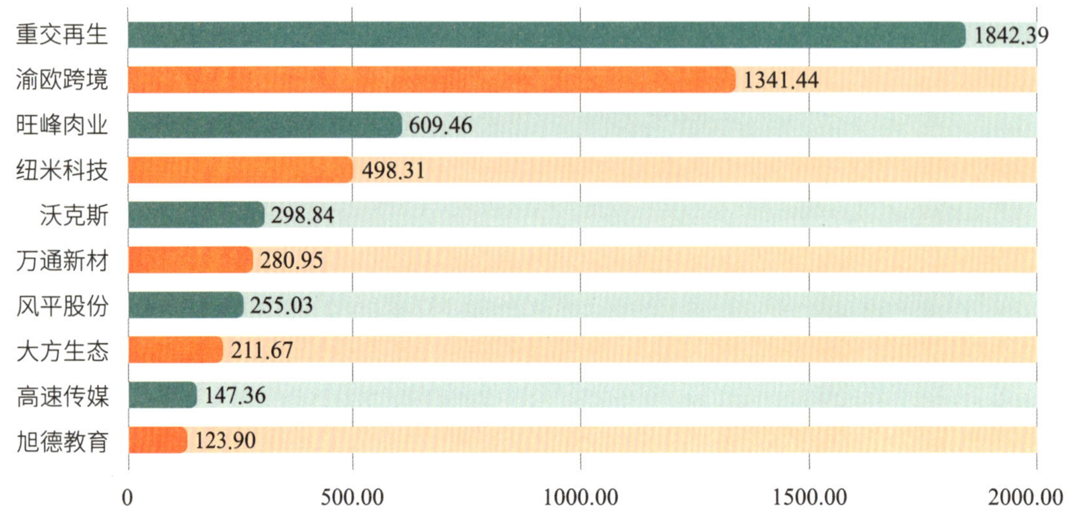

图 3-5 重庆新三板挂牌企业平均年化收益率（TOP10）

注：数据截至 2021 年 12 月 31 日。

三 财务情况

（一）资产规模：整体规模小幅波动，大体稳定

2019—2021 年，重庆新三板挂牌企业中，公布年报的企业数分别为 85 家、84 家、75 家，录得数据的资产总额分别为 205.06 亿元、218.83 亿元、211.91 亿元。

根据已公布 2021 年年报的 75 家企业数据，资产为 10 亿 ~50 亿（不含）元的有 3 家，分别是先融期货、渝欧跨境、纽米科技，占 4.00%；5 亿 ~10 亿（不含）元的 7 家，占 9.33%；3 亿 ~5 亿（不含）元的 7 家，占 9.33%；1 亿 ~3 亿（不含）元的 25 家，占 33.33%；1 亿元以下的 33 家，占 44.00%（见表 3-5）。

2021 年，公布资产规模数据的 36 家制造业企业资产规模达 97.75 亿元，占总规模的 46.13%；排名第 2 的金融业为 42.84 亿元（见图 3-6）。资产规模排名前 10 的企业中，制造业有 7 家；金融业，批发和零售业，信息传输、软件和信息技术服务业各有 1 家。排名前 10 的企业见图 3-7。

表 3-5 2019—2021 年重庆新三板挂牌企业资产规模分布情况

资产规模	2021 年		2020 年		2019 年	
	数量（家）	占比（%）	数量（家）	占比（%）	数量（家）	占比（%）
1 亿元以下	33	44.00	38	45.24	40	47.06
1 亿 ~3 亿（不含）元	25	33.33	27	32.14	27	31.76
3 亿 ~5 亿（不含）元	7	9.33	10	11.90	9	10.59
5 亿 ~10 亿（不含）元	7	9.33	8	9.52	7	8.24
10 亿 ~50 亿（不含）元	3	4.00	0	0.00	2	2.35
50 亿元及以上	0	0.00	1	1.19	0	0.00
总计	75	100.00	84	100.00	85	100.00

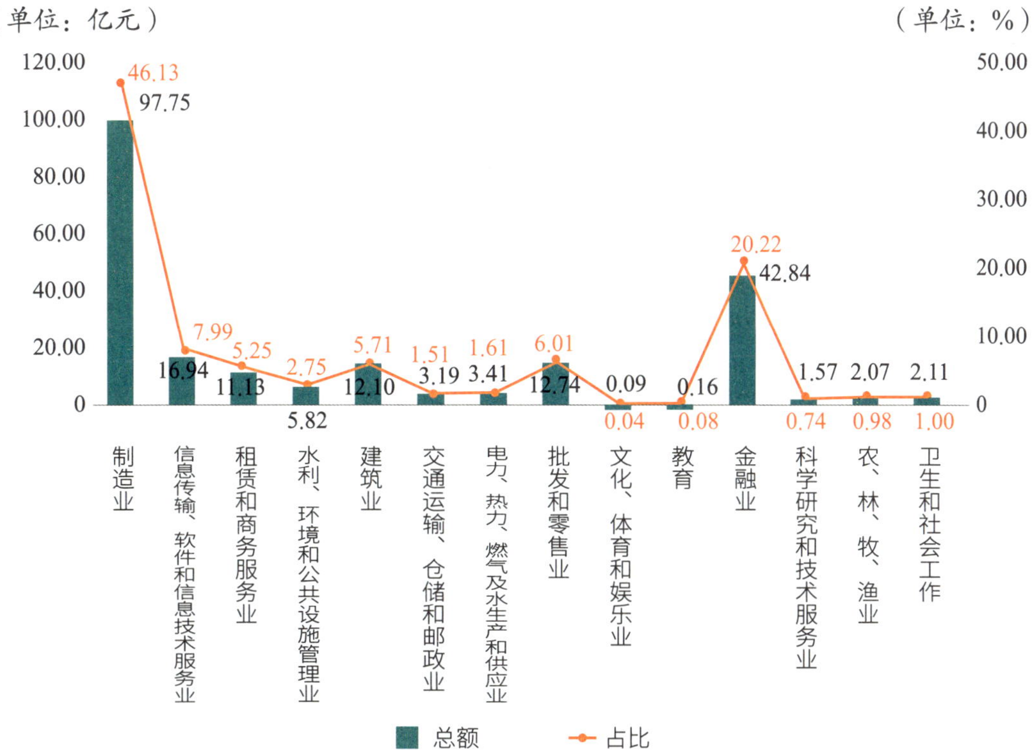

图 3-6 2021 年重庆新三板挂牌企业各行业资产规模及其占总资产规模比重

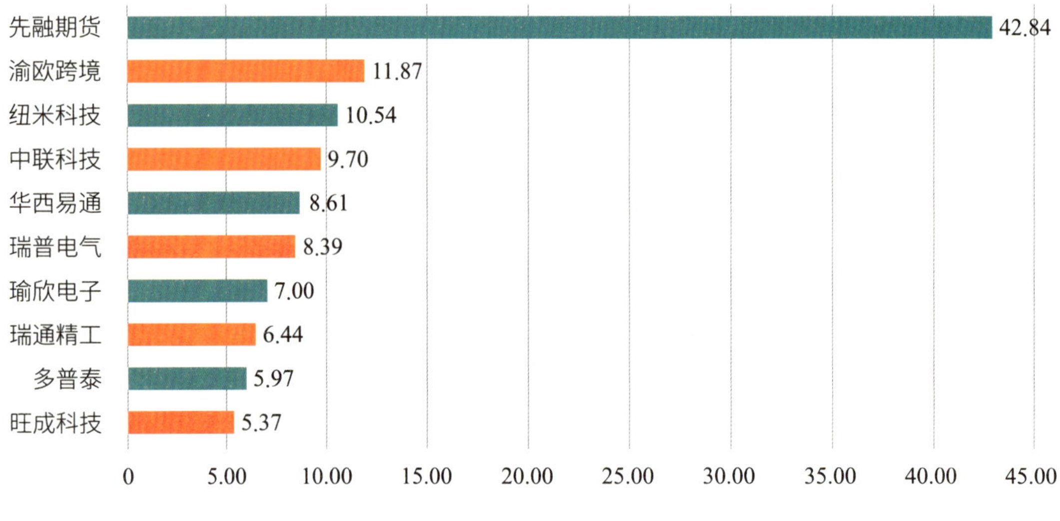

图 3-7 2021 年重庆新三板挂牌企业资产规模（TOP10）

（二）净资产（归属母公司股东权益）：近年稳步增长

2019—2021 年，重庆新三板挂牌企业录得净资产总额分别为 83.47 亿元、85.70 亿元、87.43 亿元（见图 3-8）；平均值分别为 0.98 亿元、1.02 亿元、1.17 亿元；中位数分别为 0.55 亿元、0.54 亿元、0.65 亿元（见表 3-6）。

图 3-8 2019—2021 年重庆新三板挂牌企业净资产规模

2021 年，74 家企业净资产为正，其中 5 亿元及以上的企业有 1 家，占 1.33%；2 亿 ~5 亿（不含）元的 9 家，占 12.00%；1 亿 ~2 亿（不含）元的 16 家，占 21.33%；0~1 亿（不含）元的 48 家，占 64.00%；净资产为负的 1 家，占 1.33%。

表 3-6 2020—2021 年重庆新三板挂牌企业净资产平均值、中位数变动情况

比较项	2021 年（亿元）	2020 年（亿元）	增幅（%）
中位数	0.65	0.54	20.37
平均值	1.17	1.02	14.71

从企业净资产排名来看，先融期货以 14.78 亿元的净资产稳居第 1，且已连续 3 年第 1；多普泰、中联科技、瑜欣电子、渝欧跨境分别以 4.56 亿元、4.48 亿元、4.11 亿元、4.00 亿元位列第 2 至第 5 位；高速传媒、瑞普电气、聚融集团、旺成科技、康普化学分别以 2.73 亿元、2.47 亿元、2.45 亿元、2.44 亿元、2.19 亿元排在第 6 至第 10 位。

（三）营业收入：超七成实现正增长

2019—2021 年，重庆新三板挂牌企业公布有数据的营业收入总额分别为 180.14 亿元、215.02 亿元、192.72 亿元。

2021 年，公布年报的 75 家企业中，渝欧跨境、先融期货、旺峰肉业、瑞普电气 4 家企业的营业收入超过 10 亿元，分别为 34.02 亿元、28.90 亿元、15.12 亿元、11.28 亿元；5 亿 ~10 亿（不含）元的有华西易通、瑜欣电子、瑞通精工、中联科技、多普泰、泓禧科技 6 家，分别为 7.06 亿元、6.55 亿元、5.74 亿元、5.55 亿元、5.43 亿元、5.26 亿元；3 亿 ~5 亿（不含）元的 6 家；1 亿 ~3 亿（不含）元的 17 家；0.5 亿 ~1 亿（不含）元的 15 家；0.1 亿 ~0.5 亿（不含）元的 20 家；0.1 亿元以下的 7 家（见图 3-9）。

从增幅来看，共有 53 家企业的营业收入较 2020 年实现正增长，其中增幅在 100% 及以上的有 4 家，分别是熊猫传媒、瑞普电气、大美游轮、熙成传媒，占 5.33%；20%~100%（不含）的 34 家，占 45.33%；0~20%（不含）的 15 家，占 20.00%；−20%~0（不含）的 12 家，占 16.00%；−20% 以下的 10 家，占 13.33%。

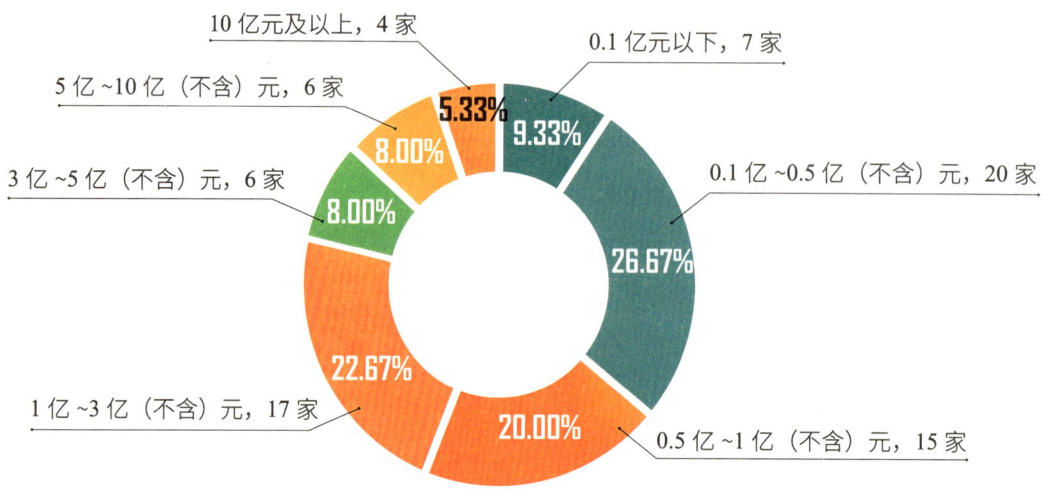

图 3-9　2021 年重庆新三板挂牌企业营业收入分布情况

从排名来看，渝欧跨境、先融期货、旺峰肉业分别以 34.02 亿元、28.90 亿元、15.12 亿元的营业收入位列前 3，瑞普电气、华西易通、瑜欣电子、瑞通精工、中联科技、多普泰、泓禧科技分别排在第 4 至第 10 位（见图 3-10）。

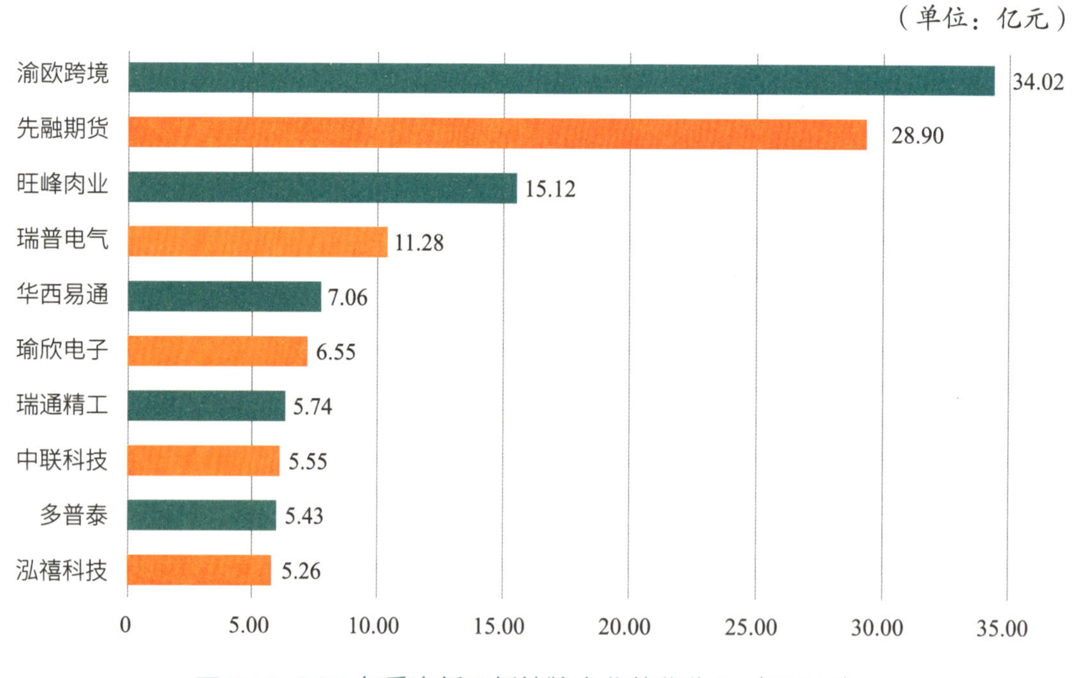

图 3-10　2021 年重庆新三板挂牌企业营业收入（TOP10）

分行业来看，制造业、批发和零售业、金融业分别位列营收前 3。无论是从资产总额还是从营业收入来看，新三板都是制造业企业的“主阵地”。与制造业依靠规模效应不同的是，批发和零售业、金融业的企业数量较少，但营收总额排名稳居前 3。由此看来，新三板作为我国资本市场服务民营中小实体经济的重要阵地，传统行业尤其是消费行业的企业比重较大。

（四）净利润：整体保持快速发展态势

2019—2021 年，重庆新三板挂牌企业中，录得净利润数据的企业数分别为 85 家、84 家、75 家。盈亏情况分别为 58 家盈利、27 家亏损，亏损占 31.76%；56 家盈利、28 家亏损，亏损占 33.33%；55 家盈利、20 家亏损，亏损占 26.67%。随着重庆新三板挂牌企业盈利能力的提高，2021 年亏损企业占比相对减少。

2021 年，在复杂的国际环境和新冠肺炎疫情反复的影响下，重庆新三板挂牌企业中利润头部企业受到冲击，但整体仍然明显增长。录得数据的 75 家企业中，55 家盈利，其中净利润在 5000 万元及以上的企业有 7 家，占 9.33%；3000 万 ~5000 万（不含）元的 3 家，占 4.00%；1000 万 ~3000 万（不含）元的 16 家，占 21.33%；500 万 ~1000 万（不含）元的 7 家，占 9.33%；0~500 万（不含）元的 22 家，占 29.33%（见表 3-7）。

表 3-7 2019—2021 年重庆新三板挂牌企业净利润分布情况

净利润	2021 年		2020 年		2019 年	
	数量（家）	占比（%）	数量（家）	占比（%）	数量（家）	占比（%）
5000 万元及以上	7	9.33	8	9.52	2	2.35
3000 万 ~5000 万（不含）元	3	4.00	4	4.76	7	8.24
1000 万 ~3000 万（不含）元	16	21.33	14	16.67	17	20.00
500 万 ~1000 万（不含）元	7	9.33	10	11.90	7	8.24

续表

净利润	2021 年		2020 年		2019 年	
	数量（家）	占比（%）	数量（家）	占比（%）	数量（家）	占比（%）
0~500 万（不含）元	22	29.33	20	23.81	25	29.41
亏损	20	26.67	28	33.33	27	31.76
总计	75	100.00	84	100.00	85	100.00

2019—2021 年，重庆新三板挂牌企业中公布有相关数据的企业的净利润总额分别是 4.18 亿元、7.19 亿元、9.72 亿元；平均值分别为 491.82 万元、855.94 万元、1296.28 万元；中位数分别为 221.57 万元、339.57 万元、308.40 万元（见图 3-11）。

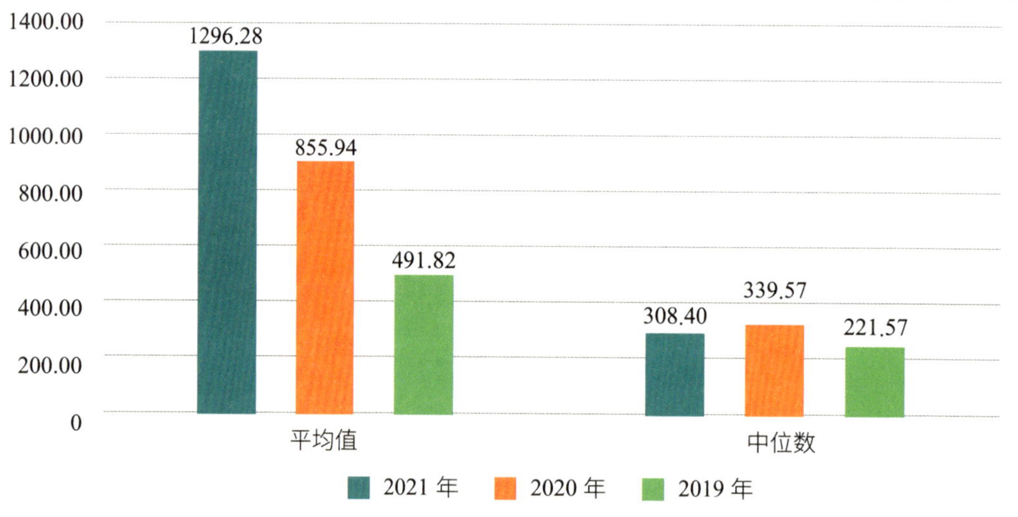

图 3-11 2019—2021 年重庆新三板挂牌企业净利润总体情况

2021 年，纽米科技、ST 越界、渝欧跨境、瑜欣电子、安碧捷 5 家企业净利润较 2020 年均增加 2000 万元以上，分别增加 34908.50 万元、7471.89 万元、2569.62 万元、2401.46 万元、2001.27 万元。

（五）现金净流量：正负企业平分秋色

截至 2021 年年末，录得数据的 75 家企业中，37 家现金净流量为正。其中，1000 万元及以上的有 12 家，占 16.00%；500 万 ~1000 万（不含）元的 5 家，占 6.67%；100 万 ~500 万（不含）元的 9 家，占 12.00%；0~100 万（不含）元的 11 家，占 14.67%。现金净流量为负的有 38 家，占 50.67%（见表 3-8）。

表 3-8 2019—2021 年重庆新三板挂牌企业现金净流量分布情况

现金净流量	2021 年		2020 年		2019 年	
	数量(家)	占比(%)	数量(家)	占比(%)	数量(家)	占比(%)
1000 万元及以上	12	16.00	11	13.10	12	14.12
500 万 ~1000 万（不含）元	5	6.67	4	4.76	7	8.24
100 万 ~500 万（不含）元	9	12.00	17	20.24	17	20.00
0~100 万（不含）元	11	14.67	9	10.71	4	4.71
0 元以下	38	50.67	43	51.19	45	52.94
总计	75	100.00	84	100.00	85	100.00

其中，瑞普电气、渝欧跨境均超过 6000 万元，分别以 6865.46 万元、6159.40 万元位居前 2 位；左岸环境、阿泰可、先融期货、康普化学、神州能源、斯欧信息、瑜欣电子、微标科技分别以 4093.94 万元、3948.54 万元、3476.83 万元、2759.64 万元、2210.40 万元、1917.91 万元、1838.93 万元、1584.16 万元位列第 3 至第 10 位。

四　创新能力

（一）研发费用：总额逐年攀升，平均支出同比增长逾 20%

2019—2021 年，录得研发费用数据的企业分别为 65 家、58 家、52 家，企业数量逐年减少，但研发费用总额逐年攀升，分别为 30958.31 万元、34328.05 万元、39398.26 万元（见表 3-9）。

表 3-9　2019—2021 年重庆新三板挂牌企业研发费用分布情况

（单位：家）

研发费用	2021 年	2020 年	2019 年
超过 1000 万元	13	11	11
500 万 ~1000 万元	14	12	11
100 万 ~500 万（不含）元	22	27	27
低于 100 万元	3	8	16
总计	52	58	65

2021 年，中联科技、瑞普电气、瑜欣电子、讯美科技的研发费用均超过 2000 万元，分别以 3979.72 万元、2777.33 万元、2293.43 万元、2259.98 万元的支出总额位列前 4；泓禧科技、多普泰、和泰润佳、创高股份、旺成科技、荆江半轴分别以 1958.10 万元、1854.77 万元、 1568.21 万元、1417.59 万元、1276.25 万元、1244.35 万元的支出总额位列第 5 至第 10 位（见图 3-12）。

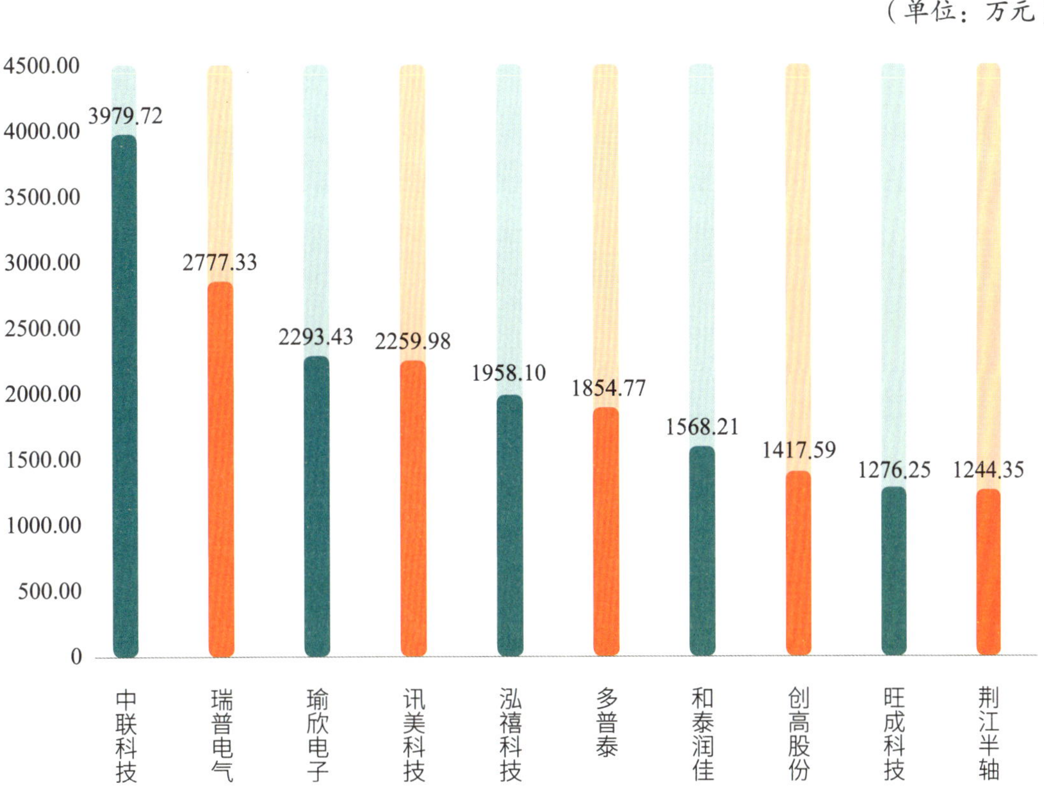

图 3-12 2021 年重庆新三板挂牌企业研发费用支出（TOP10）

整体来看，2019—2021 年重庆新三板挂牌企业的平均研发费用稳定增长，分别为 476.28 万元、591.86 万元、757.66 万元（见图 3-13），2021 年同比增长达 25.60%，三年年均增长率 24.93%。

图 3-13 2019—2021 年重庆新三板挂牌企业平均研发费用

研发费用较高的集中在制造业，水利、环境和公共设施管理业，信息传输、软件和信息技术服务业。以信息传输、软件和信息技术服务业为例，企业的核心竞争力高度依赖技术创新，企业通过加大研发投入为创新赋能。此外，重庆正在建设国家重要先进制造业中心，越来越多的制造业挂牌企业更加注重研发投入，以推动自身的转型升级。

（二）研发费用占营收比重：平均科研投入占比略降

与研发费用总额逐年增长不同，2019—2021 年，研发费用总额占营业收入的平均比重有所降低，分别为 8.22%、7.68%、7.62%。分析认为，这与挂牌企业营业收入的持续较快增长有关。

2021 年，研发费用占比 50% 及以上的有 1 家，10%~50%（不含）的 8 家，5%~10%（不含）的 15 家，1%~5%（不含）的 24 家，0~1%（不含）的 4 家（见表 3-10）。其中，兆光科技、微标科技、软汇科技分别以 59.50 %、34.65 %、33.17% 的占比位列前 3；和航科技、南方数控、讯美科技、安碧捷、欧百特、ST 融通环、安运科技分别以 22.51 %、21.89%、14.07%、12.40%、11.68%、10.92%、9.91% 位列第 4 至第 10 位（见图 3-14）。

表 3-10　2019—2021 年重庆新三板挂牌企业研发费用占营业收入比重分布情况

（单位：家）

研发费用占比	2021 年	2020 年	2019 年
50% 及以上	1	2	1
10%~50%（不含）	8	7	10
5%~10%（不含）	15	20	16
1%~5%（不含）	24	21	26
0~1%（不含）	4	8	12

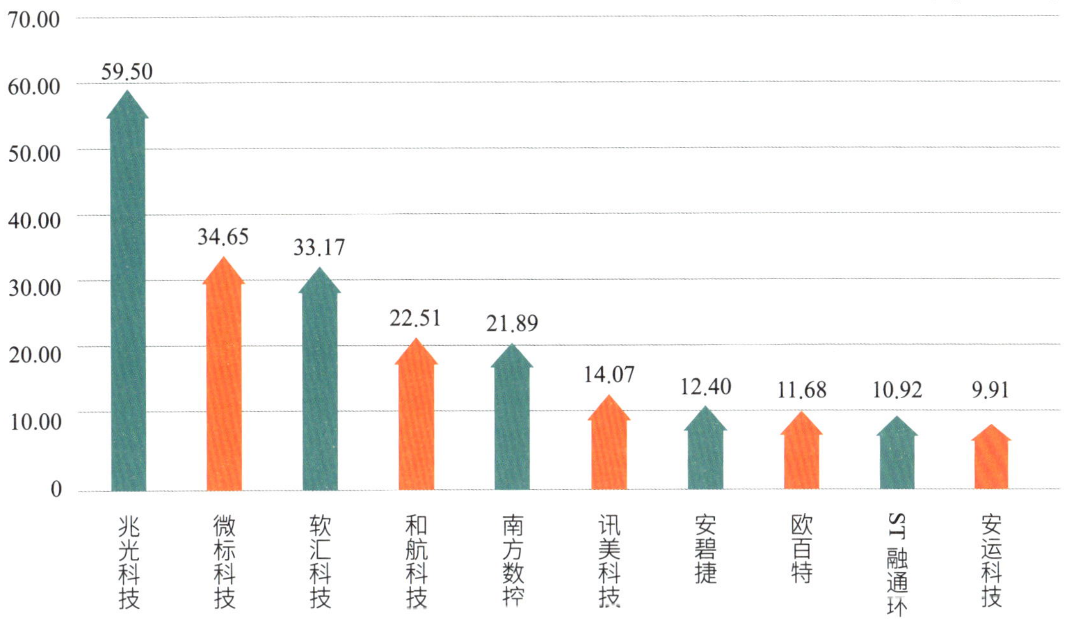

图 3-14 2021 年重庆新三板挂牌企业研发费用占营业收入比重（TOP10）

从整体来看，近 3 年重庆新三板挂牌企业研发费用占比为 0~1%（不含）的企业逐年减少，表明企业越来越重视研发投入。从行业来看，2021 年研发费用占比 TOP10 中的前 6 名均为信息传输、软件和信息技术服务业企业。

（三）人才构成：制造业、金融业高学历人才集中度高

2021 年，录得数据的 75 家企业员工总数为 20120 人，其中本科学历 3829 人，占 19.03%；硕士研究生 284 人，占 1.41%；博士研究生 19 人，占 0.09%（见表 3-11）。

高学历人才主要集中在制造业，金融业，信息传输、软件和信息技术服务业。博士研究生学历人数占比最高的为兆光科技，占 7.69%；ST 昌辉以 2.78% 的占比位居第 2；港力环保、乐邦科技、先融期货分别以 2.76%、2.22%、2.12% 位列第 3 至第 5 位。7 家企业的硕士研究生学历人数占比超过 10%，分别是先融期货 26.98%、四联交通 23.08%、港力环保 17.93%、华茂林业 12.50%、斯欧信息 12.24%、兆光科技 11.54%、高速传媒 10.00%。

表 3-11　2019—2021 年重庆新三板挂牌企业本科及以上学历员工情况

员工学历	2021 年		2020 年		2019 年	
	人数（人）	占比（%）	人数（人）	占比（%）	人数（人）	占比（%）
本科	3829	19.03	3701	19.82	2891	18.10
硕士研究生	284	1.41	315	1.69	306	1.92
博士研究生	19	0.09	18	0.10	17	0.11

注：2019—2021 年员工总数分别为 15968 人、18676 人、20120 人。

董事会秘书是企业的高级管理人员，对企业和董事会负责，是上市公司与证券交易所之间的指定联络人。2021 年，共录得 66 家挂牌企业聘有董事会秘书。其中，高中学历 1 人，占 1.52%；中专 1 人，占 1.52%；大专 18 人，占 27.27%；本科 35 人，占 53.03%；硕士研究生 8 人，占 12.12%；3 家未公布学历，占 4.55%。总体来看，本科学历人数过半，但硕士研究生及以上高学历人才较少（见表 3-12）。

表 3-12　2021 年重庆新三板挂牌企业董事会秘书学历情况

学历	人数（人）	占比（%）
高中	1	1.52
中专	1	1.52
大专	18	27.27
本科	35	53.03
硕士研究生	8	12.12
博士研究生	0	0.00

续表

学历	人数（人）	占比（%）
未公布	3	4.55
总计	66	100.00

（四）技术人员占比：2 家超 80%，比例分布基本稳定

2021 年，录得数据的 72 家企业中，技术人员占比 50% 及以上的有 13 家，占 18.06%；20%~50%（不含）的 22 家，占 30.56%；10%~20%（不含）的 27 家，占 37.50%；0~10%（不含）的 10 家，占 13.89%（见表 3-13）。

表 3-13 2021 年重庆新三板挂牌企业技术人员占比分布情况

技术人员占比	数量（家）	占比（%）
50% 及以上	13	18.06
20%~50%（不含）	22	30.56
10%~20%（不含）	27	37.50
0~10%（不含）	10	13.89
总计	72	100.00

从排名来看，讯美科技、港力环保分别以 88.70%、82.76% 位列前 2，黑山谷、泽众园林、兆光科技、软汇科技、创高股份、斯欧信息、微标科技、安运科技分别以 69.62%、69.00%、61.54%、61.11%、60.14%、55.10%、53.44%、51.35% 位居第 3 至第 10 位（见图 3-15）。

从行业分布来看，与研发费用占营业收入比重情况类似，技术人员占比前 10 的企业中有 6 家为信息传输、软件和信息技术服务业企业，其技术人员占比均超 50%。

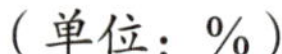

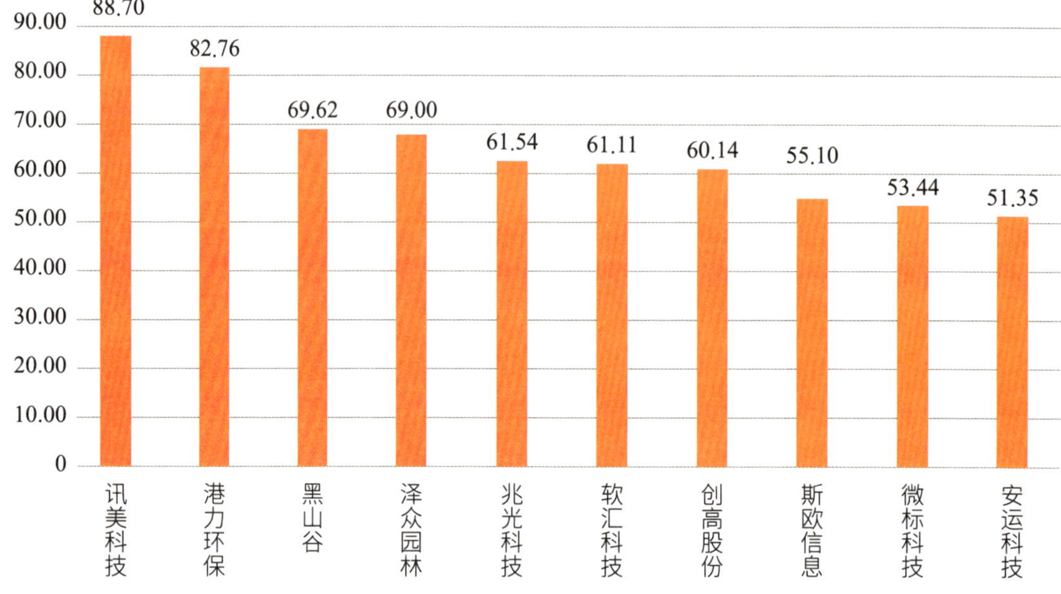

图 3-15　2021 年重庆新三板挂牌企业技术人员占比（TOP10）

专业型人才是企业的“知识资本”。整体来看，以关键人才支撑企业信息化、智能化和高质量发展的战略性新兴产业挂牌企业拥有较高的技术人员占比。在全球竞争格局下，重庆新三板挂牌企业人力资源结构升级已成为企业发展的关键。

五　资本市场利用情况

（一）融资情况：募集资金多数用于补充流动性

2021 年，新三板定向发行制度改革在支持中小企业融资方面逐步发力。11 月 12 日，《全国中小企业股份转让系统股票定向发行业务指南》发布，明确了定向发行适用范围及业务办理要求、业务流程等多个方面，进一步满足了新三板挂牌企业的差异化融资需求。

2021 年，重庆共 5 家企业进行增发募资，募集资金总额 5633.82 万元，多用于补充流动资金（见表 3-14）。

表 3-14 2021 年重庆新三板挂牌企业定向发行股票募资情况

公告日期	挂牌企业	拟定向发行股票数（万股）	增发募集资金（万元）	发行目的
2021-08-30	阿泰可	350.00	2800.00	补充流动资金，偿还部分银行贷款
2021-04-21	瑞普电气	500.00	1000.00	补充流动资金
2021-02-26	华西易通	450.00	841.36	补充流动资金
2021-10-14	中联科技	72.21	537.96	补充流动资金
2021-01-27	大正仪表	101.00	454.50	归还银行贷款

（二）并购重组：3 起重组顺利完成

2021 年，共发生 4 起并购重组交易，交易总价值 915 万元。其中有 3 起重组顺利完成，即紫翔生物出售沐兰环保 51% 股权；重交再生出售贵州重交 51% 股权、收购荣昌重交 15% 股权。1 起处于董事会预案阶段，为 ST 昌辉收购渝晨时光 20% 股权（见表 3-15）。

表 3-15 2021 年重庆新三板挂牌企业并购重组交易一览

挂牌企业	披露日期	参与方角色	重组进度	重组事件	重组形式	交易股份占比	交易总价值（万元）
紫翔生物	2021-05-12	出让方	完成	出售沐兰环保 51% 股权	协议收购	51%	0
重交再生	2021-04-20	出让方	完成	出售贵州重交 51% 股权	协议收购	51%	100
		竞买方		收购荣昌重交 15% 股权		15%	815
ST 昌辉	2021-01-13	竞买方	董事会预案	收购渝晨时光 20% 股权	协议收购	20%	0

营运能力

（一）运营运作：资产利用率高，固定资产周转率最高破 4000

1. 总资产周转率

总资产周转率是企业销售收入与固定资产净值的比率，主要用于分析固定资产的利用效率。比率越高，表明资产利用率越高，管理水平越好，一般，企业的标准为 0.80 次。

2021 年，录得数据的 76 家企业中， 1.00 次及以上的有 22 家，占 28.94%，这部分企业销售能力强，资产投资的效益比较高；0.80~1.00（不含）次的 12 家，占 15.79%；0.50~0.80（不含）次的 21 家，占 27.63%；0.10~0.50（不含）次的 18 家，占 23.68%；0.10 次以下的 3 家，占 3.95%（见表 3-16）。中位数为 0.74 次。

表 3-16 2021 年重庆新三板挂牌企业总资产周转率情况

总资产周转率	数量（家）	占比（%）
1.00 次及以上	22	28.94
0.80~1.00（不含）次	12	15.79
0.50~0.80（不含）次	21	27.63
0.10~0.50（不含）次	18	23.68
0.10 次以下	3	3.95
总计	76	100.00

其中，旺峰肉业以3.39次排名第1；渝欧跨境、紫翔生物分别以3.28次、2.04次排在第2、第3位；渝都传媒、ST昌辉、瑞普电气、旭德教育、左岸环境、泓禧科技、乐邦科技则分别以1.94次、1.78次、1.75次、1.57次、1.51次、1.50次、1.48次排在第4至第10位（见图3-16）。

（单位：次）

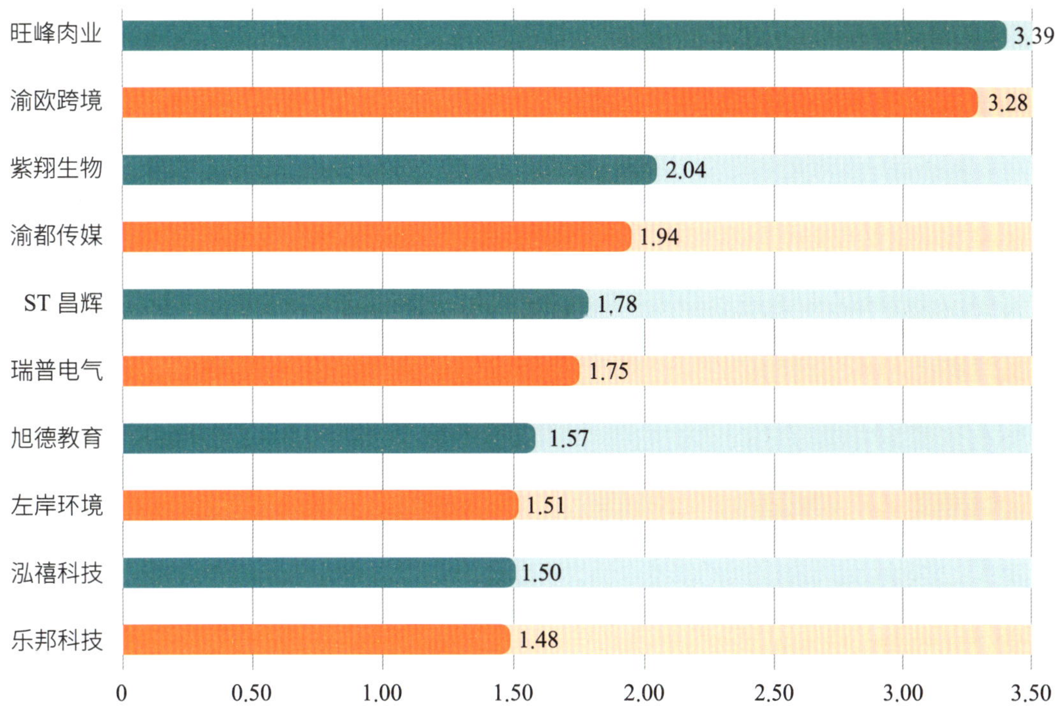

图3-16 2021年重庆新三板挂牌企业总资产周转率（TOP10）

旺峰肉业总资产周转率较高，与其行业属性有一定关联，其营业收入高但总资产相对较低。纽米科技、先融期货等一些总资产规模排名前列的挂牌企业，总资产周转率排名却相对靠后，表明在同一报告期内，其营业收入与庞大的资产规模相比仍有一定差距。

2. 流动资产周转率

2021年，录得数据的75家企业中，流动资产周转率2.00次及以上的有13家，占17.33%；1.50~2.00（不含）次的11家，占14.67%；1.00~1.50（不含）次的24家，占32.00%；1.00次以下的27家，占36.00%（见表3-17）。平均值为1.38次，中位数为1.27次。

表 3-17 2021 年重庆新三板挂牌企业流动资产周转率分布情况

流动资产周转率	数量（家）	占比（%）
2.00 次及以上	13	17.33
1.50~2.00（不含）次	11	14.67
1.00~1.50（不含）次	24	32.00
1.00 次以下	27	36.00
总计	75	100.00

其中，红岭医疗以 4.34 次稳居第 1；大美游轮、旺峰肉业、渝欧跨境分别以 3.98 次、3.63 次、3.35 次位列第 2 至第 4 位；紫翔生物、ST 昌辉、安碧捷、瑞普电气、渝都传媒、瑞通精工分别位列第 5 至第 10 位（见图 3-17）。

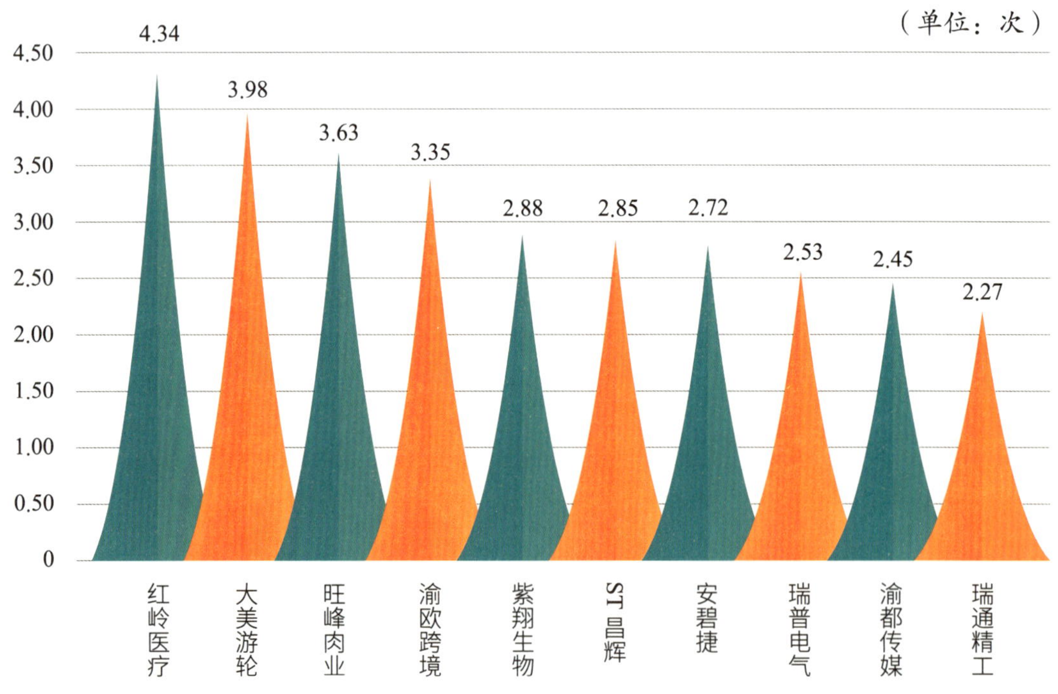

图 3-17 2021 重庆新三板挂牌企业流动资产周转率（TOP10）

整体来看，重庆新三板挂牌企业中高流动资产周转率的企业占比不高。流动资产周转率较高的企业，其主营业务收入净额增长较快，且流动资产利用充分。

3. 应收账款周转率

应收账款周转率能体现企业对应收账款的管理水平，是反映企业应收账款周转速度的指标。2021 年，录得数据的 75 家企业中，10.00 次及以上的有 9 家，占 12.00%；5.00~10.00（不含）次的 18 家，占 24.00%；1.00~5.00（不含）次的 44 家，占 58.67%；1.00 次以下的 4 家，占 5.33%（见表 3-18）。平均值为 17.17 次，中位数为 3.74 次。

表 3-18 2021 年重庆新三板挂牌企业应收账款周转率分布情况

应收账款周转率	数量（家）	占比（%）
10.00 次及以上	9	12.00
5.00~10.00（不含）次	18	24.00
1.00~5.00（不含）次	44	58.67
1.00 次以下	4	5.33
总计	75	100.00

其中，有 2 家企业的应收账款周转率超过 100.00 次，旭德教育、安运科技分别以 719.77 次、107.40 次位列前 2 位；大美游轮、渝欧跨境、安碧捷、红岭医疗、神州能源、华西人防、南方数控、联发科技分别位列第 3 至第 10 位（见表 3-19）。

整体来看，重庆新三板挂牌企业应收账款周转率较高，账款回收能力较强，资产流动性和偿债能力较好。

表 3-19　2021 年重庆新三板挂牌企业应收账款周转率（TOP10）

排名	挂牌企业	应收账款周转率（次）
1	旭德教育	719.77
2	安运科技	107.40
3	大美游轮	95.23
4	渝欧跨境	42.81
5	安碧捷	28.93
6	红岭医疗	15.51
7	神州能源	12.19
8	华西人防	11.97
9	南方数控	10.34
10	联发科技	9.59

4. 固定资产周转率

固定资产周转率代表了企业对资产的利用情况。2021 年，录得数据的 75 家企业中，固定资产周转率在 100.00 次及以上的有 7 家，占 9.33%；20.00~100.00（不含）次的 10 家，占 13.33%；10.00~20.00（不含）次的 15 家，占 20.00%；1.00~10.00（不含）次的 35 家，占 46.67%；1.00 次以下的 8 家，占 10.67%（见表 3-20）。平均值为 103.02 次，中位数为 5.76 次。

其中，固定资产周转率超过 1000.00 次的有 2 家，为软汇科技、渝欧跨境，分别以 4215.22 次、1771.64 次位列前 2 位。超过 100.00 次、不足 1000.00 次的有 5 家，为先融期货、乐邦科技、斯欧信息、讯美科技、旺峰肉业，分别以 352.55 次、242.95 次、203.82 次、149.82 次、125.08 次位居第 3 至第 7 位。大地生态、立信数据、软岛科技分别位列第 8 至第 10 位（见图 3-18）。

表 3-20 2021 年重庆新三板挂牌企业固定资产周转率分布情况

固定资产周转率	数量（家）	占比（%）
100.00 次及以上	7	9.33
20.00~100.00（不含）次	10	13.33
10.00~20.00（不含）次	15	20.00
1.00~10.00（不含）次	35	46.67
1.00 次以下	8	10.67
总计	75	100.00

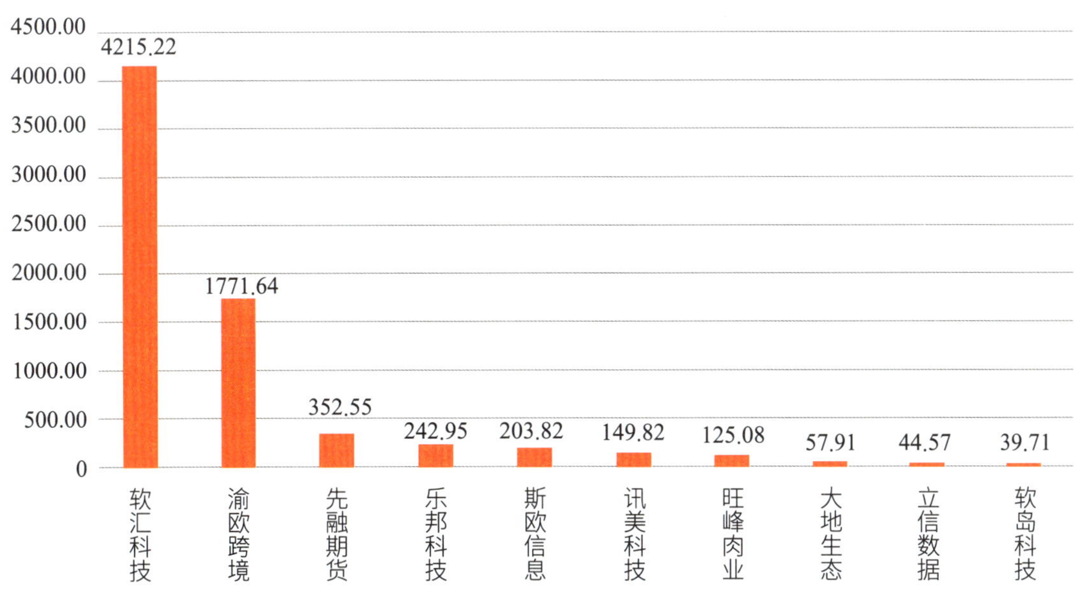

图 3-18 2021 年重庆新三板挂牌企业固定资产周转率（TOP10）

整体来看，重庆新三板挂牌企业对固定资产的使用效率较高，资产的投入结构较为合理。

（二）盈利能力：近三成 ROA 超 10%，近六成人均创收超 50 万元

1. 总资产净利率（ROA）

总资产净利率反映了公司运用总资产获得利润收入的能力。2019—2021 年，录得该项数据的企业分别有 85 家、84 家、75 家，平均值分别为 0.43%、1.28%、0.72%；中位数分别为 3.10%、2.71%、2.70%。

2021 年，75 家企业中，总资产净利率为正的有 55 家，其中，10% 及以上的 21 家，占 28.00%；4%~10%（不含）的 10 家，占 13.33%；1%~4%（不含）的 16 家，占 21.33%；0~1%（不含）的 8 家，占 10.67%；20 家为负，占 26.67%（见表 3-21）。

表 3-21 2019—2021 年重庆新三板挂牌企业总资产净利率分布情况

总资产净利率	2021 年		2020 年		2019 年	
	数量（家）	占比（%）	数量（家）	占比（%）	数量（家）	占比（%）
10% 及以上	21	28.00	22	26.19	15	17.65
4%~10%（不含）	10	13.33	13	15.48	24	28.24
1%~4%（不含）	16	21.33	18	21.43	13	15.29
0~1%（不含）	8	10.67	3	3.57	6	7.06
小于 0	20	26.67	28	33.33	27	31.76
总计	75	100.00	84	100.00	85	100.00

其中，左岸环境以 24.65% 的总资产净利率成为资本利用效率最高、单位资本盈利能力最强的挂牌企业；紫翔生物、聚能股份、旭德教育、康普化学、新申新材、安运科技、渝都传媒、中联科技、四联交通分别以 23.41%、22.04%、19.74%、18.61%、18.41%、17.69%、17.00%、14.72%、14.10% 位列第 2 至第 10 位（见图 3-19）。

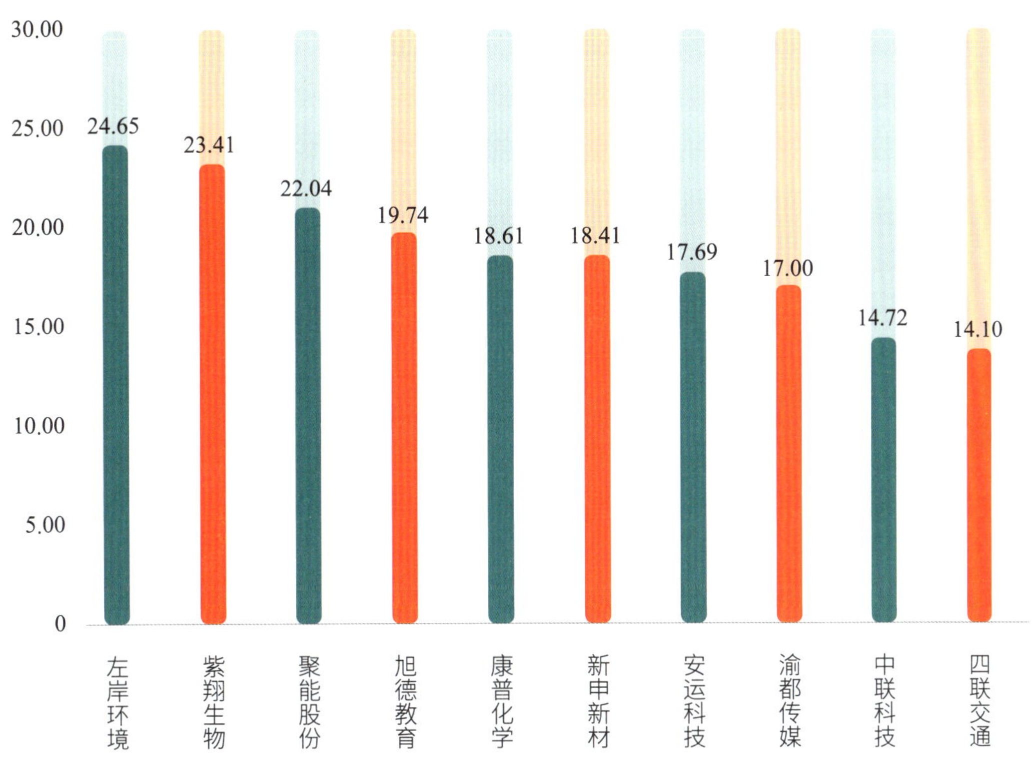

图 3-19 2021 年重庆新三板挂牌企业总资产净利率（TOP10）

整体来看，重庆新三板挂牌企业总资产净利率主要集中在 10% 及以上。2021 年总资产净利率为负值的企业数量和占比均比 2020 年减少，中位数、平均值等指标增减绝对值不大，企业总体分布结构稳定。

2. 净资产收益率（ROE）

净资产收益率水平反映了企业现有权益水平获取利润的能力，是投资者对比行业一般水平进行收益率水平考量的重要指标。

2019—2021 年，录得该项数据的企业分别有 83 家、82 家、74 家，净资产收益率平均值分别为 5.17%、4.79%、6.19%，中位数分别为 7.08%、6.02%、5.84%（见图 3-20）。

2021 年，共有 55 家重庆新三板挂牌企业的净资产收益率为正。其中，20% 及以上的有 21 家，占 28.38%；10%~20%（不含）的 9 家，占 12.16%；5%~10%（不含）的 10 家，占 13.51%；0~5%（不含）的 15 家，占 20.27%。净资产收益率为负的有 19 家，占 25.68%（见表 3-22）。

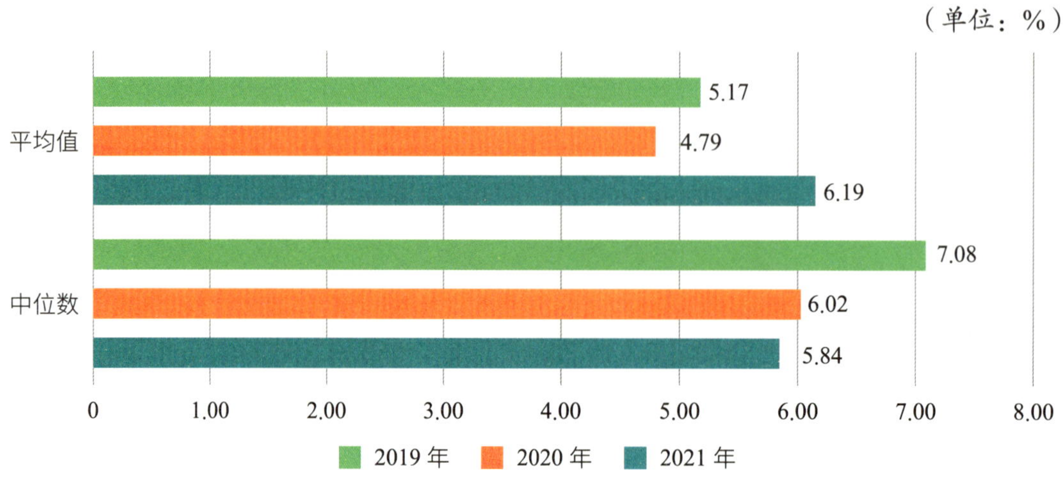

图 3-20　2019—2021 年重庆新三板挂牌企业净资产收益率情况

表 3-22　2019—2021 年重庆新三板挂牌企业净资产收益率分布情况

净资产收益率	2021 年		2020 年		2019 年	
	数量（家）	占比（%）	数量（家）	占比（%）	数量（家）	占比（%）
20% 及以上	21	28.38	20	24.39	18	21.69
10%~20%（不含）	9	12.16	14	17.07	15	18.07
5%~10%（不含）	10	13.51	12	14.63	12	14.46
0~5%（不含）	15	20.27	10	12.20	13	15.66
0 以下	19	25.68	26	31.71	25	30.12
总计	74	100.00	82	100.00	83	100.00

从排名来看，纽米科技、渝都传媒排名前 2，净资产收益率均超过 50%；沃克斯、巨创计量、新申新材、旭德教育分别排在第 3 至第 6 位，净资产收益率均超过 40%。渝欧跨境、软岛科技、左岸环境、紫翔生物分别以 39.31%、36.63%、33.75%、33.43 % 位列第 7 至第 10 位（见图 3-21）。

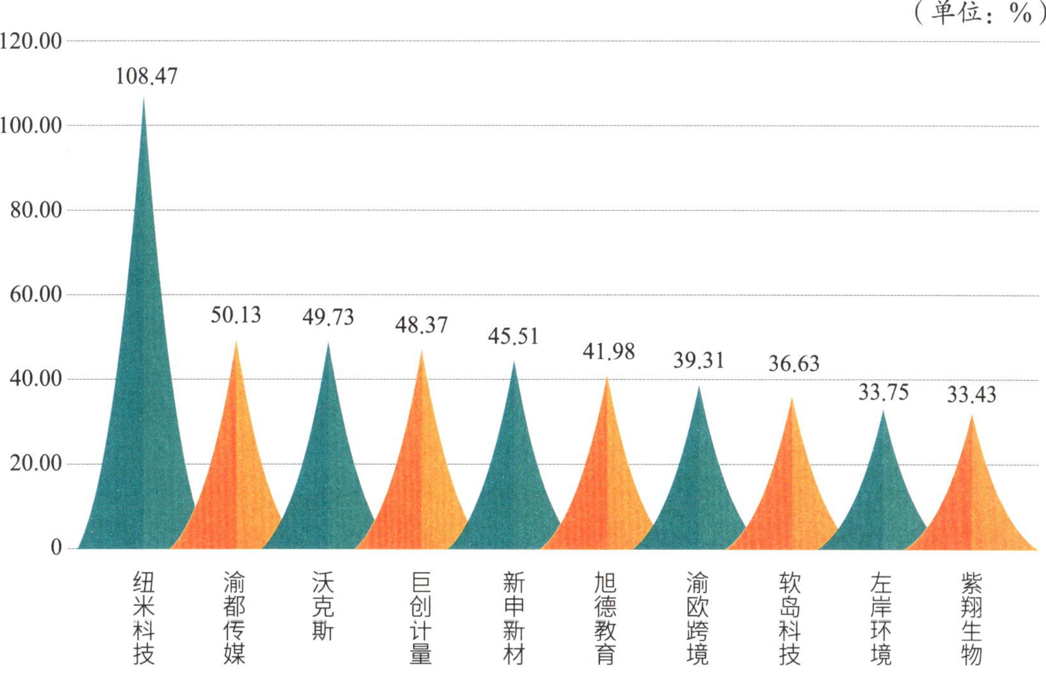

图 3-21 2021 年重庆新三板挂牌企业净资产收益率（TOP10）

其中，ST 融通环、南方数控、安碧捷、荆江半轴、黑山谷、立信数据、先融期货等 19 家企业的净资产收益率为负值。

总体来看，2021 年，净资产收益率在 20% 以上的企业维持增长态势，头部企业之间的净资产收益率差距较小，结构更加稳定。

3. 人均创收

2019—2021 年，录得该项数据的企业分别有 82 家、82 家、75 家。

2021 年，人均创收在 1000 万元及以上的有 1 家，占 1.33%； 300 万 ~1000 万（不含）元的 7 家，占 9.33%；100 万 ~300 万（不含）元的 12 家，占 16.00%；50 万 ~100 万（不含）元的 22 家，占 29.33%；50 万元以下的 33 家，占 44.00%。

其中，先融期货以 1529.34 万元位列第 1，也是人均创收唯一突破千万元的重庆新三板挂牌企业，旺峰肉业、渝欧跨境分别以 690.19 万元、640.72 万元位列第 2、第 3 位；第 4 至第 10 位分别是四联交通 500.78 万元、大地生态 474.60 万元、高速传媒 450.51 万元、瑞普电气 349.35 万元、华西易通 345.89 万元、熊猫传媒 278.83 万元、沃克斯 193.16 万元（见图 3-22）。

（单位：万元）

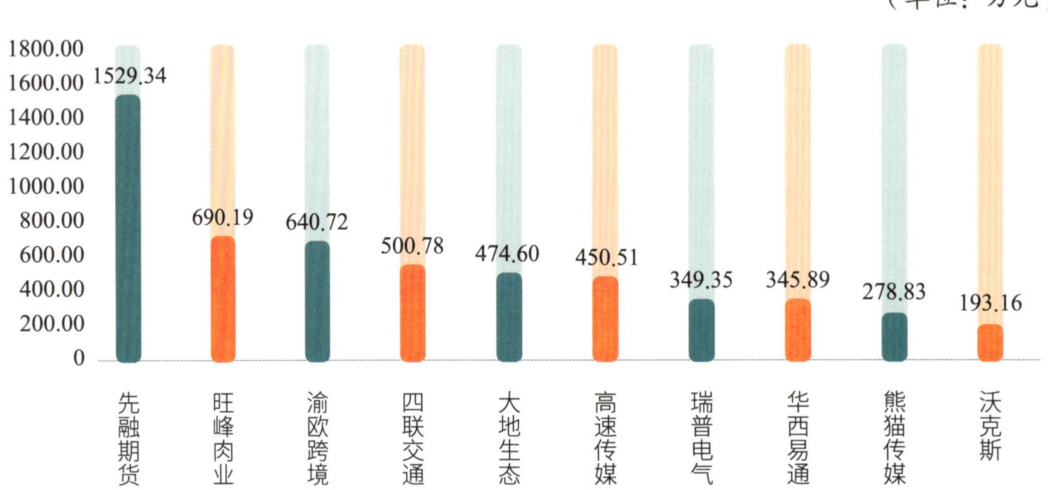

图 3-22 2021 年重庆新三板挂牌企业人均创收（TOP10）

总体来看，2019—2021 年重庆新三板挂牌企业人均创收占比最大的区间为 50 万元以下，平均值和中位数变动幅度较小，整体趋稳（见图 3-23）。2021 年，有 48 家企业的人均创收实现增长，人均创收能力整体可观。

（单位：万元）

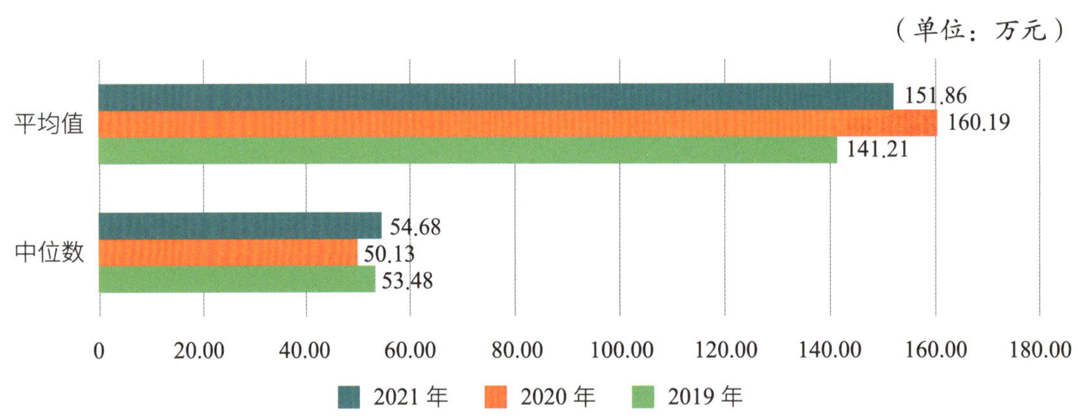

图 3-23 2019—2021 年重庆新三板挂牌企业人均创收规模情况

4. 人均创利

2019—2021 年，录得该项数据的企业分别有 82 家、82 家、75 家。

2021 年，55 家企业的人均创利为正，其中 100 万元及以上的 1 家，占 1.33%；40 万 ~100 万（不含）元的 1 家，占 1.33%；10 万 ~40 万（不含）元的 13 家，占 17.33%；0~10 万（不含）元的 40 家，占 53.33%；人均创利为负的有 20 家，占 26.67%（见表 3-23）。主要集中在 0~10 万（不含）元，平均值为 3.38 万元，中位数为 2.60 万元。

表 3-23 2019—2021 年重庆新三板挂牌企业人均创利规模情况

人均创利规模	2021 年		2020 年		2019 年	
	数量(家)	占比(%)	数量(家)	占比(%)	数量(家)	占比(%)
100 万元及以上	1	1.33	2	2.44	2	2.44
40 万 ~100 万(不含)元	1	1.33	0	0.00	0	0.00
10 万 ~40 万(不含)元	13	17.33	15	18.29	12	14.63
0~10 万(不含)元	40	53.33	37	45.12	41	50.00
负数	20	26.67	28	34.15	27	32.93
总计	75	100.00	82	100.00	82	100.00

其中，四联交通、高速传媒、纽米科技分别以 167.65 万元、73.31 万元、37.51 万元成为人均创利最高的 3 家企业。沃克斯、康普化学、渝欧跨境、聚融集团、新申新材、华茂林业、聚能股份分别排在第 4 至第 10 位（见图 3-24）。

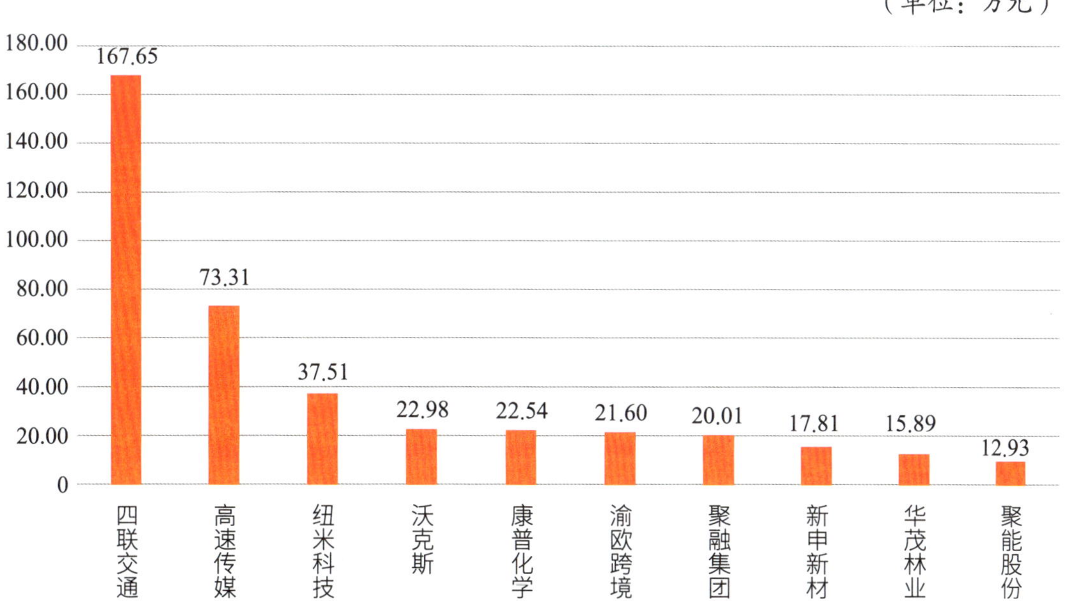

图 3-24 2021 年重庆新三板挂牌企业人均创利（TOP10）

总体来看，近 3 年，有 16 家企业的人均创利连续 2 年增长，14 家企业连续 2 年降低，多数企业经过 2020 年的巨幅波动后人均创利总体保持增长态势，且结构分布趋向稳定。

（三）偿债能力：带息债务规模不大，长短期偿债能力充足

1. 带息债务

2019—2021 年，录得该项数据的企业分别有 85 家、84 家、75 家。

2021 年，带息负债金额在 5 亿元及以上的有 1 家，占 1.33%；1 亿 ~5 亿（不含）元的 7 家，占 9.33%；5000 万 ~1 亿（不含）元的 8 家，占 10.67%；1000 万 ~5000 万（不含）元的 26 家，占 34.67%；低于 1000 万元的 33 家（其中 8 家无带息债务），占 44.00%（见表 3-24）。

表 3-24　2019—2021 年重庆新三板挂牌企业带息负债情况

带息负债金额	2021 年		2020 年		2019 年	
	数量（家）	占比（%）	数量（家）	占比（%）	数量（家）	占比（%）
5 亿元及以上	1	1.33	1	1.19	1	1.18
1 亿 ~5 亿（不含）元	7	9.33	9	10.71	8	9.41
5000 万 ~1 亿（不含）元	8	10.67	7	8.33	6	7.06
1000 万 ~5000 万（不含）元	26	34.67	31	36.90	28	32.94
1000 万元以下	33	44.00	36	42.86	42	49.41
总计	75	100.00	84	100.00	85	100.00

其中，2021 年，带息负债金额最高且超过 5 亿元的企业为先融期货，这与其为金融业的行业属性相关；无带息债务的 8 家企业分别为必安必恒、熙成传媒、黑山谷、华茂林业、乐邦科技、纽米科技、巨创计量、沃克斯。

总体来看，近 3 年重庆新三板企业的带息债务分布变化幅度较小，但带息债务在 5000 万元以下的企业占比持续偏高。

2. 短期偿债能力（流动比率和速动比率）

2021 年年末，共录得 74 家企业的流动比率和速动比率数据。其中，流动比率在 3 及以上的有 9 家，占 12.16%；2~3（不含）的 9 家，占 12.16%；1~2（不含）的 43 家，占 58.11%；1 以下的 13 家，占 17.57%（见表 3-25）。平均值为 2.05，中位数为 1.72。

从速动比率来看，在 3 及以上的有 7 家，占 9.46%；2~3（不含）的 4 家，占 5.41%；1~2（不含）的 34 家，占 45.95%；1 以下的 29 家，占 39.19%（见表 3-26）。74 家挂牌企业的速动比率的平均值为 1.67，中位数为 1.40。

表 3-25 2021 年重庆新三板挂牌企业流动比率分布情况

流动比率	数量（家）	占比（%）
3 及以上	9	12.16
2~3（不含）	9	12.16
1~2（不含）	43	58.11
1 以下	13	17.57
总计	74	100.00

表 3-26 2021 年重庆新三板挂牌企业速动比率分布情况

速动比率	数量（家）	占比（%）
3 及以上	7	9.46
2~3（不含）	4	5.41
1~2（不含）	34	45.95
1 以下	29	39.19
总计	74	100.00

整体来看，租赁和商务服务业，水利、环境和公共设施管理业，批发和零售业，信息传输、软件和信息技术服务业4个行业的流动比率平均值均高于2，分别为3.61、3.08、3.05、2.08。速动比率方面，除上述4个行业外，制造业，交通运输、仓储和邮政业，建筑业3个行业的速动比率平均值也高于1。

3. 长期偿债能力（资产负债率和产权比率）

2021年，录得数据的75家企业中资产负债率在60%及以上的有26家，占34.67%；50%~60%（不含）的13家，占17.33%；30%~50%（不含）的27家，占36.00%；30%以下的9家，占12.00%（见表3-27）。平均值为55.99%，中位数为51.82%（见图3-25）。综合来看，重庆新三板挂牌企业的资产负债率水平整体较为适宜，长期偿债能力较强。

表3-27 2019—2021年重庆新三板挂牌企业资产负债率分布情况

资产负债率	2021年		2020年		2019年	
	数量（家）	占比（%）	数量（家）	占比（%）	数量（家）	占比（%）
60%及以上	26	34.67	28	33.33	26	30.59
50%~60%（不含）	13	17.33	17	20.24	16	18.82
30%~50%（不含）	27	36.00	27	32.14	28	32.94
30%以下	9	12.00	12	14.29	15	17.65
总计	75	100.00	84	100.00	85	100.00

分行业看，资产负债率较高的企业集中在制造业，信息传输、软件和信息技术服务业。就制造业而言，主要与其对流动资产需求较多，受新冠肺炎疫情影响融资渠道受阻有关。信息传输、软件和信息技术服务业资产负债率较高，主要因为近年来科技型中小企业的融资渠道得到疏通，外部债务融资难度下降，获贷能力加强；同时受行业属性影响，其研发费用占运营成本的比重较大，故债务融资比率提高。

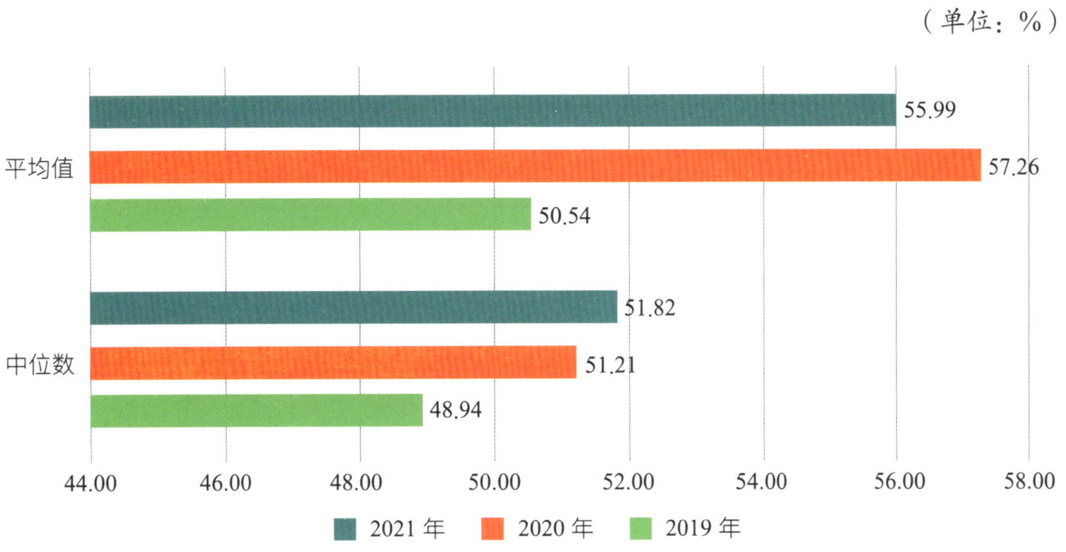

图 3-25 2019—2021 年重庆新三板挂牌企业资产负债率整体情况

从产权比率来看，75 家企业中，资产负债率排名前 10 的企业的产权比率也基本靠前。具体来看，产权比率在 2 及以上的有 16 家，1~2（不含）的 22 家，低于 1 的 37 家。平均值为 1.75，中位数为 1.02（见图 3-26）。综合来看，重庆挂牌企业的产权比率基本维持在适宜水平，长期偿债能力较强，财务结构基本稳定。

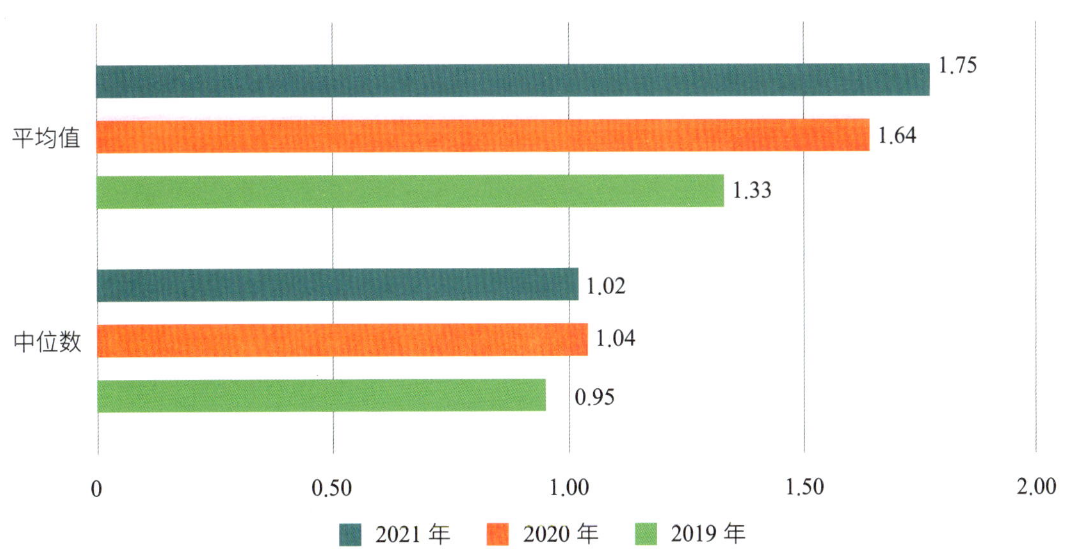

图 3-26 2019—2021 年重庆新三板挂牌企业产权比率整体情况

七 公司治理

（一）股权集中度：平均值达到控股水平，结构稳定

2021 年，85 家新三板挂牌企业中，第一大股东持股比例在 70% 及以上的有 20 家，占 23.53%；50%~70%（不含）的 27 家，占 31.76%；30%~50%（不含）的 28 家，占 32.94%；30% 以下的 10 家，占 11.76%（见表 3-28）。平均值为 53.91%，中位数为 51.00%。

表 3-28 2021 年重庆新三板挂牌企业第一大股东持股比例分布情况

第一大股东持股比例	数量（家）	占比（%）
70% 及以上	20	23.53
50%~70%（不含）	27	31.76
30%~50%（不含）	28	32.94
30% 以下	10	11.76
总计	85	100.00

其中，申高制药、重庆康旅、高速传媒、讯美科技、南方数控的第一大股东持股比例较高，均超过 90%。其次是兆光科技、瑞普电气、诺趣股份、旺成科技、黑山谷，分别排在第 6 至第 10 位。

从第一大股东控股能力（第二大股东持股比例 / 第一大股东持股比例）来看，10% 以下的有 14 家，占 16.47%；10%~30%（不含）的 21 家，占 24.71%；30%~50%（不含）的 14 家，占 16.47%；50%~70%（不含）的 20 家，占 23.53%；70% 及以上的 16 家，占 18.82%。平均值为 41.75%，中位数为 39.86%。第一大股东控股能力前三的为申高制药、重庆康旅、高速传媒（见表 3-29）。

整体而言，重庆新三板挂牌企业第一大股东控股能力较强，企业结构较为稳定。

表 3-29 2021 年重庆新三板挂牌企业第一大股东控股能力（TOP10）

排名	挂牌企业	第一大股东控股能力（%）
1	申高制药	0.71
2	重庆康旅	2.04
3	高速传媒	3.10
4	风平股份	3.98
5	ST 东河	4.14
6	讯美科技	4.74
7	南方数控	4.83
8	纽米科技	5.76
9	瑞普电气	6.11
10	ST 融通环	6.30

（二）股东权益：12 家企业分红，最高超 1 亿元

1. 年度累计分红总额

2021 年，查询到 19 家企业公布年度分红实施方案，涉及年度累计现金分红总额 39423.67 万元。其中，中联科技分红最高，为 23676.09 万元；神州能源 3594.75 万元，排名第 2；新申新材 2000.00 万元，排名第 3。1000 万 ~2000 万（不含）元的有 4 家；500 万 ~1000 万（不含）元的有 4 家；500 万元以下的 7 家（见表 3-30）。此外，康普化学除进行现金分红外，还以每 10 股送 3 股的方式，赠送 1716.75 万股；欧百特以每 10 股送 2.7 股的方式，送股 615.49 万股。中联科技除现金分红外，分两次以每 10 股转 28 股、每 10 股转 10 股的方式，分别涉及转增 2202.76 万股、3061.66 万股；牧尚股份分两次以每 10 股转 1 股、每 10 股转 2 股的方式，分别涉及转增 161.70 万股、355.74 万股。

表 3-30 2021 年重庆新三板挂牌企业年度累计分红一览

序号	企业名称	报告期	方案说明	基准股本（万股）	年度累计现金分红总额（万元）
1	中联科技	2021-06-30	每 10 股派 137.5000 元（含税）转 28 股	786.70	23676.09
		2021-12-31	每 10 股派 42.0000 元（含税）转 10 股	3061.66	
2	神州能源	2021-06-30	每 10 股派 2.0000 元（含税）	5135.36	3594.75
		2021-12-31	每 10 股派 5.0000 元（含税）	5135.36	
3	新申新材	2021-12-31	每 10 股派 10.0000 元（含税）	2000.00	2000.00
4	左岸环境	2021-09-30	每 10 股派 5.0000 元（含税）	3020.00	1812.00
		2021-12-31	每 10 股派 1.0000 元（含税）	3020.00	
5	康普化学	2021-12-31	每 10 股派 3.0000 元（含税）送 3 股	5722.50	1716.75
6	聚能股份	2021-12-31	每 10 股派 2.6000 元（含税）	5000.00	1300.00
7	沃克斯	2021-06-30	每 10 股派 2.5000 元（含税）	1245.00	1182.75
		2021-12-31	每 10 股派 7.0000 元（含税）	1245.00	
8	瑞通精工	2021-12-31	每 10 股派 1.0000 元（含税）	7000.00	700.00
9	阿泰可	2021-12-31	每 10 股派 2.0000 元（含税）	3328.45	665.69
10	四联交通	2021-12-31	每 10 股派 1.7900 元（含税）	3000.00	537.00
11	安运科技	2021-06-30	每 10 股派 1.0000 元（含税）	5118.50	511.85
12	紫翔生物	2021-06-30	每 10 股派 3.0000 元（含税）	1585.00	475.50
13	熊猫雷笋	2021-06-30	每 10 股派 0.7000 元（含税）	4311.15	300.01
14	黑山谷	2021-06-30	每 10 股派 0.6800 元（含税）	4300.00	292.40
15	港力环保	2021-06-30	每 10 股派 0.6000 元（含税）	4333.00	259.98
16	大正仪表	2021-12-31	每 10 股派 1.0000 元（含税）	1680.00	168.00
17	旭德教育	2021-06-30	每 10 股派 1.8000 元（含税）	727.20	130.90
18	牧尚股份	2021-06-30	每 10 股派 0.6184 元（含税）转 1 股	1617.00	100.00
		2021-09-30	每 10 股转 2 股	1778.70	
19	欧百特	2021-12-31	每 10 股送 2.7 股	2279.60	—

2. 近 3 年累计分红占比

2019—2021 年，累计分红占比在 100% 及以上的有 15 家，50%~100%（不含）的 13 家，30%~50%（不含）的 1 家。截至 2021 年年末，录得数据的 75 家新三板挂牌企业中有 29 家 3 年累计分红占比超过了 30%。其中，先融期货、新申新材、沃克斯以 381.31%、360.80%、322.74% 的分红占比位列前 3（见表 3-31）。这些企业均达到上市公司再融资“最近 3 年以现金方式累计分配的利润不少于最近 3 年实现的年均可分配利润的 30%”的门槛。

表 3-31 重庆新三板挂牌企业 3 年累计分红占比超 30% 企业一览

序号	挂牌企业	近 3 年累计分红占比（%）	序号	挂牌企业	近 3 年累计分红占比（%）
1	先融期货	381.31	16	泓禧科技	96.72
2	新申新材	360.80	17	大地生态	96.38
3	沃克斯	322.74	18	四联交通	87.11
4	安运科技	290.40	19	康普化学	84.26
5	梦赛力士	240.82	20	旺峰肉业	79.52
6	神州能源	223.48	21	左岸环境	77.10
7	高速传媒	222.65	22	紫翔生物	73.70
8	中联科技	206.89	23	聚融集团	71.46
9	瑞通精工	204.38	24	旭德教育	69.55
10	聚能股份	200.77	25	瑜欣电子	65.92
11	多普泰	191.16	26	瑞普电气	62.94
12	华西易通	177.41	27	大正仪表	62.81
13	立信数据	149.50	28	阿泰可	53.34
14	多邦科技	130.69	29	港力环保	34.13
15	旺成科技	126.15			

国际化程度

海外业务收入："小巨人"企业海外业务拓展能力持续提升

2021 年，重庆新三板挂牌企业中，共 5 家有海外业务收入，总额 22226.82 万元。

具体来看，瑜欣电子以 12678.69 万元排名第 1，海外业务收入占营收比例为 19.36%；鸿全兴业以 8633.98 万元位列第 2，占营收比例高达 91.96%；泓禧科技、荆江半轴、纽米科技分别以 850.47 万元、53.07 万元、10.61 万元排在第 3 至第 5 位（见表 3-32）。

表 3-32　2020—2021 年重庆新三板挂牌企业海外业务收入情况一览

挂牌企业	2021 年		2020 年	
	收入总额（万元）	占营收比（%）	收入总额（万元）	占营收比（%）
瑜欣电子	12678.69	19.36	5044.88	12.55
鸿全兴业	8633.98	91.96	10707.00	97.48
泓禧科技	850.47	1.62	160.10	0.37
荆江半轴	53.07	0.30	12.86	0.06
纽米科技	10.61	0.04	32.54	0.21

从海外收入增幅来看，瑜欣电子、泓禧科技、荆江半轴的海外收入实现了不同程度的增长。其中，瑜欣电子海外业务收入占总营业收入的比重从 12.55% 增长到 19.58%；泓禧科技从 0.37% 增长到 1.62%；荆江半轴从 0.06% 增长到 0.30%。瑜欣电子、泓禧科技为专精特新"小巨人"企业，瑜欣电子的通用汽油机点火器在全球市场占有率排名第 1。

九 综合贡献

（一）带动就业：就业人数保持增长态势

截至 2021 年年末，85 家企业总员工人数为 20120 人。其中，左岸环境、泓禧科技、中联科技分别以 2606 人、1938 人、1391 人排名前 3，瑜欣电子、旺成科技、多普泰、渝欧跨境、荆江半轴、讯美科技、瑞通精工分别位列第 4 至第 10 位。

总体来看，2021 年重庆新三板挂牌企业员工总数保持增长势态，50 人及以上的企业超七成，员工总数超过 200 人的企业增多（见表 3-33）。增员背后，是重庆新三板挂牌企业向好的发展势态。

表 3-33 2020—2021 年重庆新三板挂牌企业员工总数分布情况

员工总数	2021 年		2020 年	
	数量（家）	占比（%）	数量（家）	占比（%）
1000 人及以上	4	4.71	3	3.53
200~1000（不含）人	28	32.94	26	30.59
50~200（不含）人	31	36.47	36	42.35
50 人以下	22	25.88	20	23.53
总计	85	100.00	85	100.00

（二）税收贡献：纳税总额超 6 亿元

2021 年，录得该项数据的企业有 73 家，共支付各项税费总额 6.03 亿元，与 2020 年的 5.53 亿元相比，增长 9.04%。

其中，中联科技以 8492.50 万元排名第 1；多普泰、先融期货、华西易通、创高股份、聚融集团、渝欧跨境、瑜欣电子、大地生态、左岸环境分别以 7284.65 万元、4454.22 万元、3084.08 万元、2502.51 万元、2427.38 万元、2281.53 万元、1896.30 万元、1756.89 万元、1730.58 万元排在第 2 至第 10 位（见图 3-27）。

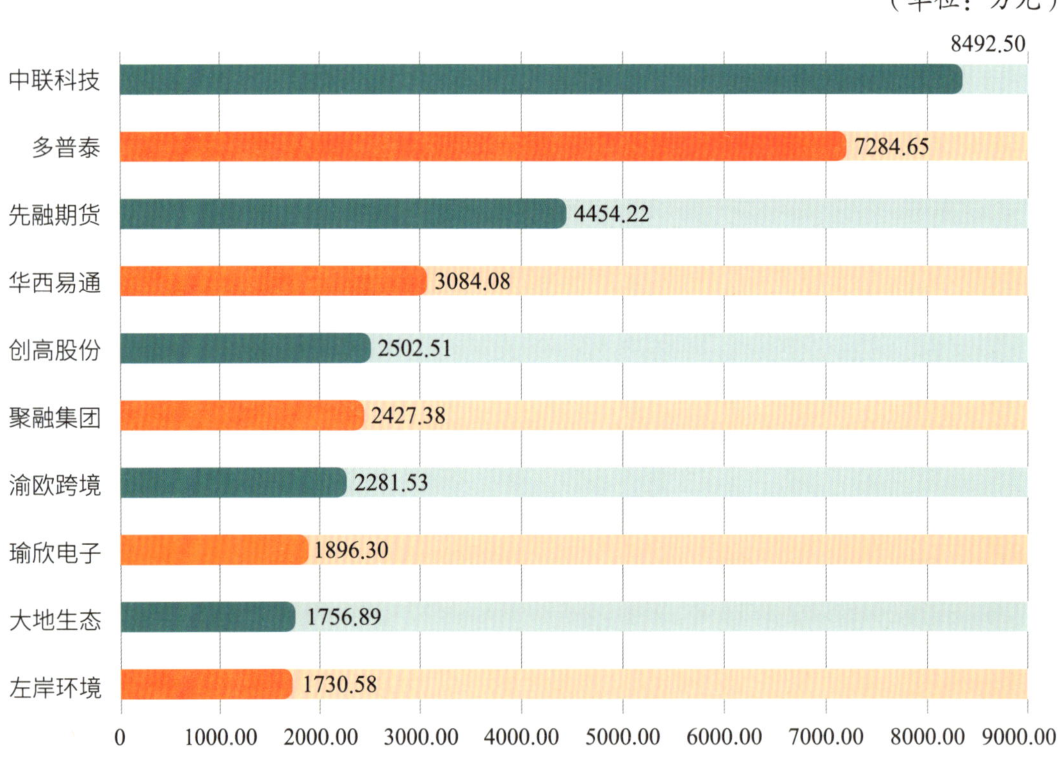

图 3-27 2021 年重庆新三板挂牌企业支付税额（TOP10）

从分布区间来看，支付税费 5000 万元及以上的有 2 家，占 2.74%；1000 万 ~5000 万（不含）元的有 14 家，占 19.18%；500 万 ~1000 万（不含）元的 15 家，占 20.55%；100 万 ~500 万（不含）元的 22 家，占 30.14%；100 万元以下的 20 家，占 27.40%。

第四章
服务上市公司情况

重庆上市公司协会、重庆市注册会计师协会、重庆市律师协会、券商保荐机构、会计师事务所、律师事务所等自律组织和专业服务机构充分发挥自律管理和专业把关作用，成为推动企业上市工作、维护证券市场秩序、促进资本市场高质量发展的重要力量。

一 自律组织服务情况

（一）重庆上市公司协会

提高上市公司质量是推动资本市场健康发展的内在要求，也是新时代加快完善社会主义市场经济体制的重要内容。《国务院关于进一步提高上市公司质量的意见》对提高上市公司质量作出了系统性、针对性的部署安排，明确提出要充分发挥上市公司协会自律管理作用。作为中国证券监督管理委员会重庆监管局（简称“重庆证监局”）指导、重庆市民政局监督管理的上市公司区域性自律组织，重庆上市公司协会（简称“上市公司协会”）始终坚守“服务、自律、规范、提高”指导方针，把大力推动提高上市公司质量放在突出位置，践行服务理念，引导会员单位规范运作，提高公司治理水平，促进重庆上市公司高质量发展和资本市场体系完善与成熟。截至2021年年末，上市公司协会共有会员单位75家，其中，上市公司62家（含H股1家），拟上市公司4家，中介机构9家。

1. 上市公司协会发展情况

上市公司协会践行服务理念，打造上市公司服务平台，维护会员单位合法权益，引导上市公司规范运作，推动上市公司持续健康发展。

一是健全规章制度。根据重庆证监局及市民政局的要求，上市公司协会对相关制度建立情况进行自查，新增和修订了多项制度，对上市公司协会章程进行了修订和完善。

二是优化上市公司协会组织结构。为加强行业自律管理能力，上市公司协会成立了董秘和财务总监专业委员会，不断提高协会服务会员单位的专业水平。

三是提升信息整合能力。建立健全上市公司协会网站、微信公众号等信息平台，确保信息、资讯及时推送，更好地实现了即时沟通和信息共享，为上市公司的运营和发展提供了参考。

四是加强行业沟通交流。拓展并借助优质资源，加强与各地方上市公司协会、咨询机构、高校的沟通交流，在培训师资、联办活动等方面实现资源共享，努力提高服务水平，为会员单位赋能。

五是引导会员单位积极履行社会责任。发布《助力乡村振兴倡议书》，倡导会员单位积极履行社会责任，服务国家战略，推动乡村振兴。截至 2021 年年末，39 家上市公司开展乡村振兴工作，累计投入资金 2.3 亿元。同时，积极组织上市公司参与国家乡村振兴局综合司组织的巩固拓展脱贫攻坚成果和乡村振兴典型案例征集活动，报送典型案例，为巩固拓展脱贫攻坚成果同乡村振兴提供参考。

2. 服务上市公司情况

2021 年，上市公司协会在重庆证监局的指导下，切实发挥行业自律管理作用，推动提高上市公司质量。

（1）以高质量党建促高质量发展

推荐辖区民营上市公司参加中国上市公司协会（简称“中上协”）组织的民营上市公司党建优秀案例征集活动。积极做好宣传工作，持续通过上市公司协会内刊《重庆资本市场》及官方微信公众号宣传推广优秀党建工作经验，让上市公司互学互鉴，以高质量党建引领公司高质量发展。

（2）强化政策解读及培训

做好与监管部门、中上协的对接工作，及时传达、宣贯监管政策；组织辖区上市公司通过观看录播视频课程，学习《中华人民共和国刑法修正案（十一）》，59 家上市公司、300 余人次完成学习；通过加强上市公司协会微信公众号管理，推送“监管政策”“投资者保护”等文章 70 余篇。组织董监高及实际控制人开展公司治理专题培训、上市公司业绩说明会专题培训、债券培训会、上市公司董监高培训会、资本市场培育活动（西部专场），持续开展辖区上市公司、拟上市公司培训，邀请中国证监会、中上协、其他监管部门、交易所及中介机构的专家，对会员单位关键少数进行培训，引导其注重提升自身治理水平。

（3）强化会员单位服务与交流

一方面，“走出去”调研交流，倾听会员单位声音。组织上市公司积极参与监管部门、中上协发起的“募集资金”“应收账款”“虚假新闻”等调研活动，走访上市公司，了解企业经营情况、诉求、意见与建议；践行“我为群众办实事”要求，帮助协调解决上市公司遇到的困难；此外，联合四川省上市公司协会举办川渝医药生物行业交流活动，组织会员单位代表赴成都交流学习。另一方面，发挥桥梁纽带作用，搭建平台推动“坐下来”交流。邀请上市公司代表就上市公司再融资经验和举办业绩说明会最佳实践经验进行分享；举办上市公司风险防范交流会，对上市公司董监高履职风险防范进行解读；出版内部刊物《重庆资本市场》6期，同时通过微信公众号发布会员动态；推荐会员单位参加“金牌董秘”“民营上市公司优秀案例”等评选活动，形成互学互鉴、互帮互助的良好氛围，提升重庆上市公司在全国资本市场上的影响力。

（4）做好投资者保护教育工作

发布《关于促进重庆辖区资本市场投资者教育和保护工作的倡议书》《召开业绩说明会的倡议》及《致重庆辖区投资者的一封信》，号召上市公司加强投资者关系管理工作和提升信息披露透明度，尊重投资者、敬畏投资者、保护投资者。组织上市公司开展“股东来了”“世界投资者周”等活动，推动上市公司加强投资者关系管理工作。持续开展投资者关系管理情况自律评价工作，对业绩说明会召开情况进行实时跟踪并记录。倡导上市公司完善现金分红机制，建立多元化投资者回报体系，积极回报投资者。

（二）重庆市注册会计师协会

在中国注册会计师协会和重庆市财政局的正确领导和有关各方的支持帮助下，重庆注册会计师行业规模适度扩大，服务范围有序拓展，在维护资本市场秩序和社会公众利益、提升会计信息质量和经济效率等方面发挥了重要作用。重庆市注册会计师协会（简称“注册会计师协会”）作为全市注册会计师行业的自律性社会团体，通过加强行业党建、开展行业监管、引导业务拓展、助推企业发展等，持续推动重庆资本市场高质量发展。截至2021年年末，全市共有会计师事务所142家，注册会计师2179人，从业人员4037人，行业实现收入160254.30万元，较上年增加17043.51万元，同比增长11.9%。

2022年国务院《政府工作报告》提出，全面实行股票发行注册制，促进资本市场平稳健康发展。随着全面注册制改革的深入推进，作为资本市场的“守门人”，注册会计师的作用越发凸显。同时，资本市场的加快发展对注册会计师行业的服务质量、诚信度和服务范围提出了更高要求。

1. 注册会计师协会发展情况

按照“服务、监督、管理、协调”的宗旨，协会建立健全行业自律监管体制和运行机制，监督会员遵守职业道德守则和执业准则，依法实施注册会计师行业管理，协调行业内外部关系，维护公众利益和会员合法权益，促进行业科学发展。

（1）发挥自律作用，规范行业发展

一是与财政部重庆监管局、重庆市财政局签署《注册会计师行业和资产评估行业联合监管合作备忘录》，在财会监督信息互通共享，重点行业、重点领域联合调研、监督加强合作方面形成合力，提升监管质效。二是发布《关于在审计中关注持续经营能力的风险提示函》《关于产业扶持资金补贴审计的风险提示函》，警示执业风险。三是邀请重庆市财政局、重庆证监局、高校等单位，结合国家政策法规，举办财政预算绩效评价、证券业务、破产业务、司法评估等专题培训 7 期，培训注册会计师 2949 人次、审计助理人员 1127 人次。

（2）发挥桥梁作用，引导业务拓展

一是制定出台《重庆市注册会计师行业发展规划（2021—2025 年）》，要求积极研发推广专业服务产品，紧紧围绕国有企业改制重组、资本市场改革的需要，提升行业专业服务的价值；积极拓展并购重组、破产业务等非传统审计业务。二是开展业务报备信息分析、行业财务分析工作，为事务所分析自身业务结构、制定业务转型战略提供指引。三是开展行业鼓励政策评审工作，推选拓展业务领域项目 6 项，为涉及新业务领域的优秀项目举办行业推介会。

（3）发挥智库作用，助推企业发展

一是参与《重庆上市公司发展报告（2021）》的编撰工作，展示会计师事务所在服务重庆企业上市、推动上市公司高质量发展中的积极作用。二是组织课题研究，为行业提供技术参考。组织“区县投融资平台企业发展路径研究”“会计师事务所在企业破产过程中的主要业务研究及实施框架”等课题结题并向行业发布、分享研究成果。三是发布《重庆市注册会计师行业、资产评估行业专业技术咨询信息选编（2015 年 —2021 年）》，为解决会计专业技术咨询问题提供有益参考。

2. 服务企业上市和上市公司情况

截至 2021 年年末，重庆市从事证券服务的特殊普通合伙制会计师事务所共 26 家，有注册会计师 806 人、从业人员 3055 人；实现业务收入 103323.10 万元，收入占行业总收入的 64.47%，业务收入同比增长 13.13%，占比同比增长 0.69%。这些事务所为上市公司提供 IPO 审计、年报审计、中期财务报表审计、内部控制审计、预测性财务信息审核等鉴证服务，为政府及其职能部门提供管理咨询等，为上市公司、拟上市公司的财务状况把关，为重庆经济高质量发展，特别是资本市场的培育与发展做出了重要贡献。

近期，我们对上述 26 家事务所进行了问卷调查，从获得的有效数据来看，截至 2021 年年末，共服务上市公司、拟上市公司等各类企业 83 家、项目 87 个，业务总收入达 14564.63 万元，同比增长 7.69%，占有效反馈数据事务所总收入 的 16.22%。

近 3 年来，获得有效反馈数据的特殊普通合伙制事务所服务上市公司首发募集资金逐年增加，服务的通过资本市场融资（IPO 除外）的企业数不断增多，服务的地区范围进一步扩大。

服务上市公司首发募资方面：2019 年，3 家会计师事务所服务 IPO 过会 5 家，其中 A 股市场 3 家、港交所 2 家，共计募集资金 23.18 亿元。2020 年，4 家会计师事务所服务 IPO 过会 7 家，其中 A 股市场 4 家、新三板 2 家（现转板北交所）、港交所 1 家，共计募集资金 58.88 亿元。2021 年，5 家事务所服务 IPO 过会 6 家，分别为四方新材（605122.SH）、三羊马（001317.SZ）、雷尔伟（301016.SZ）、华锐精密（688059.SH）、时代电气（688187.SH）、中设咨询（833873.BJ），共计募集资金 101.94 亿元（见表 4-1）。

表 4-1　近 3 年有效反馈数据的特殊普通合伙制会计师事务所服务资本市场情况

年份	服务 IPO 过会数量（家）	首发募集资金额（亿元）	服务的通过资本市场融资（IPO 除外）的企业数量（家）
2019	5	23.18	50
2020	7	58.88	54
2021	6	101.94	58

融资、发行债券、并购重组方面：2019 年，有效反馈数据的事务所服务 50 家企业实现融资，服务范围不仅包括重庆、四川、贵州等西部省市，还包括山东、福建等东部地区。2020 年，服务 54 家企业实现融资，服务范围进一步扩大，新增云南、深圳等地区的企业。2021 年，服务 58 家企业实现融资。

服务拟上市公司方面：2021 年，7 家事务所为 19 家拟上市公司服务，拟上市板块包括主板、创业板、科创板、北交所及港交所。

自身发展方面：2021 年，有效反馈数据的事务所实现业务收入 89794.09 万元。其中，审计业务 76653.11 万元，包括财务报表审计 47101.58 万元、专项审计 29551.53 万元；非审计业务 13140.98 万元，包括管理咨询 8419.08 万元、会计服务 155.77 万元、其他 4566.13 万元（见表 4-2）。

表 4-2 2021 年有效反馈数据的特殊普通合伙制会计师事务所收入情况

业务分类		规模（万元）	同比增长（%）
审计业务	总计	76653.11	10.07
	财务报表审计	47101.58	8.92
	专项审计	29551.53	11.95
非审计业务	总计	13140.98	26.69
	管理咨询	8419.08	40.42
	会计服务	155.77	36.35
	其他	4566.13	7.13

（三）重庆市律师协会

律师事务所与券商、会计师事务所等专业服务机构一样，是证券专业服务机构之一，对资本市场的法治建设及建设规范、透明、开放、有活力、有韧性的资本市场有重要促进作用。

1. 律师协会基本情况

重庆市律师协会（简称“律师协会”）是由重庆市律师和律师事务所组成的社会团体法人，是地方性的律师自律组织，依法对重庆律师行业实施管理。

2021 年年末，全市律师达到 14580 人，较 2020 年增长 8.88%。万人律师比为 4.55。全市律师事务所 922 家，其中 100 人以上律师事务所达到 15 家。

2021 年，律师协会团结带领广大律师积极在服务高质量发展、高品质生活、高水平治理中担当作为。全市律师行业办理诉讼案件和提供非诉讼法律服务 25.2 万件，较上年增长 38.32%；为 2.26 万家企业担任法律顾问，较上年增长 7.62%；服务总产值 51.3 亿元，同比增长 22.45%，切实为促进经济社会发展、保障人民群众合法权益做出了积极贡献。

在企业合规管理方面，推动律师积极参与企业合规管理。一方面，帮助企业识别合规风险，发现合规问题。另一方面，针对企业合规风险识别中发现的问题及漏洞帮助企业建立合规的经营管理制度，帮助企业建立规范有序、运行有效的防范、监控、应对风险的合规体系。此外，助力企业加强合规文化建设，针对性地开展合规培训与指导，将合规理念渗透并融入企业经营的各个环节，增强员工参与、支持合规管理工作的自觉性、主动性。

在参政议政方面，积极支持律师中的“两代表一委员”发挥履职建言作用，全国人大代表韩德云律师作为重庆代表团一员，与其他代表共同提出了关于设立重庆金融法院的议案。《全国人民代表大会常务委员会关于设立成渝金融法院的决定》发布，全国第三家专门的金融法院落地重庆，助力西部金融中心建设。

在依法治市方面，指导公职律师和法律顾问律师认真做好党政机关重大决策合法性审查、行政执法、行政复议、行政诉讼等工作。成立“律师专家咨询团”，为政府重大行政决策制定、重大复杂事项办理等提供咨询、论证、合法性审查等专业法律服务。参与服务重大决策、重大行政行为 3400 余件，参与起草、论证法律法规规章、党内法规和规范性文件 2600 余件，办理信访案件 2500 余件，有效促进了依法决策、依法执政、依法行政、依法办事。

在优化营商环境方面，成立市律师协会营商环境研究中心，为打造一流营商环境提供智力支持。持续深入实施“黄桷树计划”“凤凰计划”和“扬帆计划”，推动企业迈入资本市场和走出去发展。与各级工商业联合会（商会）点对点联系合作，建立“万所联万会”精准服务民企机制，常态化开展法治体检、法治宣讲、律师园区行等活动，帮助民营企业反映诉求、权益维护、纠纷调解等，为企业提供法律咨询、政策解读、法治体检、管理咨询、合规建设、风险评估、矛盾纠纷化解等服务，切实保障民营经济健康发展。

在提升服务水准方面，协同重庆市高级人民法院（简称“市高院”）制定发布《立案实务指南》和《民商事案件管辖指引》，从全市层面统一立案与管辖标准；联合重庆市第四中级人民法院创新推出《立案实务指引》，推进立案标准化、规范化建设；联合重庆仲裁委员会制定发布《律师办理国内商事仲裁法律业务操作指引（试行）》，进一步提高律师办理国内商事仲裁法律业务的能力和服务质量；制定发布《关于律师办理有限责任公司变更为股份有限公司业务指引》《法律检索报告制作指引》《类案检索报告制作指引》《法律意见书制作指引》等系列业务指引，为律师高质量办理公司及资本市场业务提供清晰指南和明确指导。

2. 服务企业上市和上市公司情况

一是针对企业上市前的股份制改造及公司并购的法律服务发布业务指引。发布《关于律师办理有限责任公司变更为股份有限公司业务指引》，对律师办理股份制改造业务的工作原则、准备工作、建档规范、服务内容清单、实施阶段工作、尽职调查要点等进行明确，也对股份制改造的前期规划、进场前期准备、进场工作的具体工作内容进行了清单式说明，成为推动企业改制上市的法律服务参考工具。发布《关于律师办理公司并购业务指引》，对并购概念、并购方式、并购程序及与并购相关的法律服务工作进行介绍，提高律师承办公司并购业务的服务质量和服务水平，规范律师相关执业行为，降低律师从事并购业务的执业风险。

二是深入实施企业上市辅导“黄桷树计划”。成立资本市场专家律师服务团，加强与主管部门、行业协会商会和专业机构的联系与合作，做好目标企业调研和名录库建设，深入重庆股份转让中心、重庆公路物流基地建设有限公司等相关行业企业，开展专项培训辅导和对接等活动 141 场次，覆盖企业 3900 余家，帮助企业了解上市的目的意义、基本条件和程序要求，提升企业治理能力水平，实现更好发展。定向邀请 2 家省市级以上“专精特新”或“小巨人”等优质企业、10 余家境内外知名投资机构和银行代表，展开点对点个案式深度交流，充分发挥律师引导作用，探索开展以资本市场为导向的法律服务，助推企业积极参与资本市场。2021 年，重庆律师行业帮助瑜欣电子、三羊马等多家渝企成功 IPO，走向资本市场。

三是开展内容丰富的资本市场业务研讨活动。重庆市律师协会资本市场与证券专业委员会联合多家律所，围绕“从 IPO 审核视角谈意向上市企业的为与不为及网络安全、数据合规与个人信息保护”“北交所上市业务实务”“资本市场改革热点要点解读”“企业赴香港上市”等话题，开展多场专业研讨活动。同时，为响应成渝地区双城经济圈建设，促进川渝两地金融证券法律服务机构合作交流，重庆市律师协会资本市场与证券专业委员会同四川省律师协会金融证券专业委员会建立战略合作机制，联合举办第四届“四川律师金融实务论坛”。

四是构建资本市场专业律师培训体系。开设“公司金融（非诉）”系列线上课程，以《中华人民共和国公司法》（简称《公司法》）为蓝本，从公司治理、私募股权融资、再融资及并购重组等板块切入，通过在线直播培训的方式举办线上课程培训。注重青年律师资本市场专业服务培养，组建“千名青年律师领军人才库”，举办青年律师成长沙龙，以提升青年律师资本市场服务的职业素养和执业技能。

二 专业服务机构服务情况

在为上市公司、拟上市公司、资本市场服务的过程中，重庆涌现出一大批具有代表性的专业服务机构。

（一）券商保荐机构

1. 安信证券股份有限公司

安信证券股份有限公司（简称“安信证券”）成立于 2006 年 8 月，并先后于 2006 年 9 月、12 月以市场化方式收购了原广东证券、中国科技证券和中关村证券的证券类资产，是全国第六家注册资本超百亿元的券商。公司股东为国家开发投资集团有限公司旗下的国投资本股份有限公司（600061.SH）和上海毅胜投资有限公司。总部设于深圳，在北京、上海、广州、汕头、佛山等地设立 47 家分公司，在 27 个省级行政区设有 326 家证券营业部。公司全资控股安信国际金融控股有限公司、国投安信期货有限公司、安信乾宏投资有限公司、安信证券投资有限公司、安信证券资产管理有限公司，参股安信基金管理有限责任公司等。

2009—2018 年，安信证券在证券行业分类评级中连续 10 年获 A 类 A 级以上评级，2020 年及 2021 年公司连获 A 类 AA 级评级（券商最高评级）。凭借总部及分公司的地理优势，安信证券与京、沪、深对应交易所沟通顺畅，IPO 业务一直位居行业第一梯队。2021 年，安信证券投行部门帮助 21 家企业完成 IPO 融资（过会率 100%），过会数市场排名第 6；在北交所方面，2021 年保荐 5 家企业过会并成功上市，市场排名第 1，执业质量排名第 1；新三板方面，作为首批布局新三板业务的券商之一，安信证券已累计完成新三板挂牌企业约 700 家，市场排名前 3。先后助力渝企金科地产集团股份有限公司借壳 ST 东源登陆深交所，重庆建峰化工股份有限公司与重庆医药股份有限公司完成重大资产重组暨关联交易事项。

秉承“为客户、为股东、为员工、为社会”的经营理念，安信证券稳健经营，合规运作，不断提升专业能力，履行社会责任，力争成为中国最具市场价值和核心竞争力、广受尊敬的一流资本市场服务商。

案例 1　A 股证券市场再融资新规下头部医药上市公司合作项目

2022 年 4 月 6 日晚间，上海医药（601607.SH，02607.HK）发布《关于非公开发行股票发行情况的提示性公告》，指出 2021 年非公开发行 A 股股票项目的发行承销总结及相关文件已经中国证券监督管理委员会备案通过。根据发行方案，上海医药向云南白药（000538.SZ）及关联方上海潭东企业咨询服务有限公司合计发行约 8.53 亿股 A 股股票，共募集资金约 139.75 亿元。

安信证券作为本次项目的独家保荐机构和牵头主承销商，在此次定增项目中承销份额约 120 亿元，占比约 86%。在成功促成双方战略合作意向后，安信证券团队协助上海医药制定了非公开发行 A 股暨引入云南白药作为战略投资者的方案建议书，并对方案的可行性和实施要点进行了详细的专业论证，获得了双方的认同。本项目自首次协助双方论证至发行实施完成共历时 18 个月，成为 A 股证券市场再融资新规下通过资本运作实现的头部医药上市公司合作的示范性项目，实现了 A 股市场融资额最大的战投定增项目、医药行业上市公司有史以来融资额最大的股权再融资项目、A 股市场医药行业上市公司中首单成功引入战略投资者的定价定增案例、A 股市场首单 A+H 股上市公司成功引入战略投资者的定增案例 4 项突破。

项目成功推动双方战略规划协调互补、共同发展，也促进大型医药产业集团持续创新发展、提升国际竞争力和影响力。

案例 2　科创板首批过会企业微芯生物 IPO 保荐

2019 年 7 月，由安信证券担任保荐机构的深圳微芯生物科技股份有限公司（简称“微芯生物”）科创板 IPO 注册获得证监会同意，成为上交所科创板首批过会企业。

2019 年 8 月，微芯生物在科创板上市，发行数量为 5000 万股，发行价格为 20.43 元 / 股，对应发行市盈率为 467.51 倍，网下投资者认购数量达 530.58 倍。共募集资金 10.22 亿元，扣除发行费用后的募集资金净额为 9.45 亿元，分别用于“创新药研发中心和区域总部项目”“创新药生产基地项目”“营销网络建设项目”“偿还银行贷款项目”“创新药研发项目”“补充流动资金”。上市首日，微芯生物开盘创下最高点，报 125.00 元 / 股，涨幅达 511.85%。

2. 国信证券股份有限公司

国信证券股份有限公司（简称“国信证券”）的前身是 1994 年 6 月 30 日成立的深圳国投证券有限公司。经过 20 多年的发展，国信证券已成长为全国性大型综合类证券公司：截至 2022 年 9 月末，注册资本 96.12 亿元；员工总数超过 1.2 万人；在全国 117 个城市和地区共设有 59 家分公司、182 家营业部。拥有国信期货有限责任公司、国信弘盛私募基金管理有限公司、国信资本有限责任公司、国信证券（香港）金融控股有限公司等 4 家全资子公司；50% 持股鹏华基金管理有限公司。

公司及子公司经营范围涵盖：证券经纪，证券投资咨询，与证券交易、证券投资活动有关的财务顾问，证券承销与保荐，证券自营，证券资产管理，融资融券，证券投资基金代销，金融产品代销，为期货公司提供中间介绍业务，证券投资基金托管业务和基金服务业务，股票期权做市，上市证券做市交易，商品期货经纪，金融期货经纪，期货投资咨询、资产管理，受托管理股权投资基金，创业投资业务，代理其他创业投资企业等机构或个人的创业投资业务、创业投资咨询业务，为创业企业提供创业管理服务业务，参与设立创业投资企业与创业投资管理顾问机构，香港证券经纪业务、融资业务及资产管理业务，股权投资等。

根据中证协发布的数据，近年来公司的总资产、净资产、净资本、营业收入、净利润等核心指标排名行业前列；公司在北、上、广、深等经济发达城市设立的营业部均保持强劲的竞争实力，多家营业部长期领先当地同业。公司累计完成 IPO 项目 300 家，募资总额近 2000 亿元；其中累计完成创业板 IPO 项目 81 家，排名行业第一，募集资金约 500 亿元。

2008 年年底，国信证券进入重庆证券市场，2014 年 10 月成立重庆分公司，依托丰富的业务体系，以及领先行业的产品和服务创新能力，国信证券创建了重庆地区具有影响力和代表性的服务团队，可提供全方位综合金融服务。

国信证券重庆地区省级投教基地由国信证券重庆分公司于 2019 年 2 月开始运行，位于重庆市江北区庆云路 16 号国金中心 T2 栋 18 楼。投教基地突出线上线下有机结合特点，以国信证券打造的倡导理性投资——“安全边际派”品牌理念为宣传特色，紧跟内外部投资者教育热点，同时大力推广青少年财商教育等纳入国民教育体系，旨在为投资者打造公益、开放、包容、专业的投资者教育平台。

3. 华泰证券股份有限公司

华泰证券股份有限公司成立于 1991 年，是一家领先的科技驱动型证券集团，把握中国资本市场改革开放的历史机遇，在业内率先以金融科技助力转型，用全业务链服务体系为个人和机构客户提供专业、多元的证券金融服务，综合实力和品牌影响力位居国内证券业第一方阵。

2010 年 2 月 26 日，公司 A 股（601688.SH）在上交所上市。2015 年 6 月 1 日，公司 H 股（06886.HK）在香港联合交易所挂牌上市交易。2019 年 6 月 17 日，公司全球存托凭证（HTSC:LI）在伦敦证券交易所成功上市交易，成为首家按沪伦通业务机制登陆伦交所的中国公司。自此，公司也成为一家在上海、香港和伦敦三地上市的中国金融机构。

公司拥有全资子公司华泰证券（上海）资产管理有限公司、华泰国际金融控股有限公司、华泰紫金投资有限责任公司、华泰创新投资有限公司、华泰期货有限公司；控股子公司华泰联合证券有限责任公司、江苏股权交易中心有限责任公司；参股南方基金管理有限公司、华泰柏瑞基金管理有限公司、江苏银行股份有限公司等。2016 年，公司收购美国 TAMP（统包资产管理平台）行业的第三大公司 AssetMark，完成首次境外战略收购。2019 年 7 月，战略收购公司 AssetMark 在纽约证券交易所挂牌上市交易。

依托高度协同的业务模式、先进的数字化平台、广泛且紧密的客户资源，公司财富管理业务、机构服务业务、投资管理业务和国际业务全方位发展，竞争实力位居行业前列。2014 年以来，公司股票基金交易量保持行业第 1（据沪深交易所数据）；公司移动财富管理 APP“涨乐财富通”月度活跃用户数也长期名列行业 APP 第 1，2020 年 7 月超过 1000 万（据易观数据），截至 2021 年年末累计下载量超过 6500 万；股权承销、债券承销、并购重组业务位居行业前列。

秉承“高效、诚信、稳健、创新”的核心价值观，华泰证券将全面实施数字化赋能下的财富管理和机构服务“双轮驱动”发展战略，致力成为兼具本土优势和全球影响力的一流投资银行。

案例 1　三峡水利 65 亿元重组过会

2020 年 4 月，重庆三峡水利电力（集团）股份有限公司（简称“三峡水利”）发行股份及支付现金购买联合能源 88.41% 和长兴电力 100% 股权并募集配套资金事项获得证监会并购重组审核委员会审核通过。本次重组规模 65.35 亿元，成为“四网融合”电力体制改革和混合所有制改革双试点案例，华泰联合证券担任本次重组的独立财务顾问。

三峡水利是重庆电力行业首家上市公司，全国水利系统首批上市公司，主要从事发电、供电、电力设计勘察安装等业务。本次重组标的公司联合能源是重庆市政府与三峡集团联合成立的配售电企业，公司供电区域覆盖重庆涪陵、黔江、酉阳、秀山等多个区县。长兴电力是一家承担全国售电侧改革试点任务的配售电服务商，立足重庆两江新区工业开发区（鱼复、龙兴、水土工业园区）等电力改革试点核心区域。

作为本次重大资产重组的独立财务顾问，华泰联合证券统筹公司优势资源，基于2016 年以来协助三峡集团开展重庆地方电网整合相关工作以及服务联合能源整合聚龙电力、乌江实业等基础，牵头推进国资审批、交易对手沟通、审计、评估等关键事宜，助力本次重大资产重组事项顺利获得核准。

通过本次交易，三峡水利将有效整合重庆区域四个地方电网，打造建设现代库区、支持库区经济发展的能源保障平台，实现电力供应的互相支持，逐步实现客户资源的共享及客户需求的深度挖掘，为电力业务客户多层次电力增值服务需求提供服务，丰富利润来源，并进一步提高地方政府招商引资能力、促进三峡库区产业结构调整、推进长江经济带发展。

（二）会计师事务所

1. 天健会计师事务所（特殊普通合伙）重庆分所

天健会计师事务所（特殊普通合伙）重庆分所（简称“天健重庆分所”）是综合实力位列全国内资所第 1、全球排名前 20 的天健会计师事务所（特殊普通合伙）在重庆设立的分支机构。

目前，天健重庆分所有从业人员 800 余名，其中，中国注册会计师、资产评估师、造价工程师、税务师等专业人才 200 余名，中国注册会计师协会资深会员 7 名，国家及省部级会计高端人才近 20 名。天健重庆分所致力于为企业提供股份制改组与上市服务，财务报表审计、有关专项审计及咨询服务，帮助企业在不断变化和改革发展的环境中，应对和解决相关专业问题。其服务范围立足重庆、遍布西南、辐射全国。近 40 年来，其服务的行政机关、事业单位、大型国有企业、民营企业、外资企业超 3000 家，其中，中央级、省市级大型国有企业上百家。天健重庆分所凭借雄厚的专业实力、强大的专业团队和卓越的服务质量，入选川渝地区 20 强会计师事务所，历年来稳居重庆市会计师事务所综合实力排名第 1 位。2021 年，天健重庆分所业务收入突破 3.2 亿元，已发展成我国西南地区规模最大、最具声誉和影响力的会计审计综合专业服务机构之一。

案例 1　首批北交所直接上市唯一渝企（中设咨询）IPO 审计

2021 年 11 月 15 日，北交所开市。中设工程咨询（重庆）股份有限公司（简称“中设咨询”）是首批在北交所直接上市的 10 家企业中唯一 1 家重庆企业，也是重庆市唯一的工程咨询类上市企业。

中设咨询是一家致力于提供工程勘察设计、工程检测及其他相关服务的工程咨询企业。此次拟公开发行不超过 3380 万股，募资 1.5 亿元，用于工程检测实验室平台改扩建项目、中设智慧云平台建设及补充流动资金。资本的加持将促进公司主营业务持续增长，增强公司竞争力，提升公司盈利水平。

天健重庆分所作为中设咨询新三板精选层申报会计师事务所，为项目提供咨询、审计、验资、IPO 辅导等全方位的专业服务。从首次申报到成功挂牌，该项目历时 16 个月，帮助中设咨询引入了新的发展机遇，实现了价值的最大化。

案例 2　重庆啤酒股份有限公司重大资产重组审计项目

嘉士伯啤酒集团（简称“嘉士伯啤酒”）控股上市公司重庆啤酒股份有限公司（简称“重庆啤酒”）后，在中国境内尚有大量的非上市公司啤酒业务，与上市公司啤酒业务构成同业竞争。为彻底解决同业竞争问题，切实保护公众股东利益，全面提升品牌价值及市场竞争力，重庆啤酒于2020年实施了收购嘉士伯啤酒在中国大陆全部啤酒业务的重大资产重组交易。

天健重庆分所作为重庆啤酒常年专业服务机构，接受委托全程参与了此次重组，为项目顺利实施提供了审计、审阅、税务咨询等全方位服务，有效协助重庆啤酒提升品牌价值和市场竞争力，同时客观公正地保护了公众股东利益。该重大资产重组的成功完成使重庆啤酒的销售收入由30多亿元增长到100余亿元，核心优势区域市场从重庆、四川、湖南等地扩展至全国，旗下品牌也得到极大丰富，市值从2020年4月的200亿元左右持续增长至500多亿元，位列重庆上市公司第3名。

2. 立信会计师事务所

立信会计师事务所（特殊普通合伙）创建于1927年，于2009年加入全球第五大国际会计网络——BDO国际。客户总计逾万家，其中上市公司客户600余家，在中国境内上市公司中客户占有率长期位居第1。

立信会计师事务所（特殊普通合伙）重庆分所（简称“立信重庆分所”）始创于1994年，是重庆市行业龙头机构，为央企、国有集团、银行、证券公司等各类企事业单位提供审计、财务咨询及其他业务，与国家开发银行、中国工商银行、中国银行、富民银行、西南证券等大型金融机构以及多家担保公司、基金公司、融资租赁公司建立了良好的合作关系。经过前期的培育和品牌服务，立信重庆分所进入转型后的新发展周期，致力于转型资本市场和金融相关业务领域。

秉承“信以立志、信以守身、信以处事、信以待人，勿忘立信，当必有成”的立信核心价值观，在信用经济和信息社会化的时代中，立信重庆分所将始终恪守职业道德，勤勉尽责，保证执业质量，保护公众利益，承担社会责任，以诚信和专业铸就民族品牌。

案例 1　注册制改革后重庆首家创业板成功上市企业申报

2022 年 5 月 24 日，由立信重庆分所担任申报会计师事务所的重庆瑜欣平瑞电子股份有限公司（简称“瑜欣电子”）正式在深交所创业板上市。

瑜欣电子是注册制改革后重庆首家创业板成功上市的企业，也是重庆市高新区首家成功过会的 IPO 企业。该公司是一家从事通用汽油机及终端产品核心电子控制部件研发、生产及销售的国家级高新技术企业。立信重庆分所受该公司委托，对其 IPO 申报期间财务报表及其他专项进行审计，协助该公司完成申报、反馈、挂牌等各环节的财务咨询工作，助力瑜欣电子首发过会并实现股票首次公开发行。瑜欣电子的成功上市展现了重庆科技企业在资本市场的潜力，也推动企业借助资本市场实现跨越式发展。

案例 2　金科服务战略收并购包头智慧物业服务

金科智慧服务集团股份有限公司（简称“金科服务”）于 2000 年在重庆成立，经过 20 余年的发展，已成为全国前十、西南第一的综合物业服务集团，连续 6 年蝉联中国物业服务企业综合实力十强。

2020 年 11 月 17 日，金科服务在港交所挂牌上市。从行业扩大发展空间的方式来看，物业服务企业的在管面积及收费规模除依靠承接关联方房地产企业的开发项目，还可通过对其他物管企业的投资或收并购获取业务资源。为扩张业务版图，金科服务拟战略收并购包头智慧物业服务有限公司（简称“包头智慧物业服务”）。

作为金科服务战略收并购的咨询服务供应商，立信重庆分所根据金科服务的要求，按照时间节点完成对标的公司包头智慧物业服务的各项调查工作，形成尽职调查和咨询结果，全程协助，最终帮助金科服务顺利完成该项收并购活动。通过本次收并购，金科服务实现了有利的资源和业务整合，将业务区域扩张至北方市场，有效地实现了战略版图的扩大和业务规模的增长。

3. 天职国际会计师事务所（特殊普通合伙）

天职国际会计师事务所（特殊普通合伙）（简称“天职国际”）是一家专注于审计鉴证、咨询服务、税务服务、并购融资服务、法务与清算、企业估值的特大型综合性咨询服务机构，是 Baker Tilly（全球前十大会计服务网络之一）在中国大陆地区的唯一成员所。

天职国际是中国首批取得证券、期货相关业务资格的机构。天职国际拥有从事特大型国有企业审计、金融相关审计、信息系统审计、司法会计鉴定、境内外上市公司审计咨询服务等多项业务资格，在全国设有近 30 家分支机构，擅长协助各类企业在中国及国际金融市场上市开展各类资本市场活动。为贵州茅台、京沪高铁、绝味鸭脖、华润微电子、重庆水务、中国汽研、远达环保、再升科技等 300 余家境内外上市公司服务，已成功为近 200 家企业的首次公开发行上市提供了优质的 IPO 综合财税服务，推动重庆山外山血液净化技术股份有限公司在科创板申报上市，使其成为重庆首家科创板成功过会的企业。天职国际连续多年在中国百强会计师事务所中排名前 10 位。

天职国际重庆分所位于重庆江北嘴中央商务区国金中心，是重庆地区位列前茅的大型综合性咨询服务机构，主要致力于西部地区的上市公司、大型企业集团的审计、管理咨询、税务等专业服务，特别专注于资本市场的 IPO、上市公司年度财务报表审计、内部控制咨询、战略咨询、人力资源咨询、税务筹划、并购重组等业务。

案例 1　重庆首家科创板企业过会

2022 年 6 月 6 日，由天职国际担任申报会计师的重庆山外山血液净化技术股份有限公司（简称“山外山”）在上交所科创板首发申请获通过，成为重庆首家科创板成功过会企业。

2001 年，山外山在重庆成立，主要产品及服务包括血液净化设备、血液净化耗材以及连锁血液透析医疗服务。2019 年 1 月，天职国际对山外山进行拟上市财务辅导。天职国际利用自身的优势，组建了大量具有医疗行业上市公司审计经验的注册会计师审计组，对企业财务会计、内部控制等进行了全方位的梳理，严格按照交易所及证监会的相关要求进行规范。通过强大的专业保障、紧密的团队配合、高水准的专业服务，天职国际最终助力山外山成功登陆科创板。

案例 2　微纤维玻璃棉行业龙头企业上市

由天职国际服务的重庆再升科技发展股份有限公司（简称“再升科技”）在上交所主板上市。

再升科技成立于 2007 年，是重庆的一家主营微纤维玻璃棉制品研发、生产和销售的民营企业，也是全球少数能够同时提供高性能玻纤滤料、低阻熔喷滤料、高效 PTFE 膜、微静电过滤材料和化学过滤材料等过滤材料的企业之一。

天职国际自 2010 年起对再升科技进行拟上市财务辅导，审计项目团队协助再升科技解决上市过程中遇到的财务、内控方面的问题，为再升科技顺利上市提供了专业支持。近年来，天职国际还协助再升科技进行了多次并购，见证了其净资产规模、营业收入从上市前的约 2 亿元上升为目前的净资产规模超 20 亿元、营业收入超 16 亿元的发展历程，再升科技的品牌影响力及综合竞争力不断提升。

（三）律师事务所

1. 泰和泰律师事务所

泰和泰律师事务所（简称“泰和泰”）成立于 2000 年 5 月，是一家覆盖中国、连接世界的大型综合性律师事务所，在国内外主要城市设立了多家分支机构，各分支机构的实力均居于当地前列，是全球规模百强律所。泰和泰已为金融、地产、航空、高端制造、环保、能源、医疗、商业、旅游、文化等数十个行业，逾万家境内外企业、机构提供投融资、并购重组、法律等专业服务。经过 20 余年发展，泰和泰得到了钱伯斯（Chambers）、Asian

Legal Business、Asialaw Profiles、《中国商法》等国际专业评级机构和媒体的广泛关注与认可，连续多次在权威专业排名中取得靠前名次。

泰和泰（重庆）律师事务所设立于2010年，拥有80余位合伙人、260余位执业律师及专家顾问，是拥有超过300位员工的大型综合性律师事务所，是重庆市律师行业规模与创收均排名前十位的法律服务机构。该所立足于重庆，放眼于“一带一路”沿线及西部陆海新通道，长期为国内外大型企业、金融机构、政府机关、事业单位等提供法律服务。经过多年的业务积累，其已初步形成了以金融证券、投资并购、私募基金、企业重整清算、知识产权、涉外投融资、刑事诉讼及合规等专业为主的法律服务体系。近年来，已帮助中国蜀塔（08623.HK）、长江材料（001296.SZ）、立航科技（603261.SH）、厚普股份（300471.SZ）等多家企业成功IPO或完成非公开发行股票。

案例1 长江材料IPO专项法律服务

2021年12月24日，由泰和泰（重庆）律师事务所提供首次公开发行A股并在深交所上市专项法律服务的重庆长江造型材料（集团）股份有限公司（简称“长江材料”）成功在深交所主板上市。

长江材料成立于1993年，是国内大型专业覆膜砂生产供应商及废（旧）砂资源化解决方案提供商。项目开展过程中，泰和泰（重庆）律师事务所组建专业服务团队，对上市主体企业、关联企业等进行核查尽调，对重要问题出具法律意见。服务内容包括前期准备工作、拟定尽职调查清单、编制查验计划表、收集资料、展开尽职调查、根据需要出具鉴证意见以及其他法律意见、编写并出具首次公开发行股票并在深交所上市的法律意见书。通过本次上市，长江材料募集到资金4.55亿元，有力地促进了企业的发展，重庆上市公司阵营再添生力军。

案例 2 立航科技 IPO 及股权激励计划

2022 年 3 月 15 日，由泰和泰（重庆）律师事务所承办的成都立航科技股份有限公司（简称“立航科技”）在上交所主板上市。

立航科技成立于 2003 年，立足航空领域，围绕航空器的生产、维护、保障开展业务，是以飞机地面保障设备、航空器试验和检测设备、飞机工艺装备、飞机零件加工和飞机部件装配等专业研发、设计、制造、销售为一体的高科技企业，也是 A 股唯一的主营飞机地面保障设备业务的企业。

泰和泰（重庆）律师事务所组建专项项目组，为立航科技上市提供了全程的法律服务，包括进行全面的法律尽职调查分析及重点法律问题排解，协助进行股份制改造、搭建持股平台、引进机构投资者、回复上交所问询问题，并提供从发行上市方案设计到执行等全方位法律服务。

2022 年 8 月，发布《泰和泰律师事务所关于成都立航科技股份有限公司 2022 年限制性股票激励计划（草案）的法律意见书》，对立航科技实施本次激励计划的主体资格、合法合规性、涉及的法定程序等出具法律意见。根据该激励计划，立航科技拟向激励对象授予权益总计 160 万股，约占草案公告日公司股本总额的 2.08%。该激励计划拟授予的激励对象共计 114 人，包括公司董事、高级管理人员、中层管理人员及核心骨干员工。该激励计划的限制性股票的授予价格为每股 24.50 元，即满足授予条件后，激励对象可以每股 24.50 元的价格购买公司向激励对象定向发行的本公司 A 股普通股股票。

2. 重庆永和律师事务所

重庆永和律师事务所成立于 1997 年，是重庆市第一批合伙制律师事务所之一，为中国证监会备案通过的可提供企业证券法律服务的律师事务所，在处理企业重大疑难民事刑事案件、企业合规性管理、并购重组、企业改制等事务方面储备了诸多经验。

相较于其他综合型律师事务所，重庆永和律师事务所扎根重庆，专注于提供企业法律服务，为上百个政府机构、事业单位及不同类别、不同领域的国企及民企提供专业服务，尤其在规范企业成本管理、企业股权结构调整、剥离部分关联企业、企业内控制度建设及历史沿革梳理方面具有较强的专业优势。证券律师团队的法律服务项目坚持签字律师即承办律师的要求，力求为发行人消除每一个潜在的法律风险，为发行人的上市之路保驾护航。近年来，已帮助本土企业重庆金店有限责任公司、重庆昌元化工集团有限公司等进行股份转让、股份制改造等，并提供上市辅导服务。

2021 年 11 月 30 日，该律所证券法律服务团队作为发行人律所成功助力三羊马（重庆）物流股份有限公司（简称“三羊马”）在深交所主板上市，成为近年来重庆本土唯一 1 家 IPO 成功过会的律师事务所。

案例 1 三羊马上市全环节服务

重庆永和律师事务所自 2014 年开始为三羊马（原重庆中集汽车物流有限责任公司）提供法律服务。

多年来，重庆永和律师事务所作为牵头人，引荐了券商、会计师、证券顾问，协助三羊马进行规范管理、内控建设、财务系统搭建、公司改制等，与券商、会计师一起将企业辅助成准上市公司。在一系列辅导后，三羊马于 2016 年 8 月 8 日挂牌新三板，于 2020 年 3 月 20 日向证监会报送创业板上市申请；6 月，创业板改革并试点注册制，因物流企业属于创业板“负面清单”行业，11 月，三羊马撤回创业板上市申请；12 月，三羊马向证监会报送中小板上市申请。2021 年 4 月，由于深交所中小板并入主板，三羊马的上市地点变更为深交所主板。2021 年 9 月 16 日，三羊马成功过会。

在助推三羊马上市的过程中，重庆永和律师事务所在前期对项目的概况及重大问题进行调查与了解，开展尽调，与各方讨论确认重组方案和法律规范方案并协助实施，参与改制，协助编制发行人定向增发及股权激励计划，参与企业改制后的规范运行，编写并出具申报法律意见书及律师工作报告，申报后答复交易所反馈问题及进行重大事项变更披露等工作，中途虽遭遇创业板改革、中小板并入主板等不可抗力因素，但重庆永和律师事务所始终坚定信心，最终帮助企业成功上市。

案例 2 永川豆豉股份制改造

永川豆豉系中华老字号，豆豉酿制技艺被列为国家级非物质文化遗产。重庆永和律师事务所作为重庆市永川豆豉食品有限公司（简称“永川豆豉”）的法律顾问，为企业提供股份制改造及后续上市的全环节法律服务。

面对老字号企业在历史经营过程中的遗留问题，重庆永和律师事务所协同券商、会计师事务所等中介机构及公司股东对公司历史沿革、重大债权债务进行了全面梳理，对公司内控建设提供了专业法律意见，并配套制定了各项管理制度，协同各中介服务机构对企业进行规范整改。经过不懈努力，成功推动企业召开创立大会，完成股份制改造。

接下来，重庆永和律师事务所还将继续与永川豆豉展开深度合作，助力企业早日上市。

第五章
专题报告

境内多层次资本市场板块分析、A 股 IPO 被否案例分析、境内上市渝企科技创新分析、新《证券法》实施观察及典型案例分析，对于上市和拟上市公司都具有重要价值，有助于更加全面深入地掌握情况，做出更有利的发展决策。

一 境内多层次资本市场板块分析报告

当前，我国境内资本市场包括主板、科创板、创业板、北交所、新三板和区域性股权交易市场（OTC），基本形成了多层次资本市场体系，为不同类型、不同成长阶段的企业提供多元化、全周期的融资服务。

（一）定位分析

主板市场是交易所股票市场的主体。目前，境内主板市场包括上交所主板和深交所主板，主要接纳国民经济中的支柱企业、占据行业龙头地位及资产规模和经营规模较大且经营稳定性较高的企业，定位于主要为全国范围内较为成熟、优质的大型蓝筹企业以及持续盈利能力较强的新经济、高技术和传统产业转型升级企业，对企业的营业情况、股本大小、盈利水平、最低市值等方面的要求较高。

科创板面向世界科技前沿、经济主战场、国家重大需求，主要服务于符合国家战略、突破关键核心技术、市场认可度高的科技创新企业，重点支持新一代信息技术、高端装备、新材料、新能源、节能环保以及医药生物等高新技术产业和战略性新兴产业，促进互联网、大数据、云计算、人工智能和制造业深度融合，引领中高端消费，推动质量变革、效率变革、动力变革。自2019年开市以来，正日益成为畅通科技、资本和产业良性循环的重要平台。

创业板深入贯彻创新驱动发展战略，主要服务于运作规范、有一定规模和经营较好的成长型创新创业企业，看重企业的成长性。该板块的上市公司中，七成以上属于战略性新兴产业，八成以上拥有自主创新核心能力，九成以上为高新技术企业，在支持创新创业企业、服务国家自主创新、促进创投发展等方面发挥了重要作用。

北交所上市公司由新三板创新层企业产生，承接在创新层、基础层发展壮大的创新型中小企业，重点支持先进制造业和现代服务业等领域企业和“专精特新”中小企业，对创新层、基础层形成示范引领和“反哺”功能，激发新三板的整体市场活力，提升对初创期中小企业的吸引力。

新三板主要为全国范围内未在交易所市场上市的创新型、创业型、成长型中小微企业，尤其是为科技创新型中小微企业挂牌、股份转让、私募融资、市场估值、并购重组等提供服务，以及为部分符合条件的挂牌企业提供公开融资服务。

区域性股权交易市场（俗称四板市场）是为特定区域内的中小微企业提供股权、债券的转让和融资服务的私募市场，一般以省级为单位，由省级人民政府监管。它对于促进企业特别是中小微企业股权交易和融资，鼓励科技创新和激活民间资本，加强对实体经济薄弱环节的支持具有积极作用。

从板块定位来看，从主板、科创板、创业板、北交所、新三板，到区域性股权交易市场，门槛依次降低。例如，单项冠军企业进入主板市场较有优势，专精特新“小巨人”企业适合科创板、创业板，“专精特新”中小企业可瞄准北交所，“专精特新”培育企业可聚焦基础层或创新层，特定区域内的中小微企业的目的地则以 OTC 为主（见图 5-1）。

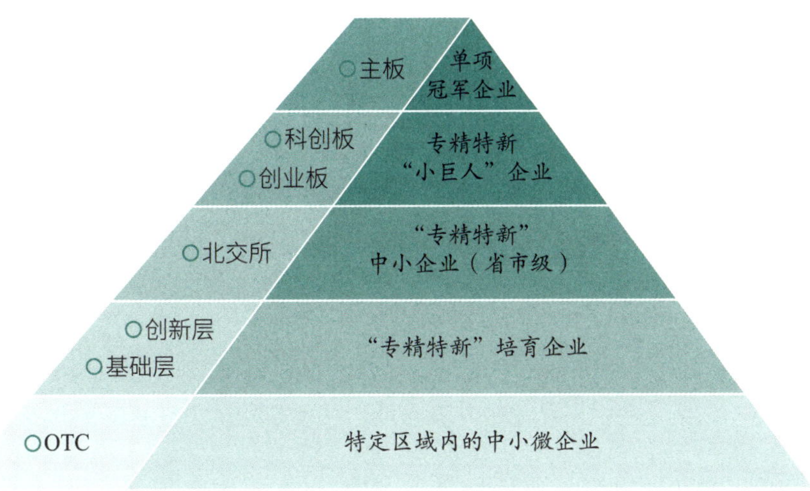

图 5-1 多层次资本市场与不同类型企业匹配情况

此外，不符合场内市场上市标准或不愿在场内上市的企业，可以在新三板或区域性股权交易市场发展。

（二）行业分析

整体来看，主板市场对发行人的要求较高，上市公司多为相对传统、规模比较大的成熟企业，在行业上无特别规定。上交所科创板、深交所创业板、北交所三大交易所板块主要聚焦于创新创业领域或具有高成长性的战略性新兴领域的企业。

1. 科创板

《上海证券交易所科创板企业发行上市申报及推荐暂行规定》第四条规定，申报科创板发行上市的发行人，应当属于下列 6 类行业领域。

一是新一代信息技术领域。主要包括半导体和集成电路、电子信息、下一代信息网络、人工智能、大数据、云计算、软件、互联网、物联网和智能硬件等。

二是高端装备领域。主要包括智能制造、航空航天、先进轨道交通、海洋工程装备及相关服务等。

三是新材料领域。主要包括先进钢铁材料、先进有色金属材料、先进石化化工新材料、先进无机非金属材料、高性能复合材料、前沿新材料及相关服务等。

四是新能源领域。主要包括先进核电、大型风电、高效光电光热、高效储能及相关服务等。

五是节能环保领域。主要包括高效节能产品及设备、先进环保技术装备、先进环保产品、资源循环利用、新能源汽车整车、新能源汽车关键零部件、动力电池及相关服务等。

六是医药生物领域。主要包括生物制品、高端化学药、高端医疗设备与器械及相关服务等。

《关于修改〈科创属性评价指引（试行）〉的决定》明确限制金融科技、模式创新企业在科创板上市，禁止房地产和主要从事金融、投资类业务的企业在科创板上市。

2. 创业板

《深圳证券交易所创业板企业发行上市申报及推荐暂行规定》明确提出，创业板主要服务成长型创新创业企业，支持传统产业与新技术、新产业、新业态、新模式深度融合。

属于中国证监会《上市公司行业分类指引（2012 年修订）》中的以下 12 个行业的企业，原则上不支持其在创业板申报上市，但是与互联网、大数据、云计算、自动化、人工智能、新能源等新技术、新产业、新业态、新模式深度融合的创新创业企业除外；农林牧渔业，采矿业，酒、饮料和精制茶制造业，纺织业，黑色金属冶炼和压延加工业，电力、热力、燃气及水生产和供应业，建筑业，交通运输、仓储和邮政业，住宿和餐饮业，金融业，房地产业，居民服务、修理和其他服务业。

3. 北交所

《北京证券交易所向不特定合格投资者公开发行股票并上市业务规则适用指引第 1 号》规定，发行人应当结合行业特点、经营特点、产品用途、业务模式、市场竞争力、技术创新或模式创新、研发投入与科技成果转化等情况，在招股说明书中充分披露发行人自身的创新特征。发行人属于金融业、房地产业企业的，不支持其申报在北交所发行上市。发行人不得属于产能过剩行业、《产业结构调整指导目录》中规定的淘汰类行业，以及从事学前教育、学科类培训等业务的企业。科创板、创业板、北交所上市行业要求对比（见表 5-1）。

表 5-1　科创板、创业板、北交所上市行业要求对比

类别	科创板	创业板	北交所
准入类	新一代信息技术、高端装备、新材料、新能源、节能环保、医药生物	互联网、大数据、云计算、自动化、人工智能、新能源等高新技术产业	先进制造业和现代服务业等领域的企业以及“专精特新”中小企业
禁止类	房地产和主要从事金融、投资类业务的企业	农林牧渔业，采矿业，酒、饮料和精制茶制造业，纺织业，黑色金属冶炼和压延加工业，电力、热力、燃气及水生产和供应业，建筑业，交通运输、仓储和邮政业，住宿和餐饮业，金融业，房地产业，居民服务、修理和其他服务业	金融业、房地产业、产能过剩行业，《产业结构调整指导目录》中规定的淘汰类行业以及从事学前教育、学科类培训等业务的企业
限制类	金融科技、模式创新企业，根据企业科创属性情况从严把关	禁止类企业中与互联网、大数据、云计算、自动化、人工智能、新能源等新技术、新产业、新业态、新模式深度融合的创新创业企业仍可以在创业板上市	—

从准入行业来看，科创板与创业板存在一定的交叠，两个板块都支持高新技术产业的企业上市。但是，科创板在企业限制上比创业板更为严格，其“硬科技”含量更高，对于科技领域的划分更为细致。而创业板支持传统产业中的企业与新技术、新产业、新业态、新模式深度融合，这意味着创业板在企业限制方面的要求相比科创板较为宽松。例如，数字创意产业与传统文化创意产业以实体为载体进行艺术创作不同，是现代信息技术与文化创意产业逐渐融合而产生的一种新经济形态，但由于不属于科创板定位的行业范围，这类产业的企业可以选择申报创业板。

北交所对于准入行业更为包容，是“专精特新”中小企业发展的主要平台，覆盖国民经济各行业各领域，不仅包括以制造业为主的“专精特新”中小企业，也包括战略性新兴产业中创新能力突出的中小企业、向专业化和价值链高端延伸的生产性服务业企业、向高品质和多样化升级的生活性服务业企业。

（三）流程分析

主板上市实行核准制，企业若计划在上交所、深交所主板上市，需要经过重组改制、尽职调查与辅导、申请文件的制作与申报、发行审核、路演询价与定价及发行与挂牌上市等阶段。

证监会主板 IPO 审核工作流程分为受理、反馈会、初审会、发审会、封卷、核准发行等主要环节（见图 5-2）。

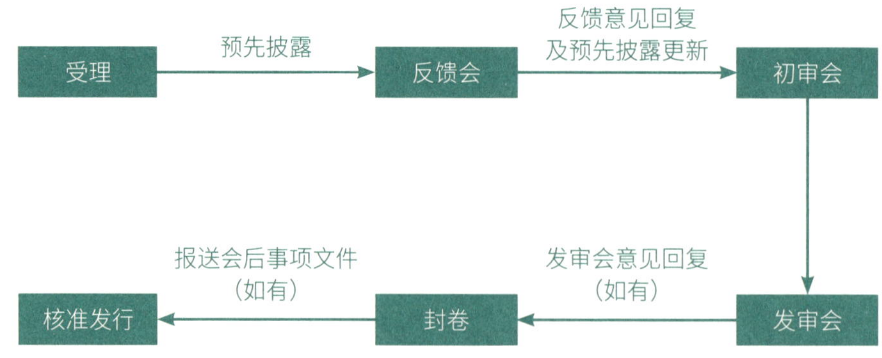

图 5-2　证监会主板 IPO 审核工作流程

从筹划改制到完成股票上市发行，整个主板上市流程所需时间为 18~25 个月（见表 5-2）。其中，改制辅导阶段用时为 7~12 个月，申报审核阶段为 10~12 个月，发行上市阶段为 1 个月。

表 5-2 主板上市用时概况

<table>
<tr><th>阶段</th><th>流程</th><th>用时</th></tr>
<tr><td rowspan="2">改制辅导</td><td>改制设立股份公司</td><td rowspan="2">7~12 个月</td></tr>
<tr><td>辅导备案</td></tr>
<tr><td rowspan="5">申报审核</td><td>证监会受理</td><td rowspan="5">10~12 个月</td></tr>
<tr><td>证监会反馈</td></tr>
<tr><td>证监会初审会审核</td></tr>
<tr><td>发审委审核</td></tr>
<tr><td>证监会决定</td></tr>
<tr><td colspan="2">发行上市</td><td>1 个月</td></tr>
<tr><td colspan="2">总计</td><td>18~25 个月</td></tr>
</table>

科创板上市为注册制。交易所收到发行上市申请文件后 5 个工作日内作出是否予以受理的决定。受理的，发行人于受理当日在网站等指定渠道预先披露招股说明书及相关文件。审核阶段，自受理之日起 20 个工作日内发出审核问询（可多轮进行），交易所审核和证监会注册的时间总计不超过 3 个月，发行人及其保荐人、证券服务机构回复交易所审核问询，以及中止审核、请示有权机关、落实上市委员会意见、暂缓审议、处理会后事项、实施现场检查、要求进行专项核查，要求发行人补充、修改申请文件等情形的时间不计算在内。审核完成后，上市委员会（简称“上市委”）召开会议对本所审核机构出具的审核报

告及发行人上市申请文件进行审议，并提出审议意见。若发行人存在发行条件、上市条件等有待进一步核实的情况，无法形成审议意见的，上市委可以对该发行人的发行上市申请暂缓审议，暂缓审议时间不超过 2 个月。审议通过的，报送证监会。证监会在 20 个工作日内对发行人的注册申请作出同意或者不予注册的决定。科创板上市申报流程见图 5-3。整个上市流程用时 11~18 个月（见表 5-3）。

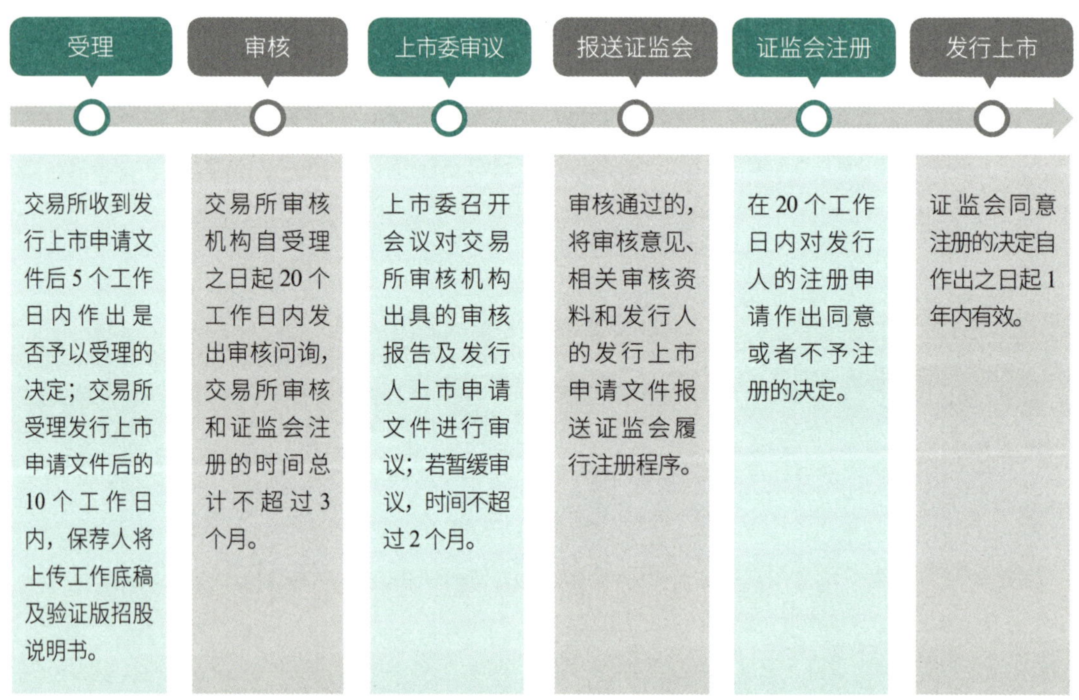

图 5-3 科创板上市申报流程

企业申请在创业板上市的，由深交所审核并在证监会进行注册，同样需经过改制辅导、申报审核、注册、询价发行 4 个阶段，整个上市流程用时为 11~18 个月（见表 5-3）。其中，改制辅导阶段 6~9 个月，申报审核阶段 3~6 个月，注册阶段 1~2 个月，询价发行阶段 1 个月。创业板上市申报流程见图 5-4。

表 5-3 科创板、创业板上市用时概况

阶段	流程	用时
改制辅导	改制与设立股份公司	6~9 个月
	尽职调查与辅导	
申报审核	交易所受理	3~6 个月
	首轮问询	
	继续问询（多轮）	
	上市委审议	
	提交证监会注册	
证监会注册		1~2 个月
询价发行		1 个月
总计		11~18 个月

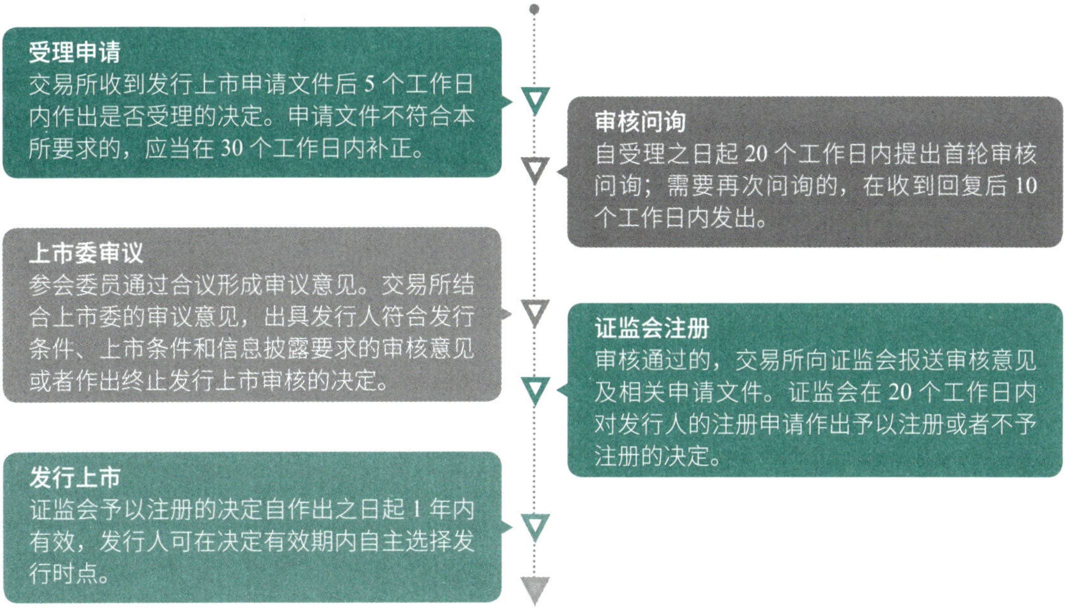

受理申请

交易所收到发行上市申请文件后 5 个工作日内作出是否受理的决定。申请文件不符合本所要求的，应当在 30 个工作日内补正。

审核问询

自受理之日起 20 个工作日内提出首轮审核问询；需要再次问询的，在收到回复后 10 个工作日内发出。

上市委审议

参会委员通过合议形成审议意见。交易所结合上市委的审议意见，出具发行人符合发行条件、上市条件和信息披露要求的审核意见或者作出终止发行上市审核的决定。

证监会注册

审核通过的，交易所向证监会报送审核意见及相关申请文件。证监会在 20 个工作日内对发行人的注册申请作出予以注册或者不予注册的决定。

发行上市

证监会予以注册的决定自作出之日起 1 年内有效，发行人可在决定有效期内自主选择发行时点。

图 5-4 创业板上市申报流程

企业拟在北交所上市，需在新三板创新层连续挂牌满 12 个月。在北交所上市同样实行注册制，主要分为北交所审核、证监会注册 2 个阶段，整个流程用时 3 个月左右（见表 5-4）。其中，审核阶段 2 个月、注册阶段 1 个月。北交所上市申报流程见图 5-5。

表 5-4 北交所上市用时概况

阶段	流程	用时
北交所审核	北交所审核部门审核程序	2 个月
	上市委审议	
	行业咨询委员会提供专业咨询和政策建议	
证监会注册		1 个月
总计		3 个月

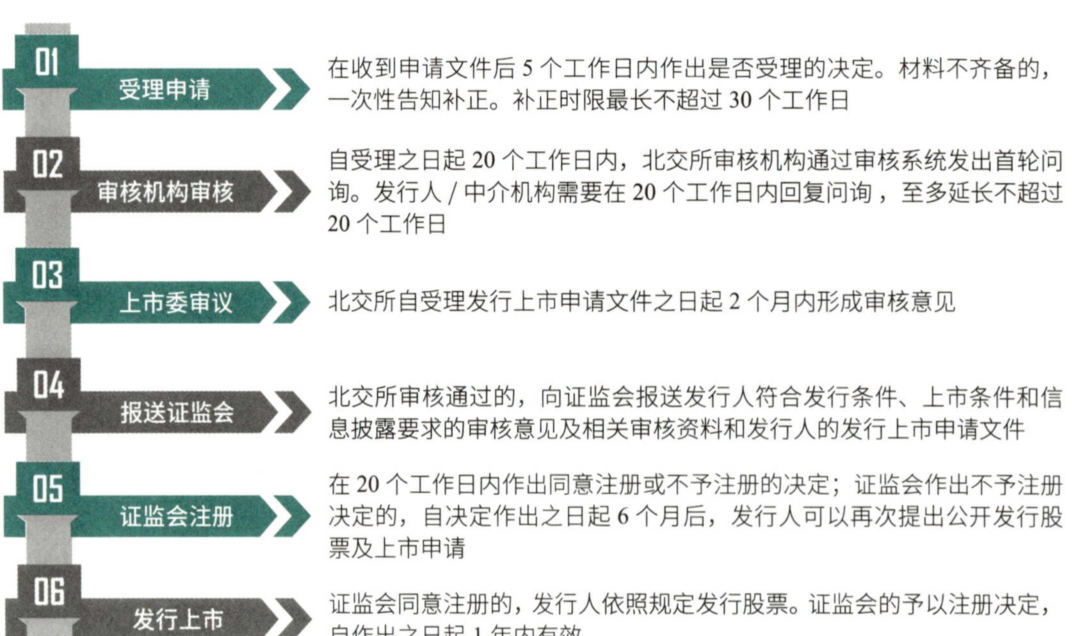

图 5-5 北交所上市申报流程

企业在新三板挂牌需要经过决策改制、材料准备、反馈审核、登记挂牌 4 个阶段，整个挂牌流程用时 5~7 个月。其中，决策改制阶段 1~2 个月，材料准备阶段 1~2 个月，反馈审核阶段 2 个月，登记挂牌阶段 1 个月。

（四）审核分析

除了行业不符合监督要求将被“一票否决”外，上市板块的市值及财务指标要求也会制约部分企业。

从市值及财务指标要求来看，相比北交所，创业板、科创板对于企业市值的要求明显更高，对企业的净利润规模门槛也更高（见表 5-5）。而对于主板而言，其要求拟上市公司拥有较大的资本规模以及稳定的盈利能力。对于暂未实现盈利的企业来说，北交所更为适宜。

表 5-5 企业上市市值和财务指标要求对比

主板	最近 3 个会计年度净利润均为正数且累计超过 3000 万元，净利润以扣除非经常性损益前后较低者为计算依据。 最近 3 个会计年度经营活动产生的现金流量净额累计超过 5000 万元，或者最近 3 个会计年度营业收入累计超过 3 亿元。 最近一期末无形资产占净资产的比例不高于 20%。 最近一期末不存在未弥补亏损
科创板	标准一，“市值 + 净利润”或“市值 + 净利润 + 营业收入”：预计市值≥ 10 亿元，最近 2 年净利润均为正且累计净利润不低于 5000 万元，或者预计市值不低于 10 亿元，最近 1 年净利润为正且营业收入不低于 1 亿元。 标准二，“市值 + 营业收入 + 研发投入”：预计市值≥ 15 亿元，最近 1 年营业收入不低于 2 亿元，且最近 3 年研发投入合计占最近 3 年累计营业收入的比例不低于 15%。 标准三，“市值 + 营业收入 + 经营活动净现金流”：预计市值≥ 20 亿元，最近 1 年营业收入不低于 3 亿元，且最近 3 年经营活动产生的现金流量净额累计不低于 1 亿元。 标准四，“市值 + 营业收入”：预计市值≥ 30 亿元，且最近 1 年营业收入不低于 3 亿元。 标准五，“市值 + 其他”：预计市值≥ 40 亿元，主要业务或产品须经国家有关部门批准，市场空间大，目前已取得阶段性成果，并获得知名投资机构一定金额的投资。医药行业企业需取得至少一项核心产品获准开展二期临床试验，其他符合科创板定位的企业需具备明显的技术优势并满足相应条件

续表

创业板	标准一，净利润（不要求市值）：最近 2 年净利润均为正，且累计净利润不低于 5000 万元。 标准二，“市值 + 净利润 + 营业收入”：预计市值≥ 10 亿元，最近 1 年净利润为正且营业收入不低于 1 亿元。 标准三，“市值 + 营业收入”：预计市值≥ 50 亿元，且最近 1 年营业收入不低于 3 亿元
北交所	标准一（营利性）：市值不低于 2 亿元，最近 2 年净利润均不低于 1500 万元且加权平均净资产收益率平均不低于 8%，或者最近 1 年净利润不低于 2500 万元且加权平均净资产收益率不低于 8%。 标准二（成长性）：市值不低于 4 亿元，最近 2 年营业收入平均不低于 1 亿元，且最近 1 年营业收入增长率不低于 30%，最近 1 年经营活动产生的现金流量净额为正。 标准三（研发成果产业化）：市值不低于 8 亿元，最近 1 年营业收入不低于 2 亿元，最近 2 年研发投入合计占最近两年营业收入合计比例不低于 8%。 标准四（研发能力）：市值不低于 15 亿元，最近 2 年研发投入合计不低于 5000 万元。 其他条件： （1）最近 1 年期末净资产不低于 5000 万元。 （2）公开发行的股份不少于 100 万股，发行对象不少于 100 人。 （3）公开发行后，公司股本总额不少于 3000 万元。 （4）公开发行后，公司股东人数不少于 200 人，公众股东持股比例不低于公司股本总额的 25%；公司股本总额超过 4 亿元的，公众股东持股比例不低于公司股本总额的 10%

科创板、创业板、北交所发行上市审核要求比较见表 5-6。

表 5-6 科创板、创业板、北交所发行上市审核要求比较

审核要求	科创板	创业板	北交所
营业记录、控制权及管理层稳定性	·持续运营 3 年以上。 ·2 年主营业务、控制权稳定。 ·董事、高管、核心技术人员最近 2 年内没有发生重大不利变化	·持续运营 3 年以上。 ·2 年主营业务、控制权稳定。 ·董事、高管最近 2 年内没有发生重大不利变化	·持续运营 3 年以上。 ·挂牌满 1 年且为创新层公司。 ·保持主营业务、控制权、管理团队的稳定，最近 24 个月内主营业务未发生重大变化

续表

审核要求	科创板	创业板	北交所
表决权差异安排	允许，但有较高要求。 仅允许上市前设置，上市后不得新发行不同权股份。 要求达到一定规模： （1）预计市值≥100亿元。 （2）预计市值≥50亿元，且最近1年营业收入不低于5亿元	允许，但有较高要求。 仅允许上市前设置，上市后不得新发行不同权股份。 要求达到一定规模： （1）预计市值≥100亿元，且最近1年净利润为正。 （2）预计市值≥50亿元，最近1年净利润为正且最近1年营业收入不低于5亿元	申请时，公司设置的表决权差异安排应当平稳运行至少1个完整会计年度
允许亏损企业上市	多套标准，允许亏损企业在满足营收、市值等其他要求的情况下上市	允许亏损企业在满足营收、市值等其他要求的情况下上市	允许亏损企业在满足营收、市值等其他要求的情况下挂牌
股份锁定	上市公司控股股东、实际控制人自公司股票上市之日起36个月内，不得转让或者委托他人管理其直接和间接持有的首发前股份，也不得提议由上市公司回购该部分股份	上市公司控股股东、实际控制人及其一致行动人自公司股票上市之日起36个月内，不得转让或者委托他人管理其直接和间接持有的首发前股份，也不得提议由上市公司回购该部分股份	上市公司控股股东、实际控制人及其亲属，以及上市前直接持有10%以上股份的股东或虽未直接持有但可实际支配10%以上股份表决权的相关主体，持有或控制的本公司向不特定合格投资者公开发行前的股份，自公开发行并上市之日起12个月内不得转让或委托他人代为管理
股权激励	上市公司全部在有效期内的股权激励计划所涉及的标的股票总数，累计不得超过公司股本总额的20%	上市公司全部在有效期内的股权激励计划所涉及的标的股票总数，累计不得超过公司股本总额的20%	上市公司全部在有效期内的股权激励计划所涉及的标的股票总数，累计不得超过公司股本总额的30%
持续督导期	上市当年剩余时间及其后3个完整会计年度	上市当年剩余时间及其后3个完整会计年度	上市当年剩余时间及其后2个完整会计年度

（五）成本分析[①]

一般而言，境外上市和A股上市的费用有较大差别，即使是A股内部，各大板块之间的上市费用也有差异。

依照证监会规定，公司上市需要聘请券商、会计师、律师三类法定专业服务机构。再加上改制到上市，企业IPO主要费用有专业服务机构费用、交易所费用和推广辅助费用三大部分。其中，专业服务机构费用包括改制设立财务顾问费用、辅导费用、承销保荐费用、审计验资费用、律师费用等。交易所费用系企业发行上市后所涉及的费用，主要包括上市初费和年费等。推广辅助费用主要包括印刷费用、媒体及路演的宣传推介费用等。其中，承销保荐费用、审计验资费用、律师费用和信息披露费用在募集资金中占据较大比重[①]。

对2021年1月1日至2022年6月26日招股的665家A股IPO企业（一级市场，含沪深主板138家、科创板210家、创业板260家、北交所57家）上市费用的分析发现，沪深主板整体发行费用最高，科创板和创业板次之，北交所和前三者有明显差距。此外，募集资金规模越大，所需的发行费用也越高。

138家沪深主板IPO企业，发行费用为2963万~6.07亿元。其中，承销保荐费用是主体，普遍在3000万至7700万元间；审计验资费用800万~1000万元，律师费用300万~500万元，信息披露费用在480万元左右（见表5-7）。总发行费用的中位数为7079万元，最高值为6.07亿元，最低值为2963万元。其中，承销保荐费用的中位数为4714万元，最高值为5.06亿元，最低值为1981万元；审计验资费用、律师费用、信息披露费用和其他费用的中位数分别为1018万元、518.87万元、481万元和65.55万元。

210家科创板IPO企业，发行费用中位数为5033万~1.92亿元。其中，承销保荐费用是主体，普遍在3600万至1.55亿元间；审计验资费用800万~1000万元，律师费用400万~500万元，信息披露费用在470万元左右（见表5-8）。

① 来源：《国际金融报》、西部金融研究院。

表 5-7 沪深主板 IPO 成本统计

（单位：万元）

募资规模	上市总费用			承销保荐费用中位数	审计验资费用中位数	律师费用中位数	信息披露费用中位数	其他费用中位数
	最高值	平均值	中位数					
3 亿元以下	7334	5177	5218	3018	820	309	481	103
3 亿 ~5 亿（不含）元	11092	5580	5475	3360	960	518	473	53
5 亿 ~10 亿（不含）元	13652	7525	7180	4898	1089	602	481	58
10 亿 ~30 亿（不含）元	19677	9759	9771	7732	1018	566	498	99
30 亿元及以上	60749	29294	21352	18856	2925	1585	568	918

表 5-8 科创板 IPO 成本统计

（单位：万元）

募资规模	上市总费用			承销保荐费用中位数	审计验资费用中位数	律师费用中位数	信息披露费用中位数	其他费用中位数
	最高值	平均值	中位数					
3 亿元以下	7280	4989	5033	3080	830	423	460	45
3 亿 ~5 亿（不含）元	7957	5638	5570	3605	740	450	452	57
5 亿 ~10 亿（不含）元	13114	7803	7712	5553	1005	550	467	60
1 亿 ~30 亿（不含）元	25642	12337	11602	9379	900	542	473	86
30 亿元及以上	52948	21709	19237	16554	12947	890	476	177

260 家创业板 IPO 企业，发行费用中位数为 4500 万至 1.90 亿元不等。其中，承销保荐费用普遍为 3000 万 ~1.74 亿元，审计验资费用 800 万 ~1000 万元，律师费用 400 万 ~550 万元，信息披露费用 440 万元左右（见表 5-9）。

表 5-9 创业板 IPO 成本统计

（单位：万元）

募资规模	上市总费用			承销保荐费用中位数	审计验资费用中位数	律师费用中位数	信息披露费用中位数	其他费用中位数
	最高值	平均值	中位数					
3 亿元以下	7006	4513	4564	2976	816	418	443	32
3 亿 ~5 亿（不含）元	8592	5533	5490	3615	832	479	443	35
5 亿 ~10 亿（不含）元	12928	7559	7025	5017	900	452	427	33
10 亿 ~30 亿（不含）元	28908	12325	11971	9851	1000	547	442	62
30 亿元及以上	28770	19133	19144	16784	941	566	401	122

57 家北交所 IPO 企业，发行费用中位数在 1400 万元左右。其中，承销保荐费用的中位数在 1000 万元左右，审计验资费用的中位数约为 200 万元，律师费用的中位数约为 110 万元，信息披露费用的中位数在 14 万元左右，其他费用的中位数约为 8 万元（见表 5-10）。

表 5-10 北交所 IPO 成本统计

（单位：万元）

募资规模	上市总费用			承销保荐费用中位数	审计验资费用中位数	律师费用中位数	信息披露费用中位数	其他费用中位数
	最高值	平均值	中位数					
3 亿元以下	4645	1589	1475	987	231	110	14	8
3 亿 ~5 亿（不含）元	3419	2918	2761	2421	179	150	18	4

（六）估值分析

估值是企业选择上市板块的重要参考。从平均市盈率来看，截至 2021 年年末，上证主板平均市盈率为 16.61 倍；深证主板为 26.52 倍；科创板为 71.64 倍；创业板为 59.99 倍；北交所为 34.67 倍；新三板为 20.48 倍（见图 5-6）。整体来看，科创板最高，创业板居第 2 位。

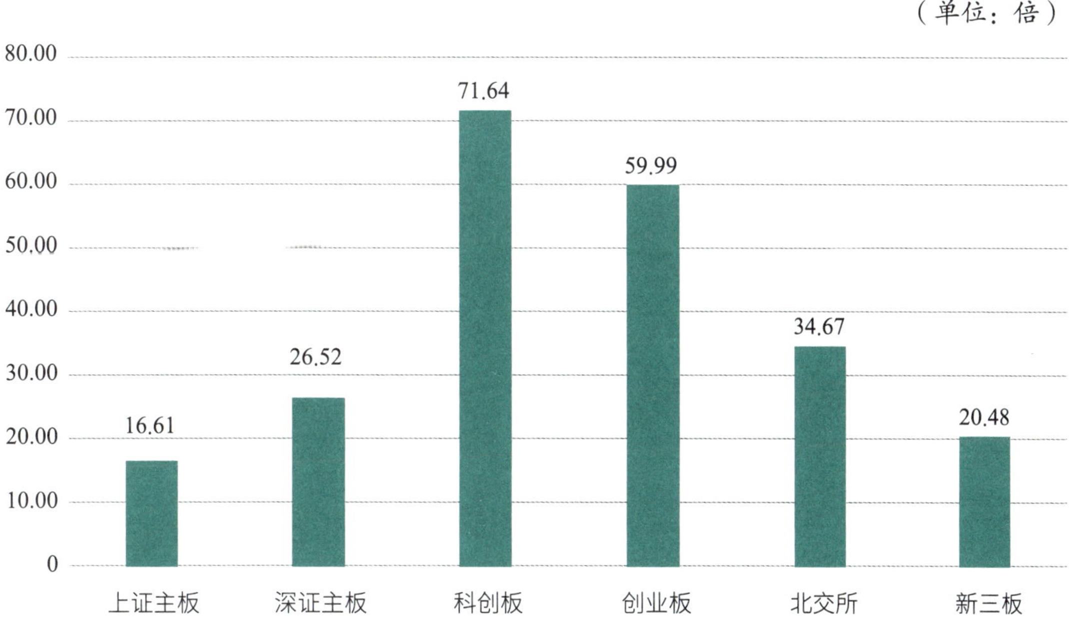

图 5-6 2021 年各板块平均市盈率对比

从各板块的平均市盈率对比来看，主板市场与新三板的市盈率较低，主要是行业类型、成长特性等结构性差异所致。主板上市公司大多属于传统行业，与新兴行业相比发展空间较小，创新投入、产出、效率与科创板、创业板相比有较大差距，企业发展整体较为稳定。

经过多年的发展，中国境内资本市场板块定位日渐明晰，行业准入逐渐开放包容，资本市场审核制度建设、监管能力逐渐提升，市场结构和生态持续优化，多层次资本市场资源配置的功能得到充分发挥，助推中国经济高质量发展进入新阶段。

二 A 股 IPO 被否案例分析报告

全面注册制下，IPO 发行常态化，新股发行从严监管同样常态化。2021 年 1 月至 2022 年 6 月末（以下简称“统计期”），A 股市场共有 763 家上会，其中顺利过会 671 家，过会率 87.94%；否决 44 家、暂缓表决 31 家、取消审核 17 家。

（一）板块分布

在被否的 44 家企业中，拟登陆上交所主板的 12 家、深交所主板 9 家、创业板 15 家、科创板 8 家，分别占 27.27%、20.45%、34.09%、18.18%（见表 5-11）。

分行业看，化学原料和化学制品制造业 6 家，占 13.64%；专用设备制造业 4 家，占 9.09%；计算机、通信和其他电子设备制造业，科学研究和技术服务业 2 个行业各 3 家，分别占 6.82%；医药制造业，通用设备制造业，食品制造业，软件和信息技术服务业，文化、体育和娱乐业，水利、环境和公共设施管理业，建筑业 7 个行业各 2 家，分别占 4.55%；印刷和记录媒介复制业，商务服务业，汽车制造业，农副食品加工业，金属制品、机械和设备修理业，非金属矿物制品业，电气机械和器材制造业，批发和零售业，农、林、牧、渔业，金融业，交通运输、仓储和邮政业，电力、热力、燃气及水生产和供应业，采矿业及其他制造业 14 个行业各 1 家，分别占 2.27%。

分地区看，东部地区 30 家、西部地区 7 家、中部地区 5 家、东北地区 2 家，分别占 68.18%、15.91%、11.36%、4.55%。

表 5-11 统计期内 A 股首发上会被否企业情况

日期	企业简称	所属证监会行业	所属地区	拟上市板块
2021-01-28	九恒条码	印刷和记录媒介复制业	广东	上交所主板（12 家）
2021-02-25	运高股份	电力、热力、燃气及水生产和供应业	西藏	
2021-05-27	林华医疗	专用设备制造业	江苏	
2021-07-02	垦丰种业	农、林、牧、渔业	黑龙江	
2021-09-02	派特罗尔	采矿业	新疆	
2021-09-29	德纳化学	化学原料和化学制品制造业	江苏	
2021-10-14	润光股份	专用设备制造业	河南	
2022-01-06	博隆技术	通用设备制造业	上海	
2022-02-24	环洋股份	化学原料和化学制品制造业	浙江	
2022-04-21	曹妃甸木业股份	交通运输、仓储和邮政业	河北	
2022-04-21	珊溪水利	水利、环境和公共设施管理业	浙江	
2022-04-28	青蛙泵业	通用设备制造业	浙江	
2021-07-08	丁点儿股份	食品制造业	四川	深交所主板（9 家）
2021-07-22	老铺黄金	批发和零售业	北京	
2021-11-11	才府玻璃	非金属矿物制品业	浙江	
2021-11-18	正和科技	汽车制造业	湖北	
2021-11-25	梦金园	其他制造业	天津	
2021-12-16	华南装饰	建筑业	广东	
2022-04-14	大丰农商行	金融业	江苏	
2022-06-02	中健康桥	医药制造业	西藏	
2022-06-16	湖山股份	计算机、通信和其他电子设备制造业	四川	

续表

日期	企业简称	所属证监会行业	所属地区	拟上市板块
2021-01-20	速达股份	金属制品、机械和设备修理业	河南	创业板（15 家）
2021-02-02	灿星文化	文化、体育和娱乐业	上海	
2021-03-19	华夏万卷	文化、体育和娱乐业	四川	
2021-03-25	鸿基节能	建筑业	江苏	
2021-09-23	鲁华泓锦	化学原料和化学制品制造业	山东	
2021-11-25	华泰永创	科学研究和技术服务业	北京	
2021-12-16	世佳科技	化学原料和化学制品制造业	浙江	
2021-12-17	扬瑞新材	化学原料和化学制品制造业	江苏	
2022-02-18	亚洲渔港	商务服务业	辽宁	
2022-02-25	恒茂高科	计算机、通信和其他电子设备制造业	湖南	
2022-03-03	兴禾股份	专用设备制造业	广东	
2022-03-17	北农大	农副食品加工业	北京	
2022-03-23	电旗股份	软件和信息技术服务业	北京	
2022-03-29	九州风神	计算机、通信和其他电子设备制造业	北京	
2022-05-06	红星美羚	食品制造业	陕西	
2021-03-17	康鹏科技	化学原料和化学制品制造业	上海	科创板（8 家）
2021-03-18	汇川物联	软件和信息技术服务业	福建	
2021-04-29	珈创生物	科学研究和技术服务业	湖北	
2021-07-22	赛赫智能	专用设备制造业	上海	
2021-09-03	天地环保	水利、环境和公共设施管理业	浙江	
2021-09-17	海和药物	医药制造业	上海	
2021-09-22	吉凯基因	科学研究和技术服务业	上海	
2021-11-24	菲仕技术	电气机械和器材制造业	浙江	

（二）原因分析

统计期内，持续经营能力差、财务真实性不足、毛利率异常、内部控制有效性不足和会计处理合规性不足是企业 IPO 审核未通过的主要原因。其中，21 家企业被质疑持续经营能力，占比 47.73%；有 18 家被问询财务真实性，占比 40.91%；有 15 家被问及毛利率异常，占比 34.09%；内部控制有效性和会计处理合规性各问询了 13 家企业，分别占比 29.55%（见表 5-12）。此外，关联交易、股权权属问题、生产经营合规性等也被重点问询。

表 5-12　统计期内企业 IPO 被否原因分布情况

被否原因	被问询企业数量（家）	被否原因	被问询企业数量（家）
持续经营能力	21	科创能力	4
财务真实性	18	科创板定位问题	3
毛利率异常	15	募投项目问题	2
内部控制有效性	13	董监高资格问题	2
会计处理合规性	13	创业板定位问题	2
关联交易	11	诉讼纠纷问题	2
股权权属问题	11	信息披露问题	2
生产经营合规性	11	股权收购问题	1
业务独立性	7		

1. 持续盈利能力方面

一是市场空间不明朗。如吉凯基因报告期内亏损扩大，且公司服务群体有限，监管层对其改善经营市场空间支撑存疑；菲仕技术在中国乘用车电动化推进的背景下，原有订单或存不确定性。二是公司经营较大程度受到政策的制约。如运高股份被问及政策变化的影响；海和药物核心产品尚存审批风险；天地环保的船舶脱硫业务收入在限硫令实施后或存持续经营风险；赛赫智能涉及无法获得融资与补贴，或面临重大偿债风险。三是主要客户存在重大依赖。如垦丰种业、涧光股份分别被问及业务收入是否对客户存在重大依赖，合作是否具有可持续性。四是相关资质的不可持续。如珈创生物的相关资质是从事主营业务所必备的，其资质于 2022 年到期。

2. 财务真实性方面

一是业务成本合理性方面。如林华医疗被问及销售费用率远高于行业可比公司的原因及合理性。二是销售收入变化的合理性方面。鸿基节能被问及现金流量净额持续低于净利润且曾为负数的原因及合理性；世佳科技被问及销售发生重大变化的原因及合理性。三是子公司、上下游企业的财务问题方面。亚洲渔港被问及子公司业务收入及采购单据大量缺失的原因和相关收入的真实性。

3. 毛利率异常方面

一是采购价格异常。如环洋股份被问询原材料采购价格明显低于第三方的商业合理性及可持续性。二是毛利率高于行业平均水平。如林华医疗被问及主要产品保持高毛利率的原因、合理性及可持续性。三是毛利率变动异常。派特罗尔被问及同一钻探项目毛利率于不同年度异常变动的原因及合理性；垦丰种业被问及毛利率下降的具体原因。

4. 内部控制有效性方面

一是竞争力、潜在纠纷等受关注。如大丰农商行被问及各类贷款迁徙问题，被要求说明相关内控措施的有效性。二是风险事项的内控措施。如湖山股份被问及存在“投标文件提供虚假材料”的过往及是否存在重大缺陷；康鹏科技被问及业务是否存在高污染、高环境风险事项及相应的内控措施。三是股权激励等措施是否公平公正。天地环保被问及员工股权激励的评估方法是否适当、价格是否公允。

5. 会计处理合规性方面

一是备抵科目计提的合规性。如鲁华泓锦被问及固定资产产生大额减值准备的原因及合理性；华泰永创被问及客户被列为失信执行人却并未对相关应收款项计提坏账准备的原因。二是会计处理方法的合规性。如派特罗尔被问及采用“工期进度”作为工作量法 / 产出法计算完工进度的合理性。三是财务人员混同。如恒茂高科被问及存在财务人员混同、岗位分离失效的情形，会计基础是否规范。

（三）重点提示

1. 上证主板：毛利率异常与财务真实性

统计期内，共有 12 家拟登陆上证主板的首发企业被否。按上会时间，依次是九恒条码、运高股份、林华医疗、垦丰种业、派特罗尔、德纳化学、润光股份、博隆技术、环洋股份、曹妃甸木业股份、珊溪水利、青蛙泵业。

审核会议上，监管层就上述 12 家企业的内部控制有效性、毛利率异常、关联交易等 11 类问题展开问询。其中，毛利率异常、财务真实性、股权权属、关联交易等问题受到重点关注。

毛利率异常方面，有九恒条码、林华医疗、垦丰种业、派特罗尔、博隆技术、环洋股份、青蛙泵业 7 家被问询，涉及采购价格异常、毛利率高于行业平均水平、毛利率变动异常以及毛利率下降等原因。财务真实性方面，有九恒条码、运高股份、林华医疗、德纳化学、曹妃甸木业股份、青蛙泵业 6 家被问询，涉及业务收入变化异常、业务成本高于行业平均水平，存在利益输送等问题。此外，关联交易、股权权属问题等也是上证主板关注的重点，分别有 4 家企业被问询。

2. 深证主板：持续经营能力与财务真实性

统计期内，拟登陆深证主板的企业有 9 家。按上会时间依次是丁点儿股份、老铺黄金、才府玻璃、正和科技、梦金园、华南装饰、大丰农商行、中健康桥、湖山股份。

审核会议上，监管层就上述 9 家企业的持续经营能力、财务真实性、毛利率异常、内部控制有效性、关联交易等 6 类问题展开问询。其中，持续经营能力、财务真实性、毛利率异常、内部控制有效性等问题受到重点关注。

持续经营能力方面，共有丁点儿股份、正和科技、大丰农商行、中健康桥和湖山股份 5 家被问询，主要涉及市场空间不明朗问题与业绩下滑风险等。财物真实性方面，共有丁点儿股份、老铺黄金、才府玻璃、梦金园、中健康桥 5 家被问询，涉及收入变动、产品调价等原因。毛利率异常与内部控制有效性分别有 4 家被问询，涉及毛利率高于行业平均水平、竞争力、潜在纠纷等问题。

3. 创业板：会计处理合规性

统计期内，共有 15 家拟登陆创业板的首发企业被否。按上会时间，依次是速达股份、灿星文化、华夏万卷、鸿基节能、鲁华泓锦、华泰永创、世佳科技、扬瑞新材、亚洲渔港、恒茂高科、兴禾股份、北农大、电旗股份、九州风神、红星美羚。

根据公告，上述 15 家企业因会计处理合规性、科创能力、创业板定位等 13 项问题收到监管层问询。其中，会计处理合规性、持续经营能力、财务真实性、内部控制有效性等问题是创业板被否企业受到重点关注的问题。

会计处理合规性方面，共有灿星文化、鲁华泓锦、华泰永创、恒茂高科、九州风神 5 家被问询，涉及计提合理性、会计基础规范性、会计差错等原因。持续经营能力方面，有速达股份、灿星文化、鲁华泓锦、世佳科技、兴禾股份、电旗股份 6 家被问询，涉及外部环境变化的影响、对主要客户存在依赖、净利润持续下滑等方面。

此外，毛利率异常、内部控制有效性、股权权属问题、关联交易等方面也受到重点关注，分别有 4 家被问询。

4. 科创板：持续经营能力、科创能力

统计期内，共有 8 家拟登陆科创板的首发企业被否。按上会时间，依次是康鹏科技、汇川物联、珈创生物、赛赫智能、天地环保、海和药物、吉凯基因、菲仕技术。

审核会议上，监管层就上述 8 家企业的财务真实性、内部控制有效性、信息披露等 11 类问题展开问询。其中，持续经营能力、科创能力、科创板定位、内部控制有效性问题受到重点关注。

持续经营能力方面，6 家企业因为不同原因遭到监管层的质疑。科创能力方面，监管层重点关注业务的技术壁垒与发行人的独立研发能力，共 4 家被问询。吉凯基因被要求说明靶标筛选和验证方面的核心技术是否具备较高的技术壁垒；珈创生物因部分核心技术专利由外部机构受让取得、自行研发投入较少，创新能力受到质疑；海和药物被问及部分核心产品进行外包研发服务，是否构成技术依赖；天地环保被问及相关核心技术是否具有先进性。

科创板定位问题方面，监管层主要关注首发企业的科创板上市条件的达成情况，共 3 家被问询。赛赫智能、吉凯基因分别被质疑研发投入、收入增长率未达标；海和药物被质疑对合作方构成技术依赖，要求说明自身科创板定位的自我评价是否真实准确。

纵观统计期内 44 家首发企业被否情况可以发现，每个板块的审核重点既有共性，也各具差异。共性方面，持续经营能力、关联交易、会计处理合规性、募投项目问题等是每个上市板块均重点关注的问题。

差异性方面，上证主板与深证主板的上会审核更聚焦于首发企业现阶段已达成的业绩

是否真实合理，公司生产经营的各个环节是否合规，股权是否稳定等方面。创业板注重首发企业的生产经营是否合规，内部控制是否有效等。科创板对首发企业的科创能力以及首发企业与科创板定位的匹配程度明显更加看重。

三 境内上市渝企科技创新分析报告

上市公司是科技创新的重要主体和重要推手。近年来，重庆境内上市公司人才结构不断优化，研发投入不断加大，人才政策不断丰富，创新驱动、转型升级能力不断增强。

（一）人：科技人才

1. 员工构成：人才结构不断优化

近年来，重庆境内上市公司硕士研究生及以上学历人才占比不断提升，上市公司人才结构不断优化。2021 年，重庆境内上市公司员工总人数为 34.37 万人，其中本科、硕士研究生、博士研究生人数分别占 26.76%、3.89%、0.10%（见表 5-13）。

表 5-13 2019—2021 年重庆境内上市公司本科及以上学历员工构成情况

学历	2021 年	2020 年	2019 年
员工总数（万人）	34.37	32.54	31.03
本科占比（%）	26.76	27.42	26.16
硕士研究生占比（%）	3.89	3.64	3.23
博士研究生占比（%）	0.10	0.09	0.09

从博士研究生人才数来看，录得有博士研究生员工的上市公司数为 19 家，共 327 人。从公司所属行业来看，19 家公司中有 4 家为医药生物行业，占 21.05%；汽车、环保行业各 3 家，分别占 15.79%；机械设备 2 家，占 10.53%；有色金属、金融、建筑装饰、建筑材料、钢铁、房地产、传媒行业各 1 家，分别占 5.26%。博士研究生人数占比最高的为梅安森，达 2.84%；第 2 为中国汽研，达 2.42%；西南证券、华邦健康、国城矿业排第 3 至第 5 位，分别为 0.96%、0.43%、0.40%。博士研究生数量最多的为长安汽车，达 109 人；其次为华邦健康，为 52 人；第 3 为中国汽研，为 51 人；小康股份、西南证券位列第 4、第 5 位，分别为 33 人、23 人。

整体来看，博士研究生人才多集中在医药生物、汽车、环保领域。其中，医药生物行业因新药批准入市需要长期研发积累和临床试验，对人才要求高；汽车行业需要高层次人才推动自身转型升级；此外，在绿色发展的背景下，环保领域对高层次人才的重视程度也不断提高。除上市公司自身发展需要高学历人才支撑外，政策导向作用也逐渐凸显。以博士研究生人数占比排名第 7 的远达环保为例，其积极响应“无废城市”建设，在固体废物利用处置方面引进高精尖人才。中国汽研也遵循政策导向，有序推进“科改示范行动”重点工作，聚焦重点领域引进人才。

从博士研究生人数占比变动来看，变动最大的小康股份增幅为 0.24%（见表 5-14），主要原因为 2021 年是小康股份转型升级的关键年，其研发人员同比增长 60.41%。

表 5-14 2020—2021 年重庆境内上市公司博士研究生人数占比变动（TOP5）

（单位：%）

上市公司	2021 年	2020 年	幅度
小康股份	0.24	—	+0.24
重庆水务	0.14	—	+0.14
福安药业	0.13	—	+0.13
西南证券	0.96	0.90	+0.06
宗申动力	0.03	—	+0.03

从员工构成整体来看，高学历人才占比逐年递增，入企学历门槛有提高趋势。原因有三：一是科技创新是时代主流，高精尖人才培育和引进是上市公司科技创新的重点；二是政策引领市场发展动向，上市公司具有较高的政策敏感度，一旦确定企业发展方向与重点就会迅速调整出与之相适应的人才结构战略；三是多数公司加快转型升级，高学历人才成为上市公司转型升级的重要推手。

2. 技术人员：占比不断提升

技术人员是企业重要的智力资本，更是培育发展新动能的重要驱动力。2019—2021 年，重庆境内上市公司技术人员总数分别为 5.37 万人、5.42 万人、5.49 万人。截至 2021 年年末，技术人员在 1000 人以上的上市公司有 15 家，分布在医药生物、汽车、机械设备、建筑装饰、房地产、电力设备、商贸零售、公用事业等行业。其中，医药生物是关系国计民生的重要产业，是当前创新较为活跃、发展较为迅猛的战略性新兴产业之一，新冠肺炎疫情暴发以来其重要性越发凸显。

2021 年，技术人员占比在 50% 及以上的有中设咨询、巨人网络、中国汽研、重庆建工、财信发展、梅安森 6 家；20%~50%（不含）的 16 家；10%~20%（不含）的 18 家；10% 以下的 19 家（见图 5-7）。

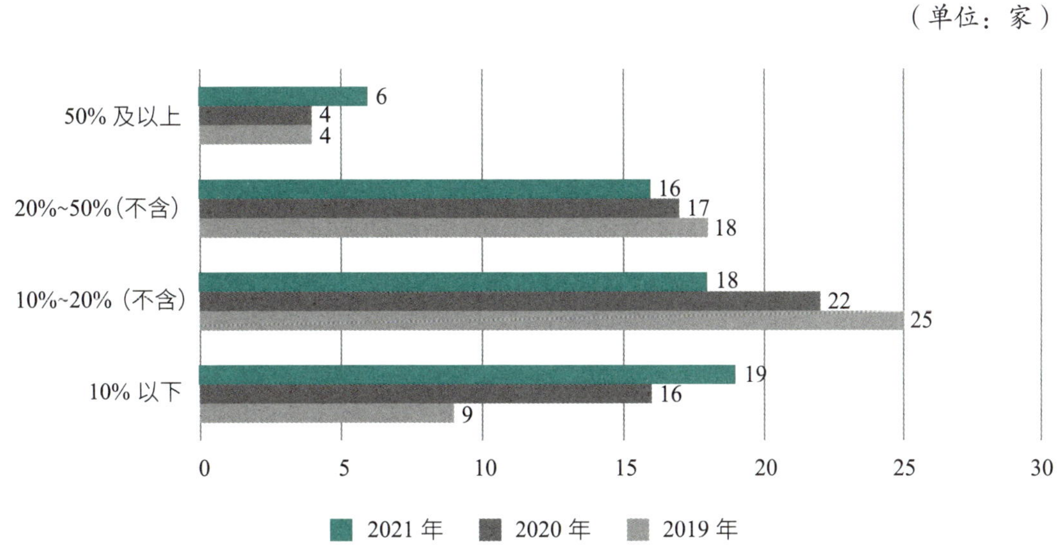

图 5-7 2019—2021 年重庆境内上市公司技术人员占比分布情况

近三年，技术人员占比逐年提升的有 13 家。其中，医药生物行业 3 家，建筑材料、公用事业行业各 2 家，汽车、建筑装饰、房地产、食品饮料、电力设备、机械设备行业各 1 家。值得一提的是，2021 年钢铁行业技术人员占比持续提高，从 2020 年的第 17 位提升至第 13 位，技术人员占比增幅达 122.46%，居行业首位（见表 5-15）。

表 5-15 2019—2021 年重庆境内上市公司技术人员占比行业平均值对比情况

（单位：%）

行业	2021 年	2020 年	2019 年
建筑装饰	50.01	50.83	51.48
传媒	43.22	49.03	37.69
机械设备	29.80	28.06	27.92
电力设备	23.63	20.69	18.86
汽车	22.59	21.85	23.75
公用事业	20.86	19.70	18.11
房地产	19.14	17.28	16.50
交通运输	17.60	18.75	18.68
医药生物	16.52	16.80	15.67
商贸零售	15.18	18.07	18.07
基础化工	14.51	16.01	16.53
环保	13.85	17.93	18.99
钢铁	12.68	5.70	5.81
建筑材料	12.43	11.49	8.81
有色金属	12.12	11.25	27.70
食品饮料	10.63	13.10	12.52
电子	9.65	9.70	14.07
轻工制造	4.42	5.12	31.17
金融	2.99	3.02	0.00

建筑装饰行业技术人员占比平均值均位居第 1。一方面，建筑装饰的行业属性决定了相关上市公司需要大量的技术人员。另一方面，在绿色环保、健康装饰的趋势之下，建筑装饰行业的科技化、智能化、绿色化正得到前所未有的关注，相关上市公司迫切需要提质升级。以中设咨询为例，作为技术密集型上市公司，近 3 年技术人员占比平均值达 80.79%；2021 年，拥有技术人员 515 名，其中研发技术人员 44 名，生产技术人员 471 名。

在重庆打造国家先进制造业中心的背景下，传统制造业转型升级已到提质阶段，技术人员占比及增幅常年居于前列。以重庆钢铁为例，其通过技术降本、工艺改造等方式不断提升竞争力。2021 年，拥有技术人员 854 名，同比增长 127.13%。

（二）财：研发投入

1. 研发费用：技术密集型行业稳居高位

近年来，重庆境内上市公司对科技创新愈加重视，不断加大研发投入。2019—2021 年，录得数据的重庆境内上市公司研发费用分别为 74.70 亿元、79.85 亿元、94.50 亿元，同比分别增长 26.61%、6.89%、18.35%。但值得注意的是，录得数据的重庆境内上市公司研发费用总额占当年营业收入总额的比重分别为 1.81%、1.70%、1.53%，逐年下降。

主要有三点原因：一是国际环境变化与发达国家对我国的技术封锁，迫使我国不断加强技术突破，提高国产化比率，解决重点领域的“卡脖子”问题。二是《成渝地区双城经济圈建设规划纲要》要求，成渝地区加快建设具有全国影响力的科技创新中心。上市公司率先“落子”，不断加大研发投入，提高企业创新能力和加快企业转型升级。三是市场竞争愈加激烈，技术升级和产品更新速度加快，上市公司需要通过不断创新升级满足市场需求。

从行业来看，2021 年研发费用总支出最高的为汽车行业，达 52.73 亿元；医药生物行业以 15.76 亿元的支出总额排名第 2 位；传媒、机械设备行业分别以 7.14 亿元、6.07 亿元排名第 3、第 4 位（见表 5-16）。

从均值来看，2021 年排名最高的仍然为汽车行业，达 7.53 亿元；传媒行业以 3.57 亿元紧随其后；机械设备、医药生物、电子、电力设备、公共事业、食品饮料、美容护理、建筑材料分别以 2.02 亿元、 1.43 亿元、1.26 亿元、0.96 亿元、0.60 亿元、0.57 亿元、0.51 亿元、0.41 亿元排在第 3 至第 10 位（见表 5-17）。

表 5-16　2021 年重庆境内上市公司研发费用总额（行业 TOP10）

行业	费用合计（亿元）	企业数量（家）
汽车	52.73	7
医药生物	15.76	11
传媒	7.14	2
机械设备	6.07	3
电力设备	1.92	2
食品饮料	1.72	3
房地产	1.68	6
环保	1.55	4
电子	1.26	1
建筑材料	1.23	3

表 5-17　2019—2021 年重庆各行业境内上市公司研发费用平均值

（单位：亿元）

行业	2021 年	2020 年	2019 年
汽车	7.53	6.01	5.89
传媒	3.57	7.21	8.11
机械设备	2.02	1.68	1.45
医药生物	1.43	1.05	0.91

续表

行业	2021 年	2020 年	2019 年
电子	1.26	1.23	0.73
电力设备	0.96	0.20	0.22
公共事业	0.60	0.31	0.21
食品饮料	0.57	0.31	0.07
美容护理	0.51	0.30	0.18
建筑材料	0.41	0.36	0.30
环保	0.39	0.32	0.27
商贸零售	0.38	0.03	0.06
建筑装饰	0.33	0.28	0.30
房地产	0.28	0.46	0.32
基础化工	0.12	0.14	0.16
钢铁	0.12	0	0
交通运输	0.01	0.03	0.02

当前，汽车产业正经历新旧动能转换带来的大变革，智能化、电动化已成为新一轮汽车产业革命的核心。作为我国汽车制造业的重镇，重庆正在全力打造具有全球影响力的智能网联新能源汽车产业发展高地。上市渝企率先行动，持续不断加大研发投入，积极拥抱新能源汽车赛道。以长安汽车为例，早在 2001 年就开始研发新能源汽车技术。目前，已掌握除电芯外的电池大数据、热管理、电池包集成等核心技术，申请专利超 1100 件，许多技术全球领先。

医药生物行业方面，存在“四高一长”的行业特征，即高技术、高投入、高收益、高风险和长周期，需要以高额投入作为产业进入和公司持续发展的条件。以智飞生物为例，2021 年成功研发重组新型冠状病毒蛋白疫苗（CHO 细胞），在多国获批紧急使用，这带动了其自主产品 707.61% 的营收增幅。

从研发费用增幅来看，商贸零售、电力设备、公用事业等行业的研发费用增幅居前（见表 5-18）。在万众创新的背景下，劳动密集型行业更加重视产业结构或经营模式方面的转型升级，逐渐向技术密集型、科技密集型行业转变。

表 5-18 2021 年重庆境内上市公司研发费用增幅（行业 TOP10）

行业	增加值（亿元）	增长幅度（%）
商贸零售	0.35	1166.67
电力设备	0.76	380.00
公共事业	0.29	93.55
食品饮料	0.26	84.95
美容护理	0.21	70.00
医药生物	0.38	36.45
环保	0.07	21.88
房地产	0.10	21.74
机械设备	0.34	20.44
建筑装饰	0.05	16.67

重庆百货作为重庆境内上市公司商贸零售行业的“独苗”，2021 年的研发费用增幅巨大：一是开发了财数通 V2.0、企微营销助手平台 2.0 等 5 个项目，加强公司内部管理，推进数字化转型。二是下属电商公司仕益质检开展检测技术研究项目，提升产品检验检测技术。

电力设备行业的研发费用同比增幅达380.00%，声光电科拉动行业整体水平。2021年，声光电科实施了重大资产重组，进行业务战略转型，置入西南设计、芯亿达以及瑞晶实业，打造硅基模拟及射频芯片全产业链的生产销售平台。同时，布局卫星导航、5G通信、短距离通信、光伏保护，并有望在汽车电子领域实现突破。

公共事业行业的增幅主要来自太阳能，2021年其研发投入金额同比增长达96.24%。光伏产业是全球能源科技和产业的重要发展方向，是具有巨大发展潜力的朝阳产业。太阳能响应“双碳”战略目标，聚焦主业，持续推进对新技术的探索。2021年，研发项目达90余项，同比增加40余项。

整体来看，2021年研发投入总体维持增长主要有三个原因。一是重庆正在建设具有全国影响力的科技创新中心，出台了一系列措施加大对企业科技创新的培育力度，为上市公司创新发展提供了良好的环境。二是汽车、医药生物等技术密集型行业不断加大研发投入，始终保持较高的研发费用支出。三是商贸零售、食品饮料等对技术和设备依赖程度较低的劳动密集型行业也积极加大研发投入，步入了技术创新的赛道。

2. 研发费用占营业收入的比例：11家上市公司逐年提升

2019—2021年，分别录得49家、50家、51家公司的有关数据，整体研发费用占比分别为1.45%、1.39%、1.33%。2021年研发费用占比在10%及以上的有2家；3%~10%（不含）的17家；1%~3%（不含）的15家；1%以下的17家（见表5-19）。

表5-19 2019—2021年重庆境内上市公司研发费用占比分布情况

研发费用占比区间	2021年		2020年		2019年	
	数量（家）	占比（%）	数量（家）	占比（%）	数量（家）	占比（%）
10%及以上	2	3.92	1	2.00	2	4.08
3%~10%（不含）	17	33.33	17	34.00	15	30.61
1%~3%（不含）	15	29.41	15	30.00	14	28.57
1%以下	17	33.33	17	34.00	18	36.73
合计	51	100.00	50	100.00	49	100.00

近三年研发费用占比逐年提升的有 11 家，分布在环保、汽车、建筑材料、机械设备、建筑装饰、轻工制造、医药生物、传媒、公用事业等行业。

从行业研发费用占比平均值来看，2021 年研发费用占比最高的为传媒行业，达 16.85%；电力设备以 5.91% 的占比位列第 2 位；机械设备、电子、医药生物、轻工制造、汽车、钢铁、建筑材料、建筑装饰分别以 5.90%、4.01%、3.71%、3.48%、3.21%、3.15%、2.37 %、2.02% 的占比位列第 3 至第 10 位（见表 5-20）。

表 5-20 2019—2021 年重庆境内上市公司行业研发费用占比平均值

（单位：%）

行业	2021 年	2020 年	2019 年
传媒	16.85	16.26	15.76
电力设备	5.91	4.88	6.22
机械设备	5.90	5.89	6.06
电子	4.01	5.09	6.44
医药生物	3.71	3.20	3.32
轻工制造	3.48	2.39	1.57
汽车	3.21	3.56	3.39
钢铁	3.15	3.63	2.20
建筑材料	2.37	1.77	1.86
建筑装饰	2.02	2.09	2.45
基础化工	1.60	1.90	2.24
环保	1.01	0.97	0.81

续表

行业	2021 年	2020 年	2019 年
公共事业	0.86	0.58	0.41
食品饮料	0.57	0.44	0.31
交通运输	0.20	0.37	0.27
商贸零售	0.18	0.01	0.02
房地产	0.16	0.11	0.12

传媒行业方面，随着互联网的广泛运用，传媒行业进入了以互联网及移动互联网为主的新媒体时代，人工智能、5G、VR（虚拟现实）等新技术带来行业内的巨大的技术变革。以游戏领域为例，需要保持高增长的研发投入，保证新品迭代和品类扩张。2021 年，市值 TOP10 的游戏公司在游戏业务方面的研发费用投入超过 300 亿元。如巨人网络近三年的研发费用投入均超 7 亿元、研发占比均超 30%。

机械设备行业方面，机械设备素有“工业的心脏”之称，是工业发展的基础。顺应“互联网 +”的发展趋势，重庆机械设备行业不断加大研发投入，提高研发费用占比，推动信息化与工业化深度融合，沿着数控化、自动化、智能化、柔性化的方向发展。以梅安森为例，2021 年该公司与阿里云联合推出了煤矿数据智能系统整体解决方案，有效提升了公司智慧矿山解决方案的市场竞争力。

整体来看，近年来重庆境内上市公司研发费用投入增加的企业数量不断增多，研发费用占比较高的上市公司数量同步增加，但整体研发费用占比略有下滑。主要原因包括：一方面，前期的研发投入效益显现，优质产品推出、生产技术进步、生产效率提高等因素推动营业收入快速增长。2021 年，重庆境内上市公司总营业收入同比增长 27.46%，虽然上市公司持续加大研发费用支出，但增幅小于总营业收入的增幅。另一方面，外部环境的不确定性影响加大，上市公司为加强风险控制，需要保持较充足的现金流。

（三）策：科技政策

近年来，重庆紧扣战略性新兴产业和关键核心技术等重点领域，加快建立以财政投入为引导、企业投入为主体、金融市场为支撑的多元政策体系。

1. 市级政策：发挥指挥棒作用

2021 年 5 月，印发《支持科技创新若干财政金融政策》。

2021 年 8 月，出台《重庆市制造业产业创新能力提升行动实施方案》，计划“十四五”期间，全市企业研发投入累计2500亿元以上，企业研发投入强度（研发投入占销售收入的比例）达到2%。

在一系列政策举措的推动下，2021 年全市研究与试验发展（R&D）经费投入超 10 亿元。

2. 部门政策：发挥杠杆效应

财政投入方面，《支持科技创新若干财政金融政策》要求，“十四五”期间重庆市本级财政每年将新增 10 亿元，带动区县财政每年新增 30 亿元，市和区县两级财政五年新增科技创新投入 200 亿元。在具体项目支持上，支持市级科技创新重大项目，市级财政对每个主攻方向给予 1000 万 ~3000 万元的资金支持；支持企业智能化改造升级，单个项目市级补助最高为 1000 万元；支持产业技术体系创新团队建设，对单个团队市级按最高 500 万元予以支持；对在科创板成功上市的企业，市级财政给予最高 800 万元奖补。

金融支持方面，中国人民银行重庆营业管理部联合重庆市科学技术局、重庆市知识产权局出台《关于进一步强化科技创新金融服务推动高质量发展的实施意见》，开展“央行再贷款 + 一行一品”创新行动，要求金融机构积极运用央行再贷款再贴现资金开展“一行一品”创新攻坚，补齐科技金融专业化短板，打造科技金融特色化、专属化、精细化产品和服务，形成“一行一品”的科技金融服务体系，推出知识产权质押贷、科技智慧贷、科技助保贷、投联贷、知识价值信用贷等多款特色科技金融产品，为再贷款再贴现创新运用提供更多场景支撑。截至 2021 年年末，全市科技贷款余额 3534 亿元，增长近 300 亿元。

为促进创新链与资本链有机融合，重庆市地方金融监督管理局、重庆市科学技术局等部门先后出台《关于发展股权投资促进创新创业的实施意见》《关于激励私募投资基金支持科技创新的通知》，对投资重庆市战略性新兴产业和高新技术产业的，以及投资外地相关企业后引入重庆市的股权投资机构或私募投资基金管理人，分别给予累计不超过实际投资到账金额的 1% 的奖励和最高不超过 1000 万元的奖励。

四 新《证券法》实施观察及典型案例分析——常态化严监管促进资本市场正向合规发展

2019 年 12 月 28 日，第十三届全国人民代表大会常务委员会第十五次会议第二次修订《中华人民共和国证券法》（简称“新《证券法》”），于 2020 年 3 月 1 日起施行。作为中国资本市场的根本大法，新《证券法》明确全面推行注册制，强化证券市场监管，注重保护投资者权益，为推动证券行业和资本市场改革创新、健康发展提供了法律保障，标志着中国资本市场在市场化、法治化道路上又迈出了坚实的一步。

（一）变化一：发行与退市制度的革新

第一，全面推行、分步实施证券发行注册制。新《证券法》将原“公开发行证券，必须符合法律、行政法规规定的条件，并依法报经国务院证券监督管理机构或者国务院授权的部门核准；未经依法核准，任何单位和个人不得公开发行证券”修改为“公开发行证券，必须符合法律、行政法规规定的条件，并依法报经国务院证券监督管理机构或者国务院授权的部门注册。未经依法注册，任何单位和个人不得公开发行证券。证券发行注册制的具体范围、实施步骤，由国务院规定”。这表明，发行监管机构不再对证券发行主体的优劣做实质判断，而是让发行人之间充分竞争，通过市场选择形成优胜劣汰机制，让市场主体真正成为市场的主人。

从实践来看，注册制的全面推行采取分步实施、试点先行的原则，首先在科创板、创业板分步实行注册制。2019 年，科创板发行注册制落地；2020 年，创业板也进行了注册制改革；2021 年，新开市的北交所也实行注册制发行。总体而言，科创板、创业板、北交所在试点注册制后市场运行较为平稳，各项制度创新和完善基本实现了预定目标。

第二，强化退市改革。新《证券法》明确，“上市交易的证券，有证券交易所规定的终止上市情形的，由证券交易所按照业务规则终止其上市交易”。2020 年年底，沪深交易所相继发布了新修订的《上海证券交易所股票上市规则》《深圳证券交易所股票上市规则》以及《上海证券交易所科创板股票上市规则》《深圳证券交易所创业板股票上市规则》等多项配套规则。北交所在开市前发布的《北京证券交易所股票上市规则（试行）》中，也专章明确了退市的相关规定。

全面注册制下，常态化退市机制在深化。据统计，2001—2018 年，A 股年均退市公司约 6 家，年均退市率 0.36%①，吸收合并、证券置换以及私有化退市等原因占比较高。2019 年以来，除转板上市、并购重组外，退市公司共 94 家。其中，2019 年 10 家、2020 年 19 家、2021 年 20 家、2022 年 1—8 月 45 家，退市节奏加快，且财务指标类退市案例增多。分析发现，2022 年以来，沪深交易所下达的“退市令”中，有近 30 家的退市原因涉及非标审计意见②；多家 *ST 公司的退市缘由中，审计意见类型成为其触发退市的唯一指标。

值得关注的是，在以往的退市实践中，非标退市需连续观察 3 个会计年度，部分公司在连续 2 年亏损或净资产为负值被实施退市风险警示后，在下一个会计年度通过对财务的技术化处理，实现报表式“盈利”，进而规避退市。新《证券法》实施后，从关注持续盈利能力变为关注持续经营能力，退市流程简化，加之审计意见与其他财务退市指标交叉适用，上市公司规避退市的运作时间、操作空间被极大地限制了。

整体来看，退市成为企业和资本市场的双向选择：部分企业即使能保持盈利，但如果没有成长性也会被市场抛弃；自身价值未得到体现、股价被严重低估的公司也将通过退市，以较低的价格实现公司的私有化。

因此，企业需要考虑的是如何让市场给予合理的估值并利用资本市场做大做强。而一些绩差股、题材股等不适应经济转型的上市公司退出市场，在加快市场优胜劣汰的同时，有利于提高上市公司的整体质量，也有利于资本市场健康发展。

（二）变化二：信息披露史上最严

信息披露是新《证券法》的核心制度，是上市公司与投资者间沟通的重要桥梁，也是投资者进行投资决策的重要依据。注册制下，对信息披露的监管侧重于事后监管，包括对

① 数据来源于证券时报网。

② 审计意见分为标准无保留意见、带事项段的无保留意见、保留意见、无法表示意见和否定意见五种，反映财报的可信赖程度由高至低，其中，后四种均属于非标准审计意见，即非标审计意见。

发行人及其控股股东、实际控制人、董事、监事、高级管理人员的事前信息披露是否及时、真实、准确、完整、简明清晰、通俗易懂等。

一是信息披露要求公平。新《证券法》首次明确信息披露义务人披露的信息应当同时向所有投资者披露的基本原则，确保公平披露，不得提前向任何单位和个人泄露。任何单位和个人提前获知了前述信息，在依法披露前应当保密。

案例 1 会计师利用内幕信息规避投资损失

某会计师事务所主任会计师周某，时任力帆股份 [现力帆科技（601777.SH）] 的副总会计师。2020 年 7 月 22 日，因工作原因知悉公司财务亏损这一内幕信息。8 月 21 日，在力帆股份披露《2020 年半年度报告》前通过本人证券账户将持有的力帆股份股票全部卖出，规避损失 8.36 万元。该行为形成内幕交易违法行为，周某因此被监管部门没收违法所得并罚款 80 万元。

二是自愿披露要求谨慎。根据新《证券法》，自愿披露的信息必须是与投资者作出价值判断和投资决策有关的信息，不得误导投资者。自愿披露的信息不能保证真实、准确、完整的，同样要承担法律责任。在新规下，随意披露信息甚至“蹭热点”的行为不可取。

案例 2 海南海药“蹭热点”被深交所通报批评

2020 年年初，A 股市场出现了个别上市公司通过发布公告、在交易所互动易平台互动回复投资者问询、在公司公众号发布新闻等方式蹭新冠肺炎热点并炒作的情况。

公告信息显示，2 月 14 日，海南海药公告称，公司及国内外合作伙伴成功开发了某抗击新冠肺炎药物的原料药合成工艺技术和制剂技术。此消息立即引发市场广泛关注，公告发布后的次一交易日，海南海药股价应声涨停。细究公告披露的内容发现，海南海药在公告中多次提及通过与合作伙伴的合作，在抗病毒药物研制上取得进展的信息，但未对与合作伙伴的合作模式、各方权利义务等重要信息进行披露。同时，对原料药及制剂的生产工艺和技术等关键信息披露不明。

深交所认为，上述未予明确的信息，对公司股票及其衍生品种交易价格可能产生较大影响，存在信息披露不完整、误导投资者的情形。2 月 29 日，深交所发布公告，对海南海药（000566.SZ）及其当事人给予通报批评的处分。

案例 3　博瑞医药董秘因信息披露不准确被通报批评

2020 年 3 月 1 日，上交所对博瑞医药（688166.SH）的一纸纪律处分决定书亮出了对上市公司“关键少数”人员严监管的鲜明态度。在某类原用于治疗“埃博拉”病毒的药物成为抗击新冠肺炎的“网红药物”之后，博瑞医药董秘通过公告披露：成功仿制开发了相关药物的原料药，同时以“批量生产”的非准确语言替代特指药品研发领域的“小试、中试”等词语，虽然在醒目位置做了“产品生产需经过获得专利权人授权和药品审批、药物对于新型冠状病毒是否有效存在重大不确定性”等提示，仍然干扰了投资者对药物研发进展的判断，影响投资者的决策。该消息披露后，博瑞医药股票暴涨。

纪律处分决定书显示，博瑞医药董秘因其信息披露具体负责人的职责定位，对公告表述不准确负有责任，还在公告披露后的记者采访中进一步混淆了“批量生产”的准确含义，扩大了可能造成的负面影响。因此，上交所对博瑞医药董秘予以通报批评，对博瑞医药予以监管关注。

三是公开承诺要披露却不履行承诺要承担赔偿责任。公开承诺的披露与履行是监管部门近些年关注的重点问题之一，也是新《证券法》修订新增的内容。新《证券法》明确，发行人及其控股股东、实际控制人、董事、监事、高级管理人员等作出公开承诺的，应当披露；不履行承诺给投资者造成损失的，应当依法承担赔偿责任。

案例 4 实控人及其一致行动人未履行增持承诺

2017 年 4 月 20 日，高升控股 [现 ST 高升（000971.SZ）]《关于实际控制人增持公司股份计划的公告》称，公司实际控制人韦某及其控制的实体计划自 2017 年 4 月 20 日起 12 个月内增持公司股份，计划增持股份数不低于 1000 万股，不高于 5000 万股，增持金额不超过 10 亿元。2018 年 4 月 4 日，公司披露的《关于实际控制人增持公司股份计划调整的公告》称，实际控制人韦某将本次增持公司股份计划期限延长 6 个月，并增加其一致行动人作为增持主体，上述实际控制人承诺变更事项经公司 2017 年度股东大会审议通过。2019 年 1 月 11 日，公司披露的《关于实际控制人增持公司股份计划期限届满暨实施情况的公告》显示，实际控制人增持计划实施期限已届满，但未实施任何增持行为。

由于上述情况并兼有其他违规行为，2019 年 5 月 23 日，深交所对上市公司，公司实际控制人兼董事韦某，董事长李某，董事、财务总监兼董事会秘书张某给予公开谴责处分，对四名其他董事、四名独立董事给予通报批评处分。

2020 年 9 月 15 日，湖北证监局对该公司实际控制人兼董事韦某及其一致行动人采取出具警示函的监管措施。

同时，通过“罚款 + 民刑责任”，加重违规成本。新《证券法》第 197 条规定，未按规定报送有关报告或者履行信息披露义务的，对信息披露义务人最高可罚 500 万元，对直接责任人员最高可罚 200 万元。报送的报告或者披露的信息有虚假记载、误导性陈述或者重大遗漏的，对信息披露义务人最高可罚 1000 万元，对直接责任人员最高可罚 500 万元。信息披露违法致使投资者在证券交易中遭受损失的，信息披露义务人应当承担赔偿责任，发行人的控股股东、实际控制人、董事、监事、高级管理人员和其他直接责任人员以及保荐人、承销的证券公司及其直接责任人员，应当与发行人承担连带赔偿责任。涉嫌犯罪的还将依法移送司法机关处理。

案例 5　飞乐音响虚假陈述被判赔偿投资者损失 1.23 亿元

2021 年 5 月 11 日，上海金融法院公开宣判原告魏某等 315 名投资者与被告上海飞乐音响股份有限公司 [简称飞乐音响（600651.SH）] 证券虚假陈述责任纠纷一案，该案系《最高人民法院关于证券纠纷代表人诉讼若干问题的规定》出台后普通代表人诉讼的首次全面实践。

2019 年 11 月，中国证监会上海监管局对飞乐音响作出行政处罚决定，认定飞乐音响因项目确认收入不符合条件，导致 2017 年半年度报告、三季度报告收入、利润虚增及相应业绩预增公告不准确。2020 年 8 月起，多名飞乐音响的股票投资者作为原告向法院提起诉讼，认为飞乐音响的虚假陈述行为使其造成重大投资损失，要求赔偿。

上海金融法院经审理认为，飞乐音响在发布的财务报表中虚增营业收入、虚增利润总额的行为构成证券虚假陈述侵权，315 名原告均于涉案虚假陈述实施日至揭露日期间买入飞乐音响股票，并在揭露日后因卖出或继续持有产生亏损，应当推定其交易与虚假陈述之间存在因果关系，飞乐音响应当承担民事赔偿责任，判处被告赔偿原告各项损失共计 1.23 亿元。

中介机构勤勉尽责是提高上市公司质量的重要一环。新《证券法》明确，中介机构如果不能证明自己没有过错，那么就需在信息披露义务人以外承担连带赔偿责任，加大了对中介机构提供虚假证明文件的刑事处罚力度。这倒逼中介机构恪守诚实守信、勤勉尽责的义务，发挥好资本市场“看门人”的作用。

新《证券法》实施以来，监管机构对中介机构的监管亦趋严。统计显示，自 2020 年 3 月以来，92 家中介机构（含券商、会计师事务所、律师事务所和资产评估机构）被证监会和地方监管局合计处罚 416 家次，处罚对象包括保荐机构及保荐业务负责人、保荐代表人、项目协办人，会计师事务所及主任会计师、签字会计师，律师事务所及签字律师，资产评估机构及资产评估师。其中，21 家机构或个人被处以罚款或没收业务收入并罚款的行政处罚，71 家机构共计 351 次为行政监管措施，包括监管谈话、出具警示函、警告、责令改正、限制业务活动等。

案例 6 正中珠江被注销执业证书

广东正中珠江会计师事务所（特殊普通合伙）（简称“正中珠江”）在为康美药业 [现 ST 康美（600518.SH）] 提供年报审计服务中，风险识别与评估阶段部分认定结论错误，未严格执行舞弊风险应对措施等审计计划，并存在其他未勤勉尽责行为，甚至出现内部人员配合上市公司拦截询证函、将伪造的走访记录作为审计证据的行为，出具的审计报告存在虚假记载。2019 年正中珠江被证监会立案调查。

2021 年 2 月 20 日，证监会发布的行政处罚决定书，对正中珠江责令改正，没收业务收入 1425 万元，并处以 4275 万元罚款。同时，对康美药业 2016 年至 2018 年年度财务报表审计报告签字注册会计师杨某、康美药业 2016 年和 2017 年年度财务报表审计报告签字注册会计师张某、康美药业 2016 年和 2017 年年度审计的项目经理苏某给予警告，并分别处以 10 万元罚款；对康美药业 2018 年年度财务报表审计报告签字注册会计师刘某给予警告，并处以 3 万元罚款。

2022 年 7 月 21 日，财政部主办的“注册会计师行业统一监管平台”发布的公告显示，广东省财政厅于 2022 年 7 月 21 日注销了正中珠江执业证书。

（三）变化三：投资者保护成亮点

新《证券法》增加了投资者保护专章，特别是围绕中小投资者的权益保护这一主线，对维权路径与效率进行革新，成为亮点之一。此外，信息披露规则完善、注册制以及加大违法成本等各项具体规定，都直接或间接涉及投资者保护。

一是探索建立了符合中国国情的证券民事诉讼制度——代表人诉讼制度。第 95 条规定：“投资者提起虚假陈述等证券民事赔偿诉讼时，诉讼标的是同一种类，且当事人一方人数众多的，可以依法推选代表人进行诉讼。对按照前款规定提起的诉讼，可能存在有相同诉讼请求的其他众多投资者的，人民法院可以发出公告，说明该诉讼请求的案件情况，通知投资者在一定期间向人民法院登记。人民法院作出的判决、裁定，对参加登记的投资者发生效力。投资者保护机构受 50 名以上投资者委托，可以作为代表人参加诉讼，并为经证券登记结算机构确认的权利人依照前款规定向人民法院登记，但投资者明确表示不愿意参加该诉讼的除外。”

代表人诉讼制度允许投资者保护机构作为代表人参加诉讼，针对证券市场投资者人数众多，单个投资者对违法行为（如欺诈行为）起诉成本高、起诉意愿不强等特点，该制度又分别建立了“明示加入”与“默示加入”的参与机制，将尽可能多的利害关系投资者纳入诉讼轨道之中，中小投资者不用提任何诉讼，也不用办任何手续就可以默示加入这个集体诉讼之中，诉讼成功就可以获得相应的补偿，这对中小投资者维权索赔无疑是重大利好。

二是投资者保护机构助力提升维权效率。资本市场专业性强、风险高，中小投资者与上市公司、中介机构和机构投资者相比，在资金实力、信息获取能力和风险承担等方面处于相对弱势的地位。同时，由于中小投资者持股比例较小，维权成本往往大于维权收益，大多具有搭便车的想法，缺乏主动维权的意愿，最终出现集体行动难的问题。此外，举证难、司法保障不完善、缺乏专业性使得个人投资者在直接维权中面临诸多困境，这也是我国诸多上市公司一再铤而走险，敢于财务造假的重要原因。充分发挥投资者保护机构专业性强的优势和作用，在举证等方面帮助投资者降低维权成本，提升维权效率。

此外，新《证券法》对区分普通投资者和专业投资者，有针对性地作出投资者权益保护安排；建立征集股东权利制度，允许特定主体公开请求上市公司股东委托其代为出席股东大会，并代为行使提案权、表决权等股东权利；规定债券持有人会议和债券受托管理人制度；建立普通投资者与证券公司纠纷的强制调解制度；完善上市公司现金分红制度等。

案例 1 中国证券集体诉讼第一案

2020 年 11 月 12 日，由中证中小投资者服务中心（简称“投服中心”）提起的全国首例特别代表人诉讼——康美药业（600518.SH）证券虚假陈述责任纠纷案在一审中获胜诉判决。

最高人民法院公布的资料显示，康美药业 2016 年年报虚增货币资金 225.8 亿元；2017 年年报虚增货币资金 299.4 亿元；2018 年半年报虚增货币资金 361.9 亿元。这起上市公司最大规模造假案，涉案投资者人数超 5 万人，绝大多数为中小股民。

判决显示，投服中心代表原告方胜诉，康美药业相关被告承担 5.5 万名投资者损失 24.59 亿元，原董事长、总经理马某及 5 名直接责任人员、审计机构及签字会计师承担全部连带赔偿责任，13 名相关责任人员按过错程度分别承担 20%、10%、5% 的部分连带赔偿责任。其中，独立董事江某、李某、张某 3 人在康美药业 2016 年、2017 年年报和 2018 年半年报中签字，被判承担 10% 的连带赔偿责任，最高需要赔偿 2.45 亿元，独立董事郭某、张某 2 人在康美药业 2018 年半年报中签字，被判承担 5% 的连带赔偿责任，最高需要赔偿 1.22 亿元。

此案被称为“中国证券集体诉讼第一案”，是中国投资者保护历史上的里程碑事件，意味着中国资本市场的投资者保护工作迈入了新时代，对提高上市公司质量以及促进中国资本市场长远发展具有重要意义。

案例 2 投资者保护机构代表中小投资者参与公司治理

2021 年 6 月，上市公司中国宝安（000009.SZ）大股东韶关市高创企业管理有限公司向中国宝安提交了修改公司章程的议案，引发广泛关注。作为证监会设立的投资者保护机构以及中国宝安的小股东，投服中心对公司章程的修改内容进行了详细研究，认为此议案删除了中国宝安公司章程中的相关反收购条款，有利于提高上市公司的治理水平和保护投资者合法权益。

投服中心称，中国宝安公司章程中规定高额赔偿金条款，人为增加了董监高换届成本，迫使公司在面对正常的董监高换届需求时投鼠忌器，变相固化董监高的职务地位，或涉嫌利益输送，形成内部人控制，妨碍公司治理的有效运行。如果中国宝安公司章程的上述条款被触发，将大大削减上市公司的净利润，严重损害广大中小股东的利益。

同时，中国宝安公司章程中的条款规定了每年、每届董事更换人数的比例限制，并将选任执行董事的权利转移到了董事会，剥夺、限制了股东选任董事的基本权利，不符合《中华人民共和国公司法》的立法本意。投服中心认为，公司章程可以自治，但自治的前提条件是既不能违反法律法规的明文规定，也不能违反基本法理和立法本意。因此，公司章程仅可以就法律法规中未有明文规定或强制规范的部分进行意思自治，一切违反法律法规的公司章程不但无效，还可能承担由此造成的法律后果；公司章程具有涉他性，公司章程的自治不能侵犯他人合法权利，不得有损法律法规所保护的相关方之合法权利。资本市场的收购与反收购应以合法为前提，并遵循正常的市场化逻辑。

因此，投服中心曾多次行权，反对上市公司在公司章程中设置不当反收购条款，赞成本次修改公司章程的议案，并决定出席中国宝安 2020 年度股东大会，参与该议案的表决。为获得更多的支持，依据新《证券法》第 90 条规定，投服中心作为征集人，通过公开征集委托投票权的方式，请求中国宝安股东委托投服中心代为出席股东大会。在这次股东大会中，中小投资者 3019 人，占出席会议股东人数的 99%，占出席会议股东所持有效表决权股份总数的 54.82%，成功推动了上市公司修改公司章程、删除不当反收购条款。此次案例也成了中国资本市场上中小股东参与公司治理的标志性事件。

注：本报告数据来源于统计部门、行业协会、Wind、西部金融研究院、江北嘴财经智库，特别标注的除外。

第六章
对策建议

企业上市诚然是一道难题，上市公司高质量发展也绝非易事，在市场风云中劈波斩浪、长远发展更是难上加难。本章根据前述分析情况，从推动企业上市、促进上市公司高质量发展及提高抗风险能力三个方面提出“3+3+3”的工作建议。

上市公司是资本市场的基石，是实体经济的支柱，也是高质量发展的载体。推动企业上市和上市公司高质量发展，既有利于让优质企业借助资本市场获得中长期资金来源、降低融资成本，又有利于助推企业转型升级、提高知名度和影响力，做大做强，促进地方经济社会高质量发展。本章从推动企业上市和促进上市公司高质量发展及提高抗风险能力三个方面，提出“3+3+3”工作建议，供有关各方参考。

一　推动企业上市方面

（一）强化意识，进一步激发企业上市内生动力

一是加强宣传引导。组织重点拟上市企业参加境内外企业上市推介会、专题研讨会，赴证券交易所、全国股转公司交流对接，参观考察成功上市企业，了解企业上市过程中可能碰到的问题和困难，不断增强企业上市意识和信心。推动新闻媒体积极宣传报道企业上市成功范例，共同营造鼓励企业上市良好氛围。

二是发挥机构作用。支持证券公司、会计师事务所、律师事务所等上市服务机构发展，引导建立执业业绩评价体系，将服务企业上市及促进上市公司高质量发展情况纳入重点评价范围，给予优质服务机构一定的财政奖补，推动服务机构提升业务质量和服务水平。上市公司协会、证券期货业协会、股权投资基金协会等行业组织要充分发挥桥梁纽带作用，促进各类资本市场主体之间的交流与合作，帮助企业融资、规范发展及上市。

三是加强上市培训。注重对创业期企业的融资培训，提高创业期企业对接股权投资机构的能力，推动企业进行股权融资。培训内容上，除财务规范、法律实务，可扩大至税收筹划、企业内控等方面，帮助企业做好上市的前期准备工作。

（二）细分层次，进一步精准“选苗”和科学“育苗”

一是做强上市后备队伍。委托具备丰富上市辅导经验和较强综合咨询能力的专业服务机构与有关部门协作，对接招商、税务、创投、基金等部门和有关企业、组织，针对我市汽摩、医药、装备制造、电子信息等优势产业及符合国家、市级产业发展导向和成长性强的企业，深入挖掘上市后备项目，筛选满足上市培育盈利标准的企业作为重点上市后备企业。同时，完善以“知名投资机构 + 企业投资估值”为核心的市、区两级重点拟上市企业发现机制，将市级以上“专精特新”企业、科创板和创业板申报受理企业、新三板创新层挂牌企业、重庆股份转让中心科创板挂牌企业等纳入重点拟上市企业名单。

二是加强分类培育指导。一方面，对基本达到上市条件的企业，强化企业对自身的认识和定位，协助企业结合自身条件选择合适的目标板块，明确上市程序和重点事项，避免因定位不准确而导致的上市失败；对已正式启动上市申报的企业，帮助企业做好与中介机构的衔接，督促中介机构依法合规进行上市辅导，并及时与证券监管部门沟通协调，加快上市进程。加强与境内交易所及全国股转公司在培训、调研走访、上市培育等方面的合作交流，用好三大交易所重庆服务基地，为上市后备企业对接资本市场提供专业、精准、高效的服务。另一方面，成立专家顾问团。建立涵盖科技、产业、金融等领域的专家顾问团队，加强对上市后备企业的调研指导，定期开展专项服务，宣讲资本市场政策，助力企业负责人树立正确的上市观，掌握上市政策，强化资本市场法治意识，提升上市实操水平。

三是推进股份制改造。一方面，加大股权投资基金培育力度。围绕重庆建设国家重要现代制造业基地、具有全国影响力的科技创新中心等目标，加大源头培育力度，推动资本市场服务端口前移，促进头部专业服务机构在创业期与企业建立联系并开展辅导咨询。推动天使基金、风险投资基金等与上市后备企业对接，发挥股权投资基金项目、人才和资金等优势，帮助企业改善股权结构、提升对接资本市场的能力。另一方面，加大企业股改扶持培育力度。建立企业股改上市培育清单，加快推进尚未股改的“种子”企业和纳入上市后备企业资源库的企业的股改计划；针对企业股份制改造涉及的股权划转、房产办证等共性难题开辟“绿色通道”，及时协调解决企业改制中遇到的问题；进一步完善企业股改上市扶持政策，充分调动银行、证券、保险等各类金融机构资源，加大资金保障力度，降低企业改制成本，提高企业股改积极性。

（三）加强保障，进一步建立健全助推上市的机制

一是优化保障工作机制。建立企业上市服务“专班制”和“秘书制”，对进入辅导期的企业，明确与企业上市工作挂钩的区领导、有关部门领导及专业服务机构项目负责人，形成“一企配套一个专班、一位分管领导、一个工作方案”的工作机制，并配备一对一服务秘书，积极沟通衔接，加速解决企业开展股份制改造和上市中遇到的问题。

二是适当倾斜帮扶资源。优先支持将“种子”企业、“辅导申报”企业纳入政府产业引导基金、风险补偿资金、财政专项资金等各类扶持政策的范围内，发挥政府产业引导基金的引导作用，撬动更多的社会资本，加快企业上市步伐。建立金融服务拟上市企业“一对一”“面对面”融资协调机制，根据企业上市融资需求，及时组织银行、证券、保险、基金等金融机构主动上门服务，引导金融机构对拟上市企业“一企一策”制订融资服务方案。定期将“种子”企业和“辅导申报”企业推荐给金融机构，帮助企业解决上市过程中的融资问题。

三是包容审慎服务监管。对涉企审批、备案事项以及出具企业合规性证明或说明的，开辟“绿色通道”。包容审慎监管重点上市后备企业，在遵循法律法规的前提下，对“种子”企业、“辅导申报”企业等重点上市后备企业进行检查时，原则上以帮助整改规范为主。

二　促进上市公司高质量发展方面

（一）聚焦主业，推动上市公司做专

一方面，发挥上市公司在经济高质量发展中的引领作用，推动上市公司加强与私募股权投资基金的合作，围绕主业发展和核心竞争力提升开展产业整合，以强化产业配套、信息技术、金融服务等基础配套设施建设的方式，推动上市公司与配套企业联动发展，提升产业发展的效率和效益水平。

另一方面，支持上市公司充分利用资本市场的融资工具，抢抓资本市场再融资注册制及小额快速融资机制等契机，采用定向增发、配股、优先股、债转股和可转债、公司债、资产证券化融资等方式拓展融资渠道，增强资本实力，扩大企业生产规模。

（二）促进创新，引领上市公司做强

一方面，引导战略性新兴产业、制造业龙头企业增加科研投入，通过股权、期权等制度设计加大对科研人员的激励，提高科技创新能力。

另一方面，支持有条件的上市公司设立研发机构，推动重大关键技术取得突破，形成产业技术发展方面的优势。

此外，支持上市公司通过许可使用、专利转让、技术折算入股等方式，拓展其专利或技术在同行业或相关行业的应用，推动行业整体技术水平提升，助力重庆建设具有全国影响力的科技创新中心。

（三）注重效益，促进上市公司做大

一方面，鼓励上市公司围绕主业开展上下游产业链资源整合，加速产业链的强链、补链、畅链、护链，提升上市公司发展能级。可开展高端技术、品牌和人才的跨境并购。如以建设并购项目产业园的方式，进一步拓宽参与国内外经济合作的通道。鼓励各类金融机构积极稳妥开展并购贷款、银团贷款业务，对并购重组提供融资支持。

另一方面，审慎开展并购重组，切勿违背客观经济规律，盲目铺摊子、上项目、乱投资，导致业务多而不精，规模大而不强。一是避免出现因并购过渡多元化经营，导致主业空心化、边缘化。二是避免主业衰退导致阵脚不稳，而急于高价购入风口资产支撑业绩，最终陷入主业飘忽、债台高筑、经营能力滑坡的不良循环。三是强化整合管控，在交易过程中，不可只看重标的资产的稀缺性或者热衷于追捧某些概念、题材，除了关注资产寻访、估值定价、申报文件制作等前端事项外，要重视重组后能否形成协同效应，实现产业协同“1+1>2”的效果，避免出现整合管控方案论证不严密、风险揭示不充分等问题。

提高抗风险能力方面

（一）关注内部，强化企业治理

上市公司和拟上市公司控股股东、实际控制人、董事、监视和高管等“关键少数”要规范执业行为，强化守法意识，通过自查、整改等方式，建立有效的治理机制和内控制度，为企业价值创造提供内部保障。企业及大股东要避免通过表内外、场内外、本外币等方式盲目融资加大杠杆，要健全有效的债券融资约束机制，防范财务风险。

（二）借力外部，用好资本市场风险分担功能

当前，国际国内经济金融形势错综复杂，不少行业面临原材料和产品价格波动的双重风险。企业可建立产业链、供应链原材料价格风险管理体系，根据自身经营特点，在资本市场开展相应的套期保值业务，锁定原料成本、产品销售价格以及加工利润，从而稳定生产经营，提升竞争力，推动企业行稳致远。

（三）分类施策，积极防范应对风险隐患

推动地方政府积极行动，按照市场化、法治化原则，分类施策，有序处置各类风险苗头，防范、化解风险。可通过设立政府纾困基金，鼓励银行、保险机构设立专属信贷或保险产品给予支持，支持证券行业成立资管计划对接项目、证券交易所发行纾困专项债券，推动私募基金等市场机构加入纾困队伍等方式，为企业纾困。

附录

有关政策文件

附录部分收录整理了国家层面、部委层面、市级层面、市级部门层面关于资本市场的政策文件，为党政部门、有关企业、研究机构、专业人士提供决策与工作参考。

国务院关于印发扎实稳住经济一揽子政策措施的通知

国发〔2022〕12 号

摘要

《国务院关于印发扎实稳住经济一揽子政策措施的通知》要求提高资本市场融资效率：科学合理把握首次公开发行股票并上市和再融资常态化；支持内地企业在香港上市，依法依规推进符合条件的平台企业赴境外上市；继续支持和鼓励金融机构发行金融债券，建立“三农”、小微企业、绿色、双创金融债券绿色通道，为重点领域企业提供融资支持。

各省、自治区、直辖市人民政府，国务院各部委、各直属机构：

今年以来，在以习近平同志为核心的党中央坚强领导下，各地区各部门有力统筹疫情防控和经济社会发展，按照中央经济工作会议和《政府工作报告》部署，扎实做好“六稳”工作，全面落实“六保”任务，我国经济运行总体实现平稳开局。与此同时，新冠肺炎疫情和乌克兰危机导致风险挑战增多，我国经济发展环境的复杂性、严峻性、不确定性上升，稳增长、稳就业、稳物价面临新的挑战。

疫情要防住、经济要稳住、发展要安全，这是党中央的明确要求。要坚持以习近平新时代中国特色社会主义思想为指导，完整、准确、全面贯彻新发展理念，加快构建新发展格局，推动高质量发展，高效统筹疫情防控和经济社会发展，最大程度保护人民生命安全和身体健康，最大限度减少疫情对经济社会发展的影响，统筹发展和安全，努力实现全年经济社会发展预期目标。为深入贯彻落实党中央、国务院决策部署，现将《扎实稳住经济的一揽子政策措施》印发给你们，请认真贯彻执行。

各省、自治区、直辖市人民政府要加强组织领导，结合本地区实际，下更大力气抓好中央经济工作会议精神和《政府工作报告》部署的贯彻落实，同时靠前发力、适当加力，推动《扎实稳住经济的一揽子政策措施》尽快落地见效，确保及时落实到位，尽早对稳住经济和助企纾困等产生更大政策效应。各部门要密切协调配合、形成工作合力，按照《扎实稳住经济的一揽子政策措施》提出的六个方面33项具体政策措施及分工安排，对本部门本领域本行业的工作进行再部署再推动再落实，需要出台配套实施细则的，应于5月底前全部完成。近期，国务院办公厅将会同有关方面对相关省份稳增长稳市场主体保就业情况开展专项督查。

各地区各部门要进一步提高政治站位，在工作中增强责任感使命感紧迫感，担当作为、求真务实，齐心协力、顽强拼搏，切实担负起稳定宏观经济的责任，以钉钉子精神抓好党中央、国务院各项决策部署的贯彻落实，切实把二季度经济稳住，努力使下半年发展有好的基础，保持经济运行在合理区间，以实际行动迎接党的二十大胜利召开。

国务院

2022年5月24日

（本文有删减）

扎实稳住经济的一揽子政策措施
（六个方面33项措施）

一、财政政策（7项）

1.进一步加大增值税留抵退税政策力度。在已出台的制造业、科学研究和技术服务业、电力热力燃气及水生产和供应业、软件和信息技术服务业、生态保护和环境治理业、民航交通运输仓储和邮政业等6个行业企业的存量留抵税额全额退还、增量留抵税额按月全额退还基础上，研究将批发和零售业，农、林、牧、渔业，住宿和餐饮业，居民服务、修理和其他服务业，教育，卫生和社会工作，文化、体育和娱乐业等7个行业企业纳入按月全额退还增量留抵税额、一次性全额退还存量留抵税额政策范围，预计新增留抵退税1420亿元。抓紧办理小微企业、个体工商户留抵退税并加大帮扶力度，在纳税人自愿申请的基础上，6月30日前基本完成集中退还存量留抵税额；今年出台的各项留抵退税政策新增退税总额达到约1.64万亿元。加强退税风险防范，依法严惩偷税、骗税等行为。

2. 加快财政支出进度。督促指导地方加快预算执行进度，尽快分解下达资金，及时做好资金拨付工作。尽快下达转移支付预算，加快本级支出进度；加大盘活存量资金力度，对结余资金和连续两年未用完的结转资金按规定收回统筹使用，对不足两年的结转资金中不需按原用途使用的资金收回统筹用于经济社会发展急需支持的领域；结合留抵退税、项目建设等需要做好资金调度、加强库款保障，确保有关工作顺利推进。

3. 加快地方政府专项债券发行使用并扩大支持范围。抓紧完成今年专项债券发行使用任务，加快今年已下达的3.45万亿元专项债券发行使用进度，在6月底前基本发行完毕，力争在8月底前基本使用完毕。在依法合规、风险可控的前提下，财政部会同人民银行、银保监会引导商业银行对符合条件的专项债券项目建设主体提供配套融资支持，做好信贷资金和专项债资金的有效衔接。在前期确定的交通基础设施、能源、保障性安居工程等9大领域基础上，适当扩大专项债券支持领域，优先考虑将新型基础设施、新能源项目等纳入支持范围。

4. 用好政府性融资担保等政策。今年新增国家融资担保基金再担保合作业务规模1万亿元以上。对符合条件的交通运输、餐饮、住宿、旅游行业中小微企业、个体工商户，鼓励政府性融资担保机构提供融资担保支持，政府性融资担保机构及时履行代偿义务，推动金融机构尽快放贷，不盲目抽贷、压贷、断贷，并将上述符合条件的融资担保业务纳入国家融资担保基金再担保合作范围。深入落实中央财政小微企业融资担保降费奖补政策，计划安排30亿元资金，支持融资担保机构进一步扩大小微企业融资担保业务规模，降低融资担保费率。推动有条件的地方对支小支农担保业务保费给予阶段性补贴。

5. 加大政府采购支持中小企业力度。将面向小微企业的价格扣除比例由6%~10%提高至10%~20%。政府采购工程要落实促进中小企业发展的政府采购政策，根据项目特点、专业类型和专业领域合理划分采购包，积极扩大联合体投标和大企业分包，降低中小企业参与门槛，坚持公开公正、公平竞争，按照统一质量标准，将预留面向中小企业采购的份额由 30% 以上今年阶段性提高至 40% 以上，非预留项目要给予小微企业评审优惠，增加中小企业合同规模。

6. 扩大实施社保费缓缴政策。在确保各项社会保险待遇按时足额支付的前提下，对符合条件地区受疫情影响生产经营出现暂时困难的所有中小微企业、以单位方式参保的个体工商户，阶段性缓缴三项社会保险单位缴费部分，缓缴期限阶段性实施到今年年底。在对餐饮、零售、旅游、民航、公路水路铁路运输等 5 个特困行业实施阶段性缓缴三项社保费政策的基础上，对受到疫情严重冲击、行业内大面积出现企业生产经营困难、符合国家产业政策导向的其他特困行业，扩大实施缓缴政策，养老保险费缓缴期限阶段性延长到今年年底。

7. 加大稳岗支持力度。优化失业保险稳岗返还政策，进一步提高返还比例，将大型企业稳岗返还比例由 30% 提至 50%。拓宽失业保险留工补助受益范围，由中小微企业扩大至受疫情严重影响暂时无法正常生产经营的所有参保企业。企业招用毕业年度高校毕业生，签订劳动合同并参加失业保险的，可按每人不超过 1500 元的标准，发放一次性扩岗补助，具体补助标准由各省份确定，与一次性吸纳就业补贴不重复享受，政策执行期限至今年年底。

二、货币金融政策（5 项）

8. 鼓励对中小微企业和个体工商户、货车司机贷款及受疫情影响的个人住房与消费贷款等实施延期还本付息。商业银行等金融机构继续按市场化原则与中小微企业（含中小微企业主）和个体工商户、货车司机等自主协商，对其贷款实施延期还本付息，努力做到应延尽延，本轮延期还本付息日期原则上不超过 2022 年年底。中央汽车企业所属金融子企业要发挥引领示范作用，对 2022 年 6 月 30 日前发放的商用货车消费贷款给予 6 个月延期还本付息支持。对因感染新冠肺炎住院治疗或隔离、受疫情影响隔离观察或失去收入来源的人群，金融机构对其存续的个人住房、消费等贷款，灵活采取合理延后还款时间、延长贷款期限、延期还本等方式调整还款计划。对延期贷款坚持实质性风险判断，不单独因疫情因素下调贷款风险分类，不影响征信记录，并免收罚息。

9. 加大普惠小微贷款支持力度。继续新增支农支小再贷款额度。将普惠小微贷款支持工具的资金支持比例由 1% 提高至 2%，即由人民银行按相关地方法人银行普惠小微贷款余额增量（包括通过延期还本付息形成的普惠小微贷款）的 2% 提供资金支持，更好引导和支持地方法人银行发放普惠小微贷款。指导金融机构和大型企业支持中小微企业应收账款质押等融资，抓紧修订制度将商业汇票承兑期限由 1 年缩短至 6 个月，并加大再贴现支持力度，以供应链融资和银企合作支持大中小企业融通发展。

10. 继续推动实际贷款利率稳中有降。在用好前期降准资金、扩大信贷投放的基础上，充分发挥市场利率定价自律机制作用，持续释放贷款市场报价利率（LPR）形成机制改革效能，发挥存款利率市场化调整机制作用，引导金融机构将存款利率下降效果传导至贷款端，继续推动实际贷款利率稳中有降。

11. 提高资本市场融资效率。科学合理把握首次公开发行股票并上市（IPO）和再融资常态化。支持内地企业在香港上市，依法依规推进符合条件的平台企业赴境外上市。继续支持和鼓励金融机构发行金融债券，建立“三农”、小微企业、绿色、双创金融债券绿色通道，为重点领域企业提供融资支持。督促指导银行间债券市场和交易所债券市场各基础设施全面梳理收费项目，对民营企业债券融资交易费用能免尽免，进一步释放支持民营企业的信号。

12. 加大金融机构对基础设施建设和重大项目的支持力度。政策性开发性银行要优化贷款结构，投放更多更长期限贷款；引导商业银行进一步增加贷款投放、延长贷款期限；鼓励保险公司等发挥长期资金优势，加大对水利、水运、公路、物流等基础设施建设和重大项目的支持力度。

三、稳投资促消费等政策（6 项）

13. 加快推进一批论证成熟的水利工程项目。2022 年再开工一批已纳入规划、条件成熟的项目，包括南水北调后续工程等重大引调水、骨干防洪减灾、病险水库除险加固、灌区建设和改造等工程。进一步完善工程项目清单，加强组织实施、协调推动并优化工作流程，切实提高水资源保障和防灾减灾能力。

14. 加快推动交通基础设施投资。对沿江沿海沿边及港口航道等综合立体交通网工程，加强资源要素保障，优化审批程序，抓紧推动上马实施，确保应开尽开、能开尽开。支持中国国家铁路集团有限公司发行 3000 亿元铁路建设债券。启动新一轮农村公路建设和改造，在完成今年目标任务的基础上，进一步加强金融等政策支持，再新增完成新改建农村公路 3 万公里、实施农村公路安全生命防护工程 3 万公里、改造农村公路危桥 3000 座。

15. 因地制宜继续推进城市地下综合管廊建设。指导各地在城市老旧管网改造等工作中协同推进管廊建设，在城市新区根据功能需求积极发展干、支线管廊，合理布局管廊系统，统筹各类管线敷设。加快明确入廊收费政策，多措并举解决投融资受阻问题，推动实施一批具备条件的地下综合管廊项目。

16. 稳定和扩大民间投资。启动编制国家重大基础设施发展规划，扎实开展基础设施高质量发展试点，有力有序推进“十四五”规划 102 项重大工程实施，鼓励和吸引更多社会资本参与国家重大工程项目。在供应链产业链招投标项目中对大中小企业联合体给予倾斜，鼓励民营企业充分发挥自身优势参与攻关。2022 年新增支持 500 家左右专精特新“小巨人”企业。鼓励民间投资以城市基础设施等为重点，通过综合开发模式参与重点领域项目建设。

17. 促进平台经济规范健康发展。出台支持平台经济规范健康发展的具体措施，在防止资本无序扩张的前提下设立“红绿灯”，维护市场竞争秩序，以公平竞争促进平台经济规范健康发展。充分发挥平台经济的稳就业作用，稳定平台企业及其共生中小微企业的发展预期，以平台企业发展带动中小微企业纾困。引导平台企业在疫情防控中做好防疫物资和重要民生商品保供“最后一公里”的线上线下联动。鼓励平台企业加快人工智能、云计算、区块链、操作系统、处理器等领域技术研发突破。

18. 稳定增加汽车、家电等大宗消费。各地区不得新增汽车限购措施，已实施限购的地区逐步增加汽车增量指标数量、放宽购车人员资格限制，鼓励实施城区、郊区指标差异化政策。加快出台推动汽车由购买管理向使用管理转变的政策文件。全面取消二手车限迁政策，在全国范围取消对符合国五排放标准小型非营运二手车的迁入限制，完善二手车市场主体登记注册、备案和车辆交易登记管理规定。支持汽车整车进口口岸地区开展平行进口业务，完善平行进口汽车环保信息公开制度。对皮卡车进城实施精细化管理，研究进一步放宽皮卡车进城限制。研究今年内对一定排量以下乘用车减征车辆购置税的支持政策。优化新能源汽车充电桩（站）投资建设运营模式，逐步实现所有小区和经营性停车场充电设施全覆盖，加快推进高速公路服务区、客运枢纽等区域充电桩（站）建设。鼓励家电生产企业开展回收目标责任制行动，引导金融机构提升金融服务能力，更好满足消费升级需求。

四、保粮食能源安全政策（5 项）

19. 健全完善粮食收益保障等政策。针对当前农资价格依然高企情况，在前期已发放200 亿元农资补贴的基础上，及时发放第二批 100 亿元农资补贴，弥补成本上涨带来的种粮收益下降。积极做好钾肥进口工作。完善最低收购价执行预案，落实好 2022 年适当提高稻谷、小麦最低收购价水平的政策要求，根据市场形势及时启动收购，保护农民种粮积极性。优化种粮补贴政策，健全种粮农民补贴政策框架。

20. 在确保安全清洁高效利用的前提下有序释放煤炭优质产能。建立健全煤炭产量激励约束政策机制。依法依规加快保供煤矿手续办理，在确保安全生产和生态安全的前提下支持符合条件的露天和井工煤矿项目释放产能。尽快调整核增产能政策，支持具备安全生产条件的煤矿提高生产能力，加快煤矿优质产能释放，保障迎峰度夏电力电煤供应安全。

21. 抓紧推动实施一批能源项目。推动能源领域基本具备条件今年可开工的重大项目尽快实施。积极稳妥推进金沙江龙盘等水电项目前期研究论证和设计优化工作。加快推动以沙漠、戈壁、荒漠地区为重点的大型风电光伏基地建设，近期抓紧启动第二批项目，统筹安排大型风光电基地建设项目用地用林用草用水，按程序核准和开工建设基地项目、煤电项目和特高压输电通道。重点布局一批对电力系统安全保障作用强、对新能源规模化发展促进作用大、经济指标相对优越的抽水蓄能电站，加快条件成熟项目开工建设。加快推进张北至胜利、川渝主网架交流工程，以及陇东至山东、金上至湖北直流工程等跨省区电网项目规划和前期工作。

22. 提高煤炭储备能力和水平。用好支持煤炭清洁高效利用专项再贷款和合格银行贷款。压实地方储备责任。

23. 加强原油等能源资源储备能力。谋划储备项目并尽早开工。推进政府储备项目建设，已建成项目尽快具备储备能力。

五、保产业链供应链稳定政策（7 项）

24. 降低市场主体用水用电用网等成本。全面落实对受疫情影响暂时出现生产经营困难的小微企业和个体工商户用水、用电、用气“欠费不停供”政策，设立 6 个月的费用缓缴期，并可根据当地实际进一步延长，缓缴期间免收欠费滞纳金。指导地方对中小微企业、个体工商户水电气等费用予以补贴。清理规范城镇供水供电供气供暖等行业收费，取消不合理收费，规范政府定价和经营者价格收费行为，对保留的收费项目实行清单制管理。2022 年中小微企业宽带和专线平均资费再降 10%。在招投标领域全面推行保函（保险）替代现金缴纳投标、履约、工程质量等保证金，鼓励招标人对中小微企业投标人免除投标担保。

25. 推动阶段性减免市场主体房屋租金。2022 年对服务业小微企业和个体工商户承租国有房屋减免 3~6 个月租金；出租人减免租金的可按规定减免当年房产税、城镇土地使用税，并引导国有银行对减免租金的出租人视需要给予优惠利率质押贷款等支持。非国有房屋减免租金的可同等享受上述政策优惠。鼓励和引导各地区结合自身实际，拿出更多务实管用举措推动减免市场主体房屋租金。

26. 加大对民航等受疫情影响较大行业企业的纾困支持力度。在用好支持煤炭清洁高效利用、交通物流、科技创新、普惠养老等专项再贷款的同时，增加民航应急贷款额度 1500 亿元，并适当扩大支持范围，支持困难航空企业渡过难关。支持航空业发行 2000 亿元债券。统筹考虑民航基础设施建设需求等因素，研究解决资金短缺等问题；同时，研究提出向有关航空企业注资的具体方案。有序增加国际客运航班数量，为便利中外人员往来和对外经贸交流合作创造条件。鼓励银行向文化旅游、餐饮住宿等其他受疫情影响较大行业企业发放贷款。

27. 优化企业复工达产政策。疫情中高风险地区要建立完善运行保障企业、防疫物资生产企业、连续生产运行企业、产业链供应链重点企业、重点外贸外资企业、“专精特新”中小企业等重点企业复工达产“白名单”制度，及时总结推广“点对点”运输、不见面交接、绿色通道等经验做法，细化实化服务“白名单”企业措施，推动部省联动和区域互认，协同推动产业链供应链企业复工达产。积极引导各地区落实属地责任，在发生疫情时鼓励具备条件的企业进行闭环生产，保障其稳定生产，原则上不要求停产；企业所在地政府要做好疫情防控指导，加强企业员工返岗、物流保障、上下游衔接等方面服务，尽量减少疫情对企业正常生产经营的影响。

28. 完善交通物流保通保畅政策。全面取消对来自疫情低风险地区货运车辆的防疫通行限制，着力打通制造业物流瓶颈，加快产成品库存周转进度；不得擅自阻断或关闭高速公路、普通公路、航道船闸，严禁硬隔离县乡村公路，不得擅自关停高速公路服务区、港口码头、铁路车站和民用运输机场。严禁限制疫情低风险地区人员正常流动。对来自或进出疫情中高风险地区所在地市的货运车辆，落实“即采即走即追”制度。客货运司机、快递员、船员到异地免费检测点进行核酸检测和抗原检测，当地政府视同本地居民纳入检测范围、享受同等政策，所需费用由地方财政予以保障。

29. 统筹加大对物流枢纽和物流企业的支持力度。加快宁波舟山大宗商品储运基地建设，开展大宗商品储运基地整体布局规划研究。2022 年，中央财政安排 50 亿元左右，择优支持全国性重点枢纽城市，提升枢纽的货物集散、仓储、中转运输、应急保障能力，引导加快推进多式联运融合发展，降低综合货运成本。2022 年，中央财政在服务业发展资金中安排约 25 亿元支持加快农产品供应链体系建设，安排约 38 亿元支持实施县域商业建设行动。加快 1000 亿元交通物流专项再贷款政策落地，支持交通物流等企业融资，加大结构性货币政策工具对稳定供应链的支持。在农产品主产区和特色农产品优势区支持建设一批田头小型冷藏保鲜设施，推动建设一批产销冷链集配中心。

30. 加快推进重大外资项目积极吸引外商投资。在已纳入工作专班、开辟绿色通道推进的重大外资项目基础上，充分发挥重大外资项目牵引带动作用，尽快论证启动投资数额大、带动作用强、产业链上下游覆盖面广的重大外资项目。加快修订《鼓励外商投资产业目录》，引导外资更多投向先进制造、科技创新等领域以及中西部和东北地区，支持外商投资设立高新技术研发中心等。进一步拓宽企业跨境融资渠道，支持符合条件的高新技术和“专精特新”企业开展外债便利化额度试点。建立完善与在华外国商协会、外资企业常态化交流机制，积极解决外资企业在华营商便利等问题，进一步稳住和扩大外商投资。

六、保基本民生政策（3 项）

31. 实施住房公积金阶段性支持政策。受疫情影响的企业，可按规定申请缓缴住房公积金，到期后进行补缴。在此期间，缴存职工正常提取和申请住房公积金贷款，不受缓缴影响。受疫情影响的缴存人，不能正常偿还住房公积金贷款的，不作逾期处理，不纳入征信记录。各地区可根据本地实际情况，提高住房公积金租房提取额度，更好满足实际需要。

32. 完善农业转移人口和农村劳动力就业创业支持政策。加强对吸纳农业转移人口较多区域、行业的财政和金融支持，中央财政农业转移人口市民化奖励资金安排 400 亿元，推动健全常住地提供基本公共服务制度，将符合条件的新市民纳入创业担保贷款扶持范围。依据国土空间规划和上一年度进城落户人口数量，合理安排各类城镇年度新增建设用地规模。拓宽农村劳动力就地就近就业渠道。重大工程建设、以工代赈项目优先吸纳农村劳动力。

33. 完善社会民生兜底保障措施。指导各地落实好社会救助和保障标准与物价上涨挂钩联动机制，及时足额发放补贴，保障低收入群体基本生活。用好中央财政下拨的 1547 亿元救助补助资金，压实地方政府责任，通过财政资金直达机制，及时足额发放到需要帮扶救助的群众手中。做好受灾人员生活救助，精准做好需要救助保障的困难群体帮扶工作，对临时生活困难群众给予有针对性帮扶。针对当前部分地区因局部聚集性疫情加强管控，同步推进疫情防控和保障群众基本生活，做好米面油、蔬菜、肉蛋奶等生活物资保供稳价工作。统筹发展和安全，抓好安全生产责任落实，深入开展安全大检查，严防交通、建筑、煤矿、燃气等方面安全事故，开展自建房安全专项整治，切实保障人民群众生命财产安全。

国务院关于进一步提高上市公司质量的意见

国发〔2020〕14 号

摘要

《国务院关于进一步提高上市公司质量的意见》（简称《意见》）要求，使上市公司运作规范性明显提升，信息披露质量不断改善，突出问题得到有效解决，可持续发展能力和整体质量显著提高。为此，《意见》提出了 6 个方面 17 项重点举措。提高上市公司治理水平是提高上市公司质量的基础，其中强调了公司治理和信息披露这两个核心点。公司治理方面，开展公司治理专项行动，通过公司自查、现场检查、督促整改，切实提高公司治理水平；信息披露方面，以投资者需求为导向，完善分行业信息披露标准，优化披露内容，增强信息披露针对性和有效性。

各省、自治区、直辖市人民政府，国务院各部委、各直属机构：

资本市场在金融运行中具有牵一发而动全身的作用，上市公司是资本市场的基石。提高上市公司质量是推动资本市场健康发展的内在要求，是新时代加快完善社会主义市场经济体制的重要内容。《国务院批转证监会关于提高上市公司质量意见的通知》（国发〔2005〕34 号）印发以来，我国上市公司数量显著增长、质量持续提升，在促进国民经济发展中的作用日益凸显。但也要看到，上市公司经营和治理不规范、发展质量不高等问题仍较突出，与建设现代化经济体系、推动经济高质量发展的要求还存在差距。同时，面对新冠肺炎疫情影响，上市公司生产经营和高质量发展面临新的考验。为进一步提高上市公司质量，现提出如下意见。

一、总体要求

以习近平新时代中国特色社会主义思想为指导，全面贯彻党的十九大和十九届二中、三中、四中全会精神，认真落实党中央、国务院决策部署，贯彻新发展理念，坚持市场化、法治化方向，按照深化金融供给侧结构性改革要求，加强资本市场基础制度建设，大力提高上市公司质量。坚持存量与增量并重、治标与治本结合，发挥各方合力，强化持续监管，优化上市公司结构和发展环境，使上市公司运作规范性明显提升，信息披露质量不断改善，突出问题得到有效解决，可持续发展能力和整体质量显著提高，为建设规范、透明、开放、有活力、有韧性的资本市场，促进经济高质量发展提供有力支撑。

二、提高上市公司治理水平

（一）规范公司治理和内部控制。完善公司治理制度规则，明确控股股东、实际控制人、董事、监事和高级管理人员的职责界限和法律责任。控股股东、实际控制人要履行诚信义务，维护上市公司独立性，切实保障上市公司和投资者的合法权益。股东大会、董事会、监事会、经理层要依法合规运作，董事、监事和高级管理人员要忠实勤勉履职，充分发挥独立董事、监事会作用。建立董事会与投资者的良好沟通机制，健全机构投资者参与公司治理的渠道和方式。科学界定国有控股上市公司治理相关方的权责，健全具有中国特色的国有控股上市公司治理机制。严格执行上市公司内控制度，加快推行内控规范体系，提升内控有效性。强化上市公司治理底线要求，倡导最佳实践，加强治理状况信息披露，促进提升决策管理的科学性。开展公司治理专项行动，通过公司自查、现场检查、督促整改，切实提高公司治理水平。（证监会、国务院国资委、财政部、银保监会等单位负责）

（二）提升信息披露质量。以提升透明度为目标，优化规则体系，督促上市公司、股东及相关信息披露义务人真实、准确、完整、及时、公平披露信息。以投资者需求为导向，完善分行业信息披露标准，优化披露内容，增强信息披露针对性和有效性。严格执行企业会计准则，优化信息披露编报规则，提升财务信息质量。上市公司及其他信息披露义务人要充分披露投资者作出价值判断和投资决策所必需的信息，并做到简明清晰、通俗易懂。相关部门和机构要按照资本市场规则，支持、配合上市公司依法依规履行信息披露义务。（证监会、国务院国资委、工业和信息化部、财政部等单位负责）

三、推动上市公司做优做强

（三）支持优质企业上市。全面推行、分步实施证券发行注册制。优化发行上市标准，增强包容性。加强对拟上市公司的培育和辅导，提升拟上市公司规范化水平。鼓励和支持混合所有制改革试点企业上市。发挥股权投资机构在促进公司优化治理、创新创业、产业升级等方面的积极作用。大力发展创业投资，培育科技型、创新型企业，支持制造业单项冠军、专精特新“小巨人”等企业发展壮大。发挥全国中小企业股份转让系统、区域性股权市场和产权交易市场在培育企业上市中的积极作用。（证监会、国务院国资委、国家发展改革委、财政部、工业和信息化部等单位与各省级人民政府负责）

（四）促进市场化并购重组。充分发挥资本市场的并购重组主渠道作用，鼓励上市公司盘活存量、提质增效、转型发展。完善上市公司资产重组、收购和分拆上市等制度，丰富支付及融资工具，激发市场活力。发挥证券市场价格、估值、资产评估结果在国有资产交易定价中的作用，支持国有企业依托资本市场开展混合所有制改革。支持境内上市公司发行股份购买境外优质资产，允许更多符合条件的外国投资者对境内上市公司进行战略投资，提升上市公司国际竞争力。研究拓宽社会资本等多方参与上市公司并购重组的渠道。（证监会、工业和信息化部、国务院国资委、国家发展改革委、财政部、人民银行、商务部、市场监管总局、国家外汇局等单位与各省级人民政府负责）

（五）完善上市公司融资制度。加强资本市场融资端和投资端的协调平衡，引导上市公司兼顾发展需要和市场状况优化融资安排。完善上市公司再融资发行条件，研究推出更加便捷的融资方式。支持上市公司通过发行债券等方式开展长期限债务融资。稳步发展优先股、股债结合产品。大力发展权益类基金。丰富风险管理工具。探索建立对机构投资者的长周期考核机制，吸引更多中长期资金入市。（证监会、财政部、人民银行、国家发展改革委、银保监会等单位负责）

（六）健全激励约束机制。完善上市公司股权激励和员工持股制度，在对象、方式、定价等方面作出更加灵活的安排。优化政策环境，支持各类上市公司建立健全长效激励机制，强化劳动者和所有者利益共享，更好吸引和留住人才，充分调动上市公司员工积极性。（证监会、国务院国资委、财政部等单位负责）

四、健全上市公司退出机制

（七）严格退市监管。完善退市标准，简化退市程序，加大退市监管力度。严厉打击通过财务造假、利益输送、操纵市场等方式恶意规避退市行为，将缺乏持续经营能力、严重违法违规扰乱市场秩序的公司及时清出市场。加大对违法违规主体的责任追究力度。支持投资者依法维权，保护投资者合法权益。（证监会、最高人民法院、公安部、国务院国资委等单位与各省级人民政府负责）

（八）拓宽多元化退出渠道。完善并购重组和破产重整等制度，优化流程、提高效率，畅通主动退市、并购重组、破产重整等上市公司多元化退出渠道。有关地区和部门要综合施策，支持上市公司通过并购重组、破产重整等方式出清风险。（证监会、最高人民法院、司法部、国务院国资委等单位与各省级人民政府负责）

五、解决上市公司突出问题

（九）积极稳妥化解上市公司股票质押风险。坚持控制增量、化解存量，建立多部门共同参与的上市公司股票质押风险处置机制，强化场内外一致性监管，加强质押信息共享。强化对金融机构、上市公司大股东及实际控制人的风险约束机制。严格执行分层次、差异化的股票质押信息披露制度。严格控制限售股质押。支持银行、证券、保险、私募股权基金等机构参与上市公司股票质押风险化解。（证监会、最高人民法院、人民银行、银保监会、国务院国资委等单位与各省级人民政府负责）

（十）严肃处置资金占用、违规担保问题。控股股东、实际控制人及相关方不得以任何方式侵占上市公司利益。坚持依法监管、分类处置，对已形成的资金占用、违规担保问题，要限期予以清偿或化解；对限期未整改或新发生的资金占用、违规担保问题，要严厉查处，构成犯罪的依法追究刑事责任。依法依规认定上市公司对违规担保合同不承担担保责任。上市公司实施破产重整的，应当提出解决资金占用、违规担保问题的切实可行方案。（证监会、最高人民法院、公安部等单位与各省级人民政府负责）

（十一）强化应对重大突发事件政策支持。发生自然灾害、公共卫生等重大突发事件，对上市公司正常生产经营造成严重影响的，证券监管部门要在依法合规前提下，作出灵活安排；有关部门要依托宏观政策、金融稳定等协调机制，加强协作联动，落实好产业、金融、财税等方面政策；各级政府要及时采取措施，维护劳务用工、生产资料、公用事业品供应和物流运输渠道，支持上市公司尽快恢复正常生产经营。（国家发展改革委、财政部、工业和信息化部、商务部、税务总局、人民银行、银保监会、证监会等单位与各省级人民政府负责）

六、提高上市公司及相关主体违法违规成本

（十二）加大执法力度。严格落实证券法等法律规定，加大对欺诈发行、信息披露违法、操纵市场、内幕交易等违法违规行为的处罚力度。加强行政机关与司法机关协作，实现涉刑案件快速移送、快速查办，严厉查处违法犯罪行为。完善违法违规行为认定规则，办理上市公司违法违规案件时注意区分上市公司责任、股东责任与董事、监事、高级管理人员等个人责任；对涉案证券公司、证券服务机构等中介机构及从业人员一并查处，情节严重、性质恶劣的，依法采取暂停、撤销、吊销业务或从业资格等措施。（证监会、公安部、最高人民法院、财政部、司法部等单位与各省级人民政府负责）

（十三）推动增加法制供给。推动修订相关法律法规，加重财务造假、资金占用等违法违规行为的行政、刑事法律责任，完善证券民事诉讼和赔偿制度，大幅提高相关责任主体违法违规成本。支持投资者保护机构依法作为代表人参加诉讼。推广证券期货纠纷示范判决机制。（证监会、最高人民法院、司法部、公安部、财政部等单位负责）

七、形成提高上市公司质量的工作合力

（十四）持续提升监管效能。坚持服务实体经济和保护投资者合法权益方向，把提高上市公司质量作为上市公司监管的重要目标。加强全程审慎监管，推进科学监管、分类监管、专业监管、持续监管，提高上市公司监管有效性。充分发挥证券交易所一线监督及自律管理职责、上市公司协会自律管理作用。（证监会负责）

（十五）强化上市公司主体责任。上市公司要诚实守信、规范运作，专注主业、稳健经营，不断提高经营水平和发展质量。上市公司控股股东、实际控制人、董事、监事和高级管理人员要各尽其责，公平对待所有股东。对损害上市公司利益的行为，上市公司要依法维权。鼓励上市公司通过现金分红、股份回购等方式回报投资者，切实履行社会责任。（证监会、国务院国资委、财政部、全国工商联等单位负责）

（十六）督促中介机构归位尽责。健全中介机构执业规则体系，明确上市公司与各类中介机构的职责边界，压实中介机构责任。相关中介机构要严格履行核查验证、专业把关等法定职责，为上市公司提供高质量服务。相关部门和机构要配合中介机构依法依规履职，及时、准确、完整地提供相关信息。（证监会、财政部、司法部、银保监会等单位与各省级人民政府负责）

（十七）凝聚各方合力。完善上市公司综合监管体系，推进上市公司监管大数据平台建设，建立健全财政、税务、海关、金融、市场监管、行业监管、地方政府、司法机关等单位的信息共享机制。增加制度供给，优化政策环境，加强监管执法协作，协同处置上市公司风险。充分发挥新闻媒体的舆论引导和监督作用，共同营造支持上市公司高质量发展的良好环境。（各相关单位与各省级人民政府负责）

国务院

2020 年 10 月 5 日

证监会 国资委 全国工商联
关于进一步支持上市公司健康发展的通知

证监发〔2022〕36号

摘要

《证监会 国资委 全国工商联关于进一步支持上市公司健康发展的通知》要求，营造良好发展环境，稳定企业预期。支持民营企业依法上市融资、并购重组，完善民营企业债券融资支持机制；免除上市公司2022年上市初费和年费、网络投票服务费等费用；鼓励和支持社保、养老金、信托、保险和理财机构将更多资金配置于权益类资产。

近年来，上市公司认真落实党中央、国务院决策部署，贯彻新发展理念，持续提升发展质量，为经济高质量发展提供有力支撑。同时，在当前复杂形势下，上市公司经营发展也面临新的考验。为落实中央经济工作会议和近期召开的国务院常务会议、国务院金融委会议精神，进一步支持上市公司发展，维护资本市场稳定，现就有关事项通知如下：

一、营造良好发展环境，稳定企业预期

1. 坚持“两个毫不动摇”，对各类市场主体一视同仁，不设置任何附加条件和隐形门槛，营造公平竞争的市场环境。支持民营企业依法上市融资、并购重组，完善民营企业债券融资支持机制，激发民营企业的活力和创造力，充分发挥民营上市公司在稳定增长、促进创新、增加就业、改善民生方面的重要作用。

2. 坚持“房住不炒”，依法依规支持上市房企积极向新发展模式转型，加强自身风险管理，密切关注市场形势和行业变化，严格防范、妥善化解各类风险，促进房地产行业良性循环和健康发展。

3. 落实好疫情影响严重地区企业、疫情防控领域企业通过资本市场融资、并购重组等支持性政策安排。免除上市公司 2022 年上市初费和年费、网络投票服务费等费用，减轻企业负担。

4. 完善有利于长期机构投资者参与资本市场的制度机制，鼓励和支持社保、养老金、信托、保险和理财机构将更多资金配置于权益类资产，增加资本市场投资，特别是优质上市公司的股票投资。

二、增进价值回归，稳定投资者预期

5. 鼓励上市公司回购股份用于股权激励及员工持股计划。支持符合条件的上市公司为稳定股价进行回购。依法支持上市公司通过发行优先股、债券等多种渠道筹集资金实施股份回购。

6. 鼓励大股东、董监高长期持有上市公司股份，在本公司股票出现大幅下跌时积极通过增持股票的方式稳定股价。审慎制定减持计划，严格遵守关于减持的披露、数量、价格、时间要求，规范、有序减持。

7. 支持上市公司结合本公司所处行业特点、发展阶段和盈利水平，增加现金分红在利润分配中的比重，与投资者分享发展红利，增强广大投资者的获得感。

8. 鼓励上市公司积极召开年报业绩说明会，充分利用数字化手段创新交流方式，直观展示公司经营及业绩情况，提升互动效果，增进投资者对企业价值及经营理念的认同感。引导上市公司积极做好投资者关系管理，通过媒体采访、网站新闻稿、官方公众号等多渠道对外主动发声，正面回应市场热点和投资者关切，提振投资者信心。

9. 上市公司大股东要审慎增加股票质押，金融机构要稳妥把握新增股票质押业务，对于触及平仓线或发生违约的股票质押融资，督促金融机构与上市公司股东积极沟通、协商，通过补充质押品、担保品以及采取其他增信措施、展期等方式，稳妥处置股票被强制平仓风险。

三、各部门积极履职，共同促进市场稳定

10. 证监会及派出机构坚持监管与服务并举，密切跟踪上市公司情况，加强与地方政府及有关方面的沟通协调，及时了解疫情对上市公司经营和市场运行的影响，在依法合规做好监管工作的同时，提高对上市公司的服务供给质量。证券交易所建立公开、透明、规

范的上市公司服务机制，持续提升监管服务效能。中国上市公司协会履行自律规范职责，积极引导上市公司稳定预期。

11. 国资委按照便利企业的原则，对于国有控股上市公司股份回购、现金分红给予积极指导支持，引导国有控股上市公司成为推动资本市场稳定发展的表率。上市公司的国有股东要做积极的、负责任的股东，积极增持价值低估的上市公司股票，支持上市公司实施股份回购、现金分红。

12. 各级工商联充分发挥引导服务民营上市公司的作用，加强对民营上市公司的调研培训，引导民营上市公司坚持依法合规经营，广泛听取意见建议，及时反映企业诉求，强化与有关部门的沟通协作，共同推动优化政策环境，促进民营上市公司高质量发展。

中国证监会

国资委

全国工商联

2022 年 4 月 11 日

提高央企控股上市公司质量工作方案

摘要

《提高央企控股上市公司质量工作方案》提出，促进上市公司完善治理和规范运作。进一步厘清国有股东对上市公司的管理边界，切实维护上市公司独立性；鼓励通过出让存量、引进增量、换股等多种方式，引入战略投资者作为积极股东，促进治理结构改善、经营机制转换；持续提高信息披露质量，提升上市公司透明度；进一步完善环境、社会责任和公司治理（ESG）工作机制，提升ESG绩效。

经过多年公司制股份制改革，中央企业的许多核心资产已经进入上市公司，进一步提高央企控股上市公司质量对于实现中央企业高质量发展、助力资本市场健康发展、维护国民经济平稳运行都具有重要意义。近年来，国资委指导中央企业深入贯彻党中央、国务院决策部署，认真落实《国务院关于进一步提高上市公司质量的意见》和国企改革三年行动要求，积极利用资本市场深化改革、促进发展，多措并举提高上市公司质量，取得明显成效。但也要看到，部分中央企业内部上市平台定位不清、分布散乱、实力较弱，一些央企控股上市公司创新发展能力不强、经营和治理不规范、市场配置资源功能发挥不充分、价值实现与价值创造不匹配等问题仍较突出。为以实际行动推动央企控股上市公司高质量发展走深走实、行稳致远，制定本方案。

一、总体要求

以习近平新时代中国特色社会主义思想为指导，深入贯彻落实习近平总书记关于国企改革发展和资本市场建设的重要论述，全面贯彻党的十九大和十九届历次全会精神，立足新发展阶段，完整、准确、全面贯彻新发展理念，坚持稳中求进工作总基调，坚持市场化、法治化方向，坚持问题导向、系统思维，聚焦影响央企控股上市公司高质量发展的短板弱项，在3年内分类施策、精准发力，推动上市公司内强质地、外塑形象，争做资本市场主业突出、优强发展、治理完善、诚信经营的表率，让投资者走得近、听得懂、看得清、有信心，打造一批核心竞争力强、市场影响力大的旗舰型龙头上市公司，培育一批专业优势明显、质量品牌突出的专业化领航上市公司，为提升中央企业可持续发展能力和整体实力，做强做优做大国有资本和国有企业，助力建设规范、透明、开放、有活力、有韧性的资本市场，服务构建新发展格局，促进经济高质量发展作出新的更大贡献。

二、指导原则

坚持做优存量与做精增量结合。统筹未上市和已上市资源，合理规划上市公司平台数量和战略定位，按照“做强做优一批、调整盘活一批、培育储备一批”的总体思路，积极做优存量，有进有退、有所为有所不为，促进上市平台完善产业布局、提升资产质量和运营效率；稳步做精增量，继续孵化和推动更多优质资产对接多层次资本市场。

坚持价值创造与价值实现兼顾。一手抓夯实价值创造基础，深耕细作、苦练内功，不断改善经营，做优基本面，提升上市公司内在价值；一手抓促进市场价值实现，重视市场反馈，合理引导预期，传递公司价值，增进各方认同，促进内在价值与市场价值齐头并进、共同成长。积极维护股东权益，形成高质量发展的良性循环。

坚持依法合规与改革创新并重。坚守合规底线，严守防止国有资产流失红线，依法维护各类投资者权益，不断提升公司治理水平、信息披露质量和规范运作能力，防范化解重大风险；以市场为导向、以企业为主体，鼓励上市公司根据自身发展状况和改革需要，大胆创新，主动作为，探索更多符合实际的改革实践，最大程度激发蕴藏在基层的创新力量。

三、工作内容

（一）推动上市平台布局优化和功能发挥。

1. 加强顶层设计，建立资本运作规划制定机制。中央企业集团公司要结合自身“十四五”发展规划，对未上市和已上市资源及其发展现状进行系统梳理，指导各上市平台明晰战略定位和发展方向，合理划分业务范围与边界；建立集团定期制定资本运作规划机制，明确资产整合路径和资本运作安排，涉及资本市场公开承诺事项的，督促上市公司挂图作战、对表推进，切实履行相关承诺。建立健全上市公司绩效评价体系，并纳入相关子企业业绩考核，持续推动上市公司高质量发展。

2. 分类推进上市平台建设，形成梯次发展格局。做强做优一批，以优势上市公司为核心，通过资产重组、股权置换等多种方式，加大专业化整合力度，推动更多优质资源向上市公司汇聚，剥离非主业、非优势业务，解决同业竞争、规范关联交易，大力优化产业布局、提升运营质量，推动上市公司核心竞争力、市场影响力迈上新台阶，力争成为行业领军企业。调整盘活一批，梳理业务协同度弱、管理链条过长、缺乏持续经营能力、长期丧失融资功能、存在失管失控风险等情况的上市平台，列出清单，因企制宜制定调整计划，2024年年底前基本完成调整，支持通过吸收合并、资产重组、跨市场运作等方式盘活，或通过无偿划转、股权转让等方式退出，进一步聚焦主责主业和优势领域。培育储备一批，中央企业集团公司要对子企业上市工作进行统筹，建立对相关资源上市必要性、可行性和上市方式的研究评估机制，在加强上市资源储备管理，继续孵化更多具有发展潜力、专业优势突出的优质资源对接资本市场的同时，引导子企业树立正确理念，明确上市是改革发展手段而非目的，防止盲目追求单独上市。支持各类纳入改革试点和改革专项工程的重点企业，以及在产业链、供应链关键环节和中高端领域布局的企业到相应层次资本市场上市，可注入现有上市公司平台，必要的也可单独上市。对上市公司拟分拆子企业上市的要充分论证，结合战略定位、拟分拆业务独立性和成长性、分拆后的治理安排和管理成本等因素统筹考虑，支持有利于理顺业务架构、突出主业优势、优化产业布局、促进价值实现的子企业分拆上市。

3. 充分发挥上市平台功能，支持主业发展。引导上市公司切实发挥资本市场服务企业发展和优化资源配置的功能，实现产业经营与资本运营融合发展、相互促进，助力做强做精主业。兼顾发展需要和市场状况开展股权或债务融资，灵活运用发行股债结合产品、探索不动产投资信托基金（REITs）等多种手段，优化融资安排，改善资本结构，提升直接融资比重。科学运用上市平台并购功能，围绕主业及产业链、供应链关键环节实施主业拓展和强链补链，促进转型发展。

（二）促进上市公司完善治理和规范运作。

1. 完善中国特色现代企业制度，健全国有控股上市公司治理机制。全面贯彻“两个一以贯之”，充分发挥党委（党组）把方向、管大局、促落实领导作用，建立完善党委（党组）前置研究讨论事项清单，科学界定上市公司治理相关方的权责；强化章程在公司治理中的基础性作用，进一步厘清国有股东对上市公司的管理边界，切实维护上市公司独立性。到 2024 年年底前，原则上央企控股上市公司要在董事会规范运作的前提下全面依法落实董事会各项权利；依规设立董事会审计委员会，鼓励根据实际情况设立其他专门委员会，积极履行建议、监督等职责；优化独立董事资格条件，拓宽选聘来源，强化独立董事履职支撑，促进其诚信勤勉履职，更好发挥作用，鼓励让独立董事提前参与重大复杂项目研究论证等环节。

2. 调整优化股权结构，引入积极股东完善治理。中央企业集团公司要结合上市公司功能定位，对其股权结构和治理状况进行评估，根据评估结果提出动态优化股权结构、促进治理结构相互制衡和提升效率的举措。鼓励通过出让存量、引进增量、换股等多种方式，引入高匹配度、高认同感、高协同性的战略投资者作为积极股东，达到一定持股比例、在股权结构中具有重要地位的，支持其依法合规提名董事人选，促进治理结构改善、经营机制转换；鼓励积极股东与上市公司建立互利共赢的长期战略合作关系，在科研、生产、销售、资本运营等各方面发挥协同作用，促进上市公司核心竞争力提升。

3. 持续提高信息披露质量，提升上市公司透明度。中央企业集团公司要优化完善与上市公司的沟通传导机制，支持、配合上市公司依法依规履行信息披露义务，督促上市公司健全信息披露制度，以投资者需求为导向，优化披露内容，真实、准确、完整、及时、公平披露信息，做到简明清晰、通俗易懂，力争“接地气”，避免“炒概念”“蹭热点”；同时，处理好信息披露与保守国家秘密、保护商业秘密的关系，将保密管理有效纳入信息披露体系，提高依法治密水平，严防失泄密事件。到 2024 年年底前，中央企业要将证券交易所年度信息披露工作考核结果纳入上市公司绩效评价体系。

4. 贯彻落实新发展理念，探索建立健全 ESG 体系。中央企业集团公司要统筹推动上市公司完整、准确、全面贯彻新发展理念，进一步完善环境、社会责任和公司治理（ESG）工作机制，提升 ESG 绩效，在资本市场中发挥带头示范作用；立足国有企业实际，积极参与构建具有中国特色的 ESG 信息披露规则、ESG 绩效评级和 ESG 投资指引，为中国 ESG 发展贡献力量。推动央企控股上市公司 ESG 专业治理能力、风险管理能力不断提高；推动更多央企控股上市公司披露 ESG 专项报告，力争到 2023 年相关专项报告披露“全覆盖”。

5. 坚持依法合规经营，防范化解重大风险。中央企业集团公司要指导上市公司以证监会上市公司治理专项行动排查出的问题为基础，重点围绕关联交易、对外并购、重大投资、重大担保、财务管理、内幕信息管理、债务风险、子公司管控、依法纳税及内部监督等上市公司治理的关键环节，列出治理问题清单，制定整改方案，严格推进落实，2022 年年底前完成对账销号，促进上市公司审计、内控、合规和风控体系规范完善。涉及集团财务公司与所控股上市公司开展业务的中央企业，要按照“依法合规、公允定价”的原则运作，在实现集团资金集中管理和高效使用目标的同时，确保符合上市公司独立性、关联交易、信息披露等方面要求。督促上市公司强化合规管理和内部监督，严格遵守国资监管政策和证券监管规则，持续提升诚信经营的能力和水平，确保会计信息真实可靠，严禁财务造假，严禁违规运作，严禁内幕交易。加强风险管控，增强风险识别、分析和处置能力，抓好境外合规风险防范；对于未能履行资本市场公开承诺、存在持续亏损、出现违规事项或可能面临退市等风险的上市公司，中央企业集团公司要紧密跟踪，提前谋划，指导上市公司多措并举扭亏增盈、妥善应对、化解风险。对违反规定、未履行或未正确履行职责造成国有资产损失、损害投资者合法权益或其他严重不良后果的，严肃追究责任。

（三）强化上市公司内生增长和创新发展。

1. 深化提质增效，提高综合经营管理水平。积极推动上市公司在稳产增收、降本节支、资产盘活、科技创新、管理提升等方面持续发力，不断提高盈利能力和经营效率，增强抗周期、抗波动、抗风险能力，力争效率效益类指标进一步提升且优于市场同行业可比上市公司平均水平。上市公司应制定科学合理的长期业务发展战略，提炼并宣贯符合公司实际情况的企业文化，确保公司战略定位、发展方向等保持延续性和相对稳定。

2. 提升自主创新能力，当好科技创新国家队。引导上市公司稳步加大科技研发投入，加快打造原创技术策源地，努力在关键核心技术、“卡脖子”环节取得突破；带头落实国家战略性新兴产业集群发展工程和龙头企业保链稳链工程，打造现代产业链链长，促进上中下游、大中小企业融通创新、协同发展；以获取关键技术、核心资源、知名品牌等为重点，依法有序开展兼并重组，引进先进科技资源，提升科技创新实力。2024 年央企控股上市公司科技投入强度原则上不低于市场同行业可比上市公司平均水平。加大探索科研院所改制或资产上市路径的力度，建立健全科研成果转化机制，利用资本市场工具和上市公司平台，加快打通科技成果向生产力转化的“最后一公里”。

3. 健全激励约束机制，加强人才队伍建设。上市公司应全面实行经理层成员任期制和契约化管理，科学合理设定年度和任期考核指标及目标等，强化刚性激励约束，严格退出管理。支持符合条件的上市公司科学高效规范地开展中长期激励，建立健全覆盖经营管理骨干和核心科研技术人员的激励机制，统筹运用上市公司股权激励以及科技型企业股权和分红政策，加大对科研人员的激励力度，充分调动关键岗位核心人员的积极性和创造性，更好吸引和留住人才。中央企业要建立健全资本市场人才引进、培养和常态化培训制度，引导上市公司选优配强董事会秘书、证券事务及资本运营等连接资本市场的关键岗位人员，形成一支精通资本市场运行规则和上市公司业务的专业人才队伍。

（四）增进上市公司市场认同和价值实现。

1. 强化投资者关系管理，建立多层次良性互动机制。鼓励中央企业根据实际情况制定上市公司投资者关系管理指导意见，督促上市公司建立各部门协调机制，明确投资者关系工作责任部门及责任人员，每年制定投资者沟通工作方案，所组织的投资者交流活动应有较广覆盖面。鼓励上市公司结合自身特点，探索切实可行的交流形式，通过法定信息披露平台以及股东大会、投资者说明会、路演、反向路演（公司开放日）、分析师会议、接待来访、公司网站专栏、新媒体平台等多种途径与投资者加强交流，积极听取投资者意见建议，及时回应投资者诉求，加强重要投资者日常维护。鼓励具备条件的中央企业组织所控股上市公司开展集中路演、召开集体业绩说明会，探索、推动同行业央企控股上市公司联合组织投资者沟通交流活动。

2. 推动业绩说明会常态化召开，使高质量业绩说明会成为央企标配。上市公司应当在年度报告披露后及时召开业绩说明会，鼓励召开半年度业绩说明会；广泛邀请投资者特别是中小投资者，有条件的可以组织行业分析师、媒体等相关方参加，董事长、总经理原则上应出席，直接与投资者对话，鼓励更多独立董事参会；灵活采用线上线下相结合的方式，充分利用数字化技术，通过直播、视频会、电话会等多种形式，积极与投资者交流互动，境内外多地上市公司应同步召开业绩说明会，保障各类投资者合法权益。

3. 树立科学市场价值观，合力打造价值实现新局面。中央企业和上市公司要树立科学市场价值观，既要重视资本市场表现，努力推动上市公司市场价值与内在价值相匹配，积极维护股东权益，促进国有资产保值增值，又要尊重市场规律，充分认识到上市公司的市场表现受宏观经济、行业周期等多重因素影响，以客观务实的态度看待市场价值。中央企业、上市公司要提升处理应对资本市场复杂情况的能力，提高反应速度、决策效率和执行效率，依法依规、适时运用上市公司回购、控股股东及董事和高级管理人员增减持等手段，引导上市公司价值合理回归，助力企业良性发展。支持上市公司综合考虑行业特点、经营模式、所处发展阶段、盈利水平、资金需求等因素，制定合理持续的利润分配政策，鼓励符合条件的上市公司通过现金分红等多种方式优化股东回报。上市公司要加强与行业分析师的定期互动，拓宽分析师覆盖范围，及时跟进深度研究报告的发布情况，提升投资者对公司战略和长期投资价值的认同感。鼓励中央企业探索将价值实现因素纳入上市公司绩效评价体系，建立长效化、差异化考核机制，引导上市公司依法合规、科学合理推动市场价值实现，避免单纯以市值绝对值作为衡量标准，严禁操纵股价。

四、组织保障

一是加强组织领导。各中央企业要抓实抓好上市公司高质量发展工作，建立以主要负责同志为第一责任人、分管负责同志为直接责任人，上市公司业务归口管理部门牵头落实，战略、业务、财务、法律、风控、科技等相关部门协同联动配合的工作机制，结合所控股上市公司情况，对照本方案要求编制本集团工作方案，并指导上市公司一企一策制定具体实施方案，梳理问题、明确目标、细化措施、排出计划、压实责任，确保工作落实落地，取得实实在在成效。组织过程中应高度重视上市公司运作事项的敏感性，加强内幕信息管理，切实依法合规操作。

二是强化督导考核。请各中央企业集团公司于 2022 年 8 月底前将本集团工作方案报送国资委。国资委强化对方案落实情况的跟踪督促、考核评价，定期组织开展专项督查和央企经验交流分享，加强指导督促，统筹协调解决方案落实过程中的重大问题，2024 年年底全面验收评价；试点将上市公司发展质量纳入中央企业负责人经营业绩考核。

三是形成工作合力。国资委进一步落实以管资本为主的要求，持续完善上市公司监管政策体系，不断丰富政策“工具箱”，切实提高监管效能；支持国有资本运营公司在服务央企控股上市公司优化布局、完善治理、提高股权流动性、提升资本实力、增强资本市场沟通运作能力、发现市场价值等方面更好发挥作用；加强与证券监管等部门的政策协同和信息共享，加大工作支持力度，共同为企业改革发展创造良好环境；加强舆论宣传引导，推广一批最佳实践案例，讲好央企故事，营造促进央企控股上市公司高质量发展的良好氛围。

央企控股的境外上市公司参照执行，操作时应当注意与上市地相关法律法规规定做好衔接。

（此件于 2022 年 5 月 27 日发布于国务院国有资产监督管理委员会官方网站）

上市公司投资者关系管理工作指引

中国证券监督管理委员会公告

〔2022〕29 号

摘要

《上市公司投资者关系管理工作指引》对 2005 年 7 月发布的《上市公司与投资者关系工作指引》进行了修订和完善。进一步增加和丰富投资者关系管理的内容及方式，新增网站、新媒体平台、投资者教育基地等新兴渠道；进一步明确上市公司投资者关系管理的制度制定、部门设置等内容；强化上市公司“关键少数”的主体责任，对上市公司实际控制人、董监高等提出明确要求。

现公布《上市公司投资者关系管理工作指引》，自 2022 年 5 月 15 日起施行。

中国证监会

2022 年 4 月 11 日

上市公司投资者关系管理工作指引

第一章　总 则

第一条 规范上市公司投资者关系管理工作，加强上市公司与投资者之间的有效沟通，促进上市公司完善治理，提高上市公司质量，切实保护投资者特别是中小投资者合法权益，根据《中华人民共和国公司法》《中华人民共和国证券法》及《国务院关于进一步提高上市公司质量的意见》《关于进一步加强资本市场中小投资者合法权益保护工作的意见》《关于全面推进证券期货纠纷多元化解机制建设的意见》等有关法律法规和规章等，制定本指引。

第二条 本指引适用于依照《中华人民共和国公司法》设立且股票在中国境内证券交易所上市交易的股份有限公司。境外企业在境内发行股票或者存托凭证并上市的，除适用境外注册地、上市地法律法规的事项外，对境内的投资者关系管理工作参照本指引执行。法律、行政法规或者中国证监会另有规定的，从其规定。

第三条 投资者关系管理是指上市公司通过便利股东权利行使、信息披露、互动交流和诉求处理等工作，加强与投资者及潜在投资者之间的沟通，增进投资者对上市公司的了解和认同，以提升上市公司治理水平和企业整体价值，实现尊重投资者、回报投资者、保护投资者目的的相关活动。

第四条 上市公司投资者关系管理的基本原则是：

（一）合规性原则。上市公司投资者关系管理应当在依法履行信息披露义务的基础上开展，符合法律、法规、规章及规范性文件、行业规范和自律规则、公司内部规章制度，以及行业普遍遵守的道德规范和行为准则。

（二）平等性原则。上市公司开展投资者关系管理活动，应当平等对待所有投资者，尤其为中小投资者参与活动创造机会、提供便利。

（三）主动性原则。上市公司应当主动开展投资者关系管理活动，听取投资者意见建议，及时回应投资者诉求。

（四）诚实守信原则。上市公司在投资者关系管理活动中应当注重诚信、坚守底线、规范运作、担当责任，营造健康良好的市场生态。

第五条 本指引是上市公司投资者关系管理的基本行为指南。上市公司应当按照本指引的精神和要求开展投资者关系管理工作。

上市公司控股股东、实际控制人以及董事、监事和高级管理人员应当高度重视、积极参与和支持投资者关系管理工作。

第六条 倡导投资者提升股东意识，积极参与上市公司开展的投资者关系管理活动，依法行使股东权利，理性维护自身合法权益。

倡导投资者坚持理性投资、价值投资和长期投资的理念，形成理性成熟的投资文化。

第二章　投资者关系管理的内容和方式

第七条 投资者关系管理中上市公司与投资者沟通的内容主要包括：

（一）公司的发展战略；

（二）法定信息披露内容；

（三）公司的经营管理信息；

（四）公司的环境、社会和治理信息；

（五）公司的文化建设；

（六）股东权利行使的方式、途径和程序等；

（七）投资者诉求处理信息；

（八）公司正在或者可能面临的风险和挑战；

（九）公司的其他相关信息。

第八条 上市公司应当多渠道、多平台、多方式开展投资者关系管理工作。通过公司官网、新媒体平台、电话、传真、电子邮箱、投资者教育基地等渠道，利用中国投资者网和证券交易所、证券登记结算机构等的网络基础设施平台，采取股东大会、投资者说明会、路演、分析师会议、接待来访、座谈交流等方式，与投资者进行沟通交流。沟通交流的方式应当方便投资者参与，上市公司应当及时发现并清除影响沟通交流的障碍性条件。

鼓励上市公司在遵守信息披露规则的前提下，建立与投资者的重大事件沟通机制，在制定涉及股东权益的重大方案时，通过多种方式与投资者进行充分沟通和协商。

第九条 上市公司需要设立投资者联系电话、传真和电子邮箱等，由熟悉情况的专人负责，保证在工作时间线路畅通，认真友好接听接收，通过有效形式向投资者反馈。号码、地址如有变更应及时公布。

第十条 上市公司应当加强投资者网络沟通渠道的建设和运维，在公司官网开设投资者关系专栏，收集和答复投资者的咨询、投诉和建议等诉求，及时发布和更新投资者关系管理相关信息。

上市公司应当积极利用中国投资者网、证券交易所投资者关系互动平台等公益性网络基础设施开展投资者关系管理活动。

鼓励上市公司通过新媒体平台开展投资者关系管理活动。已开设的新媒体平台及其访问地址，应当在上市公司官网投资者关系专栏公示，及时更新。

第十一条 上市公司可以安排投资者、基金经理、分析师等到公司现场参观、座谈沟通。

上市公司应当合理、妥善地安排活动，避免让来访人员有机会得到内幕信息和未公开的重大事件信息。

第十二条 上市公司可以通过路演、分析师会议等方式，沟通交流公司情况，回答问题并听取相关意见建议。

第十三条 上市公司及其他信息披露义务人应当严格按照法律法规、自律规则和公司章程的规定及时、公平地履行信息披露义务，披露的信息应当真实、准确、完整，简明清晰，通俗易懂，不得有虚假记载、误导性陈述或者重大遗漏。

第十四条 上市公司应当充分考虑股东大会召开的时间、地点和方式，为股东特别是中小股东参加股东大会提供便利，为投资者发言、提问以及与公司董事、监事和高级管理人员等交流提供必要的时间。股东大会应当提供网络投票的方式。

上市公司可以在按照信息披露规则作出公告后至股东大会召开前，与投资者充分沟通，广泛征询意见。

第十五条 除依法履行信息披露义务外，上市公司应当按照中国证监会、证券交易所的规定积极召开投资者说明会，向投资者介绍情况、回答问题、听取建议。投资者说明会包括业绩说明会、现金分红说明会、重大事项说明会等情形。一般情况下董事长或者总经理应当出席投资者说明会，不能出席的应当公开说明原因。

上市公司召开投资者说明会应当事先公告，事后及时披露说明会情况，具体由各证券交易所规定。投资者说明会应当采取便于投资者参与的方式进行，现场召开的鼓励通过网络等渠道进行直播。

第十六条 存在下列情形的，上市公司应当按照中国证监会、证券交易所的规定召开投资者说明会：

（一）公司当年现金分红水平未达相关规定，需要说明原因；

（二）公司在披露重组预案或重组报告书后终止重组；

（三）公司证券交易出现相关规则规定的异常波动，公司核查后发现存在未披露重大事件；

（四）公司相关重大事件受到市场高度关注或质疑；

（五）其他应当召开投资者说明会的情形。

第十七条 上市公司在年度报告披露后应当按照中国证监会、证券交易所的规定，及时召开业绩说明会，对公司所处行业状况、发展战略、生产经营、财务状况、分红情况、风险与困难等投资者关心的内容进行说明。上市公司召开业绩说明会应当提前征集投资者提问，注重与投资者交流互动的效果，可以采用视频、语音等形式。

第十八条 投资者依法行使股东权利的行为，以及投资者保护机构持股行权、公开征集股东权利、纠纷调解、代表人诉讼等维护投资者合法权益的各项活动，上市公司应当积极支持配合。

投资者与上市公司发生纠纷的，双方可以向调解组织申请调解。投资者提出调解请求的，上市公司应当积极配合。

第十九条 投资者向上市公司提出的诉求，上市公司应当承担处理的首要责任，依法处理、及时答复投资者。

第二十条 上市公司应当明确区分宣传广告与媒体报道，不应以宣传广告材料以及有偿手段影响媒体的客观独立报道。

上市公司应当及时关注媒体的宣传报道，必要时予以适当回应。

第三章　投资者关系管理的组织与实施

第二十一条 上市公司投资者关系管理工作的主要职责包括：

（一）拟定投资者关系管理制度，建立工作机制；

（二）组织与投资者沟通联络的投资者关系管理活动；

（三）组织及时妥善处理投资者咨询、投诉和建议等诉求，定期反馈给公司董事会以及管理层；

（四）管理、运行和维护投资者关系管理的相关渠道和平台；

（五）保障投资者依法行使股东权利；

（六）配合支持投资者保护机构开展维护投资者合法权益的相关工作；

（七）统计分析公司投资者的数量、构成以及变动等情况；

（八）开展有利于改善投资者关系的其他活动。

第二十二条 上市公司应当结合本公司实际制定投资者关系管理制度，明确工作原则、职责分工、工作机制、主要内容、方式渠道和工作要求等。

第二十三条 董事会秘书负责组织和协调投资者关系管理工作。上市公司控股股东、实际控制人以及董事、监事和高级管理人员应当为董事会秘书履行投资者关系管理工作职责提供便利条件。

第二十四条 上市公司需要设立或者指定专职部门，配备专门工作人员，负责开展投资者关系管理工作。

第二十五条 上市公司及其控股股东、实际控制人、董事、监事、高级管理人员和工作人员不得在投资者关系管理活动中出现下列情形：

（一）透露或者发布尚未公开的重大事件信息，或者与依法披露的信息相冲突的信息；

（二）透露或者发布含有误导性、虚假性或者夸大性的信息；

（三）选择性透露或者发布信息，或者存在重大遗漏；

（四）对公司证券价格作出预测或承诺；

（五）未得到明确授权的情况下代表公司发言；

（六）歧视、轻视等不公平对待中小股东或者造成不公平披露的行为；

（七）违反公序良俗，损害社会公共利益；

（八）其他违反信息披露规定，或者影响公司证券及其衍生品种正常交易的违法违规行为。

第二十六条 上市公司从事投资者关系管理工作的人员需要具备以下素质和技能：

（一）良好的品行和职业素养，诚实守信；

（二）良好的专业知识结构，熟悉公司治理、财务会计等相关法律、法规和证券市场的运作机制；

（三）良好的沟通和协调能力；

（四）全面了解公司以及公司所处行业的情况。

第二十七条 上市公司可以定期对董事、监事、高级管理人员和工作人员开展投资者关系管理工作的系统性培训。鼓励参加中国证监会及其派出机构和证券交易所、证券登记结算机构、上市公司协会等举办的相关培训。

第二十八条 上市公司建立健全投资者关系管理档案，可以创建投资者关系管理数据库，以电子或纸质形式存档。

上市公司开展投资者关系管理各项活动，应当采用文字、图表、声像等方式记录活动情况和交流内容，记入投资者关系管理档案。档案的内容分类、利用公布、保管期限等由各证券交易所具体规定。

第二十九条 中国证监会及其派出机构依法对上市公司投资者关系管理及相关主体的行为进行监督管理，对存在重大问题的，督促其采取有效措施予以改善；对违法违规的，依据《证券法》等法律法规的相关规定采取监督管理措施或实施行政处罚。

第三十条 证券交易所、上市公司协会等自律组织，可以依照本指引规定，制定相关自律规则，对上市公司投资者关系管理进行自律管理。

第三十一条 中国证监会及其派出机构，证券交易所、上市公司协会等自律组织和投资者保护机构，可以对上市公司投资者关系管理状况进行评估评价，发布投资者关系管理的良好实践案例和经验，促进上市公司不断提升投资者关系管理水平。

第四章 附 则

第三十二条 本指引自2022年5月15日起施行。《上市公司与投资者关系工作指引》（证监公司字〔2005〕52号）同时废止。

首次公开发行股票并上市辅导监管规定

中国证券监督管理委员会公告

〔2021〕23号

摘要

《首次公开发行股票并上市辅导监管规定》对辅导验收有关内容进行规定，主要包括：辅导机构辅导计划和实施方案的执行情况；辅导机构督促辅导对象规范公司治理结构、会计基础工作、内部控制制度等。同时，对辅导工作时点及时限进行了规定，辅导期原则上不少于三个月，验收机构辅导验收工作用时不得超过二十个工作日，验收工作完成函的有效期为十二个月。

现公布《首次公开发行股票并上市辅导监管规定》，自公布之日起施行。

中国证监会

2021年9月30日

首次公开发行股票并上市辅导监管规定

第一条 为了规范首次公开发行股票并上市辅导监管工作，依据《中华人民共和国证券法》、《证券发行上市保荐业务管理办法》（以下简称《保荐管理办法》）、《中国证监会派出机构监管职责规定》等规定，制定本规定。

第二条 辅导机构对拟申请首次公开发行股票并上市的公司（以下简称辅导对象）开展辅导工作，辅导对象、证券服务机构及相关从业人员配合辅导机构开展辅导工作，以及中国证券监督管理委员会（以下简称中国证监会）及其派出机构对辅导工作进行监督管理，适用本规定。

前款所称辅导机构，是指按照《保荐管理办法》开展辅导工作的保荐机构。

第三条 辅导工作应当促进辅导对象具备成为上市公司应有的公司治理结构、会计基础工作、内部控制制度，充分了解多层次资本市场各板块的特点和属性，树立进入证券市场的诚信意识、自律意识和法治意识。

辅导验收应当对辅导机构辅导工作的开展情况及成效作出评价，但不对辅导对象是否符合发行上市条件作实质性判断。

第四条 中国证监会建立辅导监管系统，满足辅导材料提交、辅导公文出具、信息共享等工作的需要，并通过中国证监会政务服务平台向社会公开辅导监管信息。

辅导监管信息包括辅导备案报告、辅导工作进展情况报告、辅导情况报告以及其他与辅导对象相关的基本信息。

第五条 辅导机构、证券服务机构及其相关人员应当勤勉尽责，诚实守信，按照有关法律、行政法规、规章和规范性文件的要求开展工作。

辅导机构指定参与辅导工作的人员中，保荐代表人不得少于二人。

第六条 辅导对象及其相关人员应当诚实守信，认真配合辅导机构的辅导工作及派出机构的辅导监管工作。

第七条 辅导对象所在地派出机构负责对辅导工作进行监管。

辅导对象所在地在境外的，由辅导对象境内主营业地或境内证券事务机构所在地的派出机构进行监管。

前两款所称派出机构，以下统称验收机构。

第八条 辅导机构和辅导对象应当签订书面辅导协议，明确约定协议双方的权利义务。辅导协议可以包括以下内容：

（一）辅导人员的构成；

（二）辅导对象接受辅导的人员范围；

（三）辅导内容、计划及实施方案；

（四）辅导方式、辅导期间及各阶段的工作重点；

（五）辅导费用及付款方式；

（六）双方的权利、义务；

（七）辅导协议的变更与终止；

（八）违约责任。

辅导对象可以在辅导协议中约定，辅导机构保荐业务资格被撤销、被暂停保荐业务资格、因其他原因被监管部门认定无法履行保荐职责期间，辅导对象可以解除辅导协议。

第九条 签订辅导协议后五个工作日内，辅导机构应当向验收机构进行辅导备案。

验收机构应当在收到齐备的辅导备案材料后五个工作日内完成备案，并在完成备案后及时披露辅导机构、辅导对象、辅导备案时间、辅导状态。

第十条 确有必要进行当面沟通的，辅导对象、辅导机构可以预约验收机构工作人员进行当面沟通。

第十一条 辅导机构办理辅导备案时，应当提交下列材料：

（一）辅导协议；

（二）辅导机构辅导立项完成情况说明；

（三）辅导备案报告；

（四）辅导机构及辅导人员的资格证明文件；

（五）辅导对象全体董事、监事、高级管理人员、持股百分之五以上股东和实际控制人（或其法定代表人）名单；

（六）中国证监会要求的其他材料。

第十二条 辅导期自完成辅导备案之日起算，至辅导机构向验收机构提交齐备的辅导验收材料之日截止。辅导期原则上不少于三个月。

辅导期内，辅导机构应在每季度结束后十五日内更新辅导工作进展情况报告，辅导备案日距最近一季末不足三十日的，可以将有关情况并入次季度辅导工作进展情况报告。

第十三条 辅导机构应当督促辅导对象的董事、监事、高级管理人员及持有百分之五以上股份的股东和实际控制人（或其法定代表人）全面掌握发行上市、规范运作等方面的法律法规和规则、知悉信息披露和履行承诺等方面的责任和义务。

持有百分之五以上股份股东为法人或其他形式的，辅导机构应当督促其法定代表人、基金管理人的法定代表人、执行事务合伙人等全面掌握发行上市、规范运作等方面的法律法规和规则、知悉信息披露和履行承诺等方面的责任和义务。

第十四条 辅导期内辅导协议终止的，辅导机构应当于辅导协议终止后五个工作日内，向验收机构提出撤回辅导备案。

辅导期内，辅导机构未按期更新辅导工作进展情况报告超过二次的，视为撤回辅导备案。

辅导期内，增加、减少或更换辅导机构的，变更后的辅导机构书面认可原辅导机构辅导工作，并重新辅导备案后，辅导期可以连续计算。

第十五条 辅导机构完成辅导工作，且已通过首次公开发行股票并上市的内核程序的，应当向验收机构提交下列辅导验收材料：

（一）辅导情况报告，包括重点辅导工作开展情况、辅导过程中发现的问题及改进情况等；

（二）辅导机构内核会议记录（或会议决议）及关注事项说明；

（三）辅导对象近三年及一期财务报表及审计报告、经内核会议审定的招股说明书；

（四）辅导工作相关底稿；

（五）辅导对象的律师、会计师向辅导机构就辅导工作中遇到的问题所出具的初步意见；

（六）中国证监会要求的其他材料。

辅导机构保荐业务资格被撤销、被暂停保荐业务资格、因其他原因被监管部门认定无法履行保荐职责期间，不得提交辅导验收材料。

辅导机构未按本条规定提交辅导验收材料的，验收机构可以要求其补充。

第十六条 验收机构主要验收下列事项：

（一）辅导机构辅导计划和实施方案的执行情况；

（二）辅导机构督促辅导对象规范公司治理结构、会计基础工作、内部控制制度情况，指导辅导对象对存在问题进行规范的情况；

（三）辅导机构督促辅导对象及其相关人员掌握发行上市、规范运作等方面的法律法规和规则、知悉信息披露和履行承诺等方面的责任、义务以及法律后果情况；

（四）辅导机构引导辅导对象及其相关人员充分了解多层次资本市场各板块的特点和属性，掌握拟上市板块的定位和相关监管要求情况。

第十七条 验收机构进行辅导验收，应当采取下列方式：

（一）审阅辅导验收材料；

（二）现场走访辅导对象、查阅公司资料、约谈有关人员等；

（三）检查或抽查保荐业务工作底稿；

（四）其他必要方式。

验收机构约谈人员范围包括辅导对象的实际控制人、董事、监事、高级管理人员、核心技术人员和其他关键人员。

验收机构可以合理安排现场工作时间，并结合辅导验收过程中发现的问题，检查或抽查证券服务机构工作底稿。

第十八条 验收机构进行辅导验收，可以组织本规定第十三条所列人员参加证券市场知识测试。辅导对象相关人员已经取得独立董事、董事会秘书资格，可以申请豁免参加证券市场知识测试。

验收机构组织证券市场知识测试的，应当贯彻标准统一、形式简化原则，为参加测试人员在测试时间、测试地点等方面提供便利，并不得收取测试相关费用。

第十九条 辅导验收过程中，发现存在下列情形之一的，验收机构应当要求辅导机构予以规范：

（一）辅导机构未有效督促辅导对象规范公司治理结构、会计基础工作、内部控制制度；

（二）辅导机构未能勤勉尽责，诚实守信，未能按照有关法律、行政法规、规章和规范性文件的其他要求开展工作。

验收机构要求辅导机构进行规范的，应当通知辅导机构并说明理由。规范要求只提一次。

第二十条 辅导验收材料符合齐备性标准的，验收机构应当自收到齐备的辅导验收材料之日起二十个工作日内出具验收工作完成函，辅导机构根据要求补充、修改材料及进行规范工作时间不计算在内。

第二十一条 出具验收工作完成函时，验收机构认为辅导机构工作仍存在问题的，应将相关问题移送发行上市审核机构以及辅导机构所在地派出机构，在后续审核、日常监管中重点关注。

因辅导对象、辅导机构及其相关人员不配合导致无法开展辅导验收工作，或辅导机构自收到规范通知后六个月内无法完成规范工作的，验收机构应当终止辅导验收。

第二十二条 验收工作完成函有效期为十二个月。辅导对象在验收工作完成函有效期内变更拟上市板块的，辅导机构在对辅导对象就更换板块进行差异化辅导后，应当重新提交辅导验收材料，履行辅导验收程序。辅导机构进行差异化辅导时间不适用本规定关于辅导期的相关规定。

在验收工作完成函有效期内变更辅导机构的，如变更后的辅导机构认可变更前辅导机构的辅导工作，向验收机构提交说明并取得同意后，原辅导验收仍然有效。验收机构应向辅导机构重新出具验收工作完成函，有效期截止日与原验收工作完成函一致。

变更后的辅导机构认可变更前辅导机构的辅导工作的，不免除其依法开展尽职调查工作的义务。

辅导对象未在验收工作完成函有效期内提交首次公开发行股票并上市申请的，需要重新履行辅导及辅导验收程序。

第二十三条 在验收工作完成函有效期内，辅导对象提交首次公开发行股票并上市申请前，辅导对象、辅导机构发生可能影响辅导验收结论情况的，应当及时向验收机构报告。

第二十四条 辅导机构、证券服务机构及其相关人员辅导工作过程中存在违反法律、行政法规和中国证监会规章规定情形的，验收机构可以依法采取责令改正、监管谈话、出具警示函等行政监管措施。

第二十五条 验收机构可以根据本规定制定实施细则。

第二十六条 拟在中华人民共和国境内公开发行存托凭证、向不特定合格投资者公开发行股票并在北京证券交易所上市或中国证监会认为有必要开展辅导工作的，参照本规定执行。

第二十七条 本规定自公布之日起施行。

国家发展改革委关于支持优质企业直接融资进一步增强企业债券服务实体经济能力的通知

发改财金〔2018〕1806号

摘要

《国家发展改革委关于支持优质企业直接融资 进一步增强企业债券服务实体经济能力的通知》规定，符合条件的企业发行企业债券，实行“一次核准额度、分期自主发行”的发行管理方式，且“即报即审”，由专人对接、专项审核；对债券资金用途实行正负面清单管理；发行人应公开披露募集资金拟投资的项目清单和偿债保障措施。

各省、自治区、直辖市及计划单列市、新疆生产建设兵团发展改革委：

为深入贯彻落实党中央、国务院关于增强金融服务实体经济能力的决策部署，进一步增强企业债券服务实体经济能力，打好防范化解重大风险攻坚战，提高直接融资比重，优化债券融资服务，推动经济实现高质量发展，现就优质企业发行企业债券有关事项通知如下：

一、支持信用优良、经营稳健、对产业结构转型升级或区域经济发展具有引领作用的优质企业发行企业债券。现阶段重点支持符合以下条件的优质企业：

（一）主体信用等级达到AAA。

（二）主要经营财务指标应处于行业或区域领先地位。

（三）生产经营符合国家产业政策和宏观调控政策。

（四）最近3年未发生公司信用类债券或其他债务违约，且不存在处于持续状态的延迟支付本息事实。

（五）最近 3 年无重大违法违规行为，未纳入失信黑名单。

（六）报告期内财务报表未被注册会计师出具否定意见或无法表示意见，如被注册会计师出具保留意见的，保留意见所涉及事项的重大影响已经消除。

（七）我委为优化融资监管制定的其他发行条件。

我委积极支持符合条件的优质民营企业发行企业债券，并将根据市场发展情况，适时调整优质企业支持范围。

二、符合条件的企业申报发行优质企业债券，实行“一次核准额度、分期自主发行”的发行管理方式。

（一）债券申报阶段，发行人可就我委各债券品种统一申请额度，批复文件有效期不超过 2 年。

（二）经我委核准后，发行人可根据市场情况和自身需求，自主灵活设置各期债券的具体发行方案，包括但不限于各期债券规模、期限、选择权及还本付息方式。

（三）发行人在申报阶段可仅设立主承销团，在各期债券发行时明确牵头主承销商及承销团成员。

三、优质企业申报企业债券，应当符合《公司法》《证券法》《企业债券管理条例》的相关要求。优质企业债券实行“即报即审”，安排专人对接、专项审核，比照我委“加快和简化审核类”债券审核程序，并适当调整审核政策要求：

（一）在偿债保障措施完善的基础上，允许使用不超过 50% 的债券募集资金用于补充营运资金。

（二）核定公开发债规模时，按照公开发行的企业债券和公司债券余额不超过净资产 40% 的口径进行计算。

（三）鼓励符合条件的优质上市公司及其子公司发行企业债券。

（四）允许优质企业依法依规面向机构投资者非公开发行企业债券。

（五）鼓励商业银行以“债贷组合”增信方式，进行债券和贷款统筹管理。

四、优质企业债券申报阶段，对债券资金用途实行正负面清单管理。

（一）申报材料应明确债券募集资金拟投资领域，形成“正面清单”。“正面清单”

应符合国家产业政策，聚焦企业经营主业。支持优质企业在“正面清单”拟定的范围内依法合规安排使用募集资金，提高债券资金使用效率和灵活度。

（二）申报材料应明确债券募集资金禁止投向领域，形成“负面清单”。“负面清单”包括但不限于：将募集资金借予他人，用于房地产投资和过剩产能投资，用于与企业生产经营无关的股票买卖和期货交易等风险性投资，用于弥补亏损和非生产性支出。“负面清单”领域可根据企业自身经营业务范围进行补充和调整。

（三）鼓励优质企业将债券募集资金用于国家重大战略、重点领域和重点项目，加大基础设施领域补短板力度，加快培育和发展战略性新兴产业，推动经济转型升级和高质量发展。

五、各期债券发行前，发行人应公开披露募集资金拟投资的项目清单和偿债保障措施。

六、优质企业债券发行人、中介服务机构应当切实履行信息披露义务，真实、准确、完整地向投资者充分揭示债券投资风险。

（一）发行人在充分披露报告期内重大财务变化和债券风险情况的基础上，按照《优质企业债券发行信息披露指引》的要求编制募集说明书。

（二）发行人应按照监管部门和交易场所的规定，在存续期内定期披露财务情况、经营情况、募集资金使用情况、项目进展情况等相关信息。如存续期内变更募集资金用途或发生其他对债券持有人权益有重大影响的事项，应符合相关法律法规和政策要求，按照有关规定或约定履行程序，并及时公告。

七、本通知对优质企业的任何表述以及我委对其发行企业债券所作的任何决定，均不表明对发行人的经营风险、偿债风险、诉讼风险以及企业债券的投资风险或收益作出判断和保证。凡欲认购优质企业债券的投资者，请认真阅读募集说明书及有关信息披露文件，进行独立投资判断并自行承担有关风险。

八、各省级发展改革部门可结合各地发展实际，主动服务，积极引导区域内优质企业开展企业债券直接融资，将债券募集资金投向符合国家产业政策的实体经济领域。

九、加强优质企业债券事中事后监管，切实防范偿债风险。

（一）每年 4 月 30 日前，发行人、主承销商应向我委报送上一年度优质企业债券募集资金使用和项目进展情况，以及本年度债券本息兑付资金安排和偿付风险排查情况。律师事务所应对项目的合规性发表法律意见。地方企业应将上述材料同时抄报省级发展改革部门。

（二）主承销商应切实履行偿债督促责任，做好各年度债券本息兑付风险排查工作，对出现重大经营困难可能影响债券兑付的，应第一时间提出风险处置方案，并及时向省级发展改革部门和我委报告。

（三）我委将进一步完善企业债券信用档案，并对优质企业债券存续期管理实行“双随机”抽查。各省级发展改革部门应充分发挥属地管理优势，利用社会信用体系建设、大数据预警监测分析等手段，加强对辖区内优质企业债券资金投向、项目建设进度的监督检查，确保债券资金依法合规使用，实施偿债能力动态监控和风险预警，督促发行人做好偿还本息准备，科学有效防范债券市场风险。

国家发展改革委

2018 年 12 月 5 日

关于支持上市公司回购股份的意见

中国证券监督管理委员会公告

〔2018〕35 号

摘要

《关于支持上市公司回购股份的意见》明确了回购股份的触发条件：一是上市公司回购股份实施股权激励或员工持股计划；二是上市公司股价低于其每股净资产，或者 20 个交易日内股价跌幅累计达到 30% 的，可以为维护公司价值及股东权益进行股份回购；三是上市公司的控股股东、实际控制人结合自身状况，增持上市公司股份，推动上市公司回购公司股份。

现公布《关于支持上市公司回购股份的意见》，自公布之日起施行。

中国证监会

财政部

国资委

2018 年 11 月 9 日

关于支持上市公司回购股份的意见

为进一步提高上市公司质量，优化投资者回报机制，建立健全长效激励机制，促进资本市场长期稳定健康发展，证监会、财政部、国资委根据《公司法》《证券法》等法律法规的有关规定，就上市公司回购股份提出意见如下：

一、上市公司股份回购是国际通行的公司实施并购重组、优化治理结构、稳定股价的必要手段，已是资本市场的一项基础性制度安排。上市公司要切实增强投资者回报意识，充分有效运用法律规定的股份回购方式，积极回报投资者。鼓励上市公司在章程或其他治理文件中完善股份回购机制，明确股份回购的触发条件、回购流程等具体安排。上市公司以现金为对价，采用要约方式、集中竞价方式回购股份的，视同上市公司现金分红，纳入现金分红的相关比例计算。

二、上市公司股价低于其每股净资产的，董事会应当及时了解是否存在对股价可能产生较大影响的重大事件和其他因素，通过多种渠道主动与股东特别是中小股东进行沟通和交流，充分听取股东关于公司是否应实施股份回购等措施的意见和诉求。

三、上市公司股价低于其每股净资产，或者20个交易日内股价跌幅累计达到30%的，可以为维护公司价值及股东权益进行股份回购；上市公司因该情形实施股份回购并减少注册资本的，不适用《上市公司回购社会公众股份管理办法（试行）》第八条关于股票上市已满一年的要求和《关于上市公司以集中竞价交易方式回购股份的补充规定》第九条关于特定期间内不得回购股份的条件限制。

四、鼓励上市公司依法回购股份用于股权激励及员工持股计划。

上市金融企业可以在合理确定回购实施价格、切实防范利益输送的基础上，依法回购股份用于实施股权激励或者员工持股计划，并按有关规定做好管理。

上市证券公司实施员工持股计划的，应当依法通过资产管理计划、信托计划等形式进行。

五、继续支持上市公司通过发行优先股、债券等多种方式，为回购本公司股份筹集资金。支持实施股份回购的上市公司依法以简便快捷方式进行再融资。鼓励上市公司的控股股东、实际控制人结合自身状况，积极增持上市公司股份，推动上市公司回购公司股份，并在资金方面提供支持。

上市公司实施股份回购后申请再融资，融资规模不超过最近十二个月股份回购总金额10倍的，本次再融资发行股票的董事会决议日距前次募集资金到位日不受融资间隔期的限制，审核中对此类再融资申请给予优先支持。

股东大会授权董事会实施股份回购的，可以依法一并授权董事会实施再融资。上市公司实施股份回购的，可以同时申请发行可转换公司债券，募集时间由上市公司按照有关规定予以确定。

六、上市公司的国有股东要做积极的、负责任的股东，支持所控股上市公司完善股份回购机制、依法实施股份回购，并通过多种方式促进上市公司提高发展质量和效益，实现做强做优，努力做维护证券市场健康稳定发展的表率。

重庆市人民政府关于进一步提高上市公司质量的实施意见

渝府发〔2021〕7号

摘要

《重庆市人民政府关于进一步提高上市公司质量的实施意见》要求打造优质上市公司集群。立足重庆资源禀赋和产业布局，储备、培育和引进优质企业，扩充上市后备资源；主动适应注册制改革要求，推动优质企业上市；结合产业发展特色，加快推进新一代信息技术、生物医药、高端装备等战略性新兴产业企业上市。鼓励上市公司围绕主业及产业链上下游实施并购重组；加大对并购重组的土地、金融和财政支持力度；加大对上市公司技术改造、研发新产品、新技术、新工艺等的财税支持力度。

各区县（自治县）人民政府，市政府有关部门，有关单位：

为认真贯彻落实《国务院关于进一步提高上市公司质量的意见》（国发〔2020〕14号）精神，充分发挥资本市场在服务新发展格局、推动地方经济高质量发展中的作用，现就进一步提高我市上市公司质量提出如下实施意见。

一、提高上市公司治理水平

（一）规范公司治理和内部控制。完善国有控股上市公司治理制度规则，明确控股股东、实际控制人、董事、监事和高级管理人员的职责界限和法律责任，健全具有中国特色的国有控股上市公司治理机制，发挥国有控股上市公司在公司治理方面的示范作用。规范民营上市公司控股股东、实际控制人、董事、监事和高级管理人员等“关键少数”执业行为。开展公司治理专项行动，通过公司自查、现场检查、督促整改，切实提高公司治理水平。支持各类上市公司建立健全长效激励机制，实施更为灵活规范有效的股权激励、员工持股计划，强化劳动者和所有者利益共享，更好吸引和留住人才，充分调动上市公司员工积极性。〔责任单位：重庆证监局、市金融监管局、市财政局、市国资委等，各区县（含自治县，两江新区、重庆高新区、万盛经开区，以下统称区县）政府〕

（二）提升信息披露质量。督促上市公司、股东及相关信息披露义务人真实、准确、完整、及时、公平披露投资者作出价值判断和投资决策所必需的信息，并做到信息简明清晰、通俗易懂。督导上市公司严格执行企业会计准则，提升财务信息质量。引导上市公司加强环境、社会责任和公司治理（ESG）信息披露。有关部门要支持、配合上市公司依法依规履行信息披露义务。（责任单位：重庆证监局、市财政局、市国资委等）

二、打造优质上市公司集群

（三）大力培育上市后备资源。立足我市资源禀赋和产业布局，储备、培育和引进一批上市基础较好的科技型、创新型企业，扩充上市公司、拟上市公司和后备企业“三张清单”。发挥区县企业上市工作专班作用，加大企业改制上市的支持力度，统筹解决企业股改、上市过程中出具合规证明、备案、环评、规划、确权等问题。发挥产业引导基金、私募基金、区域股权市场等在企业上市培育中的积极作用，支持制造业单项冠军、专精特新“小巨人”、隐形冠军等企业发展壮大。（责任单位：市金融监管局、市发展改革委、市科技局、市经济信息委、市财政局、市规划自然资源局、市生态环境局、市国资委、市市场监管局、市高法院、重庆证监局、人行重庆营管部、重庆银保监局等，各区县政府）

（四）支持优质企业上市。加强对拟上市公司的培育和辅导，提升拟上市公司规范化水平。主动适应证券发行全面注册制改革要求，大力推动我市优质企业到主板、中小板、创业板、科创板上市，或通过新三板精选层转板上市。鼓励和支持混合所有制改革试点企业上市。鼓励中央企业在渝法人实体首发上市、重组上市、拆分上市。支持承接国家和全市重要战略任务的两江新区、重庆高新区等开发区内的科技型、创新型企业在科创板、创业板上市，鼓励优质红筹企业回归A股。结合我市产业发展特色，加快推进新一代信息技术、生物医药、高端装备等战略性新兴产业企业上市，重点推动符合国家战略、突破关键核心技术、市场认可度高的科创型企业上市。（责任单位：市金融监管局、重庆证监局、市科技局、市经济信息委、市财政局、市国资委等，各区县政府）

（五）支持市场化并购重组。鼓励上市公司围绕主业及产业链上下游实施并购重组，盘活存量、提质增效、转型发展。加快推动产业结构优化升级，加大对并购重组的土地、金融和财政支持力度。发挥证券市场价格、估值、资产评估结果在国有资产交易定价中的作用，推动国有企业依托资本市场开展混合所有制改革，提高国有资本管理效率。支持上市公司发行股份购买外省市、境外优质资产，探索引入符合条件的境内外机构投资者对上市公司进行战略投资，提升我市上市公司综合竞争力。（责任单位：市金融监管局、重庆证监局、市经济信息委、市财政局、市国资委、人行重庆营管部、重庆银保监局等，各区县政府）

（六）推动上市公司引领产业升级。加强对上市公司再融资的服务和指导，支持上市公司增发融资，鼓励上市公司用好公司信用类债券、资产支持证券、不动产投资信托基金（REITs）、优先股、可转换公司债券等直接融资工具。鼓励金融机构对拟上市后备企业、优质上市公司提供中长期贷款、信用贷款、无还本续贷等金融支持。优化上市公司再融资募投项目落地服务，支持将符合全市产业发展规划的再融资项目列为市、区县重点产业项目，协调解决再融资项目落地过程中的审批、用地、环评、基础建设等问题。支持上市公司设立研发机构，增加研发投入。加大对上市公司技术改造、研发新产品、新技术、新工艺等的财税支持力度。推动上市公司发挥资本、技术和品牌等优势，与配套企业联动发展，带动区域产业创新升级。（责任单位：市金融监管局、重庆证监局、市发展改革委、市科技局、市经济信息委、市财政局、重庆市税务局、人行重庆营管部、重庆银保监局等，各区县政府）

三、解决上市公司突出问题

（七）依法做好退市处置工作。严厉打击通过财务造假、利益输送、操纵市场等方式恶意规避退市行为，将缺乏持续经营能力、严重违法违规扰乱市场秩序的公司及时清出市场，加大对违法违规主体的责任追究力度。支持上市公司通过主动退市、企业合并、重组上市、破产重整等多元化渠道依法退出、出清。总结上市公司破产重整经验，优化相关流程。建立健全退市风险监测、预警及信息共享机制、退市风险联合防控工作机制，制定退市风险处置预案，保障上市公司平稳退市。稳妥做好退市公司的维稳工作，支持投资者依法维权，保护投资者合法权益。（责任单位：重庆证监局、市金融监管局、市委政法委、市公安局、市司法局、市国资委、市高法院等，各区县政府）

（八）化解股票质押和债券违约风险。积极发挥市金融工作领导小组和金融稳定发展委员会办公室地方协调机制（重庆市）作用，建立股票质押风险处置协调机制，加强股票质押风险监测预警。强化对金融机构、上市公司大股东及实际控制人的风险约束，上市公司大股东质押限售期股票应严格遵守相关规范要求及有关承诺。充分发挥纾困基金的作用，支持各类金融机构和资本参与上市公司股票质押风险化解、市场化债转股。完善债券违约风险处置的统筹协调机制，对需跨部门协作的债券违约风险，采取信息共享、会商研判和联动处置，对于重点风险企业制定违约风险应对方案并纳入名单库动态管理。（责任单位：市金融监管局、

重庆证监局、市财政局、市国资委、人行重庆营管部、重庆银保监局等，各区县政府）

（九）严肃处置资金占用、违规担保问题。防范新增资金占用、违规担保，着力解决现有存量问题，对限期未整改或新发生的资金占用、违规担保问题，要严厉查处，构成犯罪的要依法追究刑事责任。上市公司实施破产重整的，要提出解决资金占用、违规担保问题的可行方案，切实保护上市公司及中小股东的合法权益。企业重整成功后，金融、税务等部门应当根据企业申请，依法修复重整企业信用。（责任单位：重庆证监局、市公安局、市国资委、市高法院、重庆市税务局、人行重庆营管部、重庆银保监局等）

（十）加强应对重大突发事件的政策支持力度。发生自然灾害、公共卫生等重大突发事件，对上市公司正常生产经营造成严重影响的，有关单位要加强工作联动，推动产业、金融、财税等方面的纾困惠企政策直接惠及市场主体。要及时采取措施，维护劳务用工、生产资料、公用事业品供应和物流运输渠道，支持上市公司尽快恢复正常生产经营。（责任单位：市金融监管局、重庆证监局、市发展改革委、市经济信息委、市财政局、市商务委、重庆市税务局、人行重庆营管部、重庆银保监局等，各区县政府）

四、强化提高上市公司质量的工作合力

（十一）强化上市公司主体责任。引导上市公司诚实守信、规范运作，专注主业、稳健经营，不断提高经营水平和发展质量。加强日常教育培训，督促上市公司董事、监事和高级管理人员及实际控制人增强风险意识、社会责任意识，依法依规履职尽责，公平对待所有股东。对损害上市公司利益的行为，上市公司要依法维权，有关单位要积极支持。鼓励上市公司通过现金分红、股份回购等方式回报投资者，切实履行社会责任。（责任单位：重庆证监局、市金融监管局、市国资委、市高法院、市公安局等，各区县政府）

（十二）提升中介机构服务能力。支持本土券商创新提质，争取新设法人证券公司。压实中介机构“看门人”职责，督促中介机构和项目团队归位尽责。有关单位要积极配合证券公司（保荐机构）、会计师事务所、律师事务所以及从事资产评估、资信评级、财务顾问的证券服务机构依法依规开展尽职调查、函证、审计、评估等业务活动，及时、准确、完整地提供相关资料和信息。（责任单位：市金融监管局、重庆证监局、市财政局、市司法局、人行重庆营管部等，各区县政府）

（十三）加大违法违规行为执法力度。严厉打击财务造假、侵占上市公司资金、违规担保、内幕交易等违法违规行为，加强证券监管部门与司法机关协作，实现涉刑案件快速移送、快速查办，严厉查处违法犯罪行为。有关单位要积极配合证券监管部门依法

开展现场检查、案件调查等工作。办理上市公司违法违规案件，要注意区分上市公司与控股股东、实际控制人责任以及董事、监事、高级管理人员的个人责任，突出对违法行为决策、主要责任人等“关键少数”的责任追究。（责任单位：重庆证监局、市公安局、市高法院、市检察院等，各区县政府）

（十四）凝聚各方合力。进一步落实“放管服”改革要求，持续优化营商环境，支持各类市场主体平等参与市场竞争。加强与沪深交易所、全国股转公司的沟通，完善协作机制，充分发挥沪深交易所重庆基地作用，争取全国股转公司设立新三板重庆基地。探索开展区域性股权市场制度和业务创新，发挥重庆股转中心在帮助企业规范提升、储备上市资源及培育资本市场文化等方面的积极作用。市级各行业主管部门、各区县要定期梳理行业内、区域内上市公司和拟上市公司的情况。支持各类媒体加强资本市场政策解读与优秀经验案例的推广宣传，营造有利于上市公司发展的良好舆论环境，发挥正面榜样的激励作用。完善上市公司舆情监测、媒体通报等方面的协作机制。（责任单位：市金融监管局、重庆证监局、市委宣传部、市委网信办、市发展改革委等，各区县政府）

五、完善保障激励措施

（十五）加强组织领导。依托市金融工作领导小组框架和金融稳定发展委员会办公室地方协调机制（重庆市），成立提高上市公司质量工作专班，建立定期沟通协调会议机制，解决企业上市、上市公司再融资等过程中遇到的困难和问题。明确各部门职责，做好信息共享、监管协作、风险处置等工作，定期督导检查，通报有关情况。（责任单位：重庆证监局、市金融监管局、市国资委、人行重庆营管部、重庆银保监局等，各区县政府）

（十六）加大考核激励。及时高效地帮助解决上市后备企业、拟上市公司和上市公司经营发展过程中遇到的各类问题。将防范化解质押风险、推动存量风险化解、推动上市公司再融资等提高上市公司质量的各项工作纳入提升经济证券化考核范畴。持续优化财政奖补政策，加大对企业直接融资的支持力度。（责任单位：市政府督查办、市金融监管局、市财政局等，各区县政府）

重庆市人民政府

2021 年 2 月 19 日

重庆市人民政府办公厅关于加强财政金融联动支持实体经济发展的通知

渝府办发〔2022〕81号

摘要

《重庆市人民政府办公厅关于加强财政金融联动支持实体经济发展的通知》明确，对企业挂牌上市最高给予800万元奖励；对企业资本市场再融资最高给予100万元奖励。企业挂牌上市方面，对在重庆股份转让中心挂牌并完成股份制改造的企业，给予50万元奖励；对在全国中小企业股份转让系统挂牌的企业，按照基础层、创新层分档给予最高150万元的奖励；对在境内外上市的企业，分阶段给予最高800万元奖励。企业资本市场再融资方面，对在重庆股份转让中心挂牌的科技型企业和"专精特新"企业首次开展股权融资的，按融资净额的1%给予最高50万元奖励；对上市公司再融资或并购交易，按融资净额或实际交易额的5‰给予最高100万元奖励。

各区县（自治县）人民政府，市政府各部门，有关单位：

为贯彻落实《国务院关于印发扎实稳住经济一揽子政策措施的通知》（国发〔2022〕12号）和《成渝共建西部金融中心规划》（银发〔2021〕312号）等文件精神，经市政府同意，现就进一步加强财政金融联动支持实体经济发展有关工作通知如下：

一、支持普惠金融发展

（一）发挥政府性融资担保机构增信作用。鼓励政府性融资担保机构对符合条件的交通运输、餐饮、住宿、旅游等行业的中小微企业和个体工商户提供融资担保，及时履行代偿义务，推动金融机构尽快放贷，不抽贷、不压贷、不断贷。对符合条件的前述融资担保业务，按规定纳入再担保业务分险范畴。

（二）支持政策性融资担保业务扩面降费。落实小微企业融资担保降费奖补政策，对符合条件的融资担保业务给予 1%~1.3% 的担保费补贴。实施政府性融资担保机构绩效奖励，对首贷业务、低费率业务、支小支农占比较高的融资担保机构给予 2‰~6‰ 的绩效奖补。加大再担保分险支持力度，对 2022 年纳入国家融资担保基金授信范围内的小微企业融资担保业务，市级财政对再担保费给予全额补助。

（三）健全融资担保风险补偿机制。构建“中央—市级—区县”三级联动风险分担体系，对符合条件的支小支农融资再担保业务，市级财政按比例给予风险补偿。其中，对纳入国家融资担保基金合作的业务，按市级再担保代偿责任的 40% 给予风险补偿；对暂未纳入国家融资担保基金合作的业务，按代偿责任的 65% 给予风险补偿。

（四）加大创业就业融资扶持力度。为符合条件的个人、小微企业提供最高额度分别为 20 万元、300 万元的创业担保贷款，LPR—150BP 以下部分利息由个人和企业承担，剩余部分财政给予 3%~4% 贴息。加大小微企业创业担保贷款支持力度，对 2022 年未达新增就业岗位 15%（超过 100 人的企业未达到 8%），但当年实现稳定就业岗位 95% 以上小微企业的创业担保贷款，市级财政给予不超过 1% 的阶段性贴息支持。

（五）支持流动性困难企业转贷续贷。实施低费率应急转贷周转金帮扶政策，为符合条件、还款出现暂时困难的中小微企业、个体工商户、新型农业经营主体和“双百”（100 户重点工业企业和 100 户成长型工业企业）中的大型民营企业，提供最高额度 8000 万元、日费率 0.1‰、最长 15 个工作日的应急周转资金。对符合条件的国家级和市级“专精特新”企业，免收应急转贷周转金使用费。

（六）支持普惠金融发展示范区建设。开展财政支持普惠金融发展示范区创建工作，每年评选 3 个区县（自治县，以下简称区县）作为普惠金融发展示范区，财政给予每个示范区 2500 万 ~4500 万元奖补资金支持，支持示范区统筹用于支小支农贷款贴息、风险补偿，以及政府性融资担保机构资本金补充、融资担保降费奖补等，切实引导普惠金融服务增量、扩面、降本、增效。

二、支持金融服务乡村振兴

（七）实施乡村振兴青年贷。对符合条件的乡村振兴青年带头人或涉农经营主体，支持银行业金融机构提供额度最高 300 万元、年利率不超过 5%、期限最长 3 年的贷款支持；

市级政府性融资担保机构对符合条件的业务予以担保增信，财政对担保费用给予一定比例的补助。

（八）实施新型农业经营主体及农产品加工贷款贴息。对符合条件的新型农业经营主体（包括农产品加工企业）、农产品加工园区发展农业产业产生的经营性贷款给予贴息，贴息比例不超过同期 LPR 的 50%。

（九）提高政策性农业保险风险保障水平。实施差异化农业保险保费补贴，按照种植业、养殖业、林业等分类分档给予保费补贴，并重点向国家乡村振兴重点帮扶县、产粮大县、生猪调出大县和渝东北三峡库区城镇群、渝东南武陵山区城镇群区县倾斜。鼓励区县因地制宜开展优势特色农产品保险，市级财政将每个区县补贴险种提高至 5 个，并给予 40% 保费补贴。实施农业保险绩效奖励，市级财政根据区县和承保机构绩效评价结果给予奖补支持。

（十）支持农村金融组织体系建设。实施农村金融机构定向费用补贴，对符合条件的新型农村金融机构和银行业金融机构（网点），按照不超过其当年贷款平均余额的 2% 给予费用补贴。

（十一）实施农村产权抵（质）押融资风险补偿。鼓励金融机构为农业经营主体发展种植业、养殖业、林业、畜牧业、渔业和农副产品加工、流通等农业产业化项目提供融资服务，财政对符合条件的融资服务发生的损失，按照本金损失的 35% 给予单笔最高 350 万元的风险补偿。

（十二）实施民贸民品贷款贴息。支持民族贸易企业发展，对民族贸易和民族特需商品定点生产企业生产经营性贷款，按照 2.88% 给予贴息。

（十三）支持保险、担保、信贷政策协同。鼓励保险机构、政府性融资担保机构、银行业金融机构积极推动“财金—聚农贷”业务。对于开展成效较好的区县、金融机构，财政在农业保险保费补贴绩效评价、普惠金融发展示范区建设绩效考核中给予适当加分。

三、支持金融服务科技创新

（十四）支持企业获得知识价值、商业价值信用贷款。逐步推进知识价值信用贷款与政府性融资担保政策的对接，优化风险分担机制，降低科技型企业综合融资成本。优化商业价值信用贷款，对符合条件的国家级和市级“专精特新”企业，商业价值信用贷款授信额度上限从 300 万元提高到 1000 万元。

（十五）支持重大技术装备首台（套）推广应用。对符合条件的首台（套）重大技术装备，按企业实际投保保险费用的一定比例给予补贴，单个装备最高不超过 500 万元。

（十六）支持企业开展技术改造。探索建立担保机构、银行业金融机构、市与区县两级政府风险分担机制，加大对重点产业、重点企业、重点产业链协同技改项目的信贷支持力度。综合运用再贷款再贴现、碳减排支持工具等货币政策工具，支持金融机构为市级重点技改项目开发专属额度、期限和利率的贷款产品。

（十七）实施股权投资激励。鼓励私募股权投资基金投资科技创新企业，对符合条件的股权投资按照投资额的 1% 给予奖励，同一基金管理人累计奖励最高 1000 万元。

（十八）发挥政府性投资基金引导作用。整合市级政府类股权投资基金，组建重庆市产业投资基金，聚焦重大战略类、重点行业类、科创培育类项目，围绕汽车、电子等重点行业和“专精特新”企业、科技型企业开展投资，撬动金融资源支持全市产业发展。

四、支持金融服务重点领域

（十九）支持制造业信贷投放。开展制造业抵押增值贷款试点，市级财政和试点区县共同出资设立风险补偿资金池，对银行业金融机构发放的符合条件的中小制造企业贷款给予风险补偿。

（二十）支持供应链融资。鼓励金融机构和产业链核心企业开展应收账款质押贷款，对依托中征平台促成上下游企业应收账款新增贷款额排名前 3 名的核心企业，市级财政按其上年度实际促成贷款额的 5‰、单户最高不超过 100 万元给予奖励。

（二十一）支持绿色高质量发展。鼓励金融机构加大绿色信贷投放力度，对 2022 年获得碳减排支持工具报销的贷款，市级财政按照不超过贷款本金的 2‰ 给予贷款企业补贴。

（二十二）实施文旅困难企业贷款贴息。扩大贴息政策支持范围，将 2022 年 1—5 月主营业务收入同比下降 30% 以上的文旅企业新增纳入申报范围。对符合条件的贷款，按不超过同期 LPR 的 30%、单户企业最高不超过 30 万元给予贴息。

（二十三）支持企业开展汇率避险。鼓励中小微企业提升汇率避险意识和能力，对采取外汇衍生品进行汇率避险的中小微企业给予奖励，鼓励企业将奖励资金用于科技研发、绿色发展、乡村振兴等领域。

五、支持金融业高质量发展

（二十四）支持企业挂牌上市。对在重庆股份转让中心挂牌并完成股份制改造的企业，给予 50 万元奖励。对在全国中小企业股份转让系统挂牌的企业，按照基础层、创新层分档给予最高 150 万元的奖励。鼓励企业境内外上市，按照“与中介机构签署 IPO（首次公开募股）协议、纳入重庆证监局辅导备案、IPO 材料获受理、成功上市（过会）”分阶段给予最高 800 万元奖励。

（二十五）支持企业资本市场再融资。对在重庆股份转让中心挂牌的科技型企业和“专精特新”企业首次开展股权融资的，按融资净额的 1% 给予最高 50 万元奖励；对已上市企业通过股权融资进行再融资，按融资净额的 5‰ 给予最高 100 万元奖励；对开展并购交易的上市企业，按实际交易额的 5‰ 给予最高 100 万元奖励。

（二十六）完善金融机构组织体系。鼓励金融机构增强创新活力和综合服务能力，对境内外金融机构在我市新设法人总部、功能总部、区域总部和市级机构给予奖励。

（二十七）鼓励金融机构服务地方经济发展。支持境内外金融机构加大对我市的资源投放力度，鼓励金融机构在普惠金融、科技创新、绿色发展、交通物流、外债便利等方面创新产品和服务方式，加快金融服务港湾建设，对支持西部金融中心建设有突出贡献的机构给予激励。鼓励各区县结合实际，因地制宜引导金融机构加大对实体经济服务力度。

本通知自印发之日起执行，有效期 3 年。此前我市有关规定与本通知规定不一致的，以本通知规定为准。市财政局要会同市级有关部门、有关单位进一步制定实施细则，扎实抓好有关政策措施落地落实工作。

重庆市人民政府办公厅

2022 年 7 月 16 日

重庆市人民政府办公厅关于印发支持科技创新若干财政金融政策的通知

渝府办发〔2021〕47号

摘要

《支持科技创新若干财政金融政策》提出，支持科技企业通过资本市场扩大直接融资。具体来看，支持科技企业在多层次资本市场挂牌上市，对在科创板成功上市的企业，最高给予800万元奖补；支持科技企业发行高成长债券、权益出资型票据、双创债等；支持股权投资机构加大对科技企业的投资力度，按实际投资到账金额的1%给予奖励。同时，设立20亿元重庆科技成果转化基金，运用市场化、专业化方式促进科技成果转移转化。

各区县（自治县）人民政府，市政府有关部门，有关单位：

《支持科技创新若干财政金融政策》已经市政府同意，现印发给你们，请认真贯彻执行。

重庆市人民政府办公厅

2021年5月14日

支持科技创新若干财政金融政策

为深入贯彻落实习近平总书记重要讲话精神，加快推进成渝地区双城经济圈建设，聚焦“四个面向”，紧扣战略性新兴产业和关键核心技术等重点领域，加快建立以财政投入为引导、企业投入为主体、金融市场为支撑的多元科技投入体系，推动“十四五”期间科技创新项目、基地、人才、资金一体化配置，促进全市高质量发展，特制定以下政策。

一、加大基础研究投入

（一）支持国家实验室、重大科技基础设施加快集聚。对重点培育的国家实验室、重大科技基础设施，建立承载主体、市、区县（自治县，以下简称区县）联动支持机制。政府对设备购置、科研项目、人才引进等投入部分，由市与区县按 6 ∶ 4 的比例共担；同时，市级在选址用地、政府债券分配上对有关区县给予倾斜支持。对国家布局及批准建设的国家实验室、重大科技基础设施，市、区县两级财政按规定“一事一议”给予支持。

（二）支持国家级创新平台高效运行。对新认定的国家重点实验室、国家工程研究中心、国家技术创新中心、国家临床医学中心等国家科技创新基地，建立承载主体、市、区县联动支持机制，在市级一次性资助最高 1000 万元的基础上，定期开展绩效评价，并根据评价结果分类分档给予支持，每次市级奖补最高 600 万元。

（三）支持引进培育高端研发机构。支持国内外知名高校、科研机构、科学家及科研团队等来渝设立科研分支机构或新型研发机构，同时培育本地科研机构做优做强。对新认定的高端研发机构，建立承载主体、市、区县联动支持机制，市级根据绩效情况，给予最高 5000 万元的综合支持，引导其联合本地龙头企业、高校和科研院所开展协同创新，共同实施重大科技计划任务。对特别重大的高端研发机构，可“一事一议”给予支持。

（四）支持高校提升科技研发能力。从普通本科高校生均综合定额经费中安排 8%~12% 用于研发，高等教育新增财政性教育经费用于科技创新的比例不得低于 30%，一流学科建设专项资金用于科技创新的比例不得低于 30%，将科技创新投入与“双一流”建设等专项资金安排挂钩。支持高校与市自然科学基金设立联合基金，开展基础研究，培育优势学科，助推原始创新。

（五）支持基础研究与前沿探索项目。建立市级财政基础研究项目资金稳定增长机制，确保年均增长 10% 以上。做大区域创新发展联合基金，重点支持基础性、战略性、前瞻性的科学研究。实施市自然科学基金项目，重点支持博士、博士后等青年科研人员和创新团队，着力培育创新人才队伍。

二、扶持产业技术创新

（六）支持企业创新平台建设。鼓励创新型领军企业联合行业上下游组建创新联合体，引导企业与高校、科研院所组建产业技术研究院等产学研联合体，牵头承担市级科技创新重大项目。对获得国家级制造业创新中心认定的牵头单位，自获得认定当年起，市级连续 3 年给予最高 2000 万元 / 年的研发补助，新能源和智能网联汽车领域补助标准可提高至 3000 万元 / 年。

（七）支持市级科技创新重大项目。聚焦战略性新兴产业培育发展、重点产业行业“卡脖子”技术攻关和重大技术装备研发等，5 年内实施 10 个左右市级科技创新重大项目，每个重大项目不超过 10 个主攻方向，市级对每个主攻方向给予 1000 万 ~3000 万元的资金支持，项目实施“里程碑”式管理。对特别重大的市级科技创新项目，可“一事一议”给予支持。

（八）支持承接国家重大科技计划项目。对牵头承担国家科技重大专项和重点研发计划的单位，根据项目合同实施进展绩效，市级按项目上年度实际国拨经费的 3% 奖励研发团队，但每个项目奖励最高 100 万元，每个单位奖励最高 1000 万元。

（九）支持新产品推广应用。全面落实首台（套）装备、首批次材料、首版次软件应用政策，编制创新产品目录，制定政府首采首订实施办法，鼓励区县按照特色产业发展需要建立重大新产品应用开发场景，加快新产品推广应用。

（十）支持企业加大研发投入。严格落实国家政策，将制造业企业研发费用加计扣除比例由 75% 提高至 100%。在此基础上，对建立研发准备金制度且申报研发费用达到 1000 万元及以上的企业，市级按研发费用存量不高于 3%、增量不高于 10% 的比例给予补助；对申报研发费用 1000 万元以下的企业，由区县按上述比例给予补助，市对区县给予适当奖补。

三、发展大数据智能化

（十一）支持软件和信息服务业创新发展。对进入国家或市级鼓励的重点软件企业清单，且符合相关条件的单位，根据研发绩效，市级奖补最高200万元。对在工业软件、基础软件、信息安全软件等关键领域取得核心技术突破和计算机软件著作权，且符合相关条件的单位，市级按经济贡献给予最高500万元的奖补支持。对出口拥有自主知识产权的软件产品，且符合相关条件的单位，市级按经济贡献给予最高100万元的奖补支持。

（十二）支持企业智能化改造升级。支持制造业企业建设数字化车间和智能工厂，以设备和软件投资额为基准，单个项目市级补助最高500万元。支持制造业企业应用新一代信息技术建设“5G＋工业互联网”集成创新应用项目和创新示范智能工厂，以设备和软件投资额为基准，单个项目市级补助最高分别为500万元、1000万元。支持建设工业互联网标识解析体系、工业互联网平台，国家级、市级项目奖励金额最高分别为1000万元、500万元。

四、推进农业科技创新

（十三）支持农业科技创新平台建设。市级健全农业科技基础研究稳定支持机制，支持推进山地农业科技创新基地、种质资源库（圃、场、区）、区域性畜禽基因库等项目建设，支持建设国家生猪技术创新中心、国家区域性畜禽种业创新中心、西部农业人工智能技术创新中心等农业科技创新平台，支持成渝共建国家现代农业产业科技创新中心。

（十四）支持农业重点领域技术创新。市级统筹农业专项资金对现代种业创新、耕地保护与质量提升、农业机械化等重要领域加大支持力度，稳步实施农产品加工增值、农作物绿色高效种植技术创新、畜禽健康养殖增效、生态渔业提质增效、农产品质量安全与品牌建设、资源利用与生态农业创新、智慧农业·数字乡村、高标准农田建设等农业科技创新重点工程，对创建成功的种业产业园、农业种质资源保护单位给予经费支持。支持产业技术体系创新团队建设，对单个团队市级按最高500万元予以支持。支持种业科企联合体建设。

五、加大科技金融支撑

（十五）支持组建科技创新投资平台。整合重庆产业引导基金公司和重庆科技金融集团，组建重庆科技创新投资集团有限公司，注册资本金100亿元，聚焦科技创新成果转化及科创企业孵化、引导、培育及上市，主投初创期科技企业，优化管理模式，修订种子、天使、产业引导等基金管理制度，建立更加符合科技创新投资特点的投决机制、激励机制、容错机制。

（十六）支持金融机构加大信贷投放。建立风险补偿“资金池”，支持金融机构开展知识价值信用贷款。建立科技企业政银企融资对接和监测评估机制，推出“再贷款+”和“科票通”再贴现政策，充分发挥国家融资担保基金、再担保、科技担保等构成的政府性融资担保体系增信分险作用，优化风险代偿补偿机制和担保费奖补政策，鼓励担保机构降低担保费率。

（十七）支持科技企业扩大直接融资。搭建科技企业债券融资推进机制，支持发行高成长债券、权益出资型票据、双创债等。支持科技企业在多层次资本市场开展上市挂牌，建立科创板拟上市企业储备库，给予 3 年期的重点培育，对在科创板成功上市的企业，市级给予最高 800 万元奖补。支持股权投资机构加大对科技企业的投资力度，对投资科技创新产业的股权投资机构，市级按经济贡献给予不超过实际投资到账金额 1% 的奖励。

（十八）支持科创金融产品和服务创新。积极申创国家科创金融改革试验区，开展高技术企业外债便利化额度试点，鼓励金融机构对科技企业加大信用贷款、中长期贷款、投贷联动、知识产权证券化等产品创新。财政支持深化民营和小微企业金融服务综合改革试点专项资金重点向科技创新资源较为聚集的区县倾斜。

六、增强知识产权保护

（十九）支持知识产权保护。聚焦重点产业领域，实施知识产权风险预警项目或知识产权保护示范创建项目，市级给予单个企业最高 20 万元的资助。对通过 PCT 或巴黎公约等途径获得国外发明专利权的，市级给予每件最高 2 万元的资助。

（二十）支持知识产权运用。支持市场化机构建设运营知识产权运营中心，市级对建设经费给予 500 万元引导资助，并根据运营绩效按运营金额的 2% 给予补贴，市级每年最高奖补 500 万元。

七、鼓励科技人才集聚

（二十一）支持重庆英才集聚工程。整合引才政策和资源，出台重庆英才集聚工程，聚焦“卡脖子”领域，面向海内外靶向引进一批一流科技领军人才和高水平团队，对发展急需的顶尖人才及团队，实行量身定制“一人（团队）一策”。对引进的科技领军人才按市场化方式确定薪酬水平。对引进的优秀创新团队，可按照“一事一议”的方式确定团队成员薪酬激励方案，所需绩效工资总量实行单列追加。

（二十二）支持科技人才安居保障。充分利用保障性租赁房、市场化租赁房源、社会闲置存量住房或新建等多渠道筹集人才公寓房源。重庆高新区、两江新区筹集不少于2万套高品质人才公寓，提供给符合条件的科技人才入住，全职工作满一定年限后，可以成本价购买或享受租金半价减免继续入住。各区县根据人才需求，筹集一批区位较好、出行方便、环境优美、配套完备的人才公寓，优先保障重点企事业单位重点人才所需。

八、加强科技成果转化

（二十三）支持设立科技成果转化基金。设立20亿元重庆科技成果转化基金，引导社会资本加大对科技成果转化的投入，运用市场化、专业化方式促进科技成果转移转化。

（二十四）支持科技成果转化机构建设。对符合条件的专业化科技成果转化机构，根据上年度科技成果转化绩效，市级给予每年最高100万元奖补。

九、促进区域协同创新

（二十五）支持“一区两群”协同创新。鼓励区县围绕环大学创新生态圈等重点区域和园区，聚焦特色产业领域，打造大型科技企业孵化器。市级统筹财力设立引导区县科技发展专项资金，根据区县落实科技发展政策、优化科技创新环境、提升科技创新能力等因素，予以激励奖补。发挥西部（重庆）科学城、两江新区科技创新引领作用，“十四五”期间，两地研发经费投入强度要达到5%以上。依托科技创新投资平台，分别设立渝东北和渝东南两支科创子基金，定向支持“两群”地区科技企业孵化培育；对培育高新技术企业成效较好的“两群”区县，在市级引导区县科技发展专项资金中给予倾斜支持。

（二十六）支持成渝两地协同创新。加强成渝两地政策协同，支持创新主体跨区域开展创新活动，根据绩效情况，市级每年安排资金支持两地重大科研项目联合攻关。加快成渝两地科技公共服务平台建设，推进仪器设备、科技成果、科技信息资源共建共享共用。

（二十七）推进“一带一路”科技合作。积极融入全球创新网络，全方位加强科技创新开放合作。引导我市创新主体与国（境）外知名高校、科研机构和企业共建科技合作平台、开展联合科技研发和国际技术双向转移转化，为加快建设“一带一路”科技创新合作区和国际技术转移中心提供有力支撑。

十、强化科技创新保障

（二十八）健全创新决策机制。组建由学术界、企业界、科技创新有关团体专家组成的科技咨询委员会，为科学决策提供支撑。坚持“全市一盘棋”，建立跨部门、跨区域协同会商会审机制，重大政策和重大项目须科技咨询委员会论证，经市科技领导小组研究后，报市政府确定，未经相关程序，一律不得安排资金预算。

（二十九）强化政策落地机制。市级有关部门须在本政策出台后 1 个月内印发实施细则，细化政策内容，简化申报程序，妥善处理新旧政策衔接，加大宣传解读力度，切实解决政策落地“最后一公里”问题。将研发投入强度等指标纳入对区县政府经济社会发展业绩考核，加强市、区县两级联动，形成政策合力。各区县要全面履行科技创新事权和支出责任，优化支出结构，加大对科技创新的投入力度。

（三十）完善绩效管理机制。优化财政资金管理，既要提高创新主体自主权，又要嵌入事前、事中、事后全过程绩效管理。健全科学的绩效评价机制，完善评价指标体系，积极引入国内同行评价、第三方机构和投资者评价、社会公众评价等，不定期开展科技创新支持政策执行情况评估，将绩效评价结果作为政策实施、资金安排的重要依据。强化创新主体履行科研诚信建设的主体责任，完善内部监督约束机制，不断提高资金使用效益。

重庆市企业上市工作联席会议办公室关于印发重庆市进一步推动企业上市工作实施方案（2022—2025年）的通知

摘要

《重庆市进一步推动企业上市工作实施方案（2022—2025年）》明确，将实施企业上市“育苗”行动。在入库企业中筛选100家企业作为拟上市重点企业，根据上市进度将企业分成A类、B类、C类分类推进；每年确定10家科创板拟上市企业、20家创业板拟上市企业进行清单化管理，引导企业加大研发投入、专利申报，加快满足科创板、创业板上市条件；建立“专精特新”中小企业上市清单，每年确定10家企业“一对一”重点培育。

各区县（自治县）政府，两江新区、西部科学城重庆高新区、万盛经开区管委会，企业上市工作联席会议成员单位，市级有关部门：

《重庆市进一步推动企业上市工作实施方案（2022—2025年）》已经市政府同意，现印发给你们，请认真贯彻执行。

重庆市企业上市工作联席会议办公室

（重庆市地方金融监督管理局代章）

2022年6月1日

重庆市进一步推动企业上市工作实施方案
（2022—2025 年）

为深入贯彻关于扩大直接融资的重要指示精神，认真落实党中央、国务院决策部署和市委、市政府工作安排，充分发挥资本市场在优化资源配置、促进产业结构升级等方面的重要作用，加快推进我市企业上市，提高直接融资比重，服务西部金融中心建设，促进全市经济高质量发展，特制定本实施方案。

一、形成推动企业上市合力

（一）加强统筹调度。着力发挥市企业上市工作联席会议牵头抓总作用，统筹企业上市各环节工作。实施市领导召集的企业上市调度机制，定期协调解决企业上市过程中遇到的重大问题。充实市企业上市工作联席会议办公室（以下简称联席会议办公室）专班力量，加强组织协调和督办通报。（责任单位：市金融监管局）

（二）压实区县、部门责任。市级行业主管部门要树立“管行业也要管上市”的理念，利用行业管理优势，加强行业内苗子企业的培育孵化。落实区县政府企业上市工作责任，建立区县领导联系重点企业机制，为企业提供“一对一”服务，针对性帮助企业解决上市面临的难点、卡点问题，加力加速推动更多企业上市。各区县（自治县）政府和两江新区、西部科学城重庆高新区、万盛经开区管委会（以下统称各区县政府），各市级行业主管部门要结合全市企业上市目标，制定本地区本系统 2022~2025 年的上市任务和计划，报送联席会议办公室备案。（责任单位：联席会议成员单位，市级有关部门，各区县政府）

二、实施企业上市“育苗”行动

（三）完善拟上市企业后备库管理。从各区县政府、市级行业主管部门、私募股权基金、中介机构等渠道，广泛征集优质企业进入拟上市企业后备库，按行业设立若干子库，对入库企业实施动态管理、梯次培育、信息共享。在入库企业中筛选 100 家企业作为拟上市重点企业，根据上市进度将企业分成 A 类（1~2 年内有望上市和报会）、B 类（2~3 年内有望上市和报会）、C 类（3~4 年内有望上市和报会）分类推进，对企业名单实施动态调整。（责任单位：联席会议成员单位，市级有关部门，各区县政府）

（四）加快入库企业培育。各市级行业主管部门要制定出台支持入库企业的具体政策，加大土地、技术、劳动力、能源等生产要素保障，优先推荐评选“专精特新”企业、评选科学技术奖项、认定高新技术企业和给予科研项目资助，优先提供银企对接、基企对接等金融综合服务。对拟上市重点企业“一企一策”制定产业发展支持方案。（责任单位：联席会议成员单位，市级有关部门，各区县政府）

（五）重点培育科技型企业上市。按照科创板和创业板属性定位，筛选出拥有关键核心技术、科技创新能力突出、市场认可度高的种子企业精准培育。每年确定10家科创板拟上市企业、20家创业板拟上市企业进行清单化管理，引导企业加大研发投入、专利申报，加快满足科创板、创业板上市条件。（责任单位：市科技局、市金融监管局）

（六）加快推动“专精特新”企业上市。建立“专精特新”中小企业上市清单，每年确定10家竞争能力强、盈利水平好的企业“一对一”重点培育，提升经营业绩和可持续经营能力，尽快满足北京证券交易所上市条件。（责任单位：市经济信息委、市金融监管局）

（七）聚焦优势和特色行业企业上市。重点在汽摩、医药、装备制造等行业专项推进，促进相关行业龙头企业能上则上、应上尽上。对特色农业企业、餐饮企业和文化旅游龙头企业，加快资源整合力度，推动企业上市做大做强，牵引行业加速发展。（责任单位：市经济信息委、市农业农村委、市商务委、市文化旅游委等市级有关部门）

三、帮助企业解决上市障碍

（八）畅通上市“绿色通道”。各区县政府对企业上市问题实施“一站式”办理，由上市专班主要负责人召集相关部门集中进行交办。涉及的市、区县两级部门应秉持尊重历史和解决问题的态度，在报送材料齐备之日起5个工作日内办结，确实不能办理的向企业作出合理解释和说明，联席会议办公室定期收集并通报办理情况。上市中介机构就企业上市事项申请访谈的，有关部门要予以支持和配合。（责任单位：联席会议成员单位，市级有关部门，各区县政府）

（九）支持企业整改规范。各相关部门要积极支持在审、在辅导企业进行问题整改，帮助企业主动规范、积极整改；对企业作出行政处罚的，要根据申请依法开具是否属于无重大违法违规行为的认定证明。（责任单位：联席会议成员单位，市级有关部门，各区县政府）

四、积极发挥上市服务机构作用

（十）激励优质上市服务机构展业。优化营商环境，鼓励内控完善、经验丰富、执业水平高的外地中介机构来渝开展业务。搭建全市保荐机构、会计师事务所和律师事务所交流平台，提高执业质量。（责任单位：市金融监管局、重庆证监局）

（十一）建立上市服务机构评价机制。联席会议办公室建立内部评分制度，评价上市服务机构在本地执业情况；对推进企业上市工作力度大、成效明显、业绩突出的上市服务机构进行正向激励，优先向拟上市企业推荐；对推进企业上市未勤勉尽职的上市服务机构团队，将该团队在本地执业情况向其总部和拟上市企业进行通报。（责任单位：市金融监管局、重庆证监局）

五、引导私募股权基金加大投资力度

（十二）健全私募股权基金投资体系。落实私募投资基金投资奖励政策，提升重庆国际创投大会影响力，加速基金机构落地聚集。常态化开展知名基金重庆行系列活动，围绕我市智能网联新能源汽车、高端装备制造、生物医药等优势产业，邀请国内外知名基金来渝开展深度投资，形成产业聚集优势。（责任单位：市金融监管局、市经济信息委、市科技局、市财政局）

（十三）发挥私募股权基金培育拟上市企业作用。发挥市级政府投资基金牵引作用，鼓励有条件的区县建立产业引导基金，加强与私募股权基金的合作，以市场化方式扶持产业发展，促进国有参、控股基金建立投资的激励约束机制，进一步提高区县政府招商引资的精准性，吸引具备较大上市可行性的优质企业落地。（责任单位：市金融监管局、市财政局、市国资委，各区县政府）

六、完善工作保障机制

（十四）健全上市政策扶持体系。统筹市、区县两级财政奖补政策，加大前置奖补力度，将上市公司开展增发等再融资纳入奖补范围。对成功上市及上市公司增发再融资的市属国有重点企业领导班子实施绩效挂钩政策，具体办法由国资监管部门另行制定。拟上市重点企业引进的高管、核心技术团队成员，符合条件的，优先纳入“重庆英才计划”。建立上市专家委员会，汇聚交易所、投行等各方专业力量，为企业提供公益的专业服务和指

导。（责任单位：市金融监管局、市财政局、市国资委、市经济信息委、市科技局、市人力社保局，各区县政府）

（十五）深化上市工作考核体系。优化上市考核指标，科学分配考核任务，合理设置梯度，提高考核效能。研究制定全市企业上市工作评价指数，联席会议办公室按季度对各区县上市情况、每年对各行业上市情况进行通报。开展企业上市工作专项督查，对在服务企业上市过程中不担当、不作为的典型案例，在全市进行通报。（责任单位：市金融监管局）

（十六）用好平台资源。联合沪深北交易所重庆基地开展“拟上市重点企业大走访”行动，组织交易所专家、保荐代表人提前帮助企业规划上市路径和上市板块。上线全市统一的投融资平台——“科创资本通”，与现有市级相关平台和交易所平台互联互通，促进银行信贷资金、基金投资资金与企业项目对接。（责任单位：市金融监管局、重庆证监局、市经济信息委、市科技局，各区县政府）

（十七）加强宣传培训。充分利用主流媒体、受众面广的新媒体，积极宣传报道企业成功上市的范例，形成鼓励企业上市的良好氛围。联合境内外交易所、中介机构、行业协会常态化举办资本市场培训，针对拟上市企业所处的上市阶段，开展基础知识、操作规程和审核环节等方面培训。将企业上市、直接融资等内容纳入领导干部学习培训内容，定制专业课程，选派金融干部到市外交流学习。（责任单位：市金融监管局、重庆证监局、市委网信办，各区县政府）

重庆市地方金融监督管理局关于印发重庆市拟上市企业后备库管理办法的通知

渝金发〔2022〕2号

摘要

《重庆市拟上市企业后备库管理办法》明确了企业入库标准：注册在重庆市境内，且登记注册满两年、最近一年扣非净利润不低于300万元或最近两年营业收入平均不低于3000万元。国家级"专精特新"企业、高新技术企业、已完成股改企业或符合券商立项标准的企业优先入库。

各区县（自治县）人民政府，两江新区、西部科学城重庆高新区、万盛经开区管委会，市级有关部门：

《重庆市拟上市企业后备库管理办法》已经市政府领导同意，现印发给你们，请认真组织实施。

重庆市地方金融监督管理局

2022年7月20日

重庆市拟上市企业后备库管理办法

第一章　总 则

第一条 为加快推进企业上市工作，优化企业入库流程，筛选出更多符合上市条件的入库企业，并对其进行重点服务和管理，特制定本办法。

第二条 重庆市地方金融监督管理局（以下简称市金融监管局）会同各市级部门（单位），各区县（自治县）政府和两江新区、西部科学城重庆高新区、万盛经开区管委会（以下统称各区县政府），共同建立市级统一的拟上市企业后备库。有关行业主管部门根据“管行业也要管上市”原则，按行业设立子库，分行业分板块进行分类培育、信息共享。

第二章　申 请

第三条 企业申请进入市级拟上市企业后备库的，应当具备以下条件：

（一）注册在重庆市境内，且经市场监管部门登记注册满两年以上的股份有限公司或有限责任公司。

（二）符合国家产业政策且上市意愿明确。

（三）最近一年扣非净利润不低于300万元，或者最近两年营业收入平均不低于3000万元。满足科创板和创业板属性定位的企业，可适当降低标准。

（四）生产经营依法合规，近一年未被列入经营异常名录，近三年未被列入严重违法失信企业名单（黑名单），无未了结的重大被诉案件和被执行案件。

（五）国家级“专精特新”企业、有效期内高新技术企业，或者已改制为股份公司的企业，或者有私募股权基金投资的、符合券商立项标准的企业，同等条件下优先入库。

第四条 由企业自愿登录“科创资本通平台”（网址：https://www.tech-capital.cn），提供相关佐证材料，区县金融工作管理部门初审后出具推荐意见。市级部门（单位）、相关金融机构推荐的企业，也可通过系统在线提交申请材料。

第五条 建立专家评审机制，成立专家评审委员会，每年组织专家对申请入库的企业进行评审并出具入库意见。市金融监管局参考专家意见面向社会公示后，确定当年度市级拟上市企业后备库入库企业名单。

第三章 服 务

第六条 入库企业可根据上市进度，提供相关佐证材料，向财政部门申请上市奖补。

第七条 市金融监管局将入库企业推送至相关金融机构，鼓励金融机构为入库企业提供个性化综合融资服务。支持“上市贷”“知识价值贷”“信用价值贷”等金融产品向符合条件的入库企业倾斜，降低融资成本。

第八条 各行业主管部门要按照市政府工作部署制定出台支持入库企业的具体政策，在土地、专利申请、水电油气、劳动力等生产要素保障，优先推荐评选“专精特新”企业、推荐评选科学技术奖项、推荐认定高新技术企业，以及科研项目资助等方面给予倾斜。依法依规支持入库企业申报各级政府重点项目和参与政府采购。

第九条 市、区县政府上市牵头部门将按照市政府工作部署组织入库企业进行常态化路演，邀请银行、券商、私募股权基金等参与，拓宽资本与项目对接渠道。组织入库企业高管参加“走进交易所”“董秘沙龙”等资本市场培训活动。

第十条 根据入库企业申请，市金融监管局邀请市级媒体对企业进行宣传报道，在各类项目对接会、产品推介会中宣传展示企业及产品，提高企业知名度和美誉度。

第四章 管 理

第十一条 已入库企业要积极加快推进上市进程，每半年更新 1 次主要财务指标，在股份制改造、签订保荐服务协议、通过券商内核、辅导备案、申报材料等环节取得实质性进展的，应当及时报告市、区县政府上市牵头部门。

第十二条 市金融监管局负责全市拟上市企业后备库的日常管理和运维，对入库企业实施动态管理，每年增补和退出名单向社会公告。对有下列情况之一的企业，退出后备库管理：

（一）企业已完成上市的。

（二）企业主动申请退出的。

（三）企业发生较大负面影响的事件。

（四）企业财务情况连续两个年度不符合入库条件的。

（五）不按时更新信息或报告上市进展或者不接受管理，且拒绝不整改的。

第十三条 各级上市工作牵头部门要利用好“科创资本通”平台，开展企业上市培育工作，并对相关工作信息、数据等负有保密义务，采取有效措施防止数据泄露，按规定做好信息安全工作。

第五章 附 则

第十四条 各市级行业主管部门、各区县政府应结合实际，建立本区域、本行业企业上市子库，并加强管理和服务。

第十五条 本办法由市金融监管局负责解释。

第十六条 本办法自 8 月 20 日起执行。凡以前规定与本办法不一致的，按本办法执行。

重庆市金融支持制造业高质量发展若干措施

摘要

《重庆市金融支持制造业高质量发展若干措施》要求，强化制造业多元融资体系。债券方面，扩大公司债、企业债、非金融企业债务融资工具在制造业企业中的覆盖面；股权融资方面，积极支持辖内符合条件的优质、成熟制造业企业上市融资；兼并重组方面，允许符合条件的制造业企业通过发行优先股、可转换债券、并购债券等方式筹集兼并重组资金。

各银保监分局、人行各中心支行（直属支行）、各区县（自治县）金融办（金融工作部门），各政策性银行重庆（市）分行、各大型银行重庆市分行、各股份制银行重庆分行、各地方法人银行、各城市商业银行重庆分行、各外资银行重庆分行、各其他非银行金融机构、各直管村镇银行，各在渝保险法人机构、各财产险保险公司重庆（市）分公司、各人身险保险公司重庆（市）分公司，重庆市银行业协会、重庆市保险行业协会：

为助力重庆制造业高质量发展，促进制造业转型升级，重庆银保监局、人行重庆营管部、重庆证监局、市金融监管局、国家外汇管理局重庆外汇管理部联合制定了《重庆市金融支持制造业高质量发展若干措施》。现印发给你们，请遵照执行。

中国银行保险监督管理委员会重庆监管局

中国人民银行重庆营业管理部

中国证券监督管理委员会重庆监管局

重庆市地方金融监督管理局

国家外汇管理局重庆外汇管理部

2021 年 7 月 5 日

重庆市金融支持制造业高质量发展若干措施

为认真落实重庆市委市政府关于推动制造业高质量发展的决策部署，深入贯彻《中共重庆市委重庆市人民政府关于进一步推动制造业高质量发展加快建设国家重要先进制造业中心的意见》（渝委发〔2021〕11号）、《重庆市人民政府关于印发制造业高质量发展若干措施的通知》（渝府发〔2021〕11号）和《重庆市人民政府办公厅关于印发重庆市加大制造业中长期融资支持力度若干政策措施的通知》（渝府办发〔2020〕76号）等文件精神，助力重庆制造业高质量发展，结合重庆实际，特制定如下措施：

一、加大对制造业信贷供给

1. 提升信贷投放总量。聚焦全市制造业高质量发展的目标和主攻方向，全市银行业金融机构要主动适应供给侧改革下制造业企业资金需求变化，逐步做大贷款规模，逐年提高制造业贷款占各项贷款的比重。特别是政策性银行、大型银行要发挥“头雁”作用，积极向上争取制造业贷款规模，加强银团贷款应用，加大对制造业贷款的投放力度，切实保障重点制造企业融资需求。

2. 优化贷款投向。各银行业金融机构要牢牢把握“科技赋能、补链成群、品牌打造、主体培育”等重点任务，突出重点，精准发力，合理配置信贷资源，围绕重点产业集群、重点产业链、战略性新兴产业、现有支柱产业，持续扩大对智能制造、高端制造、绿色制造、行业领军企业，以及技术改造等重点项目的信贷供给，助推产业基础高级化、产业链现代化。

3. 优化信贷结构。深入推进制造业中长期贷款“白名单”制度，各银行业金融机构要按照商业原则和可持续发展要求，增加制造业中长期贷款的信贷投放，重点加大对先进制造业、高技术制造业和战略性新兴产业中长期资金支持，提升制造业中长期贷款在新增中长期贷款比重，缓解贷款期限和企业生产周期错配问题。力争制造业中长期贷款余额增幅不低于全市中长期贷款平均增幅。

4. 加大信用贷款投放。各银行业金融机构要提升投放制造业信用贷款的占比，推动将商业价值信用贷款使用范围扩大至符合条件的全部制造业企业，将知识价值信用贷款使用范围扩大至符合条件的全部科技型企业，持续扩大使用范围、提升补偿比例，更好发挥风险补偿基金撬动作用。力争制造业信用贷款余额增幅不低于全市信用贷款平均增幅。

二、丰富信贷产品和服务

5. 加大产品创新应用。鼓励银行业金融机构应对市场及客户需求变化，创新研发与市场环境、客户经营特点相匹配的金融产品，积极开展生产设备、产品订单抵押（质押）融资、知识产权质押融资服务创新，加强“票付通”“贴现通”等创新产品运用。支持保险机构在风险可控的前提下创新保证保险产品，为产业链上下游企业获取融资提供增信服务。鼓励银行保险机构探索有效支持制造业科技创新的方式和举措。

6. 开辟绿色服务渠道。鼓励银行业金融机构适当下放制造业信用贷款审批权限，开辟审批、定价绿色通道，优化风险政策，简化制造业技术改造项目贷款手续，进一步提高贷款办理的便捷度。支持法人银行机构提供综合授信优先占用、放宽授信份额管控、优先保障贷款规模、保障放款效率等差别化政策，发行专项用于制造业企业贷款的金融债，进一步推动信贷资源向高技术制造业倾斜。支持符合条件的银行业金融机构在两江新区、高新区试点设立科技型支行，为科技型中小微制造企业提供特色化专业化的金融服务。

7. 加强货币政策工具运用。推动地方法人银行机构结合行业特点、客户需求开发“央行再贷款 +”专属信贷产品，将央行低成本资金直达区县、园区、企业。鼓励金融机构开通制造业企业票据贴现绿色通道，给予贴现利率优惠，创新“央行再贴现 +”票据贴现产品，运用再贴现工具优先予以支持。

8. 创新信贷模式。深化金融科技运用，加强金融信用信息与公共信用信息的共享整合，支持银行业金融机构深入对接“信易贷”“渝企金服”等平台，深化与“渝快融”平台的合作，在保障商业秘密和数据安全前提下，依法合规通过互联网、大数据等金融科技手段开展授信，推动开展供应链金融、批量授信、快速审批等信贷模式，提供高效便捷的金融服务。

9. 加大供应链金融支持。鼓励银行业金融机构依托制造行业产业链核心企业和“链主”企业，积极开展仓单质押贷款、应收账款质押贷款、票据贴现、保理、国际信用证等各种产业链金融业务。支持核心企业接入供应链票据平台，有效满足产业链上下游企业的融资需求，提高金融在产业链上下游的覆盖度，进一步稳链、补链、强链。支持银行业金融机构优化对重点产业链的核心中小微企业的融资支持，积极推广运用标准化票据，满足小微企业融资需求。在核心企业承担付款责任或提供担保、回购、差额补足等增信措施的前提下，对上下游企业办理供应链融资业务时，可适度简化客户评级准入等流程，纳入核心企业统一授信管理。原则上全市银行业金融机构对产业链企业金融支持力度较上年不降低。

三、强化多元融资体系

10. *支持企业发行债券*。搭建企业发债融资项目储备和推荐机制，组织金融机构专项对接，扩大公司债、企业债、非金融企业债务融资工具在制造业企业中的覆盖面。鼓励符合条件的制造业企业发行碳中和债券、可持续发展挂钩债券、高成长债券、乡村振兴票据、项目收益票据、权益出资型票据等创新产品。探索推动符合条件的制造业产业园区企业发行双创债等专项债务融资工具，并将募集资金用于投资资金，建设和改造园区基础设施，为园区创新创业企业提供股权、债权融资支持。

11. *发挥股权融资作用*。积极支持辖内符合条件的优质、成熟制造业企业上市融资，促进重点领域制造业企业做优做强。在法律、法规和政策允许的前提下，对上市融资企业储备库里创新能力强、成长性好的制造业企业重点扶持。支持制造业企业在境外上市融资，提升中国制造业企业的国际竞争力。鼓励制造业企业通过资本市场并购重组，实现行业整合和布局优化调整。

12. *鼓励融资租赁业务发展*。支持大型制造业企业、金融机构联合设立金融（融资）租赁公司。充分发挥融资租赁业务在服务实体方面的作用，支持制造业企业整合资产、实施设备更新升级。

13. *加强兼并重组融资服务*。推动银行业金融机构对兼并重组企业实行综合授信。鼓励银行业金融机构在风险可控的前提下，积极稳妥开展并购贷款业务，合理确定贷款期限和利率，支持企业通过兼并重组实现行业整合。允许符合条件的制造业企业通过发行优先股、可转换债券、并购债券等方式筹集兼并重组资金。鼓励证券公司、资产管理公司、股权投资基金以及产业投资基金等参与企业兼并重组，扩大企业兼并重组资金来源。

四、强化跨境融资支持

14. *优化跨境融资服务*。扩大制造业企业跨境融资渠道，支持制造业企业通过境外发行股票和债券、直接贷款等方式拓展跨境融资渠道，鼓励银行业金融机构离在岸联动开展跨境融资产品创新，支持高新技术类制造业企业开展外债便利化试点，服务制造业企业利用境内外资金，多渠道引入境外低成本资金。支持制造业企业引进外资，利用资本项目收入支付便利化提高外汇资金使用效率。支持制造业外资企业以增资扩股和利润再投资等形式加大投资力度，引导制造业外资企业将撤资、减资、转股以及利润等资金留存境内并开展再投资。

15. *强化金融外汇支持*。鼓励银行加强服务方式和产品创新，主动为高端制造、智能制造、绿色制造等引进外资提供金融外汇支持，重点加大电子核心基础部件、新能源及智能汽车、高端交通装备、物联网、新材料、生物医药等战略性新兴产业的支持力度。开展汇率避险专项行动，加强汇率避险供需对接，支持银行业金融机构根据企业实需创新汇率避险产品，为制造业企业提供更多元、更高效、成本更低的避险服务，帮助制造业企业提高汇率风险中性意识和风险管理能力。

16. 提升跨境融资结算便利化水平。在继续推广跨境金融区块链服务平台现有应用场景的基础上，探索研发新应用场景，提升制造业企业跨境融资结算便利化水平。支持制造业企业外籍人才经常项目外汇业务便利化，便利制造业外籍人才工作用汇和消费。支持制造业企业开展跨境人民币更高水平贸易投资便利化试点，便利制造业企业跨境贸易和投资。

五、搭建合作平台

17. 深化政银企对接。充分发挥政银企联动服务机制作用，加强企业融资需求摸排和名单梳理，鼓励银行业金融机构充分运用好各类线上线下融资对接平台，强化信息共享，精准对接制造企业项目融资需求。强化财政、金融、产业等政策互动，打造良好金融生态环境。

18. 推动产业集群的融资服务。推动建立制定产业集群名单和先进制造业白名单制度，鼓励银行业金融机构开发试点特色化信贷产品，加大名单内高技术企业支持力度。

19. 加强外部投贷联动。聚焦技术改造示范项目、战略性新兴产业等重点领域，加强制造业贷款项目的储备管理，鼓励银行业金融机构与战略性新兴产业股权投资基金等创投机构开展合作，引导制造业战略性、引领性重大项目落地建设，持续跟进开展融资支持。

20. 推动健全信贷风险共担机制。联合市级部门在部分区县推动中小制造业企业信贷风险共担机制试点，合理确定对合作银行中小制造企业贷款给予风险分担的标准和范围，推动银行业金融机构提高（抵）质押率，提升制造业企业贷款的可获得性。

21. 发挥债委会平台作用。加大大中型制造企业债务监测预警，合理确定制造业债委会名单，引导债委会强化一致行动，积极发挥市场主导作用，对出现风险的企业“一企一策”集体研究实施金融债务重组方案，不随意抽贷、断贷、停贷，积极稳妥化解风险。

六、切实降低企业融资成本

22. 积极向制造业企业让利。鼓励银行业金融机构按照依法合规、风险可控、商业可持续原则，实行内部资金转移价格优惠、增量贷款由总行承担一定比例拔备等政策，积极向制造业让利。引导制造业贷款利率下行，推动银行业金融机构落实制造业中长期贷款、再贷款、再贴现等政策工具，出台金融惠企接续政策，降低企业融资成本。规范融资各环节收费和管理，推动企业综合融资成本下降。

23. *降低资金周转成本*。各银行业金融机构应提前主动对接制造业小微企业续贷需求，推动地方政府健全转贷机制，加大应急支持力度，进一步扩大转贷应急使用范围至符合条件的全部制造业企业。鼓励开发银行进一步运用转贷模式等加大对先进制造业、战略性新兴产业信贷支持。各银行业金融机构应继续落实好普惠小微企业贷款延期还本付息政策，在防范道德风险与金融风险的基础上，与企业自主协商，对暂时困难制造业普惠小微企业贷款适当延期。

七、发挥保险支持保障作用

24. *创新保险服务模式*。鼓励保险机构进一步完善首台（套）装备、首批次材料、首版次软件领域保险产品和风险补偿机制，完善保险服务。鼓励保险机构通过发起组建产能并购重组基金、债转股实施机构等，为制造业转型升级提供稳定的中长期资金。支持保险资金在风险可控前提下，通过投资股权、债券、基金、资产支持计划等形式，为制造业企业提供资金支持。

25. *扩大出口信用保险规模*。进一步加大短期出口信用保险对中小微企业和新兴市场的开拓力度，发挥好长期出口信用保险的风险保障作用，实现大型成套设备的出口融资应保尽保。同时加大出口信用保险保单融资创新，支持装备制造业转型发展和“走出去”。

八、完善工作机制

26. *加强考核激励*。鼓励银行业金融机构完善内部考核，制定中长期贷款的额度管理、定价管理、前置准入审批权限下放等考核激励制度，适度提高对制造业企业不良贷款容忍比例，落实尽职免责机制。加快小微企业授权、授信、尽职免责“三张清单”编制和公示，明确贷款审批权限、流程，提高审批效率和从业人员免责比例。实施差异化监管考核评价，开展对银行保险机构服务制造业评价考核，将支持制造业情况纳入年度重点考核评价内容，对监管评价较好的机构给予其在机构准入、业务拓展方面正向激励。

27. *强化工作督导*。加强制造业企业融资获得情况的统计分析，持续关注制造业贷款增速、增量，以及中长期贷款、信用贷款投放情况。定期与不定期对全市银行保险机构服务制造业情况开展监管督导，抓好政策跟踪落实，全面提升金融服务制造业高质量发展质效。

重庆市金融工作局
重庆市财政局
重庆市科学技术局
关于激励私募投资基金支持科技创新的通知

渝金〔2021〕213 号

摘要

《关于激励私募投资基金支持科技创新的通知》提出，在“十四五”期间，以股权投资方式投资重庆市的科技创新企业，或投资外地科技创新企业引入重庆市落户的私募投资基金管理人，按投资总额的 1%，最高给予 1000 万元的资金奖励。此外，还明确了申报条件、申报和拨付程序及申报资料等事项。

各私募投资基金管理人：

为贯彻落实《支持科技创新若干财政金融政策》（渝府办发〔2021〕47 号）、《关于发展股权投资促进创新创业的实施意见》（渝金〔2020〕402 号）等文件要求，加快建设具有全国影响力的科技创新中心，经研究，决定对私募投资基金支持科技创新进行奖励。现将有关事项通知如下：

一、奖励对象

奖励对象为在中国证券投资基金业协会完成登记的私募投资基金管理人（下称基金管理人），且在 2021 年 1 月 1 日至 2025 年 12 月 31 日期间，以股权投资方式投资我市科技创新企业，或投资外地科技创新企业引入我市落户。

二、奖励标准

在奖励年度内按投资总额（扣除我市各级政府及国有企业出资）的 1% 给予奖励，同一基金管理人累计奖励最高不超过 1000 万元。

三、申报条件

（一）被投资科技创新企业注册地在我市或投资后注册地迁至我市，且已正常开展经营活动的独立法人。

（二）被投资企业须入库“重庆市科技型企业系统”，入库条件详见《重庆市科技型企业入库培育实施细则》（渝科局发〔2019〕136 号）。

（三）投资资金满 1 年且已全部实缴到位（投资协议约定为分期、分批到位的，可按年度分期、分批申报奖励）。若被投企业是股权投资后注册地迁至我市落户的，需在我市市场监督管理部门登记满 1 年。

四、申报和拨付程序

（一）符合申报条件的基金管理人，即可向市金融工作局提交申报书及相关佐证材料。

（二）市金融工作局会同市科技局对申报材料进行初审，按照“即报即审”原则，审核通过后向市财政局出具书面意见并附企业申报资料。

（三）市财政局复审通过后，安排拨付奖励资金。

五、申报资料

（一）申请书。

（二）中国证券投资基金业协会登记或备案证明。

（三）基金及管理人营业执照复印件。

（四）投资协议及投资资金到位证明。

（五）被投资企业营业执照复印件及审计报告原件。

（六）被投企业入库“重庆市科技型企业系统”的证明材料。

（七）其他需要提交的材料。

以上申报材料均需加盖企业公章按序装印2份。

六、其他要求

（一）基金管理人应严格依照本通知要求申报，申报材料要客观准确、实事求是，不得弄虚作假。

（二）申报材料应当要件齐全、印章清晰。

（三）市金融工作局、市财政局、市科技局等部门将开展核查工作。对于存在违反规定，弄虚作假，骗取财政奖励资金等行为的基金管理人，应退还全部奖励资金，并依照相关法律法规及部门规章进行严肃处理，涉嫌违法犯罪的移交司法机关处理。

（四）咨询服务电话，市金融工作局：023-63411×××；市财政局：023-67575×××；市科技局：023-67513×××。

特此通知。

重庆市金融工作局

重庆市财政局

重庆市科学技术局

2021年9月24日

重庆市地方金融监督管理局
重庆市市场监督管理局
关于加强企业股权集中登记托管工作的指导意见

渝金〔2021〕145 号

摘要

《关于加强企业股权集中登记托管工作的指导意见》提出，支持非上市股份公司、退市公司、全国中小企业股份转让系统摘牌公司、有限责任公司、有限合伙企业等通过重庆股份转让中心进行股权集中登记托管；支持小额贷款公司、融资担保公司、典当行、融资租赁公司、商业保理公司、地方资产管理公司、金融要素市场等机构在重庆股份转让中心办理登记托管，鼓励私募股权基金进行份额登记托管。

各区县（自治县）金融办（金融工作管理部门）、市场监管局，有关企业、各地方金融机构、有关单位：

为加强我市企业股权管理，促进股权有序流动，拓宽企业融资渠道，根据《中华人民共和国公司法》、《中华人民共和国证券法》、《中华人民共和国公司登记管理条例》、《国务院办公厅关于规范发展区域性股权市场的通知》（国办发〔2017〕11 号）、《区域性股权市场监督管理试行办法》（中国证监会令第 132 号）、《关于规范发展区域性股权市场的指导意见》（清整办函〔2019〕131 号）要求，现就加强我市企业股权集中登记托管工作提出如下指导意见。

一、高度重视企业股权集中登记托管工作

（一）本意见所称股权集中登记托管，是指股权登记托管机构接受公司的委托，管理

公司股东名册，记载股权信息，并办理股权的登记、变更、质押、冻结等相关股权管理事务。

（二）推进股权集中登记托管工作，有利于构建我市企业股权托管登记服务体系，建设以股权融资为核心的综合金融服务平台，促进企业完善法人治理结构、利用资本市场融资发展。

（三）开展股权集中登记托管工作，遵循集中统一、高效服务、整体托管、规范有序的原则。

二、支持重庆股份转让中心有限责任公司开展企业股权集中登记托管工作

（四）区域性股权市场是我市重要的金融基础设施，重庆股份转让中心有限责任公司（以下简称重庆股份转让中心）是经市政府授权、中国证监会备案的我市唯一合法的区域性股权市场运营机构，是我市区域内的证券登记托管机构，是按照《商业银行股权托管办法》（中国银保监会令 2019 年第 2 号）要求开展我市非上市商业银行股权登记托管的专业机构，具备开展股权登记托管业务的资格。

（五）在重庆股份转让中心托管或挂牌的非上市股份公司、有限责任公司，在办理股权变更登记、质押登记和司法冻结登记等业务时，由市市场监管局与重庆股份转让中心建立业务对接和数据共享机制，为企业提供一站式办理服务。

（六）支持其他非上市股份公司、退市公司、全国中小企业股份转让系统摘牌公司、有限责任公司、有限合伙企业等通过重庆股份转让中心进行股权集中登记托管。

（七）为加强地方金融机构股权管理，支持小额贷款公司、融资担保公司、典当行、融资租赁公司、商业保理公司、地方资产管理公司、金融要素市场等机构在重庆股份转让中心办理登记托管，鼓励私募股权基金进行份额登记托管。

三、完善企业股权登记托管工作机制

（八）重庆股份转让中心应加强与市市场监管局对接，建立信息共享机制，实现注册登记信息与托管企业股东信息互通，确保相关信息真实、准确、完整，降低企业管理股东名册的运营成本和风险。

（九）重庆股份转让中心应以市市场监管局相关制度为基础，建立常态化业务联动机制，梳理健全股权变更登记、质押登记和司法冻结登记等业务规则，便利企业股权转让及融资。

（十）重庆股份转让中心应建立定期联系企业机制，增强服务意识、丰富服务内容，

积极提供安全高效、专业化、全方位的股权登记托管服务。

（十一）市金融监管局、市市场监管局要加强对重庆股份转让中心股权登记托管工作的指导，推动实施股权集中登记托管的政策措施，进一步发挥区域性股权市场基础功能，优化我市营商环境，促进企业健康发展。

重庆市地方金融监督管理局

重庆市市场监督管理局

2021 年 6 月 30 日

重庆市经济和信息化委员会
关于印发工业企业上市培育工作方案的通知

渝经信融资〔2021〕3号

摘要

《重庆市工业企业上市培育工作方案》提出，从建立种子企业库、优选上市苗子企业、重点培育标杆预备企业、分类引导企业挂牌和上市四方面，推进实施“千百十”工业企业上市五年育苗工程。力争到2025年年底，入库种子企业1000家左右，优选苗子企业200家左右，重点培育标杆预备企业50家左右；推动新增境内外上市工业企业25家以上。

各区县（自治县）经济信息委，两江新区、重庆高新区、万盛经开区经信部门：

为更好助推我市工业企业上市发展，加强工业企业上市培育工作，现将《重庆市工业企业上市培育工作方案》印发给你们，请抓好贯彻落实。

重庆市经济和信息化委员会

2021年5月26日

重庆市工业企业上市培育工作方案

上市是工业企业加快发展的重要途径。为充分发挥产业部门助推工业企业上市重要作用，更好助推和支持我市工业企业挂牌、上市，进一步拓宽工业企业融资渠道，促进工业企业转型升级，助力工业高质量发展，特制定本方案。

一、总体要求

（一）指导思想。坚持以习近平新时代中国特色社会主义思想为指导，围绕“两点”定位和“两地”“两高”目标要求，认真落实市委、市政府推动企业上市有关决策部署，坚持问题导向、靶向施策，聚焦提升产业链关键领域和重点环节，聚焦工业上市重点培育企业，以更加务实、精准、高效服务举措，积极帮助工业上市重点培育企业解决生产运营等实际困难，助推重点培育工业企业上市发展。

（二）主要目标。推进实施“千百十”工业企业上市五年育苗工程，即：千户数量级种子企业、百户数量级苗子企业、十户数量级标杆预备企业。力争到2025年年底，入库种子企业1000家左右，优选苗子企业200家左右，重点培育标杆预备企业50家左右；积极配合企业上市主管部门，力争推动新增境内外上市工业企业25家以上。

二、基本原则

（一）企业主体。坚持政府引导和市场主导相结合原则，发挥工业企业挂牌、上市主体作用，持续激发工业企业挂牌和上市意愿。加快构建工业企业挂牌和上市引导体系，不断提升工业企业挂牌、上市服务水平。

（二）梯次推进。不断加强优质上市公司资源挖掘，鼓励优先引进符合上市条件工业企业，加大优质工业企业长期培育、帮扶和引导上市力度，分层次、多渠道滚动推动符合条件的工业企业上市。

（三）强企惠企。积极引导工业企业通过改制上市建立现代企业制度，鼓励引导工业企业充分利用资本市场机制和规则实现融智融资加快发展。

三、重点任务

（一）建立种子企业库。根据企业运营、财务指标、研发投入、竞争优势等情况，建立工业上市种子企业选育标准。加强工业上市资源摸底调查和培育力度，力争每年入库200家左右工业上市种子企业。按照沪深等股权交易市场标准和要求，支持入库种子企业股份制改造，引导企业完善公司治理、规范运营管理。

（二）优选上市苗子企业。立足工业上市种子资源，聚焦新一代电子信息、新能源及智能网联汽车、生物医药、智能制造、新材料等领域，力争每年遴选40家左右具有较大发展潜力的工业上市苗子企业，加强上市专题培训、企业核心竞争力提升培训、到交易所及上市公司交流考察、项目路演等。

（三）重点培育标杆预备企业。对标上市条件，力争每年从苗子企业中优选10家左右竞争能力强、盈利水平好的企业，邀请交易所专家、上市专家顾问到企业调研指导，建立一企一策帮扶机制，积极协调解决上市遇到的困难和问题。

（四）分类引导企业挂牌和上市。会同上市主管部门根据实际情况引导符合条件的工业企业选择上市途径、上市地点和板块。对符合国家战略、突破关键核心技术、市场认可度高的科技创新型工业企业，积极引导申报上交所科创板首发上市。对与新技术、新产业、新业态、新模式深度融合的传统工业企业，积极引导申报深交所创业板首发上市。对主业突出、业绩优良的工业企业，大力引导申报主板上市。对暂不满足沪深交易所上市条件的工业企业，积极引导到新三板挂牌，支持符合条件的新三板挂牌企业申报精选层挂牌，待符合相关要求后申请转板上市。对属于外向型经济、主打国际市场的工业企业，鼓励在境外上市。鼓励工业企业到重庆股份转让中心挂牌。

四、保障措施

（一）加强组织领导。建立由市经济信息委主要领导统揽、分管委领导主抓、各相关处室主要负责人为成员的助推工业企业上市工作协调小组，统筹工业企业上市培育工作。各区县参照建立相应工作机制，加强入库企业对接服务，主动协调解决入库企业生产运营、项目投资等具体问题。

（二）加强动态管理。定期组织开展拟上市工业企业资源摸底调查，积极引导符合条件的工业企业入库。按照入库梯级标准，加强企业生产经营能力、创新能力等方面监测，动态调整拟上市种子企业、苗子企业和标杆预备企业库，定期梳理形成工业企业上市培育推进情况。

（三）加强协调服务。积极助力工业上市种子企业规范内部管理。积极保障工业上市苗子企业油、电、气等要素需求，在市场拓展、技术研发、企业融资等方面给予支持，符合条件的给予转贷应急、专项资金等支持。重点支持标杆预备企业，结合“三服务”工作形成一对一联系机制，一企一策拟定帮扶措施、梳理帮扶问题清单并予以协调。

重庆市地方金融监督管理局
重庆市发展和改革委员会
重庆市科学技术局
重庆市财政局
国家税务总局重庆市税务局
中国人民银行重庆营业管理部
关于印发《关于发展股权投资促进创新创业的实施意见》的通知

渝金〔2020〕402 号

摘要

《关于发展股权投资促进创新创业的实施意见》要求加快培育市场主体。对符合要求的股权投资机构，按累计不超过实际投资到账金额的 1% 给予奖励。整合市内项目资源，建立涵盖全市企业的基础信息库平台，形成投融资项目库，为投资提供动态的投资标的库。同时，加大政府引导和扶持。适当降低政府出资投资基金返投比例要求，成立政策性产业基金，对政府引导基金子基金加大奖励力度。

各区县（自治县）人民政府，两江新区管委会，高新区管委会，万盛经开区管委会，有关单位：

《关于发展股权投资促进创新创业的实施意见》已经市政府第 116 次常务会议审议通过，现印发给你们，请认真贯彻执行。

市金融监管局　市发展改革委　市科技局

市财政局　重庆市税务局　人行重庆营管部

2020 年 11 月 18 日

关于发展股权投资促进创新创业的实施意见

为进一步引导我市股权投资快速发展，推进一批知名顶级投资机构在我市聚集，加快创新资本引入支持创新创业，促进创新链与资本链有机融合，打造具备国际竞争力的西部股权投资高地，服务我市内陆国际金融中心建设，助力经济高质量发展。现制定以下政策措施：

一、加快培育市场主体

（一）大力引入优秀股权投资机构。对国内优秀股权投资机构落户我市，提供一站式窗口服务，专人协助对接相关登记管理部门，缩短其注册登记备案周期，提高行政便利化水平。

（二）建立全市投融资企业项目平台。由多部门联合整合市内项目资源，建立涵盖全市企业的基础信息库平台，形成投融资项目库，为投资提供动态的投资标的库。鼓励基金管理人上报在我市的已投企业，建立被投企业项目库平台，相关区县（自治县，包括两江新区、重庆高新区、万盛经开区、重庆经开区，以下统称区县）、市政府相关部门应重点跟踪，为被投企业融资、市场拓展、股改上市等方面提供支持。

（三）支持股权投资机构开展投资。对投资于我市新一代信息技术、高端装备、新材料、新能源、节能环保、生物医药等战略性新兴产业和高新技术产业的，或投资外地相关企业后引入我市并产生财政贡献的股权投资机构给予奖励。奖励金额按照投资期内被投企业的地方经济贡献确定，累计不超过实际投资到账金额（扣除政府出资部分）的 1%。

二、加大政府引导和扶持

（四）发挥好引导基金带头作用。整合优化市区政府引导基金资源。对我市政府引导基金参股的，主投于符合我市产业发展战略，且具有重大产业支撑作用的项目，或初创期、早中期科技型创新型企业的基金，经认定的，其本地投资金额比例可适当降低。

（五）助力产业加速落地。鼓励区县政府出资，引入更多有资源的社会机构，通过成立政策性产业基金，加大产业导入力度，挖掘优质企业落户我市，带动上下游企业成长，形成特色产业集群。

（六）加大政府奖励比例。对于我市政府引导基金子基金，由相关区县和政府引导基金制定让利奖励政策，对于引入产业多、投资进度快、超额收益可观、投资项目上市的政府引导基金子基金，清算退出时，可加大奖励幅度，以政府引导基金所获得超额收益为限。

三、进一步完善行业生态

（七）加强金融协同联动。发挥银行、证券、保险等金融机构资源优势，鼓励机构业务创新，与股权投资基金合作开展投贷联动、股债联动、投保联动等创新业务。引入养老金、理财资金、保险资金等长期资金配置股权投资，积极拓宽股权投资资金来源。支持符合条件的银行、券商等机构申请基金托管资格。

（八）拓宽机构退出渠道和方式。联合国内优秀投资管理机构，共同发起设立投资于基金份额转让的基金，增加股权投资基金的退出通道。积极发挥区域股权交易市场的平台作用，依法合规开展基金份额转让试点，搭建权益登记托管和转让平台，满足股权投资基金流动性需求。

（九）做大做强并购重组基金。聚焦我市产业转型升级，引入优势资本，鼓励各类社会资本以市场化方式组建并购基金，对符合条件的在我市注册的并购基金，各区县结合产业发展实际，对辖区并购投资基金落地给予重点支持。

四、吸引高质量人才汇聚

（十）加快汇集高素质人才。鼓励各区县制定股权投资基金人才引进计划，组织引才活动，开设专门服务窗口。支持符合条件的股权投资机构高管人才参加我市高端人才评选活动，按规定享受对应人才待遇。

（十一）提升人才服务质量。股权投资机构落地区县，根据本区域情况，对办公用房给予支持，为投资机构高管落户、就医、子女就学等提供优质、便捷服务。

五、优化市场投资环境

（十二）推进双向开放通道。扩大对外开放，鼓励开展股权投资基金跨境投资。推动开展合格境外投资者境内投资（QFLP）业务，吸引境外资金投资我市产业项目。稳步探索合格境内投资者境外投资（QDLP）业务，服务开放型经济发展。

（十三）加大机构支持力度。鼓励有条件的区县对股权投资基金管理人在所管基金存续期内，地方经济贡献较大的，按照其地方经济发展贡献给予重点支持。

（十四）落实优化行业税收政策。加快落实财政部、税务总局关于创业投资企业和天使投资个人相关税收政策，对创业投资企业采取股权投资方式投资未上市中小高新技术企业、初创科技型企业，按国家规定实行相关税收政策；对在我市设立的创业投资企业符合西部大开发税收优惠条件的，依法按照 15% 的税率征收企业所得税；积极争取对符合条件的公司型创投企业，按照企业年末个人股东持股比例免征企业所得税的优惠试点。

六、其他事项

（十五）各区县可根据本实施意见的精神，按照事权原则制定具体实施细则。

（十六）本实施意见自发布之日起施行；适用本实施意见的股权投资企业须在中国证券投资基金业协会登记备案。

重庆市财政局 重庆市地方金融监督管理局关于印发《重庆市拟上市重点培育企业财政奖补办法》的通知

渝财规〔2019〕3 号

摘要

《重庆市拟上市重点培育企业财政奖补办法》对重点培育企业 3 年培育期，给予最高不超过 600 万元的奖补。对符合要求的企业，在 3 年重点培育期内，以上 1 年度缴纳企业所得税为基数，缴纳的增量部分，按市级留成部分给予奖补，累计奖补额度最高不超过 600 万元。重点培育企业上市、挂牌方面，对拟在境内证券交易所上市的重点培育企业，分阶段累计给予 200 万元奖励；对拟在境外上市的重点培育企业，上市后一次性给予 200 万元奖励。

全市有关企业：

为贯彻落实重庆市人民政府办公厅《关于印发重庆市提升经济证券化水平行动计划（2018—2022 年）的通知》（渝府办发〔2018〕109 号）、《关于印发进一步支持实体经济企业健康发展若干政策措施的通知》（渝府办发〔2019〕1 号）等有关文件精神，充分发挥财政资金的鼓励和引导作用，大力推动企业上市融资，加快我市资本市场建设步伐，我们制定了《重庆市拟上市重点培育企业财政奖补办法》，现印发并在“重庆市财政局”和“重庆市地方金融监督管理局”官方网站公开，请遵照执行。

重庆市财政局

重庆市地方金融监督管理局

2019 年 3 月 29 日

重庆市拟上市重点培育企业财政奖补办法

第一章 总 则

第一条 为贯彻落实重庆市人民政府办公厅《关于印发重庆市提升经济证券化水平行动计划（2018—2022 年）的通知》（渝府办发〔2018〕109 号）、《关于印发进一步支持实体经济企业健康发展若干政策措施的通知》（渝府办发〔2019〕1 号）等有关文件精神，充分发挥财政资金激励引导作用，大力推动企业上市融资，特制定本办法。

第二条 本办法适用于我市经审定纳入市级拟上市公司储备库，拟在境内外证券交易所上市，或在全国中小企业股份转让系统挂牌，符合财政奖补条件的重点培育企业。

第三条 财政奖补资金的申报、使用和管理坚持“依法依规、公开透明、便捷高效”的原则。

第二章 职责分工

第四条 市财政局负责制定奖补政策，重点明确奖补的范围、流程、标准和方式等；牵头组织奖补资金预算编制和执行；组织开展奖补资金申报、审核工作，并及时拨付资金；组织开展奖补资金绩效管理等工作。

第五条 市金融监管局负责组织开展重点培育企业申报、评定和社会公示等工作，组织实施奖补资金绩效自评等。同时，会同市相关部门为重点培育企业做好改制挂牌上市服务工作：

（一）解决改制挂牌上市过程中遇到的重大问题，按照《重庆市人民政府办公厅关于印发企业上市相关政务服务事项办理规程的通知》（工作通知〔2017〕1882 号）的有关要求，协调有关部门及时办理相关手续。

（二）发挥我市上市专家顾问团专业力量，为企业开展专业服务；组织银行和创投机构，为企业提供融资支持。

（三）与各证券交易所开展战略合作，组织开展改制挂牌上市知识的宣传和培训，为企业改制挂牌上市提供专业指导和服务。

（四）按照评定标准和条件对重点培育企业进行年度评价和动态调整。

第三章 财政奖补范围和标准

第六条 对重点培育企业上市、挂牌实施奖励。

（一）对拟在境内证券交易所上市的重点培育企业，股份制改造完成后给予 50 万元奖励，申报材料正式受理后给予 50 万元奖励，审核通过后给予 100 万元奖励；对拟在境外上市的重点培育企业，上市后一次性给予 200 万元奖励。

（二）对在全国中小企业股份转让系统挂牌的重点培育企业，审核通过后给予 60 万元奖励。

（三）以上财政奖励“分段计算，不重复享受”，每户企业累计奖励额度不超过 200 万元。

第七条 对重点培育企业 3 年培育期实施奖补。拟在境内上市的重点培育企业纳入重庆证监局上市辅导备案后，或拟在境外上市的重点培育企业成功上市后，市财政对其 3 年重点培育期内，以上 1 年度缴纳企业所得税为基数，缴纳的增量部分，按市级留成部分给予奖补，累计奖补额度最高不超过 600 万元，3 年培育期内上市的，上市后不再享受奖补。

第四章　重点培育企业申报程序

第八条 申报重点培育企业需满足以下条件：

（一）基本条件。

1. 已改制为股份有限公司或基本建立法人治理结构的有限责任公司。

2. 内控制度较为完善，运作规范。

3. 生产经营合法合规，主营业务突出，符合国家产业发展政策。

4. 企业及其控股股东、实际控制人最近 2 年内不存在重大违法违规行为。

5. 改制挂牌上市工作计划及安排明确可行，并已纳入重庆市拟上市公司储备库持续培育半年以上。

（二）财务标准（满足下列财务指标之一）。

1. 最近 1 年营业收入不少于 10000 万元。

2. 最近 1 年净利润不少于 2000 万元。

第九条 申报重点培育企业向所在区县金融办（金融工作管理部门）或上市工作牵头部门提交以下材料，由其出具推荐报告后，一并报送市金融监管局：

（一）申请报告。主要包括企业基本概况、历史沿革、股权结构、行业地位、生产经营情况、上市工作计划等内容。

（二）企业法人营业执照、税务登记证和法定代表人工作简历及身份证复印件。

（三）企业上市工作进度相关材料。

（四）企业近 2 年经审计的财务报表和审计报告。

（五）重庆市拟上市重点培育企业申报表。

以上材料需加盖企业公章按序装印 2 份。

第十条 市金融监管局在每年 4 月、9 月，按照重点培育企业的认定标准，集中组织对申报企业的评定，征求市财政局意见后，评定结果在其官方网站上公示 5 个工作日，公示结束无异议的，为企业出具重点培育企业资格文件。每年 5 月、10 月底前，将认定的重点培育企业名单送市财政局。

第五章　财政奖补资金申报程序

第十一条 重点培育企业申报第六条第（一）款拟在境内外证券交易所上市财政奖励的，按以下程序申报：

（一）境内上市的，依据企业改制上市进度采取分阶段申报方式。

1. 企业股份制改造完成后给予 50 万元奖励。企业取得重点培育企业资格，并纳入重庆证监局上市辅导备案后，即可向市财政局提交以下材料申请财政奖励：

（1）财政奖励的申请文件；

（2）企业工商登记变更核准通知书、营业执照等复印件；

（3）企业在重庆证监局上市辅导备案的佐证材料；

（4）市金融监管局出具的重点培育企业资格文件；

（5）企业在银行开立的基本账户信息。

2. 企业上市申报材料正式受理后给予 50 万元奖励。重点培育企业在中国证监会正式受理企业首次公开发行股票并上市的申请材料后，即可向市财政局提交以下材料申请财政奖励：

（1）财政奖励的申请文件；

（2）中国证监会行政许可申请受理单；

（3）企业在银行开立的基本账户信息。

3. 企业上市申请审核通过后给予 100 万元奖励。重点培育企业上市申请在中国证监会审核通过并取得 IPO 批文后，即可向市财政局提交以下材料申请财政奖励：

（1）财政奖励的申请文件；

（2）中国证监会核发的 IPO 批文；

（3）企业在银行开立的基本账户信息。

（二）境外上市的，采取一次性申报方式。企业取得重点培育企业资格，并在境外证券交易所成功上市后，即可向市财政局提交以下材料，一次性申请 200 万元财政奖励：

（1）财政奖励的申请文件；

（2）企业工商登记变更核准通知书、营业执照等复印件；

（3）市金融监管局出具的重点培育企业资格文件；

（4）企业在境外证券交易所上市的佐证材料；

（5）企业在银行开立的基本账户信息。

第十二条 重点培育企业申报第六条第（二）款挂牌财政奖励的，按以下程序申报：

企业取得重点培育企业资格，并在全国中小企业股份转让系统挂牌后，即可向市财政局提交以下材料申请财政奖励：

（1）财政奖励的申请文件；

（2）企业工商登记变更核准通知书、营业执照等复印件；

（3）市金融监管局出具的重点培育企业资格文件；

（4）全国中小企业股份转让系统同意挂牌函；

（5）企业在银行开立的基本账户信息。

第十三条 重点培育企业申报第七条 3 年培育期财政奖补的，按以下程序申报：

（一）境内上市的，企业取得重点培育企业资格，并纳入重庆证监局辅导备案后，可一次性或分年度向市财政局提交以下材料申请财政奖补：

（1）财政奖补的申请文件；

(2) 重点培育企业认定前 1 年和培育期内上缴所得税明细表;

(3) 企业工商登记变更核准通知书、营业执照等复印件;

(4) 企业所得税税票复印件;

(5) 市金融监管局出具的重点培育企业资格文件;

(6) 企业在重庆证监局辅导备案的佐证材料;

(7) 企业在银行开立的基本账户信息。

(二) 境外上市的,企业取得重点培育企业资格,并在境外证券交易所成功上市后,可向市财政局提交以下材料,一次性申请财政奖补:

(1) 财政奖补的申请文件;

(2) 重点培育企业认定前 1 年和培育期内上缴所得税明细表;

(3) 企业工商登记变更核准通知书、营业执照等复印件;

(4) 企业所得税税票复印件;

(5) 市金融监管局出具的重点培育企业资格文件;

(6) 企业在境外上市的佐证材料;

(7) 企业在银行开立的基本账户信息。

第十四条 第十一条、第十二条、第十三条所需申报材料均需加盖企业公章按序装印 1 份,送交市财政局,市财政局审定后,及时将财政奖补资金拨付企业。

第六章　监督管理

第十五条 重点培育企业应严格依照本办法规定申报,申报材料要客观准确、实事求是,不得弄虚作假。同时,应建立相应的工作机制和信息报送机制,配备改制挂牌上市工作专职人员,及时向金融监管局报送企业改制、挂牌、上市工作进展情况。

第十六条 市金融监管局应建立绩效评价指标体系,年度终了后及时组织开展项目绩效评价,评价结果应及时公开并报送市财政局。市财政局根据工作实际,对绩效评价结果进行检验和评估,据此安排奖补资金年度预算。

第十七条 市财政局、市金融监管局等部门应开展不定期核查工作。对违反规定,弄虚作假，骗取财政奖补资金的行为，将依照《财政违法行为处罚处分条例》等法律法规规定严肃处理。

第十八条 市财政局、市金融监管局等部门涉及资金管理的工作人员，如存在以权谋私、滥用职权、玩忽职守、徇私舞弊等违法违纪行为的，按照《预算法》《公务员法》《行政监察法》《保守国家秘密法》《财政违法行为处罚处分条例》等法律法规规定追究责任；涉嫌犯罪的，依法移送司法机关追究刑事责任。

第七章　附 则

第十九条 本办法由市财政局会同市金融监管局负责解释。

第二十条 本办法自印发之日起实施，执行到 2022 年 12 月 31 日，执行中如遇重大政策调整，及时修订完善。原《重庆市拟上市重点培育企业财政扶持暂行办法》（渝财金〔2014〕1 号）同时废止。